KB128937

심리학에서의
유대-기독교 관점

인간 본성, 동기 그리고 변화

William R. Miller · Harold D. Delaney 편저 | 김용태 역

Judeo-Christian Perspectives on Psychology
Human Nature, Motivation, and Change

학지사

Judeo-Christian Perspectives on Psychology:

Human Nature, Motivation, and Change

by William R. Miller, PhD and Harold D. Delaney, PhD

역자 서문

『심리학에서의 유대-기독교 관점』은 내가 학문 활동을 하면서 처음으로 번역한 책이다. 나는 지금까지 학문 활동을 하면서 번역은 하지 않으리라고 생각하며 살아왔는데, 몇 가지 이유는 다음과 같다. 첫째, 번역은 어렵다. 나는 다른 나라 언어를 한국어로 바꾸어서 전달하기가 어렵다고 생각한다. 언어는 문화를 담고 있기 때문에 단지 단어만 바꾸어서는 그 원래의 의미를 정확하게 전달하기가 어렵기 때문이다. 둘째, 번역에는 시간이 많이 걸린다. 이렇게 많은 시간을 요하는 번역 작업을 하느니 차라리 책을 저술하는 편이 낫다고 생각하여 여러 전문서적을 저술해 왔다.

그럼에도 이 책을 번역하게 된 데는 이유가 있다. 먼저 책의 내용이 아주 좋다. Fuller 신학교에서 처음으로 '심리학과 신학의 통합'이라는 과목을 수강한 이후로 나의 관심은 줄곧 두 학문의 통합에 있었다. 그 결과, 2006년에 『통합의 관점에서 본 기독교 상담학』이라는 책을 저술하기도 하였다. 2004년에는 미국심리학회(American Psychological Association: APA)의 종교 분과에서 심리학과 신학의 통합에 관한 여러 학자의 견해를 밝히는 책을 출판하였는데, 평소에도 관심이 많아서 이 책을 학교에서 교재로 사용해 오고 있다.

이 책은 William R. Miller와 Harold D. Delaney가 저술한 심리학에서의 유대-기독교적 관점을 밝힌 내용이다. 마침 밀러(Miller)가 한국과학상담학회의 초청으로 한국에 와서 학술대회를 하게 되었을 때, 밀러의 통역을 내가 맡아서 하였다. 통합에 대한 나의 관심사와 밀러의 방한이 맞아떨어져서 이 책을 번역하기로 결정하였다.

나는 책을 번역하면서 많은 은혜를 체험하였다. 물론 기존에 익숙하게 알던 내용들이었지만 번역을 하면서 한 문장씩, 그리고 한 자씩 생각을 해 보는 좋은 기회를 갖게 되었다. 번역은 내가 책의 내용을 곱씹으면서 이해하도록 해 주었다. 이해가 되지 않는 문장들을 맞닥뜨릴 때는 영어로도 이해가 필요했지만 서구 문화에 대한 이해도 필요하였다. 더군다나 서양 문화는 결국 유대-기독교 관점을 떼어 놓고는 생각할 수 없다. 심리학에 뿌리를 둔 많은 상담이론을 우리가 배우고 적용하면서 유대-기독교 문화를 이해하지 못한다면, 전체를 보지 못하는 어리석음을 범하게 된다. 이 책의 번역은 기독교 신앙이 어떻게 학문적으로 적용되고 있는가, 그리고 이 둘이 어떤 과정을 통해서 현대와 같은 형태의 학문을 이루게 되었는가를 자세히 알아보는 기회가 되었다. 특히 은혜가 된 점은 내가 관심을 가지고 발달시키고 있는 초월상담과의 연관성이다. 인간 변화의 구조적 측면이 초월상담 이론의 중요한 부분을 이루고 있다. '초월상담'을 처음 듣는 독자들은 나의 『슈퍼비전을 위한 상담사례보고서』(2014)를 참고하기 바란다. 이 책에는 초월상담 이론의 주된 개념들이 실려 있다. 이 이론은 아직도 개발 중이다. 인간 변화의 구조적 측면에 관한 내용들은 내 마음 깊은 곳에서 은혜를 느끼게 해 주었다. 내가 생각하는 내용들과 관련된 관심을 글로 접하면서, 이 책의 저자들과 깊은 공감을 느끼게 되었고, 그로 인해 행복한 마음을 많이 갖게 되었다. 이 책의 번역을 마치면서 많은 사람이 이 책을 읽었으면 하는 마음이 들었다. 상담을 전공하는 상담학도라면 종교의 유무에 관계없이 이 책을 읽었으면 하는 마음이다. 이 책을 통해서 상담 전문가들이 공부를 하고, 임상을 하는 뿌리를 생생하게 경험할 수 있기 때문에 나는 상담을 전공하는 사람들은 다 이 책을 읽기를 권한다. 그리고 상담을 가르치는 교수님들은 이 책을 교재 삼아서 상담에 대한 생각을 다른 방식으로 할 수 있기를 바란다. 이러한 귀한 책을 번역하도록 인도하신 하나님께 깊은 감사를 드린다.

이 책을 번역하는 동안에 횃불트리니티 박사과정생인 이소영 선생을 비롯해 김승희 선생, 박영남 선생, 김은영 선생, 박대선 선생이 정말로 많은 수고를 했다. 이들은 번역을 하는 데 많은 시간을 투자하였다. 우리는 틈나는 대로 모여서 문장을 읽으며 어떤 문장이 본문의 내용을 더 정확하게 전달할지에 대해서 토론하고 수정하면서 문장들을 고쳐 나갔다. 때로는 힘들고 지쳐서 그만하고 싶은 마음이 들 정도로 많은 시간 동안 문장을 다듬었다. 그러나 고생만 한 것은 아니다. 때로는 즐겁고 재미있는 시간도 많이 가졌다. 이런 시간들을 통해서 우리는 번역에 대해서 한껏 성장한 느낌도 많이 들었다. 다음에 번역을 하면 더 잘할 것 같은 마음이 들 정도다. 이들의 노력과 수고가 없었다면 아마도 이 책은 빛을 보지 못했을지 모른다. 나는 이들 모두에 대해 나의 심중에 깊은 감사를 담고 있는데, 특히 이소영 선생에게 더 큰 감사를 표한다. 또한 이 책이 현재와 같은 형태로 번역되어 나오도록 한 학지사의 김진환 사장님에게도 감사를 드린다. 그리고 현재의 책이 되도록 노력한 출판사의 여러분에게도 깊은 감사의 마음을 전한다.

2015년 10월
양재동 연구실에서
김용태

감사의 글

우리는 이 책이 미국심리학회(APA)에 의해 출간되어 기쁘고, 준비 기간에 미국심리학회로부터 받은 실질적 지원에 대해 감사한다. 이 책은 개발편집자인 바네사 다우닝(Vanessa Downing)이 전체적으로 조정한 초기의 미국심리학회 동료들의 검토와, 특히 그 동료들의 통찰력 있는 논평에 의해서 상당히 보강되었다. 우리는 또한 이 책이 노트르담 대학교(University of Notre Dame)와의 계약을 통해 퓨자선기금(The Pew Charitable Trusts)의 연구비를 받을 수 있도록 지원한 심리학 패널들의 수고에 깊은 감사를 드린다. 특별히 노트르담 대학교의 학장 네이선 해치(Nathan Hatch)는 그의 비전을 통해 인간의 본성에 대하여 전반적인 다학문적 퓨 프로젝트를 인도했고, 다른 심리학 패널들도 이에 함께하였다. 우리 외에도 이런 격려를 한 심리학 패널들은 다음과 같다.

로이 바우마이스터
Roy F. Baumeister, PhD
플로리다 주립대학교
Florida State University

스테파니 브라운
Stephanie Brown, PhD
캘리포니아 멘로파크 중독센터
Addictions Institute, Menlo Park, CA

카를로 디클레멘테
Carlo C. DiClemente, PhD
메릴랜드 대학교, 볼티모어 카운티
University of Maryland, Baltimore County

스테판 에반스
C. Stephen Evans, PhD
베일러 대학교
Baylor University

조지 하워드
George S. Howard, PhD
노트르담 대학교
University of Notre Dame

스탠턴 존스
Stanton L. Jones, PhD

재러드 카스
Jared D. Cass, PhD

마틴 메어
Martin L. Maehr, PhD

브렌다 밀러
Brenda A. Miller, PhD

케네스 파가먼트
Kenneth I. Pargament, PhD

칼 토레센
Carl E. Thoresen, PhD

에버렛 워딩턴
Everett L. Worthington Jr., PhD

휘튼 칼리지
Wheaton College

레슬리 대학교
Lesley University

미시간 대학교
University of Michigan

버팔로 대학교
University of Buffalo

볼링 그린 주립대학교
Bowling Green State University

스탠퍼드 대학교
Stanford University

버지니아 코먼웰스 대학교
Virginia Commonwealth University

다음에 언급되는 개인들은 패널 회의 두 번 중 적어도 한 번은 초청되어 참석한 사람들이다.

에릭 빙
Eric G. Bing, MD, PhD

캔디스 플레밍
Candace M. Fleming, PhD

제니퍼 헤테마
Jennifer Hettema, BS

스테이시 랑핏 헨드릭슨
Stacey Langfitt Hendrickson, BS

바네사 로페즈-비엣
Vanessa Lopez-Viets, PhD

프란시스코 산체스
Francisco P. Sanchez, PhD

드루 의과대학교
Drew University of Medicine and Sciences

콜로라도 대학교 건강과학센터
University of Colorado Health Sciences

뉴멕시코 대학교
University of New Mexico

뉴멕시코 대학교
University of New Mexico

뉴멕시코 대학교
University of New Mexico

앨버커키VA 메디컬센터
VA Medical Center, Albuquerque

스콧 월터스	뉴멕시코 대학교
Scott T. Walters, PhD	University of New Mexico
폴라 윌번	뉴멕시코 대학교
Paula L. Wilbourne, MS	University of New Mexico

우리가 풍부한 주제로 창의적이고 새로운 과정을 거쳐 이런 재능 있는 동료들과 함께 일해 왔다니 얼마나 특권이고 기쁨인가! 우리는 궁극적으로 이 책의 질을 위하여 패널 작업을 통해 수많은 기여를 한 그들 모두에게 감사한다.

서 문

　일반적으로 심리학은 분트(Wundt)와 티치너(Titchener)의 실험실에서 시작되었다고 알려져 있다. 의료계와 마찬가지로 심리학도 인간을 연구하는 데 과학적 방법을 적용하여 많은 중요한 발견을 해내는 눈부신 발전을 이루었다.

　그렇지만 심리학이 어느 날 갑자기 빌헬름 분트(Wilhelm Wundt)의 마음에서 완성된 상태로 나온 것은 아니다. 심리학은 철학적 · 신학적 사고에 뿌리를 두고 천 년 이상 동안 지속적으로 발전해 왔다. 이전의 정신(psyche)의 정의는 한 개인의 진정한 본질, 즉 영혼이었는데, 20세기에 와서 정신(psyche)은 심리학의 주제로서 그 정의가 축소되었다. 처음에는 마음(mind)으로, 그리고 행동 또는 신경 활동으로까지 축소되었다. 많은 심리학자가 인간성을 축소시켜 보던 렌즈는 윌리엄 제임스(William James)가 자신을 아버지라고 인정한 미국 학문을 인식할 수 없을 정도로까지 행동의 한 부분이나 생물학적인 한 부분에 초점을 맞춤으로써 특화되어 확대되었다.

　20세기가 진행되면서 심리학 분야에는 또 다른 변화가 일어났다. 심리학은 미국에서 종교와 가장 거리가 먼 학문으로 변하였다. 대부분의 다른 전문 분야, 과학적 학문들, 일반 학문들, 일반 대중보다 심리학자들은 종교적 소속, 신념, 활동을 훨씬 거부하였다. 종교와 영성의 입장에서 보면 심리학자들은 우리가 섬기고 연구하고자 하는 '사람'으로부터 훨씬 멀어졌다. 종교에 대한 이러한 반감은 특별히 임상심리학에서 두드러졌다. 영향력 있는 역사적 인물들[예를 들면, 지그문트 프로이트(Sigmund Freud), 앨버트 엘리스(Albert Ellis)]은 종교를 맹렬히 비판했다. 고든 올포트(Gordon Allport)와 카를 융(Carl Jung)은 자신들의 성격이론에서 영성과 종교에 큰 관심을 할애했으나, 심리학자들은 연구, 실제, 교육에 종교를 연관시키는 일을 등한시하게 되었다.

이러한 일이 역사적 우연일까? 우리는 그렇지 않다고 생각한다. 20세기 심리학의 발전에 기여한 주요 인물들의 개인사를 보면 종교와 무관하지 않다. 오히려 그들은 삶 속에서 영적 갈등을 경험했고, 그 후 종교적 전통의 제약을 용납하지 못하고 종교적 전통을 떠났다. 한 예로, 칼 로저스(Carl Rogers)는 유니온 신학대학교에서 교육을 받았지만, 후에는 개신교의 뿌리에서 멀어졌다. 그럼에도 로저스가 물려받은 유대-기독교 신학적 유산은 그의 성격이론과 치료에 명확하게 드러난다. 그는 마르틴 부버(Martin Buber)와 폴 틸리히(Paul Tillich) 같은 신학자들과의 대화에도 기꺼이 참여하였다. 인간의 본성 이해에 대한 로저스의 입장은 지그문트 프로이트나 스키너(B. F. Skinner)보다는 유대-기독교 신학자들의 입장에 더 가깝다. 심리학자들이 영적 갈등을 겪은 후 종교를 부인하는 행위는 특별한 현상이 아니다.

종교에 대한 거부는 과학적 회의론에서 기인했다고 할 수 있다. 다른 과학 분야에서와 같이, 심리학자들은 비평적 사고를 하도록 교육받는다. 즉, 신념과 가설을 믿기보다는 평가하고 실험하도록 교육받는다. 또한 심리학자들은 화학, 물리, 천문학 같은 자연과학 분야의 학자들보다 훨씬 덜 종교적이다. 심리학의 주제가 사람이기 때문에 심리학자들은 인간 본성에 대한 특유의 인과적 결정론을 고수해 왔다. 이러한 인과적 결정론은 일상의 경험, 일반적인 문화적 가설, 우리 자신에 대한 정보와는 모순된다.

그렇지만 변화가 일어나고 있다. 20세기 말부터 심리학계에는 영적 뿌리에 대해 더욱 열린 입장과, 나아가 영적 뿌리와 화해하려는 시도들이 나타나기 시작했다. 미국심리학회(APA)는 심리학과 영성과 종교 간의 접촉점에 대한 출판물을 내놓기 시작하였다. 주요 세계 종교의 가치와 전통적 관심사와 상당한 정도로 겹쳐지는 연구 영역과 세속적 가치를 인정하면서 긍정심리학이 등장하였다. 급진적 행동주의자들도 수용에 대해 저술하기 시작했다. 영성, 종교와 건강의 관계에 대해서 대중과 과학의 관심도 급증했다. 이러한 변화는 평생교육과 학술회의, 연구보조금에 대한 제안 등으로 이어졌다. 심리학의 진화로 인간 본성에 대한 관심이 살아났고, 그에 대한 논의가 활발해졌다. 학문 자체에 학자들이 이전에 경험한 영적 갈등이 일어나고 있다고 비유할 수 있다. 자신의 뿌리와 한참 멀어진 심리학은 이제 영성을 향한 성숙한 탐험의 발자국을 내딛고 있다.

이 책이 나오기까지

영성에 대한 탐색은 다른 학문에서도 존재한다. 이 책은 퓨자선기금(The Pew Charitable Trusts)이 시작한 학술적 진행의 결과이자 최종 보고서다. 퓨자선기금은 경제학, 역사학, 법학, 문학, 철학, 정치학, 심리학, 사회학의 8개 학문 분야의 저명한 학자들로 패널을 구성하고, 인간 본성에 대한 중요한 모델을 선정하여 인간 본성에 대한 전통적인 기독교의 관점과 비교하는 도전과제를 주제로 삼았다. 예를 들면, 경제학 모델은 인간은 합리적 이기심에 의해 동기가 부여되는 본성이 있다고 한다. 유사점이 있어 보일 수 있지만, 각 학문 분야의 패널들은 독립적으로 작업하였다. 옳고 그름의 판단 없이 인간에 대한 해석은 불완전하다는 전제하에 작업했다. 일반적으로 인간 본성에 대한 하나의 관점을 강하게 피력하면 여타의 관점과 구별되게 되어 있다.

심리학 내의 최근 주요 모델은 환원주의적이다. 만일 맥락적 요인, 신경, 그리고 학습 역사의 전체 범위를 알 수만 있다면 개인의 행동은 완전히 예견할 수 있다는 시사점을 내포하면서, 과학은 동물과 인간 행동의 '결정자'에 그 초점을 맞추었다.

우리는 환원적 접근이 심리학의 전반에 걸쳐 방향을 제시하지는 않는다고 본다. 정신분석과 행동주의에 내재한 철학적 결정론을 거부하는 인본주의적이고 실존적인 '제3 세력'이 심리학 분야에 생겨났다. 이는 역사적으로도 의미가 있는 일이다. 심리학의 발달에는 현상적 접근이 중요했고, 현재도 중요하다. 인간 본성의 영적이고 종교적인 측면은 고든 올포트, 랠프 후드(Ralph Hood), 윌리엄 제임스, 카를 융, 제럴드 메이(Gerald May), 칼 메닝거(Karl Menninger), 모러(O. H. Mowrer), 스콧 펙(Scott Peck)을 포함하는 많은 심리학자와 정신과 의사에 의해 연구되었다. 종교와 영성 심리학은 초인심리학(transpersonal psychology)처럼 미국 심리학회(APA) 36분과로서 오랫동안 지속된 전문 분야다. 그렇지만 이런 관점들이 심리학 분야의 지배적인 모델로 해석될 수는 없다. 심리학 패널은 인간 본성에 대해 주요한 심리학 모델을 기독교보다는 유대-기독교 개념과 비교하기로 결정하였다. '유대-기독교'라는 용어는 역사가 오랜 세계적인 종교로서의 유대교와 기독교의 관점을 모두 포함한다는 뜻이다. 유대-기독교라는 말은 기독교가 유대교에 뿌리를 두고 연속성을 띰을 시사하지만, 그렇다고 해서 믿음에서 서로 같다는 뜻은 아니다. 이 책에서 토론될 많은 부분은 아브라함에 뿌리를 두고, 유일신을 믿는 제3 종교인 이슬람교나 다른 종교에도 동일하게 적용 가능하다. 그러나 이 책에서는 유대교와 기독교의 관점에 우선적으로 집중하여 원래의 의도에서 벗어나지 않을 것이다.

심리학 패널의 과정

퓨자선기금의 지침에 따라, 영적이고 종교적인 면에서 다양한 관점과 높은 학자적 식견이 있는 심리철학자들을 포함하여 심리학자들이 패널로 초청되었다. 각 장의 저자는 개신교, 가톨릭, 유대교, 불교, 무신론의 전통을 배경으로 하는 학자들이다.

인간의 특성, 인간의 동기, 변화의 광범위한 주제하에 패널은 첫 모임에서 다섯 개의 이슈에 집중하였다. 첫째는 인간의 정체성, 의지, 개인적 대행, 둘째는 인간의 동기와 변화에서의 가치의 역할, 셋째는 과학적으로 증명할 수 있는 유대-기독교 교훈의 가설, 넷째는 행동주의 과학이 종교인들에게 제공할 수 있는 것, 다섯째는 변형적 변화다. 첫 모임은 2001년 5월에 뉴멕시코의 산타페에서 열렸다. 이틀 동안 패널에게 토론을 위한 17개의 질문이 주어졌다. 패널 멤버들은 토론 전에 각 질문에 대한 개인적 의견을 글로 적었다. 이 방법은 집단토론보다 더욱 많은 아이디어를 창출하는 창의적 집단사고법이다. 더 많은 생각을 자극하는 회의를 한 후에 질문에 대한 모든 대답을 기록하여 패널들에게 전달하였다. 17개의 질문은 다음과 같다.

1. 현대의 과학심리학에서 누락된 것이 무엇이라고 보는가?
   우리가 추가로 해야 할 것은 무엇인가? 현재 주목받고 있지 않지만 연구하고 고려해야 할 난제는 무엇인가?

2. 철학과 사회과학 같은 학문들은 논리실증주의와 행동주의의 한계를 보고 넘어갔는데, 심리학에서는 그러한 움직임이 느린 것 같다. 이 의견에 동의한다면, 그 이유가 무엇이라고 생각하는가?

3. 당신의 종교적 관점은 당신의 심리학과 인간 본성에 대한 관점에 어떠한 영향을 끼쳤으며, 현재 연구하는 현상에 대한 사고와 연구 방법에 어떻게 영향을 미쳤는가?

4. 방법론적 환원주의의 과학적 유용성은 쉽게 옹호할 수 있지만, 철학적 환원주의와 흔히 혼동될 수 있다. 심리학의 환원주의적 관점은 인간의 행동에 대해서 과학적으로 가능한 영향을 좀 더 분명히 하였다. 예를 들면, 유전적 영향, 편향된 기억과 인식, 체계적 과정, 신경전달물질, 학습과 조건화에 관한 '법칙'들이다. 인간이 행하는 것과 인간이 누구인지를 결정하는 다른 측면—집행적 대행, 의지, 가치 등—을 인식한다면, 대부분의 과학적 심리학자들은 현재 연구 중인 기계론적 과정과 이 측면을 어떻게 부합시킬까?

5. 심리학 역사에서 주요한 인물들의 삶과 작업에 종교와 종교적 관점이 어떤 영향을 주었는가? 종교와 종교적 사고의 영향을 가장 많이 받은 (부정적이든, 긍정적이든) 사람을 다섯 명 꼽으라면 누구를 꼽겠는가?

6. 아동도 인간에 포함된다. 발달적 측면은 우리가 언급하는 이슈에 어떤 의미를 부여하는가?

7. 자기(the self)란 무엇인가? 부수적인가, 본질적인가? 자기는 영혼과 의식의 개념과 어떻게 연관되는가? 자기는 언어, 신경생리학, 학습과 기억 등과 같은 환원적 현상과 관련이 있는가?

8. 복음주의 기독교인들은 가끔 '인본주의적'이라는 어휘에 혐오감을 갖는다. 심리학 내에서 인간에 대한 유대-기독교적 이해는 칼 로저스, 에이브러햄 매슬로(Abraham Maslow), 로베르토 아사지올리(Roberto Assagioli)와 같은 심리학자들의 '제3 세력'과 가깝다. 인본주의 심리학자들은 그들의 이론에서 종교적 뿌리를 적극적으로 부정해 왔다. 그 이유는 무엇인가?

9. 심리학에서 가치라는 개념의 기원과 현재의 위치는 무엇인가? 인간 행위를 이끄는 데서 가치의 역할은 무엇인가? 행동경제학, 선택이론과 관련된 가치는 어떻게 연관이 있는가? 가치-행위의 일관성에 영향을 주는 요인은 무엇인가?

10. '틈새의 하나님(God of the gaps)'이라는 사고방식을 대체할 만한 것은 무엇인가? 즉, 환원적 결정 요인으로 해석될 수 없는 것들을 보완하기 위한 초월자 사용을 대체할 만한 것은 무엇인가?

11. 인간 대행 이슈에 대한 당신의 관점은 무엇이며, 자유의지 대(對) 행위와 결정론의 자동성에 대한 관점은 무엇인가?

12. 인간의 본성에 대한 유대-기독교적 관점의 시작점이 되는 전제와 기본적인 전제는 무엇인가?

13. 유대-기독교적 관점에서 현재 연구에 누락되었지만 심리학자들이 꼭 연구에 포함시켜야 할 특별한 과정이나 현상이라고 여겨지는 중요한 사안은 무엇인가?

14. 영성과 종교성의 어떤 측면이 육체적이고 심리적인 건강에 직접적인 영향을 끼친다고 보는가?

15. 종교성의 부재나 존재의 효과에 대해 가설을 세우는 것이 적절한가?

16. 심리학자들은 죄와 악에 대해 정의하고 연구하는 것에 대하여 어떠한 관

점이 있는가?

17. 당신의 삶과 연구는 이러한 것들과 어떤 연관이 있는가?

앞의 질문들에 대해 토론한 첫 모임이 막바지에 이르자, 다음 두 번째 모임에서 발제할 패널 멤버들이 어떠한 주제에 집중해야 할지 명확해졌다. 두 번째 모임 전에 준비된 자료들이 배포되었고, 모든 멤버는 각 자료를 읽고 의견을 적도록 전달받았다. 두 번째 모임에서 작성자들은 자신의 자료를 요약하여 전달하였고, 그 자료에 대해 함께 논평하였다. 두 번째와 마지막 모임을 마치자, 작성자들은 서면의 논평과 동료들의 교정과 패널 토의에서 얻은 메모를 가지고 수정 작업을 하게 되었다. 윌리엄 밀러(William R. Miller)와 해럴드 델라니(Harold D. Delaney) 두 사람은 수정된 자료들을 다시 교정하였고, 출판사에 보내기 전에 수정이 필요할 경우 저자들에게 요청하였다. 미국심리학회(APA)에서는 추가로 수정될 부분이 있는지 편집과 검토 작업을 두 차례 실시하였고, 이 과정에서 한 명의 저자가 그만두고 다른 저자로 교체되었다.

이러한 과정을 거쳐서 현재의 책이 출판되었다. 각 장은 적어도 16명의 저명한 학자에 의해 네 번의 검토를 거친 후에 완성되었다. 2년에 걸친 작업으로 일관성, 집중도, 통합성에서 높은 완성도를 갖추었고, 각 장은 서로 연관되어 있다. 다양한 믿음의 관점에서 심리학을 논평한 이 책은 도니거(Doniger)가 1962년에 칼 로저스, 카렌 호나이(Karen Horney), 폴 틸리히, 제임스 매코드(James McCord), 칼 메닝거와 함께 작업한 책과 쌍벽을 이룬다. 이 책을 통해서 앞으로 심리학과 믿음의 관점에 대한 토론이 더욱 활발해지기를 바란다.

참 · 고 · 문 · 헌

Doniger, S. (Ed.). (1962). *The nature of man in theological and psychological perspective.* New York: Harper.

차 례

Part 1 기초와 맥락

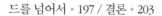

Part 5 반 영

Part *1*

Judeo-Christian Perspectives on Psychology

기초와 맥락

Chapter 01

인간 본성이란 무엇인가
유대-기독교 관점으로부터의 반영

William R. Miller

20세기에 들어와서 심리학은 영혼을 잃고 정신도 잃어버렸음을 이미 언급하였다. 윌리엄 제임스(1902)가 『종교 경험의 다양성: 인간 본성의 연구(Varieties of Religious Experience: A Study in Human Nature)』라는 책을 출판하고 얼마 지나지 않아, 심리학은 인간성의 영적 측면으로부터 거리를 두기 시작했고, 인간 행동은 학습과 조건화의 단순한 원리의 산물로 여겨지게 되었다. 인간의 의식, 생각, 의도, 가치 등이 정신적 부수 현상이라는 말로 치부되었다. 왓슨(J. B. Watson)은 완전하게 환경을 통제하면 정상적인 어떤 아이들이라 할지라도 자신이 원하는 사람으로 만들어 낼 수 있다고 1925년까지 자랑했었다. 이는 후에 순진한 행동주의(naïve behaviorism)라고 불렸다. 신경과학은 의식을 신경 행동의 부산물로, 행동을 유전과 진화, 그리고 뇌화학의 결과로 설명하면서 생물학적 환원주의를 심리학에 또 한 겹 덧붙였다. 자동성과 관련된 인간의 본성과 행동은 대부분 인식하지 못하는 요인에 의해 결정되기 때문에 의지적 선택의 관점이 환영적임을 반영하는 새로운 흐름이 최근에 대두되고 있다(Bargh & Ferguson, 2000). 요약하면, 인간이 생물학적 · 학습적 · 환경적 선행 사건을 모두 알 수 있다면, 인간 행동을 모두 예측(아마도 통제)하는 것이 가능하다. 심리학 역사의 이러한 측면은 해럴드 델라니와 카를로 디클레멘테가 2장에서 좀 더 자세하게 추적한다.

인간 본성과 행동이 법칙적 과정의 영향을 받는다는 점을 부정할 사람은 거의 없을 것이다. 연구는 다양한 특성과 취약성의 유전 정도를 지속적으로 추적한다. 학습 · 기억 · 인지의 원칙은 교육, 심리치료, 광고, 양육 같은 다양한 영향 속에서 이해되고 적용될 수 있다. 약물치료학자가 만든 뇌화학의 변화는 정신분열증, 양극성 장애, 우울증, 알코올 중독의 치료에 효과적이었다. 특정한 행동, 인지, 정서와 영적인 경험은 전기적 활동에 관련된 뇌의 예측할 수 있는 부분을 통해 알 수 있게 되었다.

과학적 심리학은 세계 종교의 관점으로부터 대부분 멀어졌고, 또한 대부분의 사람이 상식으로 생각하는 것과도 멀어졌다는 것이 더 근본적인 사실이다. 인간의 행동은 작고 무작위적 오차 기간을 포함한 채로 어떤 생물학적 생태, 유전자, 무의식적인 과정, 환경, 그리고 학습 역사로 결정되며, 인간은 단지 이러한 법칙적 원리의 합에 불과하다는 가정이 곧 과학적 심리학의 관점이다. 인간은 이러한 용어로 완전히 이해될 수 있고, 인간의 본성은 이러한 요인으로 환원될 수 있다는 관점이 이들의 생각이다. 이러한 환원주의는 세계 종교와 공유되지 않을뿐더러 법정에서, 그리고 심리학자들을 포함한 대부분의 사람의 자기 이해와 공유되는 부분도 없다.

아마도 환원주의는 과학적으로 유용한 전통이며, 법칙적 원리에 의해 얼마나 많은 변인이 설명될 수 있는지를 탐구 속에서 결정하기 위한 인간 행동을 보는 렌즈다. 이러한 연구가 세계 종교와 상식의 관점에서 볼 때 흥미롭다 하더라도, 환원주의는 인간 본성의 중요하게 정의되는 수많은 측면을 경시한다. 인간 행동이 언젠가 완전히 이해되고, 예측되고, 통제될 수 있기를 바라는 사람은 거의 없을 것이다. 이러한 꿈은 작가 오웰(Orwell, 1992)의 『1984』, 헉슬리(Huxley, 1998)의

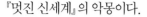

『멋진 신세계』의 악몽이다.

단어들에 대한 한 단어

　더 진행하기에 앞서, 영성과 종교라는 용어에 대한 많은 논쟁의 의미를 살펴보면 유용할 것이다. 20세기 초 윌리엄 제임스의 저작들에서 볼 수 있듯이, 영성과 종교라는 용어는 상호 호환적으로 사용되었으며, 이후부터 구별하여 사용되었다. 사람들은 '영적이지만 종교적이지는 않다.'라고 자신을 의미 있게 묘사한다(Fuller, 2001).

　특히 심리학적 관점으로 볼 때, 영성은 개인의 속성(마치 건강이나 성격과 같이)으로 이해될 수 있다. 영성은 물질적 존재를 초월하면서 성스러움을 추구하는 영역에 속하며, 다양한 차원(예, 행동, 신념, 동기, 그리고 주관적 경험)을 지닌 잠재적 구성 개념(latent construct)이다. 각 개인은 성격의 다양한 특성을 제시하는 것과 같이 다차원적 공간 속에 있는 이러한 방향에 따라 어디엔가 위치하게 된다(Fetzer Institute and National Institute on Aging Working Group, 1999; Gorsuch & Miller, 1999). 이런 관점으로 보면, 사람에게 성격이 있는가 없는가라는 논쟁이 말이 되지 않듯이 인간에게 영성이 있는가 없는가라는 구분도 말이 되지 않는다. 영성이나 성격 모두 하나의 변수가 아니며, 다양한 측면이 있다. 인간은 높거나 낮은 내향성을 띠지만, 성격의 높고 낮음은 측정할 수 없다. 이와 같이 인간은 하나님에 대한 믿음이 더 깊거나 얕지만, 영성의 높고 낮음은 측정할 수 없다. 결국, 성격, 영성과 건강은 개인을 묘사하는 데 사용될 수 있지만, 이 용어들은 소규모 집단(예, 가족)이나 큰 집단(예, 국가)을 특징짓는 데에도 적용될 수 있다.

　여기서 말하는 종교는 사회적 실체로 기술된다. 영성의 한계를 정하는 것은 아주 어렵다고 정평이 나 있는 반면, 종교는 그 경계에 의해서 정의된다. 집단 구성원과 비구성원이 있고, 허용되는 행동과 금지된 행동과 특유의 신앙이 있다.

영성은 종교의 중심사이지만 유일한 관심사는 아니다. 또한 종교는 사회적 · 정치적 · 경제적으로 중요한 목적을 포함한다. 여기서 말하는 종교심(religiousness)은 개인이 종교에 소속되면서 정체성을 갖는 범위를 기술하기 위해서 차용한다. 이러한 점에서 종교심(예, 특정 종교에 소속되기)은 개인의 영성에 이로운 영향을 끼칠 수도, 해로운 영향을 끼칠 수도 있다.

이러한 언어상의 구별은 영성과 종교의 정의에 대해 씨름하는 일련의 보건과 학자 패널을 통해서 진전을 이루었다(Larson, Swyers, & McCullough, 1998; Miller & Thoresen, 2003; National Institute on Alcohol Abuse and Alcoholism, 1999). 또한 이러한 언어상의 구별로 인하여 영성, 종교, 독실함이라는 세분화된 언어로 명확하게 논쟁할 수 있게 되었다. 이 장과 이 책의 목적을 위해 이 책에서는 이 용어를 다음과 같이 사용할 것이다. 첫째, 영성은 다차원적이며 개인의 특성으로 묘사된다. 둘째, 종교는 정의된 경계가 있는 사회적인 실체다. 셋째, 종교심은 개인이 종교에 소속되는 정도와 유형이다.

심리학의 가장 큰 금기

모든 문화 공동체에서 종교는 실질적으로 수천 년간 인간과 현실의 본성 가정에 영향을 미치면서 동시에 형성되어 왔다. 종교의 가장 기본적인 가정은 인간 본성과 현실은 물리적이면서 동시에 영적이라는 점이다. 유대인과 기독교인들은 이러한 영적 측면을 유일신과 인간의 관계이자, 인간의 중심적 본성으로 이해한다. 미국인의 90% 이상이 하나님을 믿는다고 고백하였으며, 많은 사람이 종교를 자기 삶의 중심, 자기에게 의미를 부여하고 행동을 지도해 주는 핵심이라고 하였다(Gallup, 1985, 1995). 종교심과 육체적 · 정신적 건강이 정적 상관관계를 보인다는 경험적 연구 결과가 많이 있다(Koenig, 1998; Koenig, McCullough, & Larson, 2000; Larson et al., 1998; Levin, 1994).

심리학 연구와 실제에서 영성과 종교에 대한 관심이 거의 없다는 점은 특이하다. 임상심리학자들은 내담자에게 삶의 세부적인 측면을 질문하지만, 종교나 영성에 대해 탐색하는 것을 피하곤 한다. 심리측정학적으로 유용한 종교심을 평가하는 도구(Hill & Hood, 1999)는 대부분의 상담과 연구에서 알려지지 않았으며, 사용되지 않았다. 영성과 종교는 대부분의 심리학 교과서와 대학원 및 학부 과정 교과 과정에 포함되지 않는다. 영성은 심리학의 명백한 금기 사항이었으며, 인간 경험 영역의 거대한 맹점이었다.

그러나 영성에 관심을 잃지 않은 심리학의 중요한 영역이 있다. 융 학파는 인간 본성의 영적 측면에 관심을 갖는다. 주류 과학적 심리학과 임상심리학과는 다소 거리가 있더라도, 종교심리학은 실제로 전문 영역이다. 심리학 내의 '제3 세력'은 결정론을 강조하는 정신분석과 행동주의의 대응점을 찾았다. 이 관점은 주로 인본주의라고 불리는데, 인본주의는 때로 종교에 반하는 것처럼 보인다. 사실상, 에이브러햄 매슬로와 칼 로저스가 표현한 인간의 인본주의적 이해는 종교적 관점과 많은 부분을 공유하며, 종교적 관점에 의해 큰 영향을 받았다. 로저스는 마르틴 부버와의 대화(Anderson & Cissna, 1977), 그리고 폴 틸리히와의 대화(Tillich & Rogers, 1966)에 열정적으로 참여하였고, 『신학적이고 심리학적 관점의 인간 본성(The Nature of Man in Theological Perspective)』(Doniger, 1962)이라는 책을 40년 전에 공저하였다.

심리학의 종교에 대한 좀 더 대중적인 혐오(또는 적어도 영성 혐오)는 없어진 것으로 보인다. 종교와 영성에 대한 일반 대중의 관심이 살아나고 있듯이, 심리학 분야에서도 제임스(1902)를 열광하게 한 주제인 영성에 대한 관심이 부활되었다. 역사 속에서 처음으로 미국심리학회(American Psychological Association: APA)에서는 심리학과 종교와 영성의 접점을 찾는 책을 발간하였다. 국립보건원(National Institutes of Health)은 영성과 건강에 대한 연구를 모집하고 기금을 지원하기 시작하였다(예, National Institute on Alcohol Abuse and Acoholism, 1999). 영성과 건강 학술회의에는 많은 사람이 몰렸다. 이러한 문화적 변화에서 심리학이 종교에서 무엇을 얻을 수 있을지에 대해 귀를 기울이고 배우려는 준비가 가장 새로운 점이다.

우리는 과연 신론적 심리학을 발달시킬 용기가 있는가

심리학은 19세기에 철학과 신학을 뿌리로 하여 탄생했지만, 20세기를 거치면서 신이나 종교에 대한 관심은 주요 심리학 이론, 연구, 치료에서 점차 사라졌다. 심리학의 제3 세력조차 전체론적인 인본주의적 가치를 나타내면서도 신에 대한 믿음은 대부분 무시하였다. 대신에, 과학적 심리학은 인간 행동에 대하여 물리적 · 무의식적 · 환경적 요인의 산물이라는 환원주의적 설명에 초점을 맞추었다.

필자가 1969년에 임상심리학 대학원에서 훈련받기 시작할 때, 신이나 종교는 열린 토의에서 부적절한 주제였다. 그 주제는 침묵, 농담, 책 읽기로 소통되었고, 교과 과정과 슈퍼비전, 그리고 과학 모임에서 영적이고 종교적인 자료는 완전히 배제되었다. 이것은 '네가 무엇을 믿든 간에 제발 너 혼자만 알고 있어라.'라는 메시지인 것 같았다. 사실상 인간 본성의 어떤 부분이라도 토론할 수 있지만, 종교는 블랙홀이었다.

1986년에 조지 하워드(George Howard)는 인간의 자유의지와 대행의 주제를 포함한 책인 『우리는 과연 인간과학을 발달시킬 용기가 있는가』를 통하여 이 주제에 대하여 질문하였다. 하지만 오히려 그 분야에서는 수십 년간 자유의지와 대행에 대한 생각보다는 자동성에 대한 관심이 높았다(Bargh & Chartrand, 1999; Kirsch & Lynn, 1999). 심리학자들 자신이 현실을 유신론적으로 이해하든 그렇지 않든 유신론적 관점이 심리학과 인간 본성이 어떻게 다른지, 유신론적 관점이 인간 행동 과학에 어떻게 정보를 줄 수 있을지를 질문하는 것은 합당하다. 이슬람, 유대교, 기독교 같은 유일신을 두는 종교는 미국과 서구 세계에서 많은 사람의 자기이해, 가치, 인식을 이끌어 왔다. 그러므로 유신론적 관점을 심리학에서 제외하는 행위는 인간 본성과 동기에 대한 이해를 제한하는 것이다.

이것은 유신론을 포용하기 위해서 심리학자를 부름도 아니고, 인간 본성에 대한 지식을 향상시키기 위해서 과학적 방법을 포기함도 아니다. 대신, 필자의 요구는 가장 임상적이고 과학적인 접근법을 사용하면서 유신론적 관점으로 인류를 생각할 때 일어나는 특별한 주제와 변인과 연구 영역에 집중하는 것이다(이것이 어떻게 이루어졌는지는 다음에 제시된다. 5부의 두 개의 결론 장에 요약되어 있다). 심리학은 세속주의와의 학문적 유대로 인간 행동에 대한 이해에서 자연스럽게 관심이 가는 현상을 외면하게 되었고, 심리학자들이 유신론적 관점을 가질 때에도 통찰과 유신론적 관점을 우선순위에 두지 않았다.

인간 본성에 관한 근본적 전제의 집합과 유대-기독교 인류학과 함께 시작하는 유신론적 심리학을 상상해 보라. 인간 본성에 대한 유신론적 전제의 시작점은 정신분석, 행동주의, 실존주의 심리학적 전제의 시작점보다 이상하거나 비과학적이지 않다. 신론적 심리학은 과학적 방법을 제한하지 않고, 특정 주제를 연구에서 제외하지도 않는다. 이는 반대로, 영적 주제를 연구하는 데 대항하는 한 세기에 걸친 주요 심리학의 금기를 걷어 낼 것이다. 인간 본성에 대한 유대-기독교적 관점은 심리학자들의 연구를 이끄는 타당한 인류학이다. 그것은 또한 여성주의와 인본주의 관점의 기여와 나란히 심리학의 새로운 의식과 관심의 장을 열 것이다. 과학적 심리학은 또한 유대-기독교 영성에 많은 기여를 하게 될 가능성이 크다.

인간 되기는 어떠한 의미인가

심리학 내의 주요 모델이 인간에 대한 유대-기독교의 견해와 어떻게 비교되고 대조되는가에 대해서 이 책은 기본적인 도전과 질문을 한다. 그 시작인 이 절에서는 인간 본성에 관한 유대-기독교 관점의 기본적이고 필수적인 요소를 개괄한다. 이렇게 시작하면서 인간에 대한 유대-기독교적 이해를 통해 보거나 정보를 제공받는다면, 심리학적 관점(그리고 심리학적 관점에 수반되는 임상 실제나 연구)이 어떻게 달라질 수 있는지에 대해서 누군가는 질문을 제기할 수 있다.

인간 본성에 대한 유신론적 이해

나는 인간의 본성에 대한 근본적인 이해(이미지)를 위해서 독일 명사인 'Menschenbild(인간상)'이라는 단어를 유용하게 사용한다. 이는 심리학에서 더 많이 사용되는 'Weltanschauung(세계관)'―사람의 세계관, 현실에 대한 더욱 폭넓은 이해―이라는 용어와 개인적 차원에서 평행을 이루는 개념이다.

그렇다면 무엇이 유대교나 기독교에서 말하는 것과 같은 유신론적 인간상의 기본 구성인가? 이 질문에 대하여 인간 본성에 대한 유신론의 이해에 관한 여덟 개의 교의를 제안하려고 한다. 유신론의 관점에서 어떤 것은 독특할 수도 있고, 그렇지 않을 수도 있다. 물론, 신앙인들 사이에는 믿음에 대한 다양한 관점이 있다.

1. 영의 실재(Reality of Spirit). 가장 우선이고 중요한 주장은 인간의 삶은 물질적 세상 이상이라는 점이다. 인간이 서로 의미 있게 연결된 현실에서는 눈에 보이지 않는 영적 차원이 있다. 사실상 그 관계는 유대-기독교적 인간 본성에 대한 이해의 핵심이다(Hoekema, 1986; Pannenberg, 1970). 유신론적 사고에서 하나님은 영의 영역에서 진수다. 그는 인류를 창조하고 계속 관계하고 있는 궁극적 권능이자 권위다. 하나님과 영의 실재는 누군가가 인간을 물리적 대상으로 또는 본질적으로 이원론으로 이해를 하든 관계없이 인간은 신체적 몸과 분리될 수 있는 영을 가지고 있으며, 이 둘은 서로 하나로 연결된 존재임을 확증해 준다(Brown, Murphy, & Malony, 1998).

2. 신이 아님(Not God). 인간은 하나님이 아니며(Kurtz, 1979), 도덕성의 궁극적 권위자도 아니다. 그보다는 인간 본성과 행동에 의해서 평가될 수 없는 선과

악의 절대적 기준인 자연법칙이 있다. 인간의 판단과 독립적으로 존재하는 일단의 궁극적 가치와 덕이 있듯이, 진리는 인간의 진리에 대한 착상과 독립적이다(8장을 보라). (무엇이 선인지에 대한 절대적 기준을 확인하기 위해서 누구나 신론자가 될 필요는 없다. 플라톤이나 부처 모두 선의 초월적 특성에 대하여 주장하였다.) 신론적 인간상의 두 번째 핵심 요소는 인간에게는 자기 맥락이나 사고와는 별개로 존재하는 더 높은 기준, 이상, 의도된 특성이 있다는 점이다. 이를테면, 다른 종교의 세계에서 덕으로 정의된 그 모든 것으로, 헌신적 사랑, 약자와 압제된 사람들을 향한 정의의 실천, 결혼에의 충실, 용서, 겸손 등은 덕의 특성으로서 넓은 의미에서는 다소 해석상 차이가 있을지라도 기독교와 유대교의 사고에도 분명하게 있다(Templeton, 1997).

3. 죄(Sin). 만약 덕과 올바른 행동의 절대적 기준이 있다면, 인간이 아무리 그러한 기준을 고수하기 위해 부지런히 노력한다 하더라도 인간의 조건은 너무나도 부족하다. 유대교와 기독교의 말씀에서 죄라는 용어는 법적(범죄, 불법침해) · 대인관계적(반항, 저항) · 경제적(부채, 함정에 빠뜨리기) · 의학적(질병) 맥락에서 다양한 비유로 묘사된다. 인간의 본성은 선과 악 둘 다에 대한 잠재성을 포함한다. 이는 하나님과 타인의 필요에 대하여 열려 있는 것과 자기중심성 간의 끊임없는 긴장을 말한다(Pannenberg, 1970). 유대교와 기독교의 말씀에서 죄는 행동에 한정되지 않고 생각과 동기로까지 확대될 수 있다(Hoekema, 1986). 인간이 의도한 성품에 미치지 못하는 경향을 인정하고 고심하며 뛰어넘기 위해서 우리는 종교적 전통과 연습이 필요하다.

4. 대행(Agency). 이러한 점은 인간이 본성적으로 덕과 그 반대의 것 사이의 긴장 속에서 선택한다는 사실을 말하고 있다(Hoekema, 1986). 행동은 목적지향적이며, 선택에 의해 영향을 받는다. 선택은 주관적이며, 이는 자명한 사실이다. 인간은 자신의 생각과 행동을 바라고, 선택하고, 결정하는 대행자다(3장을 보라). 선택에는 책임이 뒤따른다. 자신의 행동에 대한 결과에는(어떤 한계 내에서의) 책임이 뒤따르게 된다. 이는 모든 서구 형사사법제도의 기저에 포함되어 있으며,

행동은 완전히 자유의지에 의한 것이 아니라고 말한다. 확실히 행동에는 제한과 영향이 있으며, 행동의 의지적 통제는 정도와 노력의 문제다(Howard, 1986; Miller & Brown, 1991). 유신론적 종교는 분명히 의지보다 행동의 결정 요인을 인정한다. 더 정확히 말하면, 유신론적 종교에서의 함의는 (세속 종교의 경우와 같이) 인간은 부적절한(죄스러운, 불법의) 행동을 조장하는 영향력을 의식적으로 무시한다는 것이다. 이는 자동적 과정과 통제된 과정에 대한 현대심리학적 구별과 유사하다. '인간 존재의 아주 작은 파편이 본능적 행동의 잔재로 만들어졌을지라도' 사람들은 분명히 목적을 세우고 지구상에서 그 목적에 따라서 시간을 보낼 것이다(Pannenberg, 1970, p. 54). 판넨베르크(Pannenberg)는 인간 본성을 (동물 행동의 닫힌 체계의 본능적인 토대와는 대조적으로) 다른 많은 반응을 선택하는 수많은 자유를 가진 '자유로의 끝없는 운동'으로 특징 지었다. 이 견해는 물론 스키너(1972)의 결정론적 인류학과 극명하게 대조된다.

5. 영적 건강(Spiritual Health). 심리학의 출현과 윌리엄 제임스의 글에 앞서, 영적 건강과 돌봄에 대하여 수천 년에 걸쳐 반영된 생각들이 있다. 몸과 마음의 건강과 함께 최적의 영적 건강은 자동적이지 않고 각성과 연습이라는 형태를 통해 촉진되고 유지될 수 있다. 이 중에는 기도와 금식, 묵상, 섬김, 성경 연구라는 전통적인 영적 훈련이 있다(Foster, 1998; 11장을 보라). 유대-기독교적 관점에서, 영적 건강이 정신적 · 신체적 건강과 밀접하게 연관되어 있다는 점은 주목할 만하다. 영성은 치과의사가 누군가의 치아를 치료하는 행위처럼 특별한 사람의 영역으로 분리되지 않는다(Merton, 1960). 전인에 관심이 있는 심리학자들은 인간 본성에 관해서 영적 영역에도 마땅히 관심을 가져야 한다.

6. 관계적 책임(Relational Responsibility). 유대교의 가르침은 개인적 대행, 책임이라는 주제에 대해서 공동체의 조건과 행동에 대한 책임을 공유한다는 개념에 특히 한 걸음 더 앞섰다(4장을 보라). 인간은 자기 자신의 죄나 건강에 대한 책임뿐 아니라 공동체나 국가의 죄(예, 불평등)까지도 받아들이고 감수할 책임이 있다. '샬롬(Shalom)'은 단지 개인적 마음의 평화만이 아니라, 하나님이 의도하

시는 질서 있는 평화와 정의가 있는 공동체의 상태다. 이러한 공동의 집단의식은 신자들이 자신의 소유를 나누어 공동체에서 생필품 부족을 겪는 사람이 없게 하고자 한 1세기의 기독교에서 볼 수 있다.

7. 소망(Hope). 인간의 조건이 인류 확장이라면 인간의 조건은 상당히 열악할지 모르며, 인류는 스스로 무엇인가를 하도록 남겨졌다. 그러나 유대교와 기독교의 사상에서 인류는 홀로 분투하지 않는다. 사람이 의지할 수 있는 물질적 현실을 넘어선 영적 영역이 있다. 인간은 물질적 존재보다 크며, 물질적 존재를 초월하는 영적 영역과 관계되어 존재한다. 이를테면, 구하는 자들을 위한 안내, 위로, 소망, 조력의 근원과의 관계 안에 존재한다. 현실과 인류에 대한 유대-기독교인의 관점에는 근본적 개방성이 있으며, 하나님이 새로운 일을 하실 것이며, 하고 계시다는 의식적 기대가 있다.

8. 변형(Transformation). 변형은 변화에 대한 인간의 잠재성을 넓혀 준다. 인간은 구원받을 수 있다. 학습과 의지의 단계를 초월하고, 자기의존을 초월하며, 극복할 수 없는 한계나 방해물처럼 보이는 것을 넘어서는 변화의 희망이 있다. 변형은 갑자기, 극적으로, 예기치 않게 일어날 수 있다(Miller & C'de Baca, 2001; 9장을 보라). 사람의 급진적 변형은 가능하며, 이는 유대교(예, 모세)와 기독교(예, 바울)의 성경적 이야기의 핵심이다.

영성의 다차원적 영역 안에 심리학자의 위치가 어디에 있든지 간에, 영성 없이는 인간 본성에 대한 어떤 이해라도 완전하지 않을 것이다. 많은 사람이 영적 방식으로 실제를 경험한다는 사실은 자신의 동기, 가치, 자기개념, 선택과 행동을 이해하는 데 핵심이 될 것이다. 전문적 개념인 '문화적 역량'은 문화 안에서 영향력을 정의할 때조차 주류로서 종교의 실질적 진가를 확실히 포함하여야 한다. 예를 들어, 종교의 핵심적 역할에 대한 설명 없이 아프리카계 미국인이나 이슬람이나, 모르몬 공동체 속에서 살아가는 개인이나 집단경험을 이해하기는 불가능하다.

특별한 관심사: 가치와 연구 의제

인간이(심리학자를 포함하여) 시간을 보내는 방법은 그들의 가치를 반영한다. 심중에 어떤 특별한 관심사가 있으면, 이는 상담자가 자신이 작업할 내담자를, 또는 과학자들이 자신이 연구할 주제를 선택하는 데 영향을 미친다. 유대-기독교적 관점에서 인간의 본성을 바라본다면, 이들의 관심을 끄는 특별한 관심사는 무엇이 될 수 있겠는가? 다음에 간략하게 기술한 여덟 가지 기본 가정이 특별히 연구 가치가 있는 주제를 어떻게 말해 줄 것인가?

1. **영의 실재(Reality of Spirit)**. 누군가가 인간이 하나님의 형상(Imago Dei)(즉, 인간의 본성은 하나님의 본성을 반영한다)을 품고 있는 하나님의 실재라고 가정한다면, 인간 본성의 영적 측면은 심리학의 연구와 실제에서 중요한 관심사가 된다. 익명의 알코올 중독자 모임(Alcoholics Anonymous: AA)의 12단계에서와 같이 유신론적 종교의 긴요한 관심은 하나님과의 의식적이면서 의도적인 접촉이다. 기도와 명상은 이 목적을 위한 인간 노력의 가장 보편적인 형태이고, 연구에서도 가장 자주 탐구되었다(Benson & Klipper, 1990; Dossey, 1995; Poloma & Gallup, 1991). 미국인 중 90%는 적어도 때때로 기도한다고 보고하였다(Gallup Organization, 1993). 하지만 금식, 찬양, 창가(chanting), 의례와 같은 하나님과의 의식적 접촉을 장려하기 위해서 의도된 영적 훈련은 아직 탐구가 덜 되었다. 하나님을 의식하기 위한 인간의 역량을 더 잘 이해할 수 있다고 상상하는 비침투적(noninvasive) 신경과학은 이러한 연구를 위해서 떠오르는 하나의 큰 길이다(예, d'Aquili & Newburg, 1999). 예를 들어, 자기보고식의 하나님 의식과 연관된 신경 활동의 영역은 구체적인 영적 연습과 연결되어 탐구될 수 있다. 하나님 의식의 정도와 강도는 교대로 성격의 양상, 사회적 적응, 건강의 양상과 연결될 수 있다. 마찬가지로, 장기적인 영적 훈련의 영향은 확인되어야 할 것이다(11장을 보라). 묵상기도와 명상의 성실한 훈련은 깊은 안정과 평안과 연결되어 있지만, 이것은

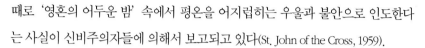

때로 '영혼의 어두운 밤' 속에서 평온을 어지럽히는 우울과 불안으로 인도한다는 사실이 신비주의자들에 의해서 보고되고 있다(St. John of the Cross, 1959).

2. 신이 아님(Not God). 누군가가 인간의 맥락과 판단에 관계없이 절대적 덕과 선의 기준이 있다고 가정한다면, 인간이 이러한 궁극적 목표에 접근하도록 돕는 방향으로 심리학적 자문과 연구가 이루어질 수 있다. 신앙이 있는 사람들 자신이 바라는 덕을 따르며, 그에 자신의 삶을 일치시키고자 하는 것은 상식적이다. 그러나 이렇게 함으로써 그들은 심리학자들이 이해하고 있는 행동적 영향으로부터 멀어지게 된다. 여기서 성격과 인격의 차이가 떠오른다. 성격은 하나의 성향(disposition)이 다른 성향보다 바람직한지에 대한 판단을 하지 않은 채로 단지 개인이 연속적 변인 또는 범주적 변인에 따라서 분류되는 방식을 검토하는 수많은 탐구의 주제가 되어 왔다. 예를 들면, 한 문화 또는 하위문화의 내향성과 외향성에 대한 가치가 서로 다르다고 할지라도, 이러한 특성은 인간이 달라지는 어떤 차원의 양극단을 나타내며, 심리학적으로는 둘 다 정상적이다. 반대로, 인격의 다차원적인 구성 개념은 스펙트럼의 한쪽 끝이 인간 존재의 바람직하고 의도되었으며 적절한 상태인지에 대한 절대적 판단을 포함한다. 좋은 인격을 갖추었다는 말은 이해할 수 있지만, 누군가가 좋은 성격을 갖추었다고 말하기는 어렵다. 성격은 특성(traits)을 포괄하고, 인격(character)은 덕을 포괄한다. 이러한 차이는 물론 도덕적 상대주의자들의 불안을 조성하지만, 인격에 대한 인식은 자연적 언어에 분명히 내재하며 공적 담론의 구성 요소다. 이는 자서전과 드라마, 추도 연설의 일상적인 내용이다.

인격에 대한 설명은 어떤 요인이 인격의 유지와 발달을 조장하는지, 그리고 인격의 손상과 파괴에 기여하는지에 관한 질문을 야기한다. 내향성과 신경증의 기원에 대해서는 심리학적 연구로 많은 것이 알려진 것과 비교해, 관용이나 정직 같은 덕의 근원에 대한 연구는 훨씬 적다. 심리학자들은 무엇이 겸손, 통합, 지혜, 비폭력 같은 특정한 덕을 이루고 촉진하는가에 대한 지식을 발전시킬 수 있다.

3. 죄(Sin). 덕이 있는 행동은 그 반대가 존재하는데, 상식적으로는 악이라고 하고, 유대-기독교 전통에서는 죄라고 한다. 심리학과 정신의학의 담론에서는 죄(sin)와 사악(evil)을 전혀 다루지 않는다. '죄에서 무슨 일이 일어나는가?(What ever Happened to Sin?)'라는 제목의 영향력 있는 보고서를 낸 메닝거(Menninger, 1973)와 두 번째 유명한 책으로 『거짓의 사람들(People of the Lie)』이라는 책을 낸 펙(Peck, 1983)은 악의 심리학을 탐색하는 데 그들의 모든 인생을 보냈다.

죄는 즉각적이고 강력한 긍정적 강화와 연관되어 있을 수 있으나, 영적 관점에서는 바람직하지 않은 행동이다. 유신론적 신앙의 핵심적인 관심은 죄의 행동을 피하는 것이다. 심리학자들이 죄와 인격의 도덕적 특징에 관하여 한 사람의 종교적 관점을 공유하거나 하지 않거나 관계없이 그들은 이미 무엇이 행동에 영향을 미치는가와 자기통제에 관해서 많은 것을 알고 있다. 장기적 목표를 달성하기 위한 방법으로 즉각적 강화(유혹)를 가장 중요하다고 보는 점은 심리학자들에게 익숙한 시나리오다(Baumeister, 2003; Baumeister, Heatherton, & Tice, 1994). 성경에서 우상숭배로 정의하여 우선순위를 잘못 매긴 분명한 예로 중독이 있는데, 이러한 중독을 다루는 심리학자들에게는 더욱 익숙하다. 또한 심리학적 연구와 관점은 폭력, 거짓말, 자기중심성, 간음, 탐욕, 물질적 소유에 대한 종속 등과 같은 특정 죄와 악을 촉진하거나 악화시키는 요인을 이해하는 데 도움을 줄 수 있다.

4. 대행(Agency). 만약 인간이 의지적으로 선택하고 결정하는 대행자라면, 그러한 실행적 통제가 행동의 다른 결정 요인을 어떻게 무시하거나 상호작용하는지 이해하는 것이 중요하다. 밀러와 브라운(Miller & Brown, 1991)은 특정한 시간, 개인, 행동에 따라서 달라지는 의지적 노력으로 통제할 수 있는 변화의 비율과 함께 의지의 통제를 행동에 영향을 미치는 한 가지 원천으로 기술하였다. 어떤 행동들은 의지적 규제에 의해서 통제를 많이 받는 반면, 다른 행동들은 의지적 규제에 의해서 통제를 덜 받는다. 생리적 기능에 대한 바이오피드백 훈련을 통한 결과처럼, 의지적 영향력 밖에 있는 어떤 것들은 경험을 통해서 의식적 통제의

대상이 될 수 있다. 행동적 자기통제 훈련은 자신의 행동을 조절하는 데 적용되는 학습을 가르치는 원리를 포함한다(Hester, 2003; Thoresen & Mahoney, 1974).

심리학적 연구는 실행적 통제를 자주 제쳐 놓거나 무시하면서 인간의 행동을 기계적 결정 요인으로 환원시키는 데 초점을 둔다(Howard, 1986). 상식적인 공공의 자기인식 속에는 명백하고, 법에서는 함축적인 인간에 대한 유대-기독교의 관점은 대행적 통제가 환영이 아님을 가정한다. 오히려 선택은 행위의 의미 있는 결정 요인이며, 어떤 의미에서는 인간 측면의 행동적 통제를 가장 잘 구별해 준다. 이러한 관점을 공유하는 심리학자는 인간 대행을 제쳐 두거나 축소시키는 대신, 행동의 의지적 통제를 촉진하거나 이해하는 데 실로 관심을 둘 것이다.

5. **영적 건강(Spiritual Health).** 안녕(well-being)의 다양한 차원으로 구성된 건강은 그 자체로 복잡하고 파악하기 어려운 개념이다(Miller & Thoresen, 1999). 건강 검진은 신체적 건강의 결정적 측면의 표시와 생명 징후를 평가하도록 설계되었다. 이와 유사하게 종합적 심리평가는 정신 상태의 다양한 차원을 조사한다.

유신론적 또는 다른 전인적 관점에서 볼 때, 영적 건강은 제3의 중요한 차원이 되었다. 인간을 전체적으로 평가하기 위해서는 영, 정신, 몸을 아우르게 된다. 종교와 영성을 측정하기 위한 도구의 심리측정적(psychometric) 타당화가 실질적으로 진보를 이루었다(Gorsuch & Miller, 1999; Hill & Hood, 1999). 프루이저(Pruyser, 1976)는 기독교 신학의 관점에서 특별히 영적 건강을 측정하기 위한 접근을 개관하였다. 다른 사람들은 일반적인 영적 안녕(Paloutzian & Ellison, 1991)과 영적 대처(Pargament, 1997)를 측정하기 위한 수단을 타당화하고 발달시켰다. 파울러(Fowler, 1995)는 신앙 발달을 이해하고 평가하는 체계를 기술하였고, 다른 이들은 영적 성숙의 측정을 제안하였다(Hill & Hood, 1999). 영적·종교적 척도의 다차원적 조사 목록은 국립노인연구소(National Institute on Aging)와 협력한 펫저 연구소(Fetzer Institute)에서 발간되었다(1999).

이미 입수할 수 있는 이러한 풍부한 도구로 영적 건강 측정을 독립변인, 예측변인, 중재변인, 조절변인, 종속변인으로 탐구할 수 있게 되었다. 예를 들어, 영적 건강과 인격 측정은 둘 다 동시에 정신적이고 육체적인 건강의 색인, 그리고 종단연구의 예측변수와 상관이 있을 수 있다. 많은 연구가 종교와 건강 사이의 유익한 관계에 초점을 맞추었지만(Koenig et al., 2000), 이러한 관계의 기저에 대한 이유는 명확히 할 필요가 있다. 동시에, 심리치료나 약물치료의 다양한 형태가 종속변인으로서 영적 건강 결과에 미치는 긍정적이거나 부정적인 영향에 대해서 알려진 바는 거의 없다.

6. 관계적 책임(Relational Responsibility). 유신론적 관점의 연구에서 우선순위에 있는 관심사는 더 큰 공동체의 행동과 복지에 대한 관계적인 책임이라는 개념이다. 유대교와 기독교의 성경은 둘 다 연구 참가자 중에서 실제보다 덜 드러나는 사람들인 가난한 자와 억압된 자의 곤경에 우선적으로 관심을 둔다. 공동체 내의 평화를 조성하고 조화로운 관계를 촉진하는 과정은 다급한 관심이다. 사회적 조화를 진보시키는 행동을 촉진하는 요인인 용서, 협동, 자발성, 구제, 자기부인의 사랑, 이타주의에 대한 적절한 연구가 있다(예, Myers, 1992; Post, Underwood, Schloss, & Hurlbut, 2002).

관계적 책임은 종교 공동체 자신에게도 확장되어야 한다. 종교라는 이름하에 행해지는 해악들은 개인 차원과 지역 차원(지역 내 집단자살)에서, 그리고 더 큰 사회적 또는 국제적 차원(십자군 전쟁, 중동과 북아일랜드의 역사적인 폭력, 뉴욕 9·11 테러)에서 이루어졌다. 어떤 요인이 종교를 부적절하게 만들며, 종교 공동체가 더 큰 해악을 이끄는 이런 위험을 어떻게 막을 수 있을까? '독이 있는 종교'가 개개인에게 어떠한 종류의 피해를 안기며, 그러한 상처는 어떻게 치유될 수 있을까? 이를 위해 종교에 대한 분석뿐 아니라 종교와의 의미 있는 대화가 필요하다.

7. 소망(Hope). 대부분의 치유자는 희망의 신비한 힘을 인식하지만, 그 현상을 이해하고, 소망이 인간복지에 어떻게 영향을 미치는지에 대한 연구는 초기 단계다(Snyder, 1994; Yahne & Miller, 1999). 하나님을 믿는 이들은 증거에 근거한 예측이나 낙관주의와 같은 다른 형태를 닮을 수도 있고 그렇지 않을 수도 있는 소망의 어떤 특정한 형태를 나타낸다. 하나님의 개입에 대한 소망은 아주 광범위

하게 퍼져 있는 중보기도나 청원기도의 훈련을 영적으로 자극한다(Poloma & Gallup, 1991). 대부분의 과학자가 인식하는 것보다 그러한 기도의 영향에 대한 연구가 더 많이 이루어졌지만(Dossey, 1995; Matthews, 1998), 인간 건강의 결과상에서의 기도의 영향에 대한 탐구는 동료들이 검토하는 과학 학술지에 덜 출판되었다. 어떤 임상적 시도에서는 외부인들이 타인을 위한 이중으로 맹목적인 중보기도에서 의미 있게 괄목할 만한 자선 효과를 낳았다고 보고하였고(McCullough, 1995), 어떤 시도에서는 그렇지 않다고 보고하였다(예, Walker, Tonigan, Miller, Comer, & Kahlich, 1997). 청원기도를 포함한 다양한 종류의 기도가 자신의 육체적·정신적·영적 건강이나 사랑하는 사람의 건강에 미치는 영향 역시 매우 중요하다(McCullough & Larson, 1999; Poloma & Gallup, 1991). 12단계 프로그램에서 자기통제를 포기하고 하나님의 도움을 요청하는 것은 회복에 이르는 중요한 단계로 보인다(Alcoholics Anonymous, 1976). 심리학자들은 떠나 보내기(Baugh, 1988; Cole & Pargament, 1999)나 수용(Hayes, Jacobson, Follette, & Dougher, 1994)과 같은 대처의 가치에 대해서는 연구해 왔지만, 신적 개입을 구하는 효과에 대해서는 덜 연구되었다.

8. 변형(Transformation). 심리학자들은 전형적으로 학습곡선의 단계별 접근과 같은 작은 변화에 초점을 맞춰 왔다. 심리치료는 대개 점진적 변화를 낳으며, 주간, 월간이나 연간에 걸친 상대적으로 작은 단계 속에서 이해된다. 중독자들의 행동에서 빠른 회복은 흔하지 않으며, 회복 시간이 오래 걸리고 이전 행동으로 돌아가기가 쉽다(Brownell, Marlatt, Lichtenstein, & Wilson, 1986; Westerberg, Miller, Harris, & Tonigan, 1998).

그러나 한 사람에게서 몇 시간이나 몇 분에 걸쳐 극적이며, 한꺼번에 모든 것을 갈아치우면서도 이후에 상당히 안정적인 변형이 갑자기 일어난다는 것이 오랫동안 인식되어 왔다. 제임스(1902)는 이러한 사건을 기술하였고, 사람이 그러한 급격한 변형을 하도록 하는 요인에 대해 많은 생각을 하였다. AA의 공동 창립자인 빌(Bill. W.)을 포함한 AA 멤버들(1976)은 다시 돌아가고 싶은 열망이나 갈망 없이 이미 자리 잡은 중독으로부터 급격하고 영구적으로 해방되는 것을 보고해 왔다. 신학자들은 회심이나 변형이 일어나는 과정을 기술해 왔으며(Loder, 1981; Rambo, 1993), 심리학자들은 그들을 기록한 사례 보고를 출판해 왔다(예, Barlow, Abel, & Blanchard, 1977). 더 최근에는 밀러와 세드 바카(Miller & C' de Baca, 2001)가 '양자 변화(quantum change)'의 현상을 기술하는 55가지 이야기를 종합했는데, 이 '양자 변화'는 두 가지 유형으로 나뉜다. 급작스러운 통찰과 신비한 계시가 그것이다. 자서전이나 전기에도 갑작스럽게 변형된 정신과 심중(heart)의 예가 많이 있다.

신앙인에게는 그러한 사건이 덜 놀라울 것이다. 성경은 초기 기독교인들을 박해하던 사울이 다메섹에서 급작스럽고 극적인 변화를 보여 바울로 새 이름을 얻고 교회를 가장 번영시킨 사람이 되었다는 중요한 실례를 포함한다. 그렇게 180도 전향한 회심은 기독교인들에게는 하나님의 기본적인 사역으로 이해된다. 밀러와 세드 바카(2001)가 연구한 55개의 '양자 변화' 사이에서 가장 평범하고 즉각적인 선행 요인은 하나님의 도움을 열렬히 구하는 기도였으며, 처음 기도한 경우도 종종 있었고, 혹은 수년간에 걸쳐 이루어졌다. 그러한 극적이고 영구적인 변화가 수분 내에 일어난다면, 이것은 신론적이든 그렇지 않든 심리학자들의 관심사가 될 것이다.

이후

심리학과 유대-기독교 인류학의 접점을 탐색하기가 이 책의 주요 목적이다. 이 장과 다음 장은 이 익숙하지 않은 두 관점을 나란히 놓기 위해 개념적이고 역사적인 맥락을 제공한다.[1]

---

1) 저자들은 많은 성경 자료의 번역본을 인용하였다. 장과 절의 인용에 덧붙여 인용한 특정한 번역본의 표기는 다음과 같다. King James Version: KJV, Revised Standard Version: RSV, New International Version: NIV, New American Bible: NAB.

　　제2부는 자기개성(selfhood)의 세 가지 근본적 측면에 대해 제안할 것인데, 이는 심리학과 유대-기독교 영성에 겹쳐 있다. 이 중 첫째는 대행과 자유의지다. 대행과 자유의지는 인간 본성에 대한 유대교와 기독교의 이해에서 중요한 구성요소다. 세속사회 심리학자인 로이 바우마이스터(3장)는 자기규제의 심리학 관점에서 이 주제를 기술한다. 4장에서 기독교 철학자인 스테판 에반스는 자기의 개인주의적 개념과 인간 본성의 관계적 이해를 대조할 것이다. 키르케고르의 저작에 대해 언급하면서, 특히 그는 타인과 하나님 모두와의 관계 속의 자기를 받아들이는 인류학을 구성한다. 그리고 5장에서는 최근 불교의 마음챙김과 서양 심리학과 영성의 통합을 포함하는 연구(Bien & Bien, 2002)를 한 전직 목사 토머스 비엔이 유대-기독교 종교와 자기의 심리학에서의 이야기의 중요성을 탐색한다. 그는 이야기가 개인과 집단, 종교의 정체성의 핵심을 형성한다고 주장한다.

　　제3부에서는 심리학과 유대-기독교 인류학의 접점에서 동기라는 주제를 살펴본다. 인간의 성(sexuality)은 종교적인 심리학적 관점의 대화를 고려하는 많은 차원을 제공한다. 6장에서 임상심리학자이자 종합대학 학장인 스탠턴 존스와 헤더 호스틀러는 성에 대한 이러한 관점에서의 철학적 차이점과 공통점을 논의한다. 마틴 메어(7장)는 동기를 연구하는 데 초점을 둔 심리학자인데, 그의 이전 연구에서의 인간 행동을 동기화하는 의미와 가치의 역할을 보다 폭넓게 고려하기로 확장한다. 마지막으로, 기독교 임상심리학자이자 학과장인 에버렛 워딩턴 2세와 잭 베리는 심리학자들이 도덕적 발전이라고 부르는 것과 전통적 선악의 개념적 특징을 대조해서 탐색한다.

　　이는 제4부의 다섯 개 장으로 가는 교량을 제공한다. 제5부는 종단적 관점에서 변화와 변형에 초점을 맞추었다. 9장에서 심리치료사인 스테파니 브라운과 윌리엄 밀러는 영적 변형 현상을 설명하고, 변화와 변형이 어떻게 일어나는지 이해하는 모델로 가는 시작 단계를 밟는다. 칼 로저스와 인간 중심 접근 프로젝트에서 함께 일하는 동안에 관심이 구체화된 유대인 종교 심리학자 재러드 카스와 수잔 레녹스(Susan Lennox)는 10장에서 영성 발달의 촉진이 친사회적이고 건강한 행동의 형성을 위한 폭넓은 기초를 어떻게 제공하는지 고려한다. 11장에서 칼 토레센, 더그 오만과 알렉스 해리스는 영적-종교적 훈련과 건강의 결과와의 관계에 대해 급격히 늘어난 자료들을 검토하였고, 12장에서 브렌다 밀러는 영성과 종교심이 어떻게 세대 전수가 되는지 논의하였다. 제4부를 결론지으며 13장에서는 유대인 종교 심리학자인 케네스 파가먼트, 니콜 머레이-스완크, 지나 매기얼과 진 아노가 영적 전쟁의 발전된 현상과 그 결과, 그로부터 사람들을 돕는 법을 논의한다.

결론 부분인 제5부에서, 카를로 디클레멘테와 해럴드 델라니는 유대-기독교적 관점으로 심리학의 과학과 훈련에 대한 함의를 그려 나간다. 15장에서는 이 책이 나오기까지 3년에 걸친 협력 작업에서 나온 우리의 생각을 제시한다.

인간의 본성을 이해하는 문제는 심리학에서 시작되지 않았고, 인간 조건을 개선하려는 갈망에서 오지도 않았다. 인간 복지를 촉진하는 수단으로서의 심리학의 비전(G. Miller, 1969)은 과학뿐 아니라 인류와 세계 종교와 공유하는 바람이다. 물론 접근법의 차이가 있지만, 공유된 비전과 행동은 수없이 많다. 진실한 협력은 기꺼이 다른 이의 구조에 발을 들이고, 다른 관점에서의 추측과 인식과 필요와 우선순위를 기꺼이 이해하는 것을 포함한다. 최근까지 인간 본성에 대한 종교적인 관점에서의 주류 심리학의 이해는 결여되어 왔고, 환영받지 못하였다. 아마도 수십 년이 흐른 후에야 우리가 놓친 것이 얼마나 많은지를 알게 될 것이다.

참 · 고 · 문 · 헌

Alcoholics Anonymous. (1976). *Alcoholics Anonymous* (3rd ed.). New York: Alcoholics Anonymous World Services.

Anderson, R., & Cissna, K. N. (1977). *The Martin Buber-Carl Rogers dialogue: A new transcript with commentary.* Albany: State University of New York Press.

Bargh, J. A., & Chartrand, T. L. (1999). The unbearable automaticity of being. *American Psychologist, 54,* 462-479.

Bargh, J. A., & Ferguson, M. J. (2000). Beyond behaviorism: On the automaticity of higher mental processes. *Psychological Bulletin, 126,* 925-945.

Barlow, D. H., Abel, G. G., & Blanchard, E. G. (1977). Gender identity change in a transsexual: An exorcism. *Archives of Sexual Behavior, 6,* 387-395.

Baugh, J. R. (1988). Gaining control by giving up control: Strategies for coping with powerlessness. In W. R. Miller & J. E. Martin (Eds.), *Behavior therapy and religion: Integrating spiritual and behavioral approaches to change* (pp. 125-138). Newbury Park, CA: Sage.

Baumeister, R. F. (2003). Ego depletion and self-regulation failure: A resource model of self-control. *Alcoholism: Clinical and Experimental Research, 27,* 281-284.

Baumeister, R. F., Heatherton, T. F., & Tice, D. M. (1994). *Losing control: How and why people fail at self-regulation.* New York: Academic Press.

Benson, H., & Klipper, M. Z. (1990). *The relaxagion response.* New York: Avon Books.

Bien, T., & Bien, B. (2002). *Mindful recovery: A spiritual path to healing from addiction.* New York: Wiley.

Brown, W. S., Murphy, N. C., & Malony, H. N. (Eds.). (1998). *Whatever happened to the soul? Scientific and theological portraits of human nature.* Minneapolis, MN: Fortress Press.

Brownell, K. D., Marlatt, G. A., Lichtenstein, E., & Wilson, G. T. (1986). Understanding and preventing relapse. *American Psychologist, 41,* 765-782.

Cole, B. S., & Pargament, K. I. (1999). Spiritual surrender: A paradoxical path to control. In W. R. Miller (Ed.), *Integrating spirituality into treatment: Resources for practitioners* (pp. 179-198). Washington, DC: American Psychological Association.

d'Aquili, E., & Newberg, A. B. (1999). *The mystical mind: Probing the biology of religious experience.* Minneapolis, MN: Fortress Press.

Doniger, S. (Ed.). (1962). *The nature of man in theological and psychological perspective.*

New York: Harper.

Dossey, L. (1995). *Healing words: The power of prayer and the practice of medicine.* San Francisco: Harper.

Fetzer Institute and National Institute on Aging Working Group. (1999). *Multidimensional measurement of religiousness/spirituality for use in health research.* Kalamazoo, MI: Fetzer Institute.

Foster, R. J. (1998). *Celebration of discipline: The path to spiritual growth.* San Francisco: HarperCollins.

Fowler, J. (1995). *Stages of faith: The psychology of human development and the quest for meaning.* San Francisco: HarperCollins.

Fuller, R. C. (2001). *Spiritual, but not religious: Understanding unchurched America.* New York: Oxford University Press.

Gallup, G. (1985). *Religion in America, 50 years: 1935-1985.* Princeton, NJ: Princeton Religious Research Center.

Gallup, G. (1995). *The Gallup Poll: Public opinion 1995.* Wilmington, DE: Scholarly Reserves.

Gallup Organization. (1993). *GO LIFE survey on prayer.* Princeton NJ: Author.

Gorsuch, R. L., & Miller, W. R. (1999). Measuring spirituality. In W. R. Miller (Ed.), *Integrating spirituality into treatment: Resources for practitioners* (pp. 47-64). Washington, DC: American Psychological Association.

Hayes, S. C., Jacobson, N. S., Follette, V. M., & Dougher, M. J. (Eds.). (1994). *Acceptance and change.* Reno, NV: Context Press.

Hester, R. K. (2003). Behavioral self-control training. In R. K. Hester & W. R. Miller (Eds.), *Handbook of alcoholism treatment approaches: Effective alternatives* (3rd ed., pp. 152-164). Boston: Allyn & Bacon.

Hill, P. C., & Hood, R. W. (1999). *Measures of religious behavior.* Birmingham, AL: Religious Education Press.

Hoekema, A. A. (1986). *Created in God's image.* Grand Rapids, MI: Eerdmans.

Howard, G. (1986). *Dare we develop a human science?* Notre Dame, IN: Academic

Publications.

Huxley, A. (1998). *Brave new world*. New York: Harper Perennial.

James, W. (1902). *The varieties of religious experience: A study in human nature.* Cambridge, MA: Harvard University Press.

Kirsch, I., & Lynn, S. J. (1999). Automaticity in clinical psychology. *American Psychologist, 54,* 504-515.

Koenig, H. G. (Ed.). (1998). *Handbook of religion and mental health.* San Diego, CA: Academic Press.

Koenig, H. G., McCullough, M. E., & Larson, D. B. (2000). *Handbook of religion and health.* New York: Oxford University Press.

Kurtz, E. (1979). *Not God: A history of Alcoholics Anonymous.* Center City, MN: Hazelden.

Larson, D. B., Swyers, J. P., & McCullough, M. E. (Eds.). (1998). *Scientific research on spirituality and health: A consensus report.* Rockville, MD: National Institute for Healthcare Research.

Levin, J. S. (1994). Religion and health: Is there an association, is it valid, and is it causal? *Social Science in Medicine, 38,* 1475-1482.

Loder, J. E. (1981). *The transforming moment: Understanding convictional experiences.* New York: HarperCollins.

Matthews, D. A. (1998). *The faith factor: Proof of the healing power of prayer.* New York: Penguin Books.

McCullough, M. E. (1995). Prayer and health: Conceptual issues, research review, and research agenda. *Journal of Psychology and Theology, 23,* 15-29.

McCullough, M. E., & Larson, D. B. (1999). Prayer. In W. R. Miller (Ed.), *Integrating spirituality into treatment: Resources for practitioners* (pp. 85-110). Washington, DC: American Psychological Association.

Menninger, K. (1973). *Whatever happened to sin?* New York: Dutton.

Merton, T. (1960). *Spiritual direction and meditation.* Collegeville, MN: Liturgical Press.

Miller, G. A. (1969). Psychology as a means of promoting human welfare. *American*

Psychologist, 24, 1063-1075.

Miller, W. R. (Ed.). (1999). *Integrating spirituality into treatment: Resources for practitioners.* Washington, DC: American Psychological Association.

Miller, W. R., & Brown, J. M. (1991). Self-regulation as a conceptual basis for the prevention and treatment of addictive behaviours. In N. Heather, W. R. Miller, & J. Greeley (Eds.), *Self-control and the addictive behaviours* (pp. 3-79). Sydney, Australia: Maxwell Macmillan.

Miller, W. R., & C'de Baca, J. (2001). *Quantum change: When sudden insights and epiphanies transform ordinary lives.* New York: Guilford Press.

Miller, W. R., & Thoresen, C. E. (1999). Spirituality and health. In W. R. Miller (Ed.), *Integrating spirituality into treatment: Resources for practitioners* (pp. 3-18). Washington, DC: American Psychological Association.

Miller, W. R., & Thoresen, C. E. (2003). Spirituality, religion, and health: An emerging research field. *American Psychologist, 58,* 24-35.

Myers, D. G. (1992). *The pursuit of happiness.* New York: Avon Books.

National Institute on Alcohol Abuse and Alcoholism. (1999). *Conference summary Studying spirituality and alcohol.* Bethesda, MD: Author.

Orwell, G. (1992). *1984.* New York: Knopf.

Paloutzian, R. F., & Ellison, C. W. (1991). *Manual for the spiritual well-being scale.* Nyack, NY: Life Advances.

Pannenberg, W. (1970). *What is man? Contemporary anthropology in theological perspective.* Philadelphia: Fortress Press.

Pargament, K. (1997). *The psychology of religion and coping: Theory, research, practice.* New York: Guilford Press.

Peck, M. S. (1983). *People of the life: The hope for healing human evil.* New York: Simon & Schuster.

Poloma, M. M., & Gallup, G. H., Jr. (1991). *Varieties of prayer: A survey report.* Philadelphia: Trinity Press International.

Post, S. G., Underwood, L. G., Schloss, J. P., & Hurlbut, W. B. (Eds.). (2002). *Altruism and altruistic love: Science, philosophy, and religion in dialogue.* Oxford, England: Oxford University Press.

Pruyser, P. W. (1976). *The minister as diagnostician: Personal problems in pastoral perspective.* Philadelphia: Westminster John Knox.

Rambo, L. R. (1993). *Understanding religious conversion.* New Haven, CT: Yale University Press.

Richards, P. S., & Bergin, A. E. (1997). *A spiritual strategy for counseling and psychotherapy.* Washington, DC: American Psychological Association.

Shafranske, E. P. (Ed.). (1996). *Religion and the clinical practice of psychology.* Washington, DC: American Psychological Association.

Skinner, B. F. (1972). *Beyond freedom and dignity.* New York: Knopf.

Snyder, C. R. (1994). *Psychology of hope.* New York: Free Press.

St. John of the Cross. (1959). *Dark night of the soul.* New York: Image Books.

Templeton, J. M. (1997). *Worldwide laws of life: 200 eternal spiritual principles.* Philadelphia: Templeton Foundation Press.

Thoresen, C. E., & Mahoney, M. J. (1974). *Behavioral self-control.* New York: Holt, Rinehart & Winston.

Tillich, P., & Rogers, C. (1966). *Paul Tillich & Carl Rogers: A dialogue* (transcript). San Diego, CA: San Diego State College Radio.

Walker, S. R., Tonigan, J. S., Miller, W. R., Comer, S., & Kahlich, L. (1997). Inter-cessory prayer in the treatment of alcohol dependence: A pilot investigation. *Alternative Therapies, 3*(6), 79-86.

Watson, J. B. (1925). *Behaviorism.* New York: People's Institute.

Westerberg, V. S., Miller, W. R., Harris, R. J., & Tonigan, J. S. (1998). The topography of relapse in clinical samples. *Addictive Behaviors, 23,* 325-337.

Yahne, C. E., & Miller, W. R. (1999). Evoking hope. In W. R. Miller (Ed.), *Integrating spirituality into treatment: Resources for practitioners* (pp. 217-233). Washington, DC: American Psychological Association.

Chapter 02

심리학의 뿌리
유대-기독교 관점의 영향에 관한 간략한 역사

Harold D. Delaney and Carlo C. Diclemente

심리학은 20세기 전반에 걸쳐 유대-기독교의 가르침을 진지하게 취하기를 터부시하였다(비교. Jones, 1994). 심리적 건강과 관련하여 죄, 죄책감, 혹은 회개와 같은 종교적인 것을 다루는 부분에서는 더욱 그러하였다. 도널드 캠벨(Donald Campbell)은 1975년에 미국심리학회(APA) 회장 연설에서 "오늘날, 주류 형태의 심리학과 정신과학은 과학적으로 확증된 것에 비해 전통적인 종교적 윤리의 금지 메시지에는 적대적이다."(1975, p. 1103)라고 말하였다. 이러한 사례는 항상 존재하지는 않았으며, 21세기에는 있을 필요가 없을 것이다(3장을 보라). 유대-기독교 신념이 도덕성의 주제, 그리고 인간에게 의미 있는 주제가 무엇인가에 대하여 심리학에 끼친 파문은 수세기에 걸쳐 위대한 사상가에 의해 숙고되어 왔으며, 서구의 공통된 문화유산의 중심에 놓여 있다. 최근 토머스 카힐(Thomas Cahill, 1998)은 인간이 자신을 어떻게 보는가 하는 문제는 "우리의 평등과 개인주의에 대한 생각에 윤리적 신론 없이 성립되기 어렵다."(p. 250)라는 오랜 전통의 선물이라는 사실에 관심을 기울였다. 이 장의 목적은 인간에 대한 유대−기독교 사상을 수세기에 걸쳐 살펴보며, 개관하는 맥락 속에서 과거 25년에 걸친 행동 연구에서 나타난 인간의 종교적 · 영적 영역을 재발견하는 것이다. 또한 이 장에서는 이러한 유대−기독교 사상이 심리학의 출현과 발달에 관련이 있는지 살펴보는 데 목적이 있다. 이 책에서 유대교와 기독교의 중요한 사상가들의 심리학적 주제에 관한 견해와 심리학의 발전에 대한 그들의 영향을 강조함으로써 현대심리학과 종교 사이의 생산적 대화가 촉진되기를 바란다. 가장 많이 대두한 주제만이 책에서 언급될 것이며, 다른 주제가 나타나더라도 밀러가 바로 앞 장에서 소개한 역사적으로 가장 중요한 몇 개의 개념이 포함된 주제만을 볼 수 있을 것이다. 즉, 첫째, 대행(agency)과 인간의 자유에 관한 문제, 둘째, 하나님이 아닌(not God) 근원보다는 초월적 근원으로부터 나온 가치, 셋째, 죄책감과 영적 건강의 결핍을 경험하게 하는 죄(sin), 넷째, 변형(transformation) 혹은 의미 있는 변화가 어떻게 일어나는가와 같은 주제다.

교부와 스콜라 시대

대부분 학문의 역사가 그러하듯이, 여느 심리학의 역사도 그리스인들에게 존경을 나타내는 목례로 시작하지만, 우리의 학문은 '적어도 헬라 시대까지는 기독교의 출현은 그 중요성이 심리학에 부합되는 것으로 간주되어야만 한다.'라는 점에서 아마도 예외적이다. 기독교가 출현한 유대적 맥락을 볼 때, 누군가는 "심리학의 역사에서 유대−기독교의 관점이 왜 그렇게 중요한가?"라고 질문하면서 로빈슨의 주장에 의해 제기된 질문을 확장시켜야 한다. '심리학의 역사에서 왜

이 장의 작가들은 여러 유용한 제안을 제공한 헨드리카 반데 켐프(Hendrika Vande Kemp)에게 감사를 표한다. 이 장은 퓨 패널, APA 심사단과 편집자들, 낸시 델라니(Nancy Delaney)와 모니카 스텀프(Monica Stump)의 검토와 피드백을 통해 크게 개선되었다.

유대-기독교적 관점이 막대한 중요성을 갖는가?' 헬라 관점과의 비교는 이 질문에 대한 대답을 발전시키는 데 도움이 되는 시작점이다. 인간 행동에 대한 자연주의적 관점은 데모크리토스(Democritus)의 원자론, 아낙시만드로스(Anaxi-mandros)와 엠페도클레스(Empedocles)의 초기 진화적 사색, 더 중요하게는 아리스토텔레스(Aristotles)의 학습과 기억 과정에 관한 상세한 분석에서 시작되었다. 또한 플라톤(Platon)은 합리주의자들에게 근본적으로 무엇이 옳은지를 분별하거나 지식 중의 하나라는 해결을 제공하면서 헬라의 유산에 인간 품행 문제의 반영적 분석을 포함한다. 이러한 배경에 반하여, 유대-기독교 관점은 자연스러운 창조의 질서와 초월적 영역 모두의 중요성을 지지하지만, 인간 행동에 대한 분석에서는 첨예하게 대립하였다. 초기 기독교 시대에는 내적 갈등이 있는 개인의 극심한 분투로 초점이 옮겨 갔다. 행동은 무엇이 옳은지 알 때나 옳은 것을 추구하고자 할 때조차 종종 합리적으로 지배되지 않는 것으로 보인다. 아우구스티누스(Augustine)의 저작에 성, 양가감정, 무의식, 죄책감을 해결하려고 노력하는 심층심리학의 요소가 확고하게 나타나는데, 그는 기독교 사상뿐 아니라 일반적인 서구 지성사에서도 굉장히 중요한 인물이다(Johnson, 1998).

아우구스티누스(354~430)

아우구스티누스의 수많은 지적 유산에서 보이는 개인적 역사는 자유의지, 동기, 덕, 변형적 변화와 같은 이 책의 주제에 대한 많은 부분을 설명한다. 현재 개신교(혹자는 종교개혁을 아우구스티누스의 부활이라고 본다)에서 존경받고, 로마 가톨릭에서 성자로 대우받는 아우구스티누스이지만, 그는 사춘기 소년 시절에는 탕자로 살았으며, 32세에 기독교로 회심하기 전까지 오랫동안 탐색 시기를 거쳤다. 그의 삶의 세부적인 이야기는 자서전인 『참회록(confessions)』에 생생하게 회고되었다(Augustine, 400/1952). 그는 여기에 "누구든지 이 책을 읽는 이는 우리가 어떤 깊이에서 신에게 울부짖는지에 대해 생각하게 될 것이다."(pp. 9-10)라고 써 놓았다. 이처럼 청소년 시절에 배를 훔치는 비행을 저지르고, 15년간 혼외관계에 빠지는 결과와 싸우는 과정 속에서 우리는 그에 대해 배운다. 10대에 키케로 (Cicero)의 저서를 읽고 불멸의 지혜에 대한 깊은 갈증을 느꼈음에도(400/ 1952, p. 14), 그의 성적 삶과 마찬가지로 아우구스티누스의 정신은 순결하지 못했고, 잘 못된 길로 가고 있었다고 이야기한다(p. 25). 그 결과, 그는 마니교를 탐구하는 데 10년 이상의 시간을 보냈다. 아우구스티누스는 결국 29세에 마니교의 가장 저명한 웅변가로부터 들은 대답이 그의 질문에 대한 답으로 만족스럽지 못함을 느꼈고, 그가 수사학을 가르칠 때 밀라노에서 만난 밀라노의 유명한 주교 암브로시우스의 유창한 담론보다는 못하다고 느꼈다. '어떤 지식의 약속에 의하여' 암브로시우스의 고지식함을 조롱하는 마니교의 체계와 달리, 암브로시우스의 기독교는 믿음과 성경적 기초를 취한 것들을 위해 보다 정직하게 헌신하였다 (400/1952, pp. 36-37). 32세에 아우구스티누스는 12년 전에 "아직 저에게 없는 순결과 금욕을 허락하소서."라고 그가 기도하도록 한 냉담한 의지와 여전히 분투하고 있었다. 그는 독실한 기독교인이 되었지만, 그의 내부에는 여전히 자기가 나뉘어 있으며, 이전의 습관과 방종으로 돌아가려고 한다는 사실을 발견하였다. 마침내, 정원에서 유명한 회심의 장면이 일어났다. 아우구스티누스는 "붙들고 읽어라."라는 음성을 듣고 성경을 펼쳐 로마서 13장 13~14절을 읽었다. "낮에와 같이 단정히 행하고 방탕하거나 술 취하지 말며 음란하거나 호색하지 말며 다투거나 시기하지 말고 오직 주 예수 그리스도로 옷 입고 정욕을 위하여 육신의 일을 도모하지 마라(개역개정)." 아우구스티누스는 기독교인이 되면서 북아프리카에 있는 자기 집으로 돌아가 남은 생애 동안 독신으로 교회를 섬기며 35년간 히포(Hippo)의 주교로 있었고, 『하나님의 도성(City of God)』(427/1952)을 절정으로 하는 많은 주석과 교리 논문을 저술하였다.

아우구스티누스에게 가장 자주 붙는 간단한 묘사는 신플라톤주의자다(비교. Leahey, 2000, p. 95). 초월적 영역의 존재와 불변의 진리를 발견하기에는 감각이 부적절하다는 사실에 대해서는 플라톤과 일치하지만, 시간이 지나면서 기독교 세계관에 의해 만들어진 아우구스티누스의 주요 사상은 플라톤과 다르다 (Robinson, 1981, p. 120). 아우구스티누스의 사상은 철저하게 신 중심적(theocentric) 이었다. 따라서 인간 본성에 대한 그의 생각과 분투는 일반적으로 창조자이자 삶의 중심인 하나님이라는 맥락 속에 있다(Johnson, 1998). 이러한 그의 관점은 그의 자서전에 성경 속의 표현과 인용이 800개 이상이나 나타난다는 점에서도 볼 수 있다. 아우구스티누스는 인식론적 측면에서 진리, 권리, 책임에 대한 자각 이나 내적 감각에 의존하고 있었다(Clark, 1965; Robinson, 1981, p. 121). 그래서 성 경적이고, 개인적 계시에 의해서 조명되고, 믿음에 의해서 인도된 이성에 초점 이 맞추어졌다. 인간 본성을 보는 관점의 심각한 차이는 내면의 동기와 갈등의 영역이 전지전능한 신에게 있다는 플라톤 철학으로부터 개인적인 책임으로의 전환에서 초래되었다. 다니엘 로빈슨이 말하였듯이, "더 분명한 인간 본성에 대 한 관점의 확장이었던 공화제하에서 기독교인은 하나님의 현실이 확립될 수 있 는 작은 모형이었다." 이러한 강조점의 전환은 명백한 심리학적 배역을 가진 초 기 기독교 학자들을 만들어 냈다(Robinson, 1981, p. 123).

특히, 플라톤이 열정을 다스릴 이성의 필요성을 주장한 데 반하여, 아우구스 티누스는 플라톤이 비난한 인간 본성의 열정적 측면에 초점을 맞추었다. 인간의 기본적 동기는 행복에 대한 열망이라고 자신의 위치를 세우면서 아우구스티누 스(400/1952, VI, 16)는 어느 정도 에피쿠로스(Epicurus)와 의견을 같이하였다. 그러 나 그는 쾌락에서 행복을 찾는 것은 진정한 행복이 아니며 "하나님께, 하나님 안 에서, 하나님을 위하여 즐거워하는 것이 행복한 삶이다. 바로 그것이다. 다른 대 안은 없다."(400/1952, X, 22)라고 결론지었다. 어떻게 그가 이 지점에 도달했는지 반영해 보면, 하나님이 "나의 모든 부도덕한 쾌락을 쓰디쓴 불만으로 만들고" (II, 4, Woollcott, 1966, p. 278에 인용) 있었다는 사실에서 아우구스티누스는 하나 님의 자비를 보았다. 회심 전 아우구스티누스의 성적 방종과 이어지는 꿈꾸는 삶에서의 성 둘 다에 대한 죄책감과 성적 유혹에 대한 그의 분투는 그의 생애에 서 회심 전후를 통틀어 가장 유명하다. 아우구스티누스 심리학의 핵심은 잠자는

동안에 하는 생각까지도 책임지도록 하는 개인적 도덕성이다. 플라톤은 덕이 있
는 행동이 선에 대한 지식의 자연스러운 결과라고 했지만, 아우구스티누스의 경
험은(참조. 400/1952, X, 28) 종종 바울이 로마서에 묘사한 것과 비슷하다. "내가
원하는 바 선은 행하지 아니하고 도리어 원하지 아니하는 바 악을 행하는도다."
(롬 7:19)

아우구스티누스가 심리학에 남긴 유산은 이러한 내적 갈등에 대한 지속적이
며 집중적인 개인적 방식에 초점을 둔 최초의 심층심리학뿐만 아니라(예, 400/
1952, VIII, 8-12), 성에 대한 뚜렷한 역할, 미해결 과제를 드러내는 꿈의 가치, 그리
고 양가감정을 직면함으로써 얻어지는 정화적 해소를 포함한다. 이러한 점을 강
조해서 보면 아우구스티누스와 프로이트의 하나님과 신앙에 대한 관점은 상반
되지만, 아우구스티누스가 나중에 프로이트 정신분석의 형태로 현대사회에 주
어지는 많은 것을 예견하였다는 점은 분명하다. 프로이트의 타당한 통찰들이 아
우구스티누스의 것이라는 사실에서 보면, 20세기 심리학자들이 아우구스티누스
의 사상에 대한 관심이 부족하여 종교에 대한 프로이트의 철저한 냉소주의의 관
점에서 아우구스티누스의 아이디어를 해체한 것은 불행하고 역설적인 일이다
(예, Bakan, 1965; Woollcott, 1966).

기독교 관점이 플라톤의 관점과 아주 많이 달라졌다는 점을 나타내는 마지막
영역은 모든 사람이 하나님의 형상을 가지고 있다는 믿음에서 비롯되었다. 그래
서 어떤 사람을 자연발생적 노예로 보는 그리스의 견해는 모든 사람이 하나님의
형상으로 창조되었다는 교리에서 도출된 평등주의 사상으로 대체되었다. 이러
한 아이디어는 희랍의 귀족적 유전론과 몇몇 현대 우생학 이론에도 낯선 개념
이다. 그러나 평등주의의 교리는 개인에게서 관찰되는 덕이 달라지는 정도에
관한 문제를 더욱 강조하였다. 아우구스티누스는 이 문제—더 일반적으로는 악
의 문제—에 대한 해결책으로 자유의지를 가진 인간 또는 도덕적으로 책임이 있
는 행위의 대행자로서의 인간을 제시하였다. "자유의지는 우리가 나쁜 것을 행
하는 원인이며 또한 나는 내가 살아온 바와 같은 의지를 가지고 있었음을 안다."

(400/1952, VII, 3) 그러나 이 자유는 한계를 가지고 작동한다. 우리의 행위는 때로 우리 환경에 의해서 제약을 받기 때문에 의도가 행동보다 훨씬 중요하게 된다 (Robinson, 1981, p. 128). 더 나아가, 인간의 의지로는 구원에 이르지 못하며, 구원은 하나님의 은혜로 이루어진다. "우리의 의지는 하나님이 인간이 힘을 갖도록 미리 알고 의도한 만큼의 힘을 갖는다."(427/1952, V, 9; 참조. 아우구스티누스와 펠라기우스의 논란에 대한 파이퍼[Piper, 2000]의 토론)

430년 8월 28일 아우구스티누스가 숨질 때, 반달족이 히포(Hippo) 문턱에 있었으며, 로마제국의 멸망은 진행 중이었다. 그의 사상의 깊이는 기독교 지성의 삶의 표준이 되었으며(Clark, 1965, p. 148), 유럽의 수사학교가 시작되어 대학 안에서 학문이 더 체계적인 형태를 채택할 때까지 다음 8세기 동안 기준이 되었고, '천사 같은 의사'인 토마스 아퀴나스(Thomas Aquinas)에서 절정에 달하였다.

아퀴나스(1225~1274)

세속적 현대인들은 아시시의 성 프란치스코(St. Francis of Assisi, 1182~1226)의 시와 그의 자연 사랑 때문에 그에게 어떤 연결을 느낄 수 있고, 심리학에 대한 기독교의 영향 면에서 아우구스티누스를 잇는 더 적합한 후계자로 간주할 수 있겠지만, 그에 비해 이탈리아 수도사인 토마스 아퀴나스의 진가는 발견하기가 어렵다. 급우들은 그를 '우둔한 황소(Dumb Ox)'라는 별칭으로 불렀는데, 토마스를 뚱뚱하고, 느리고, 남과 잘 어울리지 않는 멍청이라고 생각하였다. 오늘날 수백 개의 질문과 수천 개의 난제와 그에 대한 대답이 담겨 있는 그의 대표작 『신학대전(Summa Theologica)』(1273/1952)에는 전형적으로 심리학도의 관심을 끌만한 모호한 정리에 대한 수천 쪽의 수학적 증명이 실려 있다. 교부 시대의 과업이 신앙 정통성의 형성이고, 스콜라 시대의 과업이 기독교 신앙의 기초가 되는 원칙의 형성이라면, 아퀴나스가 뛰어난 건축가였다는 사실에 이견이 없다. 파리부터 캔터베리까지 건축된 장엄한 고딕 양식의 성당처럼, 『신학대전』은 전에 있었던 수많은 일을 어떻게 하나로 묶을 수 있는가에 대한 비전을 제시한 사람에 의해서 세워진 높이 솟은 지적 기념비다. 아랍어 번역본을 통해 아리스토텔레스를 재발견함으로써 부분적으로 자극을 받았음에도, 그에게 아리스토텔레스는 궁극적 권위자가 아니다. "성 토마스는 그리스도를 아리스토텔레스와 조화시키지 않는다. 그는 아리스토텔레스를 그리스도에 조화시킨다."(Chesterton, 1933, p. 14) 실로 그는 "모든 지식과 모든 진리는 그 자료가 무엇이든 간에 조화롭게 맞추어 갈 수 있다."(Brennan, 1945, p. 62)라는 믿음 안에서 플라톤, 아우구스티누스, 유대교, 아랍의 자료들을 기꺼이 흡수하였다.

아퀴나스 시대의 가장 위대한 랍비 권위자인 마이모니데스(Maimonides) 또는 모세스 벤 마이몬(Moses Ben Maimon, 1135~1204)은 이러한 자료들을 통해서 『혼란스러운 자들을 위한 안내서(The Guide for the Perplexed)』를 만들었다. 마이모니데스는 스페인 사라센에서 성장하고, 아랍 지도자에게 교육받았으며, 하나님의 존재에 대한 결론을 철학적으로 지지하기 위해서 아리스토텔레스의 '제1운동자(unmoved mover)'[1] 논쟁을 사용하였다. 인간의 자유의지에 대한 그의 견해는 특히 아퀴나스의 미묘한 차이(nuanced)가 있는 견해와 비슷해 보인다. 여기서 자유의지는 도덕적 책임에 필수적이며, 각기 다른 개인과 환경의 다양함 속에 존재한다(Schimmel, 1997, pp. 224 이후; 비교. Schimmel, 2000). (마이모니데스의 공헌은 이 책의 10장에서 더 자세히 다루어질 것이다.)

『신학대전』의 주제 중 일부가 엄격하게 교리적임에도(예, 천사나 삼위일체에 대한 논의), 가장 긴 부분은 인간, 습관, 선에 대한 논의를 포함한다. 아퀴나스의 견해에서 심리학을 위한 가장 중요한 질문은 영혼과 몸의 관계다. 그는 영혼이 몸

---

1) 물리학(1952 번역, Book VII)과 "생성(becoming)"에 중심이 되는 아리스토텔레스의 철학. 그는 움직임의 시작과 움직임의 생성의 기원은 움직임이 없으면서 영원히 존재하는 운동자 속에 궁극적으로 있다고 논의하였다. 이러한 결론은 단지 움직임의 도구인 그 무엇 그리고 움직임의 도구도 무엇인가 다른 것에 의해서 움직이도록 하는 무엇으로 움직임의 반복적 속성 속에 포함된 무한한 회귀의 문제를 해결하였다.

의 작동 원리로서, 혹은 물질에 대한 형태로서 몸과 연합되어 있다고 보는 아리
스토텔레스의 견해에 동의하는 입장을 취하였지만, 플라톤의 이원론에 반대하
였다. 이것으로 볼 때, 그는 철저히 기독교적 입장을 취했다고 보는 것이 타당하
다. 체스터튼(Chesterton, 1933)은 "기독교인이란 신과 신성한 것이 물질과 연결되
어 있으며 감각의 세계에 들어왔다고 믿는 사람을 의미한다. 성 토마스는 옳든
그르든 몸과 모든 감각이 그리스도의 것이기를 원하였다."라고 제시하였다(pp.
32-33). 이와 같이 순수 이성주의와는 반대로 감각에서 얻게 되는 지식의 타당성
을 논의하면서 아퀴나스는 경험과학을 위한 포석을 놓았다.

　감각의 합리성을 주장하면서 인간이 보편적 진리에 대한 지식을 어떻게 이끌
어 내는가라는 문제가 남았다. 아퀴나스는 이에 대해 경험이 우리에게 상세한 지
식을 줄지라도 이성은 보편성을 이해한다고 하였다. 특히, 지적 대행자(agent-
intellect: 아퀴나스의 용어로는 agens intellectus)는 대상의 속성으로부터 이면에 있는
형태를 추상화할 수 있는 합리적 재능이라는 것이다. "감각은 단지 물질에만 반
응할 수 있고, 원칙에는 반응할 수 없다. 그 원칙은 물론 물질적이지 않다. 지식의
심리학은 인지심리학이며, 경험적 심리학이 아니다."(Robinson, 1981, pp. 152-153)
더 나아가 "추상 작용은 거짓이 아니다."[예, 아퀴나스, 1273/1952(I, Q7, A3), p. 32]
물질 세계에 내재한 원리는 마음에서 만들어지지 않고 하나님의 은혜로 발견된다.

　아퀴나스는 의지에 대한 자유의 관점까지는 아우구스티누스에 동의하지만(참
고. Chesterton, 1933, p. 29), 그와는 반대로 의지를 지성의 하위에 놓았다(Watson,
1963, pp. 118-119). 의지는 당연히 행복을 추구하고 선을 즐긴다고 생각되지만,
지성인들에 의해서 깨닫게 된 선택권 사이에서만 의지를 선택할 수 있다. "지식
은 욕구의 행위에 선행한다. 즉, 자유의 뿌리는 우리의 지적 깨달음 속에 있다."
(Brennan, 1945, pp. 73-74) 이와 유사하게 도덕적 자유를 적절히 사용하는 데 실패
하는 것, 즉 의무를 지각하는 데 실패하거나 지각된 것을 행동으로 옮기는 데 실
패하는 것은 "죄가 이성의 지배로부터 벗어남"(Robinson, 1981, p. 154)을 의미한다.

　아퀴나스의 가장 마지막 기여인 신앙과 이성의 관계는 아마도 유대-기독교

적 관점으로부터 학문적으로 작업하는 사람들에게 가장 중요하다. 그는 삶의 후반에 두 진리의 교리를 받아들인 시제 브라방(Siger of Brabant)과 같은 서구의 학자 아베로에스(Averroës)의 제자들과 맞닥트리며 진리에 이르는 이성을 위한 타당한 역할을 확인하였다(참고. Evans, 1996, p. 11; Watson, 1963, p. 144 이하). 아베로에스주의자들은 물질 세계의 진리와 초자연적 세계의 진리라는 두 가지 진리가 존재하기 때문에 물질이 영원히 존재해 왔다는 믿음과 같은 아리스토텔레스의 주장이 창조에 대한 교회의 가르침에 모순됨에도 받아들여져야 한다고 주장하였다. 체스터튼(Chesterton, 1933, p. 102 이하)이 말해 주듯이, 아퀴나스의 형제들이 그를 유혹하기 위해 창녀를 동원했을 때를 제외하고 인내의 전형이던 아퀴나스는 그의 인생에서 딱 한 번 분노를 일으켰다. 그는 진리는 하나이며, 진리에 이르는 다른 길이 있을지라도 거기에는 궁극적으로 모순이 있을 수 없다고 무게 있게 대답하였다. 삼위일체의 신비와 같이 어떤 진리는 이성에 의해서 알려질 수 없기 때문에 이러한 진리는 믿음에 속하지만, 다른 진리(예, 기하학적 증명)는 이성만으로 알 수 있다. 그리고 이성과 계시 모두에 공통적인 많은 진리가 있다. '믿음의 신비의 저자는 또한 자연지식의 최초 원리의 저자'이기 때문에 궁극적 모순은 있을 수 없다. 이는 성경에 대한 오역(예, 필수교과에서 가르치는 지구 중심의 관점을 생각해 보라) 때문이든 과학적 허구가 되는 과학적 '사실'[예, "심리학의 결정론에 대하여 우리에게 가르치는 사람들은 이미 비결정론을 이야기하고 있다." (Chesterton, 1933, p. 106)] 때문이든 잠시 명백한 모순이 없을 수 있다는 말이 아니다. 그럼에도 아퀴나스는 교회가 경험적으로 발견된 진리를 두려워할 필요가 없다는 확신으로 실험적 과학을 위한 길을 닦았다. 베이컨(Bacon)이 충고하였듯이, "역사에 대한 책이나 하나님의 말씀 책을 너무 잘 연구하는 것은 불가능하다."(Bacon, 1605/1952, p. 4)

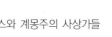

르네상스와 계몽주의 사상가들

르네상스와 계몽주의 시대에 이루어진 학자들의 심리학적 관점의 발전을 다루기에는 지면이 허락되지 않는다. 대신, 다음과 같이 기독교 관점이 지배적이었다고 말하는 것으로 충분하다.

> 코페르니쿠스는 스스로 르네상스의 가장 중요한 사건인 지구 자전에 관한 자신의 이론을 하나님의 위대한 계획의 각주 정도로 비판하였다. 케플러와 뉴턴도 각각 자신의 이론에 대해서 같은 방식으로 말할 수 있었다. 갈릴레오, 로크, 데카르트, 라이프니츠 등도 마찬가지로 사실이다. 위대한 철학자들과 과학자들은 19세기의 상당 부분에 기독교의 믿음의 빛 아래에서 일하였다. … 회의론자들은 나사렛 예수, 아리스토텔레스, 하나님을 의심하지 않고 사람을 의심하는 훈련을 하였다(Robinson, 1981, p. 294).

이러한 관점이 학자들의 사고 체계에 미치는 영향의 정도를 알아보는 일은 기록할 가치가 있다. 심리학을 공부한 대부분의 학생이 현대심리학의 성장에서 로크가 영국 경험주의의 기초를 세웠다고 알고 있지만, 실증적 지식보다 감각을 통해 얻어지는 진리가 로크에게 덜 억지스러웠다는 사실을 아는 사람은 적다. 로크에 의하면, 이성이 보여 주는 중요한 진리(로크에 따르면, 확실성으로 알려지는 것들)는 영원하고 전능한 존재가 존재한다는 것이다. 그의 논쟁은 직관적 확실성으로 "인간은 그 자신이 존재함을 안다."라는 것이며, 그와 같은 존재는 무로부터 올 수 없다. "그러므로 어떤 존재는 영원부터 존재했어야 한다."(Locke, 1690/1952, bk. IV, 2장과 10장) 그의 백지 상태인 마음의 원리를 많은 사람이 알고 있지만, 그가 수필집에 하나님에 관한 생각을 갖고 태어나지 않아도 '세상의 지혜로운 자들'이 그것을 진리로 알게 되는 이유를 설명하기 위해 상당한 주의를 기울였다는 것은 모르는 사람이 많다(Locke, 1690/1952, bk. I, 3장 16절).

한편, 데카르트는 이원론적 상호주의(dualistic interactionism)로 잘 알려져서 학생들은 "생각한다, 고로 존재한다.(Cogito ergo sum)"를 의무적으로 외움으로써 데카르트의 의심이 어떻게 자신의 존재가 확실하다는 결론에 도달했는지를 설명할 수 있게 된다. 그가 현대 이성주의적 전통에 앞장서고, 인지발달이론과 언어를 포함한 심리학에도 이성주의적 유산으로 기여했다는 것은 잘 알려져 있지만, 그의 의심이 그를 궁극적인 원인, 하나님이 존재해야만 한다는 결론으로 명백하게 이끌었다는 것은 잘 알려지지 않았다(Descartes, 1641/1952, med. III, p. 81 이하). 실험주의자들에게만 관심을 제한한 미국의 심리학 역사를 간과했음에도 불구하고 심리학에 대해 광범위한 저술을 남긴 토머스 업햄, 제임스 매코시, 노아 포터, 그리고 로렌스 히콕(Roback, 1952; Spilka, 1987)과 같은 미국의 초기 인물들은 비슷한 결론에 도달하였다(예, Boring, 1950).

17세기 중반~19세기 중반의 발전

초기 미국 심리학

1636년에 하버드(Harvard)가 설립된 후 미국 고등교육의 첫 반세기는 한 가지 옵션인 청교도 신학의 연구와 중세 모델에서 조직화된 교육과정으로 구성되었다(Marsden, 1994). 심리학적 원칙은 본질적으로 스콜라 학파의 것이었으며(Fay, 1939), '물리학'(혹은 자연과학) 학부 입학생들은 "영혼의 기능은 육체에 달려 있다." 혹은 "과거에 지식이 아니었던 것은 어떤 것도 포함하지 않는다." 등의 심리학적 논문을 종종 지지하였다(Roback, 1952, p. 14 이하). 중세에 가르친 심리학은 17세기에 걸쳐 유럽에서 급격히 이루어진 발달의 영향을 받지 않았지만, "미국의 첫 번째 위대한 철학자인 조나단 에드워드가 로크의 저서를 읽을 때인 18세기 초기에 중세 심리학은 사라졌다." (Leahey, 2000, p. 337; 비교. Marsden, 2003, p. 60 이하)

조나단 에드워드(1703~1758)

목사이자 하버드 대학을 졸업한 아버지에게서 교육을 받은 조나단 에드워드는 열세 번째 생일 직전인 1716년에 '라틴과 그리스 작가에 숙달해야'(Anderson, 1980, p. 5) 갈 수 있는 예일 대학의 입학 허가를 받았다. 에드워드가 학부과정에 다닐 때, 로크의 『인간 이해에 관한 에세이(Essay Concerning Human Under-standing)』(1690/1952)와 뉴턴의 『수학의 원리(Principia Mathematica)』(1687/1952)와 『광학(Optics)』(1706/1952)과 같은 책들이 미국에 상륙하여 예일에서의 교육은 급격하게 변화하였다. 에드워드는 로크의 경험주의와 그의 인간의 마음에 대한 연상주의적 관점에 강하게 영향을 받아 예일에서 학부 과정과 대학원과정을 지내는 내내 과학적 작업에 몰두하였고, 과학적 주제, 특히 물리학[2]에 지속적으로 관심을 기울였다. 그는 1724년에 예일대학 교수가 되었으나 2년 후 매사추세츠 주의 노스햄튼에서 목사가 되어 사역하였고, 1729년부터 1750년까지 교회 담임 목사로 섬기었다. 그가 사역하던 교회에서 시작한 부흥 운동은 대각성 운동에 기여하였고, 그에게 극적 회심과 같은 강렬한 종교적 경험을 관찰할 기회를 주었다. 그의 가장 중요한 심리학 작업은 『신앙과 정서(A Treatise Concerning Religious Affections)』(1746/1959), 『의지의 자유(Freedom of the Will)』(1754/1969)를 포함한다. 이 책은 에드워드가 미국 원주민 선교사로서 섬길 때 쓰였다. 또한 '정신'에 대

---

2) 예로, 에드워드는 우주가 지속적으로 움직이고, 상호 연관된 부분들이라는 당시 대두된 과학적 개념을 이해했고, 그 기원에 있어서 필요했던 놀라운 세부적인 조정에 대한 감동적인 내포를 예견했다. 그는 자신이 "어떻게 최소 원자의 움직임, 휴식, 방향이 우주의 모든 몸체에 영향을 줄 수 있는가"에 대해 대학원 학생이 글을 써 주기 바라는 동안, "최고의 것을 얻기 위해 처음에는 모든 원자를 폐기하기 위해 필요로 되는 가장 위대한 지혜에 주목하면서(Marsden, 2003, p. 70에 인용됨)" 그는 자연과학 노트에 기록했다.

한 연재는 그의 사후에 출간되었다(1829/1980). 1758년에 에드워드는 사위인 아론 버(Aaron Burr)에게 프린스턴(그때는 the College of New Jersey)의 총장직을 넘겨주고, 한 달 후에 죽었다.

에드워드의 심리학은 결정주의적 측면에서 보면 초기 기독교 저자들보다는 현대 기독교적 관점과 더 비슷하였다. 그는 정신(Mind)을 이성이나 이해와 경향 또는 욕구의 기본적 기능으로 분리하는 학술적 표준이라는 논리적 결론에 도달하도록 자유의지를 부인하였다(Edwards, 1746/1959, pp. 96 이하; Fay, 1939, pp. 43 이하, 180; Smith, 1959, p. 13). 사람은 자신이 가장 원하는 것을 필연적으로 의도한다. 즉, 요약하면 "인간은 만족할 만한 것을 할 자유가 있지만, 그가 만족할 만한 것을 만족시킬 자유는 없다."(Fay, 1939, p. 45) 이러한 결정론의 입장에서 에드워드는 아우구스티누스, 아퀴나스, 로크에 반하며, 결정론에서는 홉스, 스피노자, 그리고 물질에 관해서는 프로이트, 스키너와 같은 입장을 취하지만, 외적으로는 동기나 욕구에 대한 책임을 하나님의 의지로 가져간다(참고. Roback, 1952, p. 25). 그럼에도 고대 스토아 학파처럼 하나님의 의지에 겸손하게 순종하면서 인간이 자신의 운명에 어떻게 반응하는가에 강조점을 두었다.

"윌리엄 제임스의 종교 경험의 다양성 이전에 에드워드의 종교심리학에 대한 기여가 미국에서 최고"(Kaufman & Frankena, 1969, p. ix)라는 사실에도 그의 기여는 종교심리학에서조차 외면당하였다(Roback, 1952, p. 29; Wulff, 1996). 에드워드의 관심은 분명히 교구를 부흥시킨 결과로 "영혼을 각성시키는 심리학"(Fay, 1939, p. 183)에 있었다. 그의 위협적인 설교가 청중의 정서적 반응을 크게 끌어낸 이후에 에드워드는 커다란 고통과 죄에 대한 확신으로부터 회심과 커다란 정서적 해소까지 변형의 연속적인 단계의 차트를 만들려고 시도하는 데에서 과학자의 분리된 태도를 취하였다.

물론 에드워드는 심리적 고통에 관심을 두기보다 거룩한 하나님 앞에서 청중의 죄를 각성시키는 데 더 관심을 두었다는 점에 대해서 비판받았다(Roback, 1952, p. 30). 사람들이 죄를 떠나는 데 있어서 자기의 의지를 어디서나 사용하도

록 부르는 데(Brown 1955, p. 19) 열심을 내면서 의지의 자유를 부정하며 드러나
는 불일치성을 조롱하였다. 또한 하나님이 필요로 하는 종교는 미지근한 찬성이
아닌 "열정적이고, 활기찬 마음의 약속"이며, 만약 "우리의 의지와 경향이 강하
게 훈련되지 않는다면, 우리는 아무것도 아니다."(Edwards, 1746/1959, p. 99)라는
메시지 속에서 그가 요구하는 특성을 어떤 사람들은 비판하기도 하였다. 에드워
드는 이러한 비판들이 꾸며 낸 것일 수 있음을 알았지만, "풍부한 정서(much
affection)"를 가진 사람이 "참된 종교를 가졌다."라고 할 수 없는 반면에, "정서가
없이는 참된 종교를 가질 수 없다."라는 결론을 내렸다(Edwards, 1746/ 1959, p.
121). 에드워드의 지적 프로젝트의 대부분은 사랑, 기쁨, 그리고 열성과 같은 종
교적 감정의 중요성을 방어하고, 또한 개인의 삶에서 진정한 하나님의 은혜로운
활동의 사인과 단순한 감성주의(mere emotionalism)를 구분하는 데 필요한 안내
를 제공하는 데 활용되었다.

토머스 업햄(1799~1872)

심리학에 대한 기독교의 영향은 미국 학문의 흐름의 견지에서 볼 때, 윌리엄
제임스보다 앞서서 '영어로 된 최고의 심리학 교과서의 저자'(Roback, 1952, p.
48)이자 보든 칼리지의 정신과 도덕 철학 교수(1825~1868)인 토머스 업햄(Thomas
Upham)에서 정점을 찍었다고 말할 수 있다. 업햄의 정신철학은 73년 동안 57판
이 나올 정도로 인기가 있었다(1826~1899; Salter, 1986, p. 12). 종교 인물과 주제를
포함한 총 16권의 책 중 이상심리학에 대한 최초의 논문이 있다. 이전 세기의 선
구적 정신과 의사 벤저민 러시(Benjamin Rush, 1745~1813)의 실제적 관찰을 칭송
하면서 업햄은 부분적으로는 에드워드의 이분법적 설명에 대한 반응으로 제시
한 정신 기능의 개념을 학문적으로 대중화하였다. 특히, 업햄은 정신현상의 지
능(intellect), 감성(sentient), 의욕(volition)이라는 삼분적 구분을 발달시키면서 심리
학에서 '의지'를 회복시켰다(Fay, 1939, p. 93 이하). 지능은 추론뿐만이 아니라 기

억, 연상, 습관, 주의, 지각과 감각을 포괄한다. 감성(sensibilities)은 의무감과 같은 도덕적 감정, 정서, 경향, 식욕 등과 같은 열망이나 자연적 감정을 포함한다. 정신의 마지막 구분인 의지는 인간 본성의 기본적 요소다. 칼뱅의 배경으로부터 웨슬리언의 거룩 관점[3]까지의 영적 여정은 오벌린(Oberlin) 대학 총장인 아사 마한(Asa Mahan)과 같이 업햄으로 하여금 자유의지를 열망과 의무 사이에 놓도록 하였다(Salter, 1986, 예, pp. 28, 62). 독립된 학문으로서의 심리학의 출현이라는 견지에서 볼 때, 업햄은 "조나단 에드워드의 사변철학과 윌리엄 제임스의 실험심리학(Salter, 1986, p. 6)" 사이에 필요한 과도기라고 말했을 수도 있다. 제임스가 지적 전통과 원천의 방대한 범위를 그려 냈듯이, 업햄은 제임스-랑게 정서이론, 내향성과 외향성, 합리화, 도덕성 발달과 같은 현대 심리학자들의 생각을 예견할 수 있었다(Fay, 1939; 비교. Roback, 1952). 그러나 무엇보다도 업햄의 가장 중요한 기여는 일종의 긍정(positive)심리학이다. 어떤 의미에서 삼분설 같은 업햄의 관점은 플라톤적이다. 즉, 근본적이고 초월적인 법칙이 존재하며, 정신적이고 영적 건강을 유지하는 열쇠는 이들과 조화를 이루며 사는 것이다(Salter, 1986, p. 183). 하나님이 창조한 목적은 피조물들에게 행복을 전달하고 이를 확장하기 위함이라는 에드워드의 논리(Marsden, 2003, p. 460 이하) 위에 자비로운 하나님의 창조에 대한 적법한 목적으로서 행복을 강조하였다(Salter, 1986, p. 31). 병적 상태와 같은 종교성에 반대되는 건강을 위한 지적 기초(비교. James, 1902/1985)가 놓아졌다. 업햄의 기여는 프린스턴의 제임스 매코시(James McCosh, 1811~1894) 같은 다른 여러 사람에 의해 보완되었다. 매코시는 스코틀랜드의 상식 현실주의와 개신교 신학에 둘러싸여 인간의 본성에 관해 비슷한 분석을 제시하면서 미국에서 심리학이 출현하도록 토양을 제공하였다(Spilka, 1987).

---

3) 1800년경 이차 대각성 운동에 기여를 하면서 18세기 존 웨슬리에 의해서 생겨나고 영국에서 지배적인 힘이었으며 나중에는 미국에 급속도로 확산되었던 감리교 부흥주의. 하나님의 은혜를 받아들이면서도 인간의 자유의지를 강조하였을 뿐만 아니라 구원에 이르는 거룩과 성화를 강조한 칼뱅을 떠난 웨슬리의 신학(Cairns, 1954).

쇠렌 키르케고르(1813~1855)

덴마크 작가인 키르케고르는 심리학이 독립된 학문으로서 출현하기에 앞서 200년 동안 분명한 기독교 관점으로부터 심리학적 주제를 설명한 가장 중요한 유럽의 사상가다. 키르케고르는 실존철학의 아버지 혹은 니체와 같은 사상가로 알려져 있지만(참고. Hergenhahn, 2001, p. 190), 그는 자신을 심리학자로 생각했고 (Evans, 1990, p. 25), "우리가 크리스트교도(Christendom)라고 부르는 괴물 같은 환상"(Kierkegaard, 1859/1962, pp. 5-6)에 참된 기독교를 재도입하기 위해 심리학을 사용하는 데 자신의 사명이 있다고 보았다. 그는 니체나 다른 실존주의자들과 같이 개인의 의지와 진정한 실존에 대해 관심이 있었지만, 다른 많은 부분에서는 그들과 명백히 달랐다. 키르케고르의 심리학은 불안, 자기기만, 절망에 초점을 둔 심층심리학이었다. 그는 사르트르의 생각, 즉 선택에 의해서 인간의 본질을 임의로 창조하고, 자율적으로 되기 위해 자유를 사용하려는 시도를 죄로 정의하였다. 그 죄는 하나님이 되기를 원하는 자신으로부터 멀어지려는 교만한 시도라고 하였다(Evans, 1990, p. 57; 키르케고르의 자기에 대한 견해를 보려면 이 책의 4장을 보라). 이와 비슷하게, 개인의 자율적인 임의적 결정에 의해 생기는 가치보다도 사람의 인식 여부와 관계없이 윤리적 삶으로 인도하는 도덕적 요구가 있다. 이러한 윤리적 요구를 만족시키려는 노력은 단지 쾌락만을 위해 사는 삶(심미적 단계)보다는 개인의 높은 도덕적 발달 단계이지만, 그것이 최고의 단계는 아니다. 오히려 하나님이 의도하신 진정한 자아를 형성하려면, 은혜의 필요성을 인정하면서 죄가 제공하는 것으로부터 자신을 돕기 위해 신앙적 도약이 필요하다 (참고. Evans, 1990).

키르케고르가 쓴 글은 대부분이 난해한데, 이는 개인적 행로의 복잡성 때문이기도 하고, 저자에 의해 채택된 다른 관점 때문이기도 하다. 예를 들면, 키르케고르는 도덕적 발달의 다른 단계에 있는 사람들을 나타내는 많은 예명을 사용하였다(그의 주요 작업은 Evans, 1990, p. 13 이하를 보면 대략적으로 알 수 있다). 이 책 4장에 설명한 변형과 영적 발달의 주제를 솔직하게 다룬 짧은 작업은 그의 책『키르케고르』의 "마음의 청결함이란 오직 한 가지를 바라는 것이다."(1847/1966)에서 찾아볼 수 있다. 여기서 키르케고르는 하나님과 세상 둘 다를 가지려고 하거나 너무도 쉽게 이중적 마음을 갖도록 유혹할 수 있는 자기기만에 대해서 심하지만 솔직하게 말하고 있다. 꿰뚫어 보는 듯한 기독교심리학이 어떤 것인지 보고자 하는 사람은 키르케고르의 저술들보다 분명한 역사적 예를 찾기 어려울 것이다.

하나의 학문으로서 심리학을 세우기

구스타프 페히너(Gustav Fechner)가 1850년에 감각에서의 변화와 자극 강도의 변화 사이에 어떤 연관이 있는지 깨닫고 나서 발전시킨 심리물리학은 의식을 방어하려는 종교적 동기에 의해 진행되었다(참고. Vande Kemp, 2002). 그는 정신과 몸의 문제를 그가 원하는 대로 해결하지는 못했지만, 빌헬름 분트보다 몇십 년 전에 심리학에 믿을 만한 경험적 기반을 제공하였다. 미국에서도 마찬가지로, 찰스 퍼스(Charles S. Peirce, 1839~1914)의 심리물리학에서 실험적 접근의 첫 번째 열매가 탐구되었다. 퍼스는 올리버 웬델 홈스(Oliver Wendell Holmes)와 윌리엄 제임스를 포함한 젊은 하버드 졸업생들의 형이상학 클럽 멤버였다. 그들이 다윈 시대 철학에 대해 내린 결론은 미국 철학의 엄청난 변화를 이끌어 냈고, 미국에서 심리학이 학문으로 간주되는 형식에 많은 영향을 미쳤다. 퍼스는 진리가 "의견을 해결하는 과학적 방법"(비교. Maxwell & Delaney, 2004, p. 20)에 속한다는 실용적 철학을 가지고 있었다. 그래서 현실을 반영하는 행동의 습관을 만들어 내는 견지에서 진짜 신념은 행동하는 신념이라고 하였다(Leahey, 2000. p. 340). 실용적 철학은 퍼스가 아닌 '미국 심리학자'가 된 재능 있는 작가 윌리엄 제임스에 의해 대중화되었다.

윌리엄 제임스(1842~1910)

폭넓게 책을 읽고 여러 곳을 여행한 제임스는 하버드 대학 생리학 교수로 합류한 후에 잠시 심리학으로 돌아섰다. 젊은 시절의 화가의 꿈을 포기한 이후, 제임스는 그 시대의 다른 심리학 창시자와 마찬가지로 의사로서 훈련받았다. 그는 철학의 추구가 실험실 작업보다 만족스럽다고 생각하였지만, 심리학을 취미로 하게 된 그는 많은 사람에게 가장 위대한 미국 심리학자로 대우받았다. 심리학이 자연과학으로 접근되어야 한다는 작동가설에 매력을 느꼈음에도 "제임스의 가설에 대한 충성심은 처음에는 당혹감을, 후에는 포기를 불렀다." (Robinson, 1981, p. 373) 은둔한 그의 친구 퍼스는 "물질적 교리는 어떤 종류의 기제(mechanism)가 느끼는 것—이는 절대적 이성으로 환원될 수 없는 가설이다—이라고 가정하도록 요구하기 때문에 상식과 마찬가지로 과학적 논리에서도 불쾌하게 보였다."라고 썼다(Robinson이 인용, 1981, p. 374). 제임스에 대해 산타야나가 말한 것처럼, 그는 어떤 중요한 질문을 끝내 해결했다고 생각하는 사람이 아니었다. 제임스는 직설적이지는 않았지만 인간 본성의 본질이 물질적이기보다 영적이라고 간주해야 하는 주제를 끊임없이 제기하였다. 예를 들어, 그의 책『심리학의 원리(The Principles of Psychology)』에서 제임스는 '영적인 나'는 자기의 기본이라고 주장하며, 그 본질을 다음과 같이 언급하였다.

> 우리 삶의 안식처인 자기의 핵심은 내적인 어떤 상태가 소유하고 있는 활동의 감각이다. 이 활동의 감각은 우리 영혼의 살아 있는 실질적 내용이 직접적으로 드러나는 것에 붙들려 있다. 이러한 감각이 그렇게 존재하느냐 아니냐는 저편에 있는 질문이다(1890, p. 181).

자신의 삶과 자기 자신에 대한 견해의 관점에서 볼 때, 제임스는 진창에 빠져 있던 지적 위기와 우울에서 그가 빠져나올 수 있게 한 통찰을—물질적 생리학과 철학의 함의를 깊이 생각함으로써 얻게 된—그의 삶 내내 가지고 있었다. 그의 일기에 썼듯이, "어제는 나의 삶의 위기였다. … 나는 … 이유를 찾을 수가 없다. 왜 … 자유의지가 … 착각이 되는 것인지. 어쨌든, 나는 지금은—내년까지—그것이 착각이 아니라고 상정할 것이다. 나의 자유의지로서의 첫 번째 행동은 자유의지를 믿는 것이 될 것이다." 제임스는 결국 자유의지를 믿는 그의 실험이 그를 위해 일했다는 사실뿐 아니라 자유의지가 도덕적 책임감이라는 생각에 절대적으로 본질적이라는 사실을 결론지었다(James, 1884/1956). 게다가 이는 과학의 편협한 객관주의가 사람의 여러 양상을 위해서 부적절하고 얕음을 제안하였다(1902/1985, Lecture XX).

고전인 종교 경험의 다양성에서 제임스가 택한 기술적 접근은 누군가가 개인의 삶에서 진행된 종교의 강력한 역할을 기록한 수단으로서 자신의 개인적 간증과 사례연구를 어떻게 합칠 수 있는지를 예시하였다. 그는 그만의 '과잉 신념들'을 언급하면서 그의 책 『다양성들(Varieties)』의 결론에서 "주류 기독교와 학술적 신론 모두를 받아들이지는 못했지만"(p. 521), 신비적, 혹은 초자연적 영역의 현실을 기꺼이 확인하고자 하였다. 예를 들어, "나는 하나님의 이름으로 우주의 이 높은 부분의 이름을 지어 줄 것이다. 우리와 하나님은 서로에게 비즈니스가 있다. 그리고 그의 영향력에 우리 자신을 개방함으로써 우리의 깊은 운명은 채워진다. 하나님은 실질적 효과를 내기 때문에 그는 살아 계신다."(pp. 516-517), "믿음의 상태와 기도의 상태에서 … 더 높은 에너지가 여과되어 채워진다."(p. 519)라는 그의 증언에서, 제임스는 심리학자 대니얼 로빈슨과 노벨상 수상자인 존 에클스(John Eccles)가 『연락 두뇌(liaison brain)』(Eccles & Robbinson, 1984)의 이원론적 이론을 묘사할 때 보여 준 것과 비슷한 입장을 취했다고 보인다. 제임스는 예언과 초자연적 지도의 설명을 예로 인용하였다. 그는 또한 의학 물질주의를 반대하는 논쟁을 하였다. 의학 물질주의란 종교적 현상에 대한 심리생리학적 연관관계의 발견이 무효임을 입증한다는 주장이다. 또한 그는 종교를 인정하는 데 대항하는 과학의 편견을 다음과 같이 한탄하였다. "종교를 향한 이러한 반감은

종교의 과학 자체에서 메아리 친다."(p. 490) 누군가는 미국심리학회(APA)의 창시자인 스탠리 홀(Stanley Hall)이 만든 바로 그 종교과학의 영향에 있는 메아리를 듣는 듯하다고 하였다.

스탠리 홀(1844~1924)

유니언 신학교에 들어간 지 얼마 되지 않아 홀은 자신이 목회자 역할에 어울리지 않고, 목회자가 되기 위한 충분한 정통 신앙도 갖추지 못하였음을 분명히 깨달았다. 그래서 그는 하버드에 들어가 제임스 밑에서 수학하였다. 그는 1878년에 심리학에서 박사학위를 받은 첫 미국인이 되었다. 몇 번에 걸친 유럽 여행 동안, 홀은 독일의 고등 비평인 헬름홀츠(Helmholtz)의 유물론과 아마도 얼마 되지 않아 평판이 나빠진 계통발생론의 개요인 개체발생론에 관한 헤켈(Haeckel)의 생각에 매료되었다(Hall, 1923b; Vande Kemp, 1992). 홀의 유전심리학은 개인의 심리적 발달에 민족의 전체적 역사가 반복된다는 근본적인 전제를 기초로 한다. 이 전제는 그에게 발달심리학과 종교심리학에 대한 정보를 주었고, 이후 그의 직업적 근간이 되었다. 클라크 대학(Clark University)에서 총장으로 있는 동안, 홀은 거의 20년간 매년 종교심리학과 예수의 심리학을 수강과목으로 제공하였다. 150개의 학위논문과 박사논문의 1/3 이상이 종교심리학에 대한 것이었고, 그중 많은 논문이 그가 만든 종교심리학 학술지를 통해 출판되었다. 홀은 심리학의 '중요한 임무 중 하나'로서 예수의 재해석을 주장하였지만, 그의 예수의 유전적 모델(Hall, 1923a) 적용은 받아들여지지 않았으며, 신학 분야에서 비난을 받았을 뿐 아니라, 일반적으로는 '엉성하고 깊이 없는 학문'으로 비판받았다. 홀은 회심에 대한 성 이론을 프로이트와 다소 비슷하게 발달시켰고, '정통성에 대한 영원한 전쟁'을 하기로 결정하면서 '기독교의 병리적 함의를 파헤치는 데 사로잡히게' 되었다(Vande Kemp, 1992, p. 295). 홀(1923b)은 "실증주의자들은 사례를 통해 자신의 주장을 꽤 잘 전개하였다."고 생각하였다. 그리고 개인의 신성 속에 있는 신념의 특징이 있는 사회의 '신학적 단계'는 버려져야 할 원시적 단계라고 생각하였다(p. 222). 그가 낳은 클라크 학파는 20세기의 가장 뛰어난 종교심리학자들(예, James Leuba와 Edwin Starbuck)을 배출하였다. 그 학파가 종종 신앙을 해체되어야 할 병리적 대상으로 보았다는 점은 놀랄 만한 일이 아니다(Hood, Spilka, Hunsberger, & Gorsuch, 1996, pp. 18, 215, 229, 411; Meadow & Kahoe, 1984, p. 11; Paloutzian, 1996, p. 39 이하; Wulff, 1996, p. 48).

심리학 내에서의 종교의 서거와 귀환

1892년 홀의 사무실에서 미국심리학회(APA)가 설립된 후 30년간 심리학 분야의 급속한 발전과 과학화에 대해 관심이 높아지는 추세였다. 이른바 '과학철학' 안에서 생존하였지만 경험적으로 증명할 수 있는 것만을 의미 있는 명제라고 주장하는 논리실증주의 철학은 미국 심리학에 무비판적으로 흡수되었다(Maxwell & Delaney, 2004, p. 10 이하). 결정론적 실증주의는 심리학이 주로 주관적 주제를 다루기 때문에 과학이 될 수 없다고 주장하던 사람들에게 완벽한 반박거리가 되며, 왓슨의 순진한 행동주의와 잘 들어맞는 듯 보였다. "심리학자들이 과학의 주변부에 위치해서 도전을 받을 때 한계까지 몰리는 위협을 받았다는 점을 감안해 보면"(Coon, 1992, p. 150), 영성과 종교는 자기성찰적 방법과 동물 학습과 조건화 연구를 선호하는 인지와 함께 거부당하였다. 1920년대까지 왓슨 학파의 행동주의가 우세하였으며, 긍정심리학을 세우기 위한 노력의 기나긴 여정이 시작되었다.

융과 올포트 같은 주목할 만한 예외들이 있었음에도, 종교는 20세기 주류 심리학의 많은 부분에서 중요하지 않은 주제가 되었다. 20세기 중반까지 로마 가톨릭의 연구기관과 같은 분파적 맥락에서만 이에 반대하는 노력이 지속되었다(Misiak & Staudt, 1954). 정신분석적 치료가 종교적 신념과 실천을 뒤집는다는 관심과 함께 뉴욕의 풀턴 신(Fulton Sheen) 주교와 로마 교황 비오 7세가 프로이트 이론의 범성욕주의에 대해서 강한 비난을 하였다. 이러한 정신의학과 심리학이 도덕적으로 문제가 있는 입장인 자유주의와 근대주의에 어떻게 연관되는지, 그리고 자유주의와 '근대주의' 자체에 대한 관심은 이러한 논란에 기름을 부었다. 그럼에도 심리학을 가톨릭 사상과 실천에 통합하는 작업이 몇 가지 이유에서 광범위하게 진행되었다. 첫째로, 특히 토마스 아퀴나스에게서 비롯한 학문적 철학 전통은 가톨릭 철학자들과 신학자들에게 최근 생긴 과학과 심리학을 비판적이지만 수용적인 관점으로 검토하도록 관문을 제공하였다. 둘째로, 특히 예수회 수사와 같은 종교단체의 학문적 방향성이 있는 사명에 기인하여 신학 이외의 분야에서 학위를 가진 목회자들이나 다른 사람들을 격려하였다. 이러한 지도자들은 가톨릭 대학에서 심리학 프로그램을 시작할 수 있었고, 이러한 대학들의 광범위한 학문적 전통의 맥락 속에 있는 현재의 지식을 검토하면서 교육할 수 있었다. 셋째로, 평신도와 마찬가지로 성직자와 다른 종교 종사자들이 정신의학과 심리학의 연구와 훈련에 적극적이었다는 사실에 심리학과 가톨릭 전통의 관점과 심리학의 통합과 연합을 위한 의미 있는 힘을 제공받았다(Gillespie, 2001; Vande Kemp, 1996).

에드워드 페이스(Edward Pace)가 1892년에 미국 가톨릭 대학에 미국 최초의 실험심리학 연구실 중 하나를 설립한 일은 심리학과 가톨릭 전통을 연합하려는 다양한 계획 중 하나다. 심리학과는 성 루이스 대학과 시카고의 로욜라, 뉴욕의 포드햄에서 발전되었다. 1949년에 창단되었다가 신부 윌리엄 비에르(William Bier)와 버지니아 스타우트 색스턴(Virginia Staudt Saxton)에 의해서 미국심리학회(APA) 36분과(원래는 종교 주제에 관심이 있는 심리학자들로 구성되었으나 지금은 종교심리학 분과임)로 들어간 미국 가톨릭심리학회와 가톨릭정신의학회 같은 많은 단체가 가톨릭과 심리학 모두의 대변을 시도하였다. 여기서 언급된 단체 이외에도 많은 수의 심리학자와 정신의학자가 심리적인 것과 영적인 것, 심리치료와 종교 훈련 사이의 대화와 연합을 만들어 내기 위한 저술과 훈련 분야에서 노력을 기울여 왔다(Leo Bartmeier, Thomas Verner Moore, Annette Walters, Gregory Zilboorg, Charles Curran, Adrian Van Kaam, Henri Nouwen, 그리고 많은 다른 사람). 역사적 긴장(참조. Roback, 1952)이 지속적으로 있어 왔고, 복음주의적 개신교도(예, Vitz, 1977) 같이 가톨릭의 어떤 가르침이나 실천, 과학적이고 임상적인 심리학의 관점이 충돌하였음에도, 심리학과 가톨릭 전통 사이의 의미 있는 대화는 지속되고 있다.

종교에 관심을 가진 유명한 현대 심리학자 중에는 개신교나 유대교의 배경을 가진 경우가 많다. 그들의 공헌은 종교의 중요성을 인정함으로써 신앙이 있는 대부분의 사람의 환영을 받았다는 점이다. 그러나 이 심리학자들은 그들의 프로젝트를 그들의 정통적 신념에서 파생된 관점보다는 정통적 신념을 거부하는 관점으로 보거나 적어도 종교의 관점에서 심리학을 보지 않고 심리학의 관점에서 종교를 바라보았다. 그래서 카를 융은 현대인은 기독교의 교회가 현실 검증에서 "불로 세례를 받는 데 실패하였다." (1933, p. 200)라는 사실을 깨달았다고 쓴 바 있다. 이 책의 서문에는 "기독교의 전형적 예인 교회를 벗어난 사람들(1933, p. viii)에게 발언한다."라고 적혀 있다. 한편으로, 심리학적 상징으로서의 기독교 교리(예, 삼위일체, 성육신, 부활)에 대한 융의 상세한 분석을 보면, 그가 그러한 교리를 정신적 삶을 이해하는 열쇠라고 제안하고 있다고 볼 수 있다(참조. Fuller, 1994). 그러나 다른 한편으로, 융이 정신 세계의 축소판으로 그 자신을 제한하여 분석한 것을 주장하였음에도(1969, p. 278 이하), 사실상 몇몇은 그가 그리스도 같은 신적 존재는 "정신밖에 존재하지 않는다." (Fuller, 1994, p. 111)라고 주장했다고 논의해 왔다.

개인의 성격에서 종교의 역할을 다룬 올포트(1950)의 고전은 융의 책들과 같이 종교적 신념의 내용에 관해서 중립적 입장을 받아들이는 목표를 달성하는 데 좀 더 가깝다. "나의 접근은 심리학적이며, 혹자는 이를 자연주의적이라고 부른다. 계시된 종교의 주장에 관해 나는 어떠한 추측이나 부인도 하지 않는다. 나는 과학자로서 저술에 그렇게 할 권리가 없다." (p. xi) 유니언 신학교에 다니고 부모

의 기독교 신념을 명백하게 부인하면서 "어떤 특정한 종교적 교리를 요구하는" (1961, pp. 7-8) 어떤 분야에도 들어갈 수 없다고 결론을 내린 칼 로저스 같은 인본주의 심리학자도 그러한 엄격한 객관성을 전형적으로 가지고 있지 않다. 로저스가 이러한 몇몇 종교적 교리 안에서 성장했다고 해서 그가 '무조건적인 긍정적 존중'과 같은 특정한 개념을 품도록 준비되지 않았다고 말하는 것은 아니다. 즉, 그가 명백한 종교적 관점으로부터 흘러나오듯이 그러한 아이디어를 두지 않았다고 확실히 말하는 것은 아니다.

　이론적 관점이 신성함에 대해 가장 열려 있는, 20세기에 가장 두드러진 유대인 심리학자는 에이브러햄 매슬로일 것이다. 그는 초기 저서에서 "세속화되고 비신성화된 세계관(Weltanschauung)"(1966, p. 139)을 제공하는 데 사용되었다고 묘사한 과학심리학의 보다 편협한 관점의 대안으로 자신의 인본주의적인 심리학이 제시되었다고 보았다. 지금 잘 알려진 매슬로가 제안한 대안은 사람은 욕구의 단계를 만족시키려고 시도를 한다는 관점이었다. 이 단계의 가장 상위에 있는 자아실현은 신비적이거나 최고조의 경험을 특징으로 하며, 집중적 종교 경험을 특징짓는 것과 비슷한 방법으로 묘사된다. 그러나 매슬로는 가치를 종교보다는 심리학에서 나오는 어떤 것으로 보았고(예: Maslow, 1959, p. 119 이하), 그가 받아들이는 하나님은 초월적인 것이 아니라 자연의 비인격적인 부분이었으며 (Fuller, 1994, p. 178), 그의 생애 후반에 주장한 초인심리학(transpersonal psychology)은 명백하게 종교를 대리하는 것으로서 제안되었다(비교. Hergenhahn, 2001, p. 523).

　종교적 배경을 가진 몇몇이 종교에 흥미를 두고 있었음에도, 종교는 20세기의 대부분에 걸쳐 심리학 안에서 충분한 관심을 받지 못하였다. 올포트(1950)는 세기 중반에 대하여 "예를 들어, 1991년에서 1994년에 미국심리학회(APA)에서 발간된 양적 연구 중 종교나 영적 변인을 포함하는 연구는 3% 미만이었다."라고 말하였다. 또한 "종교변인을 포함한 소수의 논문 중에서 75%는 단지 하나의 연구 문제에만 종교변인을 포함시킬 뿐이었으며, 30% 미만이 이전에 출판된 종교 연구를 인용하였다."(Weaver et al., 1998)라고 말하였다. 이는 아마도 심리학 분야에서 신앙을 가진 사람들이 덜 드러나고 있기 때문이다. 일반 대중의 95%는 하나님에 대한 신앙을 시인한 반면, 미국심리학회(APA)의 회원은 43%만이 신앙을 시인하였다. 게다가 심리학자들은 정신과 의사, 사회복지사, 부부 및 가족 치료사 같은 다른 정신건강 전문인 집단보다 종교적 관련의 수준이 낮은 것으로 드러났다(Weaver et al., 1998).

최근 수십 년간, 의학은 긍정적 힘으로서의 종교를 인정하는 하나의 길을 닦았다(예, Koenig, McCullough, & Larson, 2001). 몇몇 출판물이 휘튼(예, Jones & Butman, 1991), 풀러 신학교(예, Malony, 1988), 로즈미드(참고. 심리학과 신학 학술지) 같은 개신교 대학의 심리박사 학위과정에서 나오고 있었지만, 주류 심리학이 존스(1994)의 주요 논문에서 말하는 종교에 대해 개방적이고 건설적인 관계를 보여 주기 시작한 것은 최근 10년에 불과하다. 이것은 미국심리학회(APA)가 샤프란스크(Shafranske, 1996)와 밀러(1999)의 편집물 같은 출판물을 편찬한 것을 통해 볼 수 있다. 이 책에서 유대-기독교 관점을 현대심리학에 제시함으로써 이러한 대화가 발전해 나가기를 희망한다.

결론

우리는 아우구스티누스에서부터 업햄과 키르케고르까지 살펴봄으로써 하나님의 형상을 가진 존재에게 적절하게 합의된 심리학의 몇 가지 구성 요소를 보았다. 제2부에서는 하나님이 의도하신 진정한 자아를 위해 필요한 것으로서, 그리고 욕구와 의무 간의 선택에서의 의지의 역할에 대하여 심도 있게 다룰 것이다. 우리가 조화를 이루거나 불화를 일으킬 수 있는 초월적 가치의 존재는 유대-기독교적 관점의 또 다른 구성 요소이며, 제3부에서 다룰 것이다. 제4부에서는 아우구스티누스가 고민한 '부도덕한 쾌락'의 덫이 영적으로 변화하고 발전

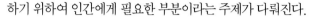

하기 위하여 인간에게 필요한 부분이라는 주제가 다뤄진다.

심리학과 신학 사이의 접점에서 출판된 수천의 자료 속에서(참고. Vande Kemp, 1984), 이 장은 가장 중요한 기여 중 일부만 강조할 수 있었다. 마치면서, 우리는 이 역사에서 대안이 되는 관점을 제공한 가치 있는 자료를 언급하려 한다. 40년 전, 폴 틸리히, 칼 메닝거, 카렌 호나이와 칼 로저스는 지금의 책과 비슷한 책에 기여하였다(Doniger, 1962). 복음주의적 기독교 관점에서 쓰인 장들은 이러한 관계에 가장 도움이 되는 최근 역사 중에 있다(Johnson & Jones, 2000). 이는 더욱 보편적인 문화적 경향에 대한 관계를 인용하기(Kurtz, 1999), 관련된 전문 학회, 학술지, 교과서의 발달을 검토하기(Vande Kemp, 1996), 혹은 정신의학의 역사에 초점을 맞추기(Thielman, 1998). 특징적으로 기독교 심리학의 발전에 대한 철학자들의 요구(Evans, 1996), 심리학에서의 사람의 위치에 대한 심리학자의 평가(Van Leeuwen, 1985), 로마 가톨릭과 심리학의 관계의 진화에 대한 분석(Gillespie, 2001), 그리고 기독교심리학의 예의 개요서(Roberts & Talbot, 1997) 등은 가장 주목할 만한 책 한 권 분량에 달하는 치료법을 가지고 있다. 미국 외에서 온 비슷하고 뚜렷한 예는 국제신경심리학심포지엄 전직 회장의 책(Jeeves, 1997), 영국심리학회의 전직 회장이 공저한 책(Watts & Williams, 1988), 네덜란드에서 열린 국제심포지엄을 요약한 책(Verhagen & Glas, 1996) 등이다.

참 · 고 · 문 · 헌

Allport, G. W. (1950). *The individual and his religion*. London: Macmillan.

Anderson, W. E. (1980). Editor's introduction. In W. E. Anderson (Ed.), *Jonathan Edwards: Scientific and philosophical writings* (pp. 1-143). New Haven, CT: Yale University Press.

Augustine. (1952). *Confessions*. In R. M. Hutchins & M. J. Adler (Eds.), *Great books of the Western world: Vol. 18. Augustine* (pp. 1-125). Chicago: Encyclopaedia

Britannica. (Original work written 397-400)

Augustine. (1952). *City of God.* In R. M. Hutchins & M. J. Adler (Eds.), *Great books of the Western world: Vol. 18. Augustine* (pp. 127-618). Chicago: Encyclopaedia Britannica. (Original work written 413-427)

Aquinas, T. (1952). *Summa theologica.* In R. M. Hutchins & M. J. Adler (Eds.), *Great books of the Western world: Vols. 19-20. Thomas Aquinas.* Chicago: Encyclopaedia Britannica. (Original work written 1273)

Aristotle. (1952). *Physics.* In R. M. Hutchins & M. J. Adler (Eds.), *Great books of the Western world: Vol. 8. Aristotle* (pp. 257-355). Chicago: Encyclopaedia Britannica. (Original work written ca. 440 B.C.)

Bacon, F. (1952). *Advancement of learning.* In R. M. Hutchins & M. J. Adler (Eds.), *Great books of the Western world: Vol. 30. Francis Bacon* (pp. 1-101). Chicago: Encyclopaedia Britannica. (Original work published 1605)

Bakan, D. (1965). Some thoughts on reading Augustine's *Confessions. Journal for the Scientific Study of Religion, 5,* 149-152.

Boring, E. G. (1950). *A history of experimental psychology* (2nd ed.). New York: Appleton-Century-Crofts.

Brennan, R. E. (1945). *History of psychology from the standpoint of a Thomist.* New York: Macmillan.

Brown, C. R. (1955). Jonathan Edwards. *Encyclopaedia Britannica* (Vol. 8, pp. 18-20). Chicago: Encyclopaedia Britannica.

Cahill, T. (1998). *The gifts of the Jews: How a tribe of desert nomads changed the way everyone thinks and feels.* New York: Nan A. Talese/Anchor Books.

Cairns, E. E. (1954). *Christianity through the centuries: A history of the Christian church.* Grand Rapids, MI: Zondervan.

Campbell, D. T. (1975). On the conflicts between biological and social evolution and between psychology and moral tradition. *American Psychologist, 30,* 1103-1126.

Chesterton, G. K. (1933). *St. Thomas Aquinas.* New York: Sheed & Ward.

Clark, W. H. (1965). Depth and rationality in Augustine's *Confessions. Journal for the*

Scientific Study of Religion, 5, 144-148.

Coon, D. J. (1992). Testing the limits of sense and science: American experimental psychologists combat spiritualism, 1880-1920. *American Psychologist, 47,* 143-151.

Descartes, R. (1952). *Meditations on first philosophy.* In R. M. Hutchins & M. J. Adler (Eds.), *Great books of the Western world: Vol. 31. Descartes/Spinoza* (pp. 69-103). Chicago: Encyclopaedia Britannica. (Original work published 1641)

Doniger, S. (Ed.). (1962). *The nature of man in theological and psychological perspective.* New York: Harper & Brothers.

Eccles, J., & Robinson, D. (1984). *The wonder of being human: Our brain and our mind.* New York: Macmillan.

Edwards, J. (1959). *A treatise concerning religious affections.* In J. E. Smith (Ed.), *Works of Jonathan Edwards* (Vol. 2, pp. 91-461). New Haven, CT: Yale University Press. (Original work published 1746)

Edwards, J. (1969). *Freedom of the will.* New York: Bobbs-Merrill. (Original work published 1754)

Edwards, J. (1980). The mind. In W. E. Anderson (Ed.), *Jonathan Edwards: Scientific and philosophical writings* (pp. 311-398). New Haven, CT: Yale University Press. (Original work published 1829)

Evans, C. S. (1990). *Søren Kierkegaard's Christian psychology.* Vancouver, Canada: Regent College.

Evans, C. S. (1996). *Wisdom and humanness in psychology: Prospects for a Christian approach.* Vancouver, Canada: Regent College.

Fay, J. W. (1939). *American psychology before William James.* New Brunswick, NJ: Rutgers University Press.

Fuller, A. R. (1994). *Psychology and religion: Eight points of view* (3rd ed.). London: Rowman & Littlefield.

Gillespie, C. K. (2001). *Psychology and American Catholicism: From confession to therapy?* New York: Crossroads.

Hall, G. S. (1923a). *Jesus, the Christ, in the light of psychology.* London: Allen & Unwin.

Hall, G. S. (1923b). *Life and confessions of a psychologist*. New York: Appleton.

Hergenhahn, B. R. (2001). *An introduction to the history of psychology*. Belmont, CA: Wadsworth/Thomson Learning.

Hood, R. W., Jr., Spilka, B., Hunsberger, B., & Gorsuch, R. (1996). *The psychology of religion: An empirical approach* (2nd ed.). New York: Guilford Press.

James, W. (1956). *The will to believe and other essays in popular philosophy and human immortality*. New York: Dover. (Original work published 1884)

James, W. (1890). *The principles of psychology*. New York: Herny Holt.

James, W. (1985). *The varieties of religious experience*. Cambridge, MA: Harvard University Press. (Original work published 1902)

Jeeves, M. A. (1997). *Human nature at the millennium: Reflections on the integration of psychology and Christianity*. Grand Rapids, MI: Baker.

Johnson, E. L. (1998). Some contributions of Augustine to a Christian psychology. *Journal of Psychology and Christianity, 17,* 293-305.

Johnson, E. L., & Jones, S. L. (2000). A history of Christians in psychology. In E. L. Johnson & S. L. Jones (Eds.), *Psychology and Christianity: Four views* (pp. 11-53). Downers Grove, IL: InterVarsity Press.

Jones, S. L. (1994). A constructive relationship for religion with the science and profession of psychology. *American Psychologist, 49,* 184-199.

Jones, S. L., & Butman, R. (1991). *Modern psychotherapies: A comprehensive Christian appraisal*. Downers Grove, IL: InterVarsity.

Jung, C. G. (1933). *Modern man in search of a soul*. New York: Harcout, Brace & World.

Jung, C. G. (1969). *The structure and dynamics of the psyche*. Princeton, NJ: Princeton University Press.

Kaufman, A. S., & Frankena, W. K. (Eds.). (1969). *Jonathan Edwards: Freedom of the will*. New York: Bobbs-Merrill.

Kierkegaard, S. (1962). *The point of view for my work as an author*. New York: Harper & Row. (Original work published 1859)

Kierkegaard, S. (1966). *Purity of heart is to will one thing*. London: Collins. (Original work published 1847)

Koenig, H. G., McCullough, M. E., & Larson, D. B. (2001). *Handbook of religion and health*. Oxford, England: Oxford University Press.

Kurtz, E. (1999). The historical context. In W. R. Miller (Ed.), *Integrating spirituality into treatment: Resources for practitioners* (pp. 19-46). Washington, DC: American Psychological Association.

Leahey, T. H. (2000). *A history of psychology: Main currents in psychological thought*. Upper Saddle River, NJ: Prentice Hall.

Locke, J. (1952). An essay concerning human understanding. In R. M. Hutchins & M. J. Adler (Eds.), *Great books of the Western world* (Vol. 35, pp. 83-295). Chicago: Encyclopaedia Britannica. (Original work published 1690)

Malony, H. N. (1988). The clinical assessment of optimal religious functioning. *Review of Religious Research, 30,* 3-17.

Marsden, G. M. (1994). *The soul of the American university*. New York: Oxford University Press.

Marsden, G. M. (2003). *Jonathan Edwards: A life*. New Haven, CT: Yale University Press.

Maslow, A. H. (1966). *The psychology of science: A reconnaissance*. South Bend, IN: Gateway Editions.

Maslow, A. H. (Ed.). (1959). *New knowledge in human values*. Chicago: Henry Regnery.

Maxwell, S. E., & Delaney, H. D. (2004). *Designing experiments and analyzing data: A model comparison perspective* (2nd ed.). Mahwah, NJ: Erlbaum.

Meadow, M. J., & Kahoe, R. D. (1984). *Psychology of religion: Religion in individual lives*. New York: Harper & Row.

Miller, W. R. (Ed.). (1999). *Integrating spirituality into treatment: Resources for practitioners*. Washington, DC: American Psychological Association.

Misiak, H., & Staudt, V. M. (1954). *Catholics in psychology: A historical survey*. New York: McGraw-Hill.

Newton, I. (1952). Mathematical principles of natural philosophy. In R. M. Hutchins & M. J. Adler (Eds.), *Great books of the Western world* (Vol. 34, pp. 1-372). Chicago:

Encyclopaedia Britannica. (Original work published 1687)

Newton, I. (1952). Optics. In R. M. Hutchins & M. J. Adler (Eds.), *Great books of the Western world* (Vol. 34, pp. 373-544). Chicago: Encyclopaedia Britannica. (Original work published 1706)

Paloutzian, R. F. (1996). *Invitation to the psychology of religion* (2nd ed.). Boston: Allyn & Bacon.

Piper, J. (2000). *The legacy of sovereign joy.* Wheaton, IL: Crossway.

Roback, A. A. (1952). *History of American psychology.* New York: Library.

Roberts, R. C., & Talbot, M. R. (Eds.). (1997). *Limning the psyche: Explorations in Christian psychology.* Grand Rapids, MI: Eerdmans.

Robinson, D. N. (1981). *An intellectual history of psychology.* New York: Macmillan.

Rogers, C. R. (1961). *On becoming a person.* Boston: Houghton Mifflin.

Salter, D. L. (1986). *Spirit and intellect: Thomas Upham's holiness theology.* Metuchen, NJ: Scarecrow Press.

Schimmel, S. (1997). *The seven deadly sins: Jewish, Christian and classical reflections on human psychology.* New York: Oxford University Press.

Schimmel, S. (2000). Vices, virtues and sources of human strength in historical perspective. *Journal of Social and Clinical Psychology, 19,* 137-150.

Shafranske, E. P. (Ed.). (1996). *Religion and the clinical practice of psychology.* Washington, DC: American Psychological Association.

Smith, J. E. (Ed.). (1959). *Works of Jonathan Edwards* (Vol. 2). New Haven, CT: Yale University Press.

Spilka, B. (1987). Religion and science in early American psychology. *Journal of Psychology and Theology, 15,* 3-9.

Thielman, S. B. (1998). Reflections on the role of religion in the history of psychiatry. In H. G. Koenig (Ed.), *Handbook of religion and mental health* (pp. 3-20). San Diego, CA: Academic Press.

Vande Kemp, H. (with Malony, H. N.). (1984). *Psychology and theology in Western thought, 1672-1965: A historical and annotated bibliography.* Millwood, NY: Kraus

International.

Vande Kemp, H. (1992). G. Stanley Hall and the Clark school of religious psychology. *American Psychologist, 47,* 290-298.

Vande Kemp, H. (1996). Historical perspective: Religion and clinical psychology in America. In E. P. Shafranske (Ed.), *Religion and the clinical practice of psychology* (pp. 71-112). Washington, DC: American Psychological Association.

Vande Kemp, H. (2002). *Great psychologists as "unknown" psychologists of religion.* Unpublished manuscript, Fuller Theological Seminary Graduate School of Psychology, Padadena, CA.

Van Leeuwen, M. S. (1985). *The person in psychology: A contemporary Christian appraisal.* Grand Rapids, MI: Eerdmans.

Verhagen, P. J., & Glas, G. (1996). *Psyche and faith-Beyond professionalism: Proceedings of the first international symposium of the Christian Association of Psychiatrists, Psychologists and Psychotherapists in the Netherlands.* Zoetermeer, The Netherlands: Uitgeverij Boekencentrum.

Vitz, P. C. (1977). *Psychology as religion: The cult of self-worship.* Grand Rapids, MI: Eerdmans.

Watson, R. I. (1963). *The great psychologists from Aristotle to Freud.* Philadelphia: Lippincott.

Watts, F., & Williams, M. (1988). *The psychology of religious knowing.* New York: Cambridge University Press.

Weaver, A. J., Kline, A. E., Samford, J. A., Lucas, L. A., Larson, D. B., & Gorsuch, R. L. (1998). Is religion taboo in psychology? A systematic analysis of research on religion in seven major American Psychological Association journals: 1991-1994. *Journal of Psychology and Christianity, 17,* 220-232.

Woollcott, P., Jr. (1966). Some considerations of creativity and religious experience in St. Augustine of Hippo. *Journal for the Scientific Study of Religion, 5,* 273-283.

Wulff, D. M. (1996). The psychology of religion: An overview. In E. P. Shafranske (Ed.), *Religion and the clinical practice of psychology* (pp. 43-70). Washington, DC:

American Psychological Association.

Wulff, D. M. (2001). *Psychology of religion: Classic and contemporary views.* New York: Wiley.

Part 2

인간 본성

Chapter 03

자기와 의지

Roy F. Baumeister

인간 본성에 대한 유대-기독교의 가장 중요한 믿음은 사람이 자유롭게 중요한 선택을 할 수 있다는 점이다. 성경의 처음 몇 장에는 선악과를 따 먹는 것을 선택한 아담과 하와의 운명적 이야기가 나온다. 아담과 하와의 선택으로 모든 인간은 도덕적 선택을 하게 되었다. 죄에 대한 기독교적 개념은 인간이 무엇이 옳고 그른지 알고 둘 중 하나를 선택할 수 있음을 가정한다. 많은 기독교 신학에서 (전부는 아니지만) 구원과 대속은 적어도 부분적으로는 개인이 어떤 선택을 하는가에 달려 있다. 자유에 대한 이런 전제는 기독교 신학에만 국한되지 않는다. 현대의 법 역시 인간은 선택할 자유를 갖는다고 가정하며, 인간이 얼마나 불법적인 행동을 하기로 자유롭게 선택했는지에 근거하여 진술된 범죄 행위를 평가하고, 옳은 행동을 할 기회가 충분히 있었음에도 범법 행위를 한 사람들에게는 가장 가혹한 판정을 내린다.

많은 심리학자가 과학적 이해에서 결정론적 실증주의가 결정적 역할을 한다고 생각하고 있기 때문에 연구심리학자들은 자유의지의 개념을 결벽증적으로 싫어하지만, 현대심리학자들은 선택과 결단의 주제에 매료되어 왔다. 물론, 어떤 연구심리학자들은 대다수의 임상심리학자나 상담심리학자와 마찬가지로 인간은 선택한 대로 행동하는 데서 자유로울 수 있다고 믿는다. 많은 연구심리학자가 이렇게 결벽증적으로 싫어함에도, 선택과 통제에 대한 연구는 광범위하게 이루어지고 있다. 인간은 상황을 통제할 수 있을 때, 스트레스가 급속도로 경감한다(예, Glass, Singer, & Friedman, 1969). 인간은 행동의 자유를 유지하기를 원하며, 자유를 빼앗기거나 위협받을 때 적극적으로, 심지어 공격적으로 반응하기도 한다(Brehm, 1966). 인간은 선택하지 않을 때보다 스스로 선택할 수 있을 때 자신의 행동에 대한 책임을 받아들이며, 훨씬 넓은 범위에서 일관적 정체성을 유지한다. 인간이 통제 상실을 반복적으로 경험하면, 학습된 무기력과 같은 병리적이고 파괴적인 반응이 나타나기도 한다(Seligman, 1975). 중독이라는 핵심 개념은 어느 정도의 통제력 감소와 줄어든 의지를 포함한다. 이런 점은 결과적으로 심리학자들이 자신의 행동에 대한 의지적 통제의 다른 정도를 인식하고 있음을 의미한다(Miller & Brown, 1991). 달리 말하자면, 중독의 개념은 통제의 상실을 의미하며, 그래서 통제는 잃어버린 바로 그 장소에 있어야만 한다.

이 장에서는 최근 심리학이 자기에 대해 무엇을 알게 되었는가, 그리고 그것이 유대-기독교 관점과 어떻게 관련이 되는가라는 맥락에서 의지를 고려한다. 이러한 고려는 전반적으로 자기의 본성이라는 맥락에서 의지의 역할에 대한 검토로 시작한다. 그리고 자유와 의식에 대한 질문을 다룬다. 자유와 의식에 대한 질문은 의지의 문제에서 중심적이기 때문이다. 의지의 중요한 형태로서의 자기규제에 대해서 논의하고, 어떻게 자기규제가 작용하는지 최근의 조사 결과를 보여 준다. 자기규제 강화의 가능성, 그로 인해 의지에서 자기의 자유를 증진시킬 가능성에 대해서 고려해 보려 한다. 이 결과는 자유의 문제를 재고하는 것을 허용한다. 이 장은 주요 함의의 부분을 짧게 고려하며 마친다.

자기란 무엇인가

바우마이스터(Baumeister, 1998)는 자기에 대한 심리학자들의 광범위한 연구를 검토하고 통합하면서 개성(selfhood)의 몇 가지 기본적 특징이 보편적이면서 자기를 위한 기초를 형성한다고 결론지었다. 자기는 몸과 함께 시작되지만, 곧 그것을 뛰어넘어서 급격히 발달한다. 자기를 규정하고 그릴 수 있는 세 가지 특징적 현상이 있다.

첫째는 반성적 의식(reflective consciousness)이다. 인간은 자신의 환경을 자각할 수 있으며, 또한 환경의 근원에 초점을 맞추기 위해서 자신의 자각을 돌릴 수 있다. 이렇게 해서 인간은 자의식을 갖게 되고, 개인적 자기(자기개념)에 대한 일단의 지식으로 자의식을 발달시킬 수 있다. 자기이해(Self-knowledge) 또는 자기인식이 없으면 자기라는 개념은 이해할 수 없게 된다. 유대−기독교적 전통에서 반성적 의식은 인류의 특성을 정의하는 요인 중 하나다. 아담과 하와가 하나님께 불순종하고 선악과를 먹었을 때, 그들은 낙원에서 추방당하였으며 벌거벗음과 수치감을 느끼고 이를 감추려 하였다.

둘째는 관계적 존재다. 최소한의 가까운 상호적 관계를 만들고 유지하기 위해 깊게 동기화되어 있다는 점에서 인간은 '소속하려는' 강력하고 근원적인 '필요'를 가지고 있다(Baumeister & Leary, 1995). 자기는 이를 성취할 수 있는 중요한 도구다. 인간은 자기를 만들고 변형시킬 것이다. 이는 타인에게 보이는 자기매력을 높이고, 사회적 수용을 위한 기회를 증가시킬 것이다. 다른 종교와 마찬가지로, 유대교와 기독교는 가족과 공동체에 대하여 많이 강조한다.

셋째는 현상적 측면인 자기의 실행적 기능이다. 이는 자기규제뿐만 아니라 선택, 통제, 주도권을 포함하기 때문에 이 장의 주제인 의지와 가장 관련되어 있다. 수세기에 걸쳐 기독교인의 생각은 진화해 왔으며, 특히 개인의 자유와 선택에 대한 관심이 증가하고 있다. 영원한 삶에 영향을 주는 것은 이 땅에서 사는 동안 자유로운 대행자로서 행동한 시간 동안의 가장 기념비적인 선택이라고 생각한다.

종합해 보면, 이 세 가지 차원은 자기를 이해하기 위해 종합적으로 사용할 수 있는 청사진을 제공한다. 이 장의 목적에 비추어 볼 때, 의지는 잘 이해된 자기의 측면인 이른바 실행적 기능과 관련이 있다는 점이 핵심이다. 자기가 선택하고 결정하는 과정, 행동을 시작하고 통제하는 과정, 반응을 조절하는 과정은 인간의 자아에 대한 전반적 이해에서 중요한 핵심을 구성한다.

심리학과 자유

유대-기독교적 전통에 속한 사상가들은 자유의지에 대한 가정을 공유하며, 그 가정은 많은 연구심리학자가 신봉하는 결정론적 신념에 반한다. 결정론은 인간의 행동을 포함한 모든 사건이 이전의 사건에 의해서 야기된다는 신념이다. 실제로 일어난 것 외에 다른 가능성은 없다. 다른 말로 하면, 결국 '실제로 일어난 것'과 '가능한 것'은 동일하다. 환경에 대한 충분한 지식과 정확한 심리학적 지식을 통해 심리학자들은 모든 인간의 행동을 100% 정확도로 예측할 수 있었다. 적어도 그것이 강경한 결정론자들의 신념이었다.

결정론에 대한 나의 견해로는 이러한 신념은 하나님 안에서 신념을 뒷받침할 필요가 있는 것만큼 큰 신앙적 도약을 필요로 한다. 인간이 선택할 때 하나 이상의 결과를 경험하는 한, 결정론에서의 믿음은 일상적 경험과는 반대다(결정론자들은 사람들이 하나 이상의 선택권을 가질 수 있다고 생각할 때 실수한다는 점을 믿어야 한다). 결정론에서 믿음은 인간의 행동을 예측하는 데 거의 변함없이 100%의 정확성에 훨씬 미치지 못하는 심리학적 데이터나 어떤 행동이 일어날 의외를 교정해서 인과성을 만들어야 한다는 점을 대부분 만장일치로 보여 주는 심리학적 데이터에도 반한다. 다른 말로 하면, 심리학적 데이터는 결정론적이 아닌 확률론

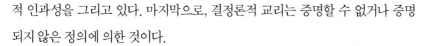

적 인과성을 그리고 있다. 마지막으로, 결정론적 교리는 증명할 수 없거나 증명되지 않은 정의에 의한 것이다.

따라서 결정론은 거의 증명된 사실이 아니라 믿음의 항목(article)이다. 인과 법칙과 일치하는 환경에서도 인간 행동 예측에 실패한다는 사실을 발견한 심리학자들은 그들은 모르지만 틀림없는 강력한 선행 요인이 있다고 주장한다. 하나님의 뜻이 무엇인지 추측할 수 없을 때에도 하나님은 이 일을 겪는 것을 허락할 만한 충분한 이유가 있다고 말함으로써, 분명하게 설명할 수 없는 끔찍한 불운을 받아들이는 종교적인 사람의 연습은 신앙의 연습과 거의 구분이 되지 않는다.

현재 우리의 지식에서 볼 때, 인간은 제한된 정도의 자유를 가지고 있다고 추정하는 것이 가장 정확하고 적절하다고 보인다(Bandura, 1989; Miller & Brown, 1991). 인간 행동은 부인할 수 없이 선행 사건과 물리적 원인의 영향을 받지만, 사람은 어느 정도 선택할 자유가 있다고 믿는 것도 맞을 수 있다. 이 견해는 자유로운 선택이 언제나 착각이라고 주장하는 결정론의 극단을 피하게 한다. 이 견해는 또한 사르트르(Sartre, 1943/1956)가 말하는 인간은 '자유함으로 저주받음(condemned to be free)'과 같은 극단적인 자유에 대한 신념을 피하도록 한다.

자유와 의식

사르트르(1943/1956)의 인간의 자유에 대한 과장된 케이스를 주의 깊게 생각해 보면, 자유와 선행 사건이 어떻게 공존하는지 밝힐 수 있다. 사르트르의 논쟁은 인간은 언제나 반복적으로 다르게 행동할 수 있다는 말로 논지를 압축한다. 어떤 본문에서 그는 탈진해서 주저앉은 도보 여행자를 묘사하면서 "나는 더 이상 발자국을 뗄 수 없었다."라고 말하였다. 사르트르의 주장은 꽤 그럴듯해 보이는데, 그 도보 여행자는 아마도 이전에 다섯 발자국은 더 갈 수 있었거나 먼저 그만둘 수 있었을 것이라고 말한다(예를 들어, 만약 바로 거기에 앉을 만한 그럴듯한 장소가 나타났다면). 사르트르는 인간이 정말 피곤하다고 해도 다르게 행동할 수 있기 때문에 어떤 특정한 지점에서 그만두기로 결정하는 것은 자유로운 선택을 반영한 것이라고 주장한다.

그러나 인간은 다르게 반응할 의식적 결정을 내릴 수 있다는 점이 사르트르의 논쟁에 함축되어 있다. 이와 같이 의식은 행동의 자유에서 중요하게 대두하는 문제다. 몸은 의식의 개입이 없으면 어느 정도로 지쳐서 어느 지점에서는 걷기를 멈추게 된다.

의식의 기능이 행동을 결정하는 인과적 과정을 압도한다는 것이 나의 견해다. 사르트르의 도보 여행자는 에너지를 쏟고는 지쳐서 그의 몸은 쉴 곳을 찾는다. 그는 의식적으로 쉬고 싶은 갈망을 무시하고 조금 더 걷도록 스스로를 다그칠 수도 있었다. 그러나 그가 그렇게 하지 않는다면, 그가 멈추는 장소는 잠재적으로 매우 높은 정확도로 예측될 수 있다. 그러나 그의 의식의 기능이 그 과정을 압도한다면, 그가 어디에서 멈출지 예측하는 것은 훨씬 어렵다.

의식이 내적 인과적 과정으로부터 개인을 자유롭게 압도하는 기능을 한다고 해서 자유의지의 완전하고 급진적인 버전을 받아들여야 하는 것은 아니다. 의식은 특정한 원인으로부터 어느 정도의 제한된 자유를 성취할 수 있고, 그렇게 함으로써 비록 완고한 결정론자들이 궁극적 결과를 결정할 어떤 다른 원인이 숨겨져 있다고 주장할 때조차 어느 정도 예측할 수 있는 행동을 덜 하게 된다.

이 관점은 일반적 지각에서의 의식의 역할을 강조하는 통상적인 심리학의 의식에 대한 접근과는 분명히 다르다. 그러나 의식의 중요한 기능 중 하나는 아마 틀림없이 행동의 통제다. 결국, 인간의 반응을 압도하고 변경할 수 있게 하는 것은 유용하면서도 적응적이다. 의식은 이러한 점을 잘 제공할 수 있다.

행동 기제의 가장 간단한 형태는 선천적으로 준비된 자동적 반사 작용이다. 반사 작용은 정의가 잘 된 자극이나 사건에 대한 매우 구체적인 반응을 포함한다. 의심할 여지 없이 이러한 원시적 반응 형태와 배고픔이나 성적 자극과 같은 인간의 어떤 반응을 포함한 인간의 진화 역사는 적어도 때로는 이러한 법칙을 따를 수 있다. 기본적인 인간의 충동은 분명히 행동을 시작하게 할 수 있다.

행동 통제의 다소 더 복잡한 기제는 감정을 포함한다. 많은 감정은 어떤 종류의 행동을 수행하도록 하는 분명한 경향이 있으며(예, Frijda, 1986), 감정 체계는 이러한 종류의 행동 통제를 제공하기 위해 진화한 것으로 보인다.

동기화된 충동과 감정은 진화론적으로 가장 오래된 뇌의 영역인 아주 뒤쪽에 기초하는 경향이 있다. 대비적으로 의식적 통제의 자기 기능은 뇌의 새로운 영역(전두엽과 앞쪽 전두엽)에 기초한다고 나타난다. 이것은 행동 통제의 새로운 방법으로 자기가 인간 진화의 후반에 나타났을 가능성을 보여 준다. 이러한 중요한 관점에서 볼 때, 자기는 행동의 직접적 통제자로서 감정과 충동을 대신한다. 그러나 자기가 개입하지 않는다면 감정과 충동은 아마도 여전히 행동을 조절할 것이다.

나는 감정이 인간심리학에서 한물간 것이라는 인상을 주기를 원치 않는다. 이는 아주 노골적으로 언급되지는 않지만, 실제로 꽤 흔한 견해다. 영화와 소설에서(스탠리 큐브릭의 2001년 영화 〈스페이스 오디세이〉에서, 그리고 스팍과 데이터라는 〈스타트렉〉의 캐릭터에서) 감정은 이성을 막는 장애물로 보여지고, 때로는 보다 진보한 피조물(로봇이나 스팍의 경우에는 감정이 없는 다른 행성에서 온 등장인물임)은 인간보다 더 이성적으로 사고할 수 있고, 더 정확하게 계산할 수 있는 것으로 보인다. 그들의 사고 과정은 감정의 어리석음에 방해를 받지 않기 때문이다. 반대로 다마시오(Damasio, 1994)는 감정 반응이 부족한 뇌 손상을 입은 사람들에 대하여 꽤 납득할 만한 연구를 하였다. 이러한 사람들은 전형적으로 공동체에서 기능할 능력이 손상되어 있다는 것이다. 이와 같이 감정은 인간 기능에 여전히 도움이 되지만, 감정의 작동 방법은 변화되어 왔다.

감정은 원래 행동을 직접적으로 유발하도록 진화했지만, 지금은 행동을 직접적으로 유발하기보다는 근처에 있는 정신적 장치들을 밀고 당기면서 작동한다. 그래서 감정은 사람들이 자신에게 중요한 것이 무엇인지 포착하고, 자신의 행동이 좀 더 효과적으로 기능하도록 적용한다. 보다 정확하게 말하자면, 감정은 중요한 주제와 문제에 집중하도록 유도하는 방식으로 작동하며, 생각하는 장치들이 문제를 해결하는 데 사용되고 원하는 결과를 가져올 수 있도록 한다. 이와 같이 의식은 자기가 어떤 반응을 압도하도록 허락하는 기능을 한다. 의식적 행위가 자기로 하여금 자연적 반응이나 학습된 반응을 압도하여 막지 않으면, 이러한 반응들은 예측할 만한 결과를 가져오는 확립된 행동의 원칙을 따른다. 인간은 로봇과 같이 미리 규정되고 정해진 방식으로 행동하기를 원하지 않기 때문에 이러한 순간은 인간이 자유의지의 개념을 형성할 수 있게 한다.

의식적 행동은 완전한 자유의지의 개념을 받아들이든 그렇지 않든 다른 행동보다(의식적이지 않은 행동보다) 덜 완강하고 예측 가능하게 인식될 수 있다. 인간은 심리치료를 할 때 통찰을 통해 무엇인가를 의식적으로 만들면서 부적응적이고 신경질적인 반응 스타일로부터 벗어날 수 있다. 실험실에서 연구를 해 보면, 사람들이 자신의 반응 형태의 어떤 부분이나 행동의 어떤 형태를 인식하게 될 때 이들의 행동은 덜 예측 가능해진다.

의지와 자기규제(self-regulation)

인간 본성에 대한 유대-기독교의 견해는 인간이 옳고 그름의 차이를 알 수 있고, 어떤 방법과 다른 방법을 수행하는 것을 선택할 수 있다고 강조한다. 하나님은 우주에 질서를 부여했는데, 적절히 행동(도덕적으로 덕이 있는 행동이나 적절한 예배 둘 다를 포함하는 행동)하는 사람은 천국의 영원한 보상을 기대할 수 있다. 반면, 다른 방법으로 행동하기를 선택하는 사람은 영원한 저주를 받는 운명에 처한다. 만일 사람들의 행위가 통제 밖에 있는 사건에 의해서 전적으로 결정된다면 이런 질서는 말이 되지 않는다. 실천적으로 기독교의 저술들과 연사들은 사람들이 선택할 수 있다고 전제하며 선한 방식으로 행동하도록 촉구한다. 유대-기독교 사상은 또한 인간에게는 죄 된 욕망과 충동이 있고, 결국에는 극복해야 하는 욕망과 충동이 있다고 말한다. 죄 된 충동들이 불가피하게 죄의 행동을 초래하지 않도록 하기 위해서 인간은 자유를 가지고 있다.

자기는 이러한 반응을 압도하여 어떻게 바꾸도록 관리할 수 있을까? 과거의 서적은 몇 가지 가능한 답을 제시해 준다[검토하려면, Baumeister, Heatherton, & Tice(1994)를 보라]. 하나는 '의지력'이라는 전통적 개념에 기초한다. 이 관점에 의하면, 인간에게는 어느 정도의 힘과 에너지가 있으며, 그 힘과 에너지는 강렬한 욕망과 충동을 거스르는 데 사용된다.

다른 가능한 이론에서는 의지와 자기규제를 본질적으로 인지적 과정으로 여긴다. 이 관점에서는 자기 안에 자기 자신과 세계에 대한 지식을 포함하고 있다. 그래서 자기의 어떤 반응이 현재 상황과 맞지 않을 때, 자기는 이 점을 인식하고 바라던 반응을 추정하여 단순히 대체물을 착수시킨다. 이 관점에 의하면, 자기규제는 컴퓨터 소프트웨어 프로그램과 같이 작용한다.

세 번째 가능한 이론은 자기규제가 일종의 기술이라는 점이다. 발달심리학자들은 아이들이 성장함에 따라 기술을 어떻게 얻는지 논의하기를 좋아하며, 반응을 변화시키는 능력은 아마 그러한 기술일 것이라고 말한다.

필자와 필자의 동료들은 서로 적대적인 이러한 이론들을 검증하는 데 몇 년을 보냈다. 사람들은 자기규제의 두 연속적 행위(그렇지 않으면 서로 연관이 없는)를 수행해야만 할 때, 상반되는 예측을 자신이 활동하는 하나의 범위에서 만들어 낸다. 두 번째 행위는 자신이 첫 번째 행위를 수행했다는 사실에 영향을 받는가? 그렇다면 어떤 영향을 받는가?

의지력 이론에서는 자기규제가 일종의 에너지 자원을 사용하는 데 달렸다고 말한다. 만약 그 자원이 자기규제의 첫 번째 행위에 이미 사용되었다면, 두 번째 행위를 할 에너지가 덜 남아 있게 된다. 그래서 두 번째 행위에서는 자기통제에 손상이 온다. 반대로 인지이론은 자기규제를 일종의 최상의 프로그램으로 보며, 자기규제의 첫 번째 행위가 그 프로그램이 적극적인 기능을 하도록 활성화하면 두 번째 행위는 더욱 촉진된다. 중요하게 보면, 그 사람은 이미 자기통제를 하는 모드에 있기 때문에 다음에 자기규제를 할 때에는 더 쉬워야 한다. 이런 종류의 인지 패턴은 뇌관 장비의 연구 문서에 자리 잡고 있다(Bargh, Bond, Lombardi, & Tota, 1986; Higgins & King, 1981; Srull & Wyer, 1979, 1980). 세 번째이자 마지막 이론은 첫 번째의 결과로서 두 번째의 자기통제 행위는 변화가 없다고 예측한다. 기술은 급속도로 변하지 않기 때문이다. 기술 수준은 같은 것을 시도하고 그다음으로 넘어가게 되어 있다(오래 걸리더라도 축적된 연습은 기술을 향상시킨다).

사람들이 자기통제의 다른 행위를 수행했는지 안 했는지에 따라서 자기통제를 어떻게 하는지 보기 위해 오랫동안 일련의 실험을 하였다. 거듭된 실험 속에서 우리는 인지이론이나 기술이론보다 의지력 이론을 더 지지하게 되었다. 불편하게 만드는 영화를 보는 동안 자신의 감정을 통제하려고 노력하던 사람들은 그렇지 않은 사람들에 비해 육체적 체력이 감소함을 보여 주었다. 이러한 점은 물리적 노력(손잡이를 쥐어짜기)을 길게 지속하도록 도울 수 있는 에너지 자원을 처음부터 감정 조절을 통해 소모함으로써 다 써 버린다는 것을 의미한다. 어떤 생각(북극곰에 대한 생각)을 억제하도록 노력한 사람은 그렇지 않은 사람에 비해 어구의 철자 바꾸기 놀이를 빨리 포기하였다(Muraven et al., 1998).

이 연구에서 가장 생생하게 보여 주는 것은 유혹에 저항하기다(Baumeister, Bratslavsky, Muraven, & Tice, 1998). 배고픈 학생을 막 구워진 초코칩 쿠키의 맛있는 향기로 가득한 실험실로 데려와 쿠키와 초콜릿 캔디 접시가 있는 테이블에 앉게 했다. 또한 테이블에는 무가 한 접시 있었다. 실험자는 학생에게 중요한 조건을 말하였다. "당신은 무에 배정되었습니다." 그리고 그의 임무는 5분 안에 할 수 있는 한 많은 무를 먹는 것이며, 무만 먹어야 한다고 설명하였다. 초콜릿과 쿠키를 먹고 싶은 유혹을 극대화시키기 위해 그는 혼자 남겨진다. 반면, 다른 하나의 통제그룹에는 초콜릿과 쿠키를 먹으라고 말했으며, 또 다른 통제그룹에는 아무런 음식도 주지 않았다.

모든 음식을 치운 다음, 각 참가자에게 퍼즐을 주어 풀도록 하였다. 이 퍼즐은 종이에서 연필을 떼지 않은 상태에서 다시 돌아가지 않고 한 인물을 따라가

면서 그리기였다. 몇몇은 풀 수 없도록 만들어졌다. 이 과정은 사람들이 얼마나 빨리 어려운 도전과제를 포기하는지를 보는 스트레스 연구에 사용된다(예, Glass & Singer, 1972). 유혹에 저항한 사람들은 통제그룹의 사람보다 훨씬 빨리 포기하였다. 결국, 사람들은 유혹에 저항하면서 실패에 직면했을 때 노력하고 애를 쓰도록 도울 수 있는 결정적 에너지를 다 써 버리게 된다. 이 연구는 의지력 이론을 지지하면서 다른 두 이론은 모순이라는 결과를 보여 주었다.

자신의 반응을 바꾸고 자신이 생각하고 느끼고 행동하는 방식을 변화시키는 인간의 능력은 에너지나 힘(strength)과 같이 보이는 일종의 결정적 자원에 달려 있다. 이 자원은 양적으로 제한되어 보이기 때문에 실험실 장면에서 자기통제의 단 하나의 행동조차도 그 자원을 격감시킨다. 게다가 같은 자원은 다른 많은 자기규제 행동에 쓰인다. 우리는 감정 통제, 사고 통제, 충동 통제와 유혹에 저항하기, 그리고 행동 통제를 포함한 반응의 다양한 영역에 걸쳐서 영향을 끼치는 이 자원의 고갈을 발견하였다.

결정적으로, 이 같은 자원은 선택과 결정하기에 포함된 것으로 보인다. 즉, 선택과 결정하기는 자원을 고갈시키며 결과적으로 눈에 띄는 자기통제의 손상을 가져온다. 몇몇 연구에서 우리는 사람들이 하나의 기념비적 선택을 하거나 상대적으로 작은 일련의 선택을 하는 것과 관계없이 같은 형태의 손상된 자기통제를 발견하였다. 이러한 점은 이미 우리가 전에 자기통제를 처음 하고 나서 다음 행위를 할 때 자기손상이 나타난다고 한 실험과 같다(Baumeister et al., 1998; Vohs et al., 2004). 의지적 행위의 전체 범위인 책임지기, 통제하기, 어려운 선택하기 등은 모두 같은 제한된 자원(선호한다면 의지력)에 달려 있는 듯 보인다.

자기통제를 제한된 자원으로 보는 관점은 영적으로 불가지론적인 진화적 논쟁을 포함하면서 여러 가지 방식으로 해석될 수 있다. 하지만 이는 유대-기독교 관점과 잘 들어맞는다. 명백히 하나님(혹은 인간 정신을 디자인한 어떤 힘이라도)은 우리에게 노력으로 옳은 것을 행할 충분한 힘을 주었다. 그러나 그는 우리가 불가피하게 자동으로 옳은 것을 행하도록 만들지는 않았다. 인간의 선택은 경쟁적

으로 선행과 죄를 끌어당기는 힘 가운데 일어난다. 삶을 덕으로 살기를 원하는
사람들에게조차 죄에서 선행을 선택하는 것은 어렵고 힘이 많이 든다.

도덕적 근육을 강화하기

우리는 이제까지 행동을 선택하고 통제하는 자기의 능력이 결정적인 점에서
볼 때 근육을 닮은 자원에 의존하고 있다고 보아 왔다. 자기의 능력은 사용된 후
에 소진되는 한 에너지 자원이나 일종의 힘과 같이 작용한다. 우리는 자기통제
가 도덕적 선택의 위업을 쌓거나 유혹에 저항하는 데 유용하기 때문에 이를 정
신의 '도덕적 근육(moral muscle)'으로 이해될 수 있다고 다른 곳에서도 주장하였
다. 정말로 자기통제는 일반적으로 기저에 깔려 있는 인간의 덕으로 간주될 수
있다. 예를 들어, 중세 기독교 신학에서 일곱 가지 치명적 죄는 자기통제의 실패
로 개념화된다. 탐욕, 나태, 분노와 같은 것이 그러한 경우이며, 그 공식에 딱 들
어맞기 어려운 한 가지는 교만이다. 그러나 교만 역시 자기 자신을 타인보다 앞
에 놓는 그 무엇이며, 이것은 자기규제의 행위에 의해서 의도적으로 억제되어야
한다. 하나의 표시로, 술에 취하면 일반적으로 자기통제가 감소하고, 억제되어
야 할 충동에 빠지게 되며, 더 자랑하고 확신하게 되도록 만든다(Banaji & Steele,
1989; Steele & Southwick, 1985를 보라).
수세기 동안 현명한 남자와 여자들은 덕을 위한 역량을 증가시키기 위해 인격
을 만드는 노력을 하도록 권장해 왔다. 자기규제이론의 관점에서 볼 때, 도덕적
근육을 만들기 위한 연습이 곧 이러한 노력의 진수다. 그래서 영적 초보자들은
자기규제를 만들어 낼 수 있는 다양한 활동에 참여할 수 있다. 명상은 사람들이
특정한 초점을 유지하도록 하기 위해서 마음과 주의에 통제를 행사한다. 초보자
는 어떤 경우에는 고통을 수용함으로써 물질적 편안함을 위한 갈망을 좌절시켜
야 하며, 부와 물건에 대한 탐욕도 치밀하게 점검해야 한다. 초보자는 전반적인

영적 겸손과 외적으로 강요된 스케줄에 자신을 맞추기 위해서 행동을 규제할 필요가 있다.

최근의 현장 연구들에서는 자기통제가 연습으로 강화될 수 있다는 생각을 뒷받침하는 경험적 증거를 내놓기 시작하였다. 한 연구에서 참가자들에게 자세를 교정하기, 부정적 감정을 조절하기, 모든 음식 정보를 얻어 내기 등과 같은 자기 규제의 연습 중 어떤 것을 수행하도록 무선적으로 배정되었다. 자세 교정은 특별한 관심을 받았는데, 이는 학생들이 외적 기준에 맞추기 위해서 자신의 행동을 어떻게 훈련하는지 방법을 배우도록 하는 다양한 장면에 사용되는 인격 형성 연습과 비슷하기 때문이었다. 그런 연습을 2주간 수행한 참가자들은 연습하지 않은 통제집단의 사람들과 비교해 실험실 테스트에서 향상된 자기통제를 보였다. 더군다나 연습을 많이 하면 할수록 자기통제가 향상되었다.

다른 연구에서는 일상적 행동에 약간의 조정을 한 연습으로 분류된 것을 참가자들에게 주었다. 이 가운데에는 잘 안 쓰는 손으로 일상의 어떠한 과제(칫솔질하기와 같은)를 수행하고, 절보다는 완전한 문장으로 말하도록 하면서 구어체의 "응" 대신에 "예"라고 말하는 연습이 들어 있었다. 이러한 연습은 다시 내적으로 거의 가치가 없는 사소하면서도 임의적인 연습을 포함하고 있었다. 연구자들은 참가자들로 하여금 자기통제를 연습하도록 요구하였다. 이를 수행한 사람들은 스트룹(Stroop) 색-단어 검사를 포함한 실험실 테스트에서 자기통제가 향상된 것으로 나타났다. 이 결과는 근육이 운동으로 강해지는 것처럼 자기통제가 연습을 통해 향상됨을 보여 준다.

보존과 보충

의지력 근육 모델의 또 다른 함의는 사람들은 에너지가 고갈되기 시작하면 에너지를 보존하려고 한다는 점이다. 예를 들면, 운동선수들은 자신의 근육이 완전히 소진될 때까지 전적 역량을 다해서 힘을 발휘하지 않는다. 처음에는 최대한 사용하고, 지치기 시작하면 힘을 분별력 있게 사용함으로써 힘을 아낀다. 테니스 선수는 처음에는 모든 공을 따라 달리지만, 지치기 시작하면 확실한 다른 기회를 위해 힘을 아끼려고 닿을 수 없어 보이는 공을 받아 치는 것을 삼가게 된다.

무라벤(Muraven, 1998)은 사람들이 자기통제의 에너지원도 같은 방식으로 관리한다는 것을 알아냈다. 첫째, 의지가 감소하기 시작하면 사람들은 완전히 써 버리기보다 아낀다. 그는 피험자에게 두 번째 임무를 더 잘 수행하면 많은 돈을 현금으로 주겠다고 하면서 고갈의 영향에 대항하도록 관리하였는데, 이 경우에 피험자들은 잘 수행하였다. 결국, 피험자는 처음에 에너지가 서서히 고갈될 때 의지를 사용할 수 없을 정도까지 소진하지 않고 중요한 사건이 일어날 것을 대비해서 남은 에너지를 아껴 두었다가 (연구자가 상당한 금액의 돈을 주는 것과 같이 의미가 있는) 일이 벌어졌을 때 반응할 에너지를 찾는 것이다.

다른 연구에서 무라벤(Muraven, 1998)은 참가자에게 그들의 가까운 미래에 자기통제가 필요할 것이라고 말한 대화 효과를 보여 주었다(표면적으로는 약속된 세 번째 과제에서). 두 번째 과제에서 그들이 보여 준 손상의 양은 (그들의 자원을 처음 격감시킨 후) 그들이 세 번째를 위해 아낄 이유가 있는지 없는지에 영향을 받았다. 요구한 세 번째 과업을 기대한 사람은 두 번째 과제에서 자원을 아낀 것처럼 보인다. 특히 두 번째 과제는 사람이 할 수 있는 한 오래 얼음물에 손을 넣기였는데, 세 번째 과제를 기대한 사람들은 얼음물 과제에서 더 빨리 포기하였다.

근육 또한 쉬거나 가능한 다른 방법을 통해 힘을 보충한다. 우리는 자기가 의지를 위한 자기의 역량을 어떻게 보충하는지 탐색해 왔다. 휴식은 확실히 한 방법이며, 명상과 비슷한 조직적 이완이 자기의 의지력을 회복시킬 수 있다는 증거가 있다(Smith, 2002). 다른 연구에서는 유머와 같은 한 분량의 긍정적 감정도 회복시키는 힘이 있다고 한다. 이러한 긍정적 감정이 자기를 고갈시키도록 고안된 첫 번째 과제와 두 번째 자기규제 사이에 놓이면, 두 번째 과제 수행은 감정이

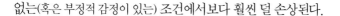

없는(혹은 부정적 감정이 있는) 조건에서보다 훨씬 덜 손상된다.

무엇이 자유를 구성하는가

자유의지에 대한 논쟁은 이상한 전환을 하였다. 심리학자들은 외적 또는 선행 요인으로부터 전적으로 자유로운 행동을 포함시키면서 자유의지에 대한 아이디어를 점차 받아들이게 되었다. 그러나 칸트(Kant, 1787/1956)가 지적했듯이, 우리는 모든 사건을 인과관계로 이해한다. 이러한 극단적 면에서 볼 때, 결국 자유로운 행동이 존재했을지라도 우리의 정신이 어떻게 사고하는가를 보면 우리는 이러한 행동을 이해하거나 설명할 수 없다. 자유로운 행동은 특히 심리학자들이 선호하는 과학적이고 인과적인 용어로는 이해되지도 설명되지도 않는 그 무엇이다.

이러한 긴장은 심리학과 심리학의 철학적 뿌리에만 있는 것은 아니다. 기독교 신학에서도 인간이 아직 결정되지 않은 행동의 코스를 어떻게 선택하는 것에서 자유로운지에 대한 질문을 붙들고 고심해 왔다. 하지만 추정하건대 하나님은 모든 인간이 결국 무엇을 선택할 것인지를 포함하여 인간의 모든 것을 안다. 각 사람은 최종적으로 자기가 할 것을 정확하고 자유롭게 선택하도록 정해져 있다(그래서 어떤 의미에서 사람들은 자신의 인생 행로를 거치면서 자신이 자유롭게 선택한다고 하지만, 모든 사람의 선택은 태어날 때부터 이미 펼쳐져 있다)라고 말하는 칼뱅주의자들의 견해는 일어나는 모든 것을 이전 사건에 의해 전적으로 일어난다고 보는 결정론적 신앙과 자유선택의 경험을 화해시키려는 심리학적 이론과 다르지 않다.

아마도 완전한 자유를 개념화할 수 없다는 사실은 그 자체로 완전한 자유가 존재하지 않는다는 다소간의 증거다. 이러한 점은 단지 우리가 이해할 능력이 부족함을 다시 반영한다. 우리의 세계에 대한 정신적 모델은 세상의 현실과 있는 그대로 들어맞지 않을 수 있다. 이러한 점은 유일한 사례가 아니다. 빛이 입자이면서 파동과 같은 물리학적 역설은 인간의 개념적 이해에 우호적이지 않다.

　다른 연구에서 칸트(1797/1967)는 모든 인과성으로부터 예외를 요구하지 않는 자유에 대해서 생각하는 방법을 제안하였다. 칸트가 믿은 대로 이성이 정신 속에 선천적으로 있는 도덕적 원칙에 기초한다면, 행동은 이성에 의해서 안내를 받을 때 자유롭다고 그는 설명하였다. (철학 전문가들은 칸트가 처음에는 이성을 사용하는 자유로운 선택이 있다고 말한 것과 반대로, 나중에는 이성을 사용하는 것이 자유를 수반하는 데 충분한가에 대해서 모호한 태도를 취했다고 말하였다.) 단지 외부 환경에 반응한다고 해서 자유로운 행동이 아니다. 사람들은 외부 환경에 의해서 조종될 수 있거나 외적 영향에 저항할 수 있지만, 더 적절한 형태의 행동을 하기 위해서 이성을 사용할 수 있다. 칸트의 관점처럼 모든 내부의 과정이 분명히 자유를 구성하지는 않는다. 비록 모든 충동과 식욕은 내부에서 생겨났지만 자유의 자격을 갖지 못한다.

　칸트의 자유에 대한 개념이(급진적이지만 이해할 수 없는 모든 인과성으로부터 전적 자유에 대한 생각과 반대되는) 부분적이거나 제한적 자유를 가지고 있다고 하더라도, 이것을 사용하면 심리학에 유익이 있을 수 있다. 사람들은 확실히 외부의 영향력과 유혹에 저항할 수 있으며, 대신에 더 나은 방식으로 행동하도록 선택하는 이성적 능력을 사용할 수 있다(그들은 심지어 다른 방식으로 보상받는 것으로써 알코올의 영향에도 어느 정도 대응할 수 있다; Williams, Goldman, & Williams, 1981). 단지 환경의 영향력이나 유혹에 따르는 것과 그 대신에 더욱 합리적이고 사려 깊은 방법으로 행동하는 것 사이에는 중요한 차이점이 있다. 사실상 그러한 차이점은 자유의 가장 중요한 측면을 나타내는 실질적 용어일지 모른다. 게다가 그것은 의지에 대한 인간을 독특하게 말해 준다. 작은 뇌를 가지고 있고, 언어가 없고(정신적으로) 행동을 대체하는 과정을 보여 주는 능력이 없는 동물들은 본질적으로 의지를 달성할 수 없을 것이다. 그래서 이러한 자유의 제한된 정의는 사실상 인간 행동에 있어서 특별하다.

함의

자기는(특히 자각하고 있는) 특정 영향력에 의해서 결정되는 것으로부터 자신의 행위를 자유롭게 할 수 있다는 점이 이 장에서 말하는 의지의 관점이다. 모든 선행 원인으로부터 전적으로 독립적 행위를 이끌 수 있는 완전한 자유의지(will)에 대한 생각을 품고 있는가 그렇지 않은가와 관계없이, 즉각적 영향에 반응하기보다 먼 목표를 추구하는 것과 같이 다른 태도로 행동할 수 있는 것과 즉각적인 외적 자극에 의해서 명령된 행위를 하는 것 사이에는 확실히 중요한 차이가 있다. 더구나 이러한 차이는 인간 행위에 무한한 스펙트럼을 창조하고, 적응하고, 변화하며, 자라는 인간의 역량을 위해서 결정적이다.

만약 인간이 그렇게 자유롭고 계몽된 태도로 행동할 수 있다면, 왜 항상 그렇게 행동하지 않는가? 인간이 즉각적 상황의 영향에 단지 반응하는 데에서부터 자유로우려면 힘들게 노력해야 한다고 나는 제안한다. 선택, 자기규제, 의지의 다른 형태들은 모두 힘이나 에너지처럼 작동되는 매우 제한된 자원에 의존한다. 이러한 자원은 사용하면 고갈된다. 게다가 그와 같은 제한된 자원은 다양한 의지적 행위에 사용된다. 이러한 이유로 자기가 자원을 보존하는 것은 지각이 있고 필수적이다.

따라서 삶의 대부분은 일상과 습관, 자동적인 반응, 행동의 효율적인 다른 형식에 의해 이루어져야 한다. 인간은 지금-여기의 결정론적 일상의 흐름으로부터 그들의 의지를 자유롭게 할 수 있지만, 이는 막대한 비용이 들게 한다. 이러한 비용은 인간이 특별한 경우에만 지불할 수 있다.

결국, 이러한 점은 유대-기독교의 성경적 전통에 함축된 자유의지의 감각이 아닌가? 자유는 손에 닿는 곳에 있지만 모든 인간 행동이 이런 높은 이상을 가지고 있을 수는 없다. 필자의 견해로는 인간의 행동이 적어도 제한된 감각에서 종종 자유로울 수 있다는 데에 현대과학과 종교적 전통 모두 동의한다고 본다.

이러한 접근은 이론과 임상 실제에 정보를 제공한다. 밀러와 브라운(Miller & Brown, 1991)은 일반적으로는 의지이지만 특별하게는 자기규제가 어떻게 중독의 문제를 다룰 수 있는지에 대해 자세하게 말하였다. 그들은 중독이라는 개념을 누군가가 외부 물질에 잠깐이라도 노출되면 피할 수 없는 갈망으로 인하여 도울 수 없을 정도로 중독된 노예가 되는 것으로, 어마어마한 힘이 있다는 제안에 주목하였다. 이와는 반대로 많은 사람이 중독되지 않으면서 중독 물질을 사용할 수 있고, 더군다나 어떤 때는 중독적으로 이러한 물질을 사용하는 사람들이 통제되고 적당한 방식으로 이러한 물질을 사용하고 있다는 점이 여러 증거에 의해서 발견되고 있다.

밀러와 브라운(Miller & Brown, 1991)에 따르면, 자기통제는 내외적 환경의 넓은 다양성에 따라 커지기도 하고 작아지기도 한다는 점이 핵심이다. 자기규제에 문제가 있는 사람은 맨 먼저 중독될 경향을 띠고 있다. 자기규제를 침해하는 사건은 더 큰 남용과 중독을 만들어 내고, 반면에 자기규제가 더 강해지면 강해질수록 약물 남용이나 그것의 영향을 더 잘 관리할 수 있다. 치료적 함의는 자기의 의지력을 강화하는 연습을 하고, 중독적 행동을 불러일으키는 유혹에 직면할 때 자원을 고갈시키지 않게끔 삶의 계획을 잘 세우도록 사람들을 돕는다.

결국, 자기규제는 의지의 중요한 형태다. 심리학의 이론과 실제는 모두 자기가 스스로를 어떻게 규제할 수 있는지, 한 걸음 더 나아가서 창조의 힘들이 인간 심리에 부여한 제한된 범위의 행위에 어떻게 자유를 사용하는지에 대한 이해로부터 혜택을 받을 수 있다.

인간 본성에 대한 유대-기독교 관점은 인간이 행동을 선택할 수 있기 때문에 자신의 행동에 책임지는 자유로운 대행자임을 강조해 왔다. 그러나 연구심리학의 몇 가지 전통은 이 관점에 반대하며, 대신에 인간의 행동은 유전적 성향과 환경적 경험에 의해 결정된 산물이라고 주장하였다. 이러한 전통에서 가장 두드러진 것은 인간 행동은 단지 환경적 조건화의 결과라는 스키너 학파의 주장이다. 그러한 관점은 인간 행위의 다양성과 범위를 포괄하는 데 부적절하기 때문에 버려져 왔다. 인간의 자유를 부정하는 이론들은 앞에서 언급한 전통과 같이 모자란다고 밝혀질 것이고, 인간의 자유를 부정하는 바로 그 점이 곧 이론이 소멸되는 중요한 이유가 될 것이라고 나는 예상한다. 심리학자들은 인간이 사실상 (항상은 아닐지라도) 선택의 자유를 가지며, 그 자유를 사용할 수 있다는 관점(그것이 유대-기독교로부터 왔든지 아니든지)을 받아들이는 편이 나을 것이다.

나는 인간 자유의 존재를 부정하는 심리학자들은 심각한 해를 끼치고 있다고 상기시킴으로써 이 장을 마친다. 보스와 슐러(Vohs & Schooler, 2003)는 인간의 자유는 허구이며, 모든 행동은 결정되어 있다고 논쟁하는 에세이를 피험자 일부에게 읽게 함으로써 자유의지에 대한 인간의 신념을 조작하는 연구를 최근에 하였다. 그 에세이를 읽은 피험자들은 인간의 자유의지와 아무런 상관이 없는 에세이를 읽은 통제집단의 피험자들에 비해 테스트에서 유의미하게 더 부정 행위를 많이 하였다. 유대-기독교 전통은 사회적으로 책임 있고 덕이 있는 행동을 장려하는 방식으로 인간의 자유를 오랫동안 부분적이나마 강조해 왔고, 이러한 접근의 지혜를 현재 실험실의 데이터에서 확인해 오고 있다. 자유의지의 생각을 거부하도록 인도하는 사람들은 다른 사람들에게 해를 끼칠 수 있는 이기적이고 비도덕적인 방식으로 행동할 경향이 더 있다.

다른 방식으로 말하자면, 인간의 자유에 대한 유대-기독교의 관점은 단지 한가한 신학적 의견이라기보다는 오히려 사회적으로 바람직한 행동을 촉진할 수 있는 사회적 영향력의 한 형태다. 심리학자들이 이러한 교리를 거부하면 사회에 해를 끼치게 된다는 점을 자각하여야 한다. 하지만 내가 있는 곳에서는 이러한 발걸음이 충분히 정당화하도록 노력하는 어떤 연구 학술지도 없다.

참·고·문·헌

Banaji, M. R., & Steele, C. M. (1989). Alcohol and self-evaluation: Is a social cognition approach beneficial? *Social Cognition, 7,* 137-151.

Bandura, A. (1989). Human agency in social cognitive theory. *American Psychologist, 44,* 1175-1184.

Bargh, J. A., Bond, R. N., Lombardi, W. J., & Tota, M. E. (1986). The additive nature of chronic and temporary sources of construct accessibility. *Journal of Personality and Social Psychology, 50,* 869-878.

Baumeister, R. F. (1998). The self. In D. T. Gilbert, S. T. Fiske, & G. Lindzey (Eds.), *Handbook of social psychology* (4th ed., pp. 680-740). New York: McGraw-Hill.

Baumeister, R. F., Bratslavsky, E., Muraven, M., & Tice, D. M. (1998). Ego depletion: Is the active self a limited resource? *Journal of Personality and Social Psychology, 74,* 1252-1265.

Baumeister, R. F., & Exline, J. J. (1999). Virtue, personality, and social relations: Self-control as the moral muscle. *Journal of Personality, 67,* 1165-1194.

Baumeister, R. F., & Exline, J. J. (2000). Self-control, morality, and human strength. *Journal of Social and Clinical Psychology, 19,* 29-42.

Baumeister, R. F., Heatherton, T. F., & Tice, D. M. (1994). *Losing control: How and why people fail at self-regulation.* San Diego, CA: Academic Press.

Baumeister, R. F., & Leary, M. R. (1995). The need to belong: Desire for interpersonal attachments as a fundamental human motivation. *Psycholgical Bulletin, 117,* 497-529.

Brehm, J. W. (1966). *A theory of psychological reactance.* New York: Academic Press.

Damasio, A. R. (1994). *Descartes' error: Emotion, reason, and the human brain.* New York: Avon Books.

Frijda, N. H. (1986). *The emotions.* Cambridge, England: Cambridge University Press.

Glass, D. C., & Singer, J. E. (1972). *Urban stress: Experiments on noise and social stressors.* New York: Academic Press.

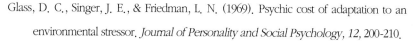

Glass, D. C., Singer, J. E., & Friedman, L. N. (1969). Psychic cost of adaptation to an environmental stressor. *Journal of Personality and Social Psychology, 12,* 200-210.

Higgins, E. T., & King, G. A. (1981). Accessibility of social constructs: Information processing consequences of individual and contextual variability. In N. Cantor & J. Kihlstrom (Eds.), *Personality, cognition, and social interaction* (pp. 69-121). Hillsdale, NJ: Erlbaum.

Kant, I. (1956). *Kritik der reinen Vernunft* [Critique of pure reason]. Frankfurt, Germany: Felix Meiner Verlag. (Original work published 1787)

Kant, I. (1967). *Kritik der praktischen Vernunft* [Critique of practical reason]. Hamburg, Germany: Felix Meiner Verlag. (Original work published 1797)

Miller, W. R., & Brown, J. M. (1991). Self-regulation as a conceptual basis for the prevention of addictive behaviours. In N. Heather, W. R. Miller, & J. Greeley (Eds.), *Self-control and the addictive behaviours* (pp. 3-79). Sydney, Australia: Maxwell Macmillan.

Muraven, M. (1998). *Mechanisms of self-control failure: Motivation and limited resources.* Unpublished doctoral dissertation, Case Western Reserve University, Cleveland, OH.

Muraven, M., Baumeister, R. F., & Tice, D. M. (1999). Longitudinal improvement of self-regulation through practice: Building self-control through repeated exercise. *Journal of Social Psychology, 139,* 446-457.

Muraven, M., Tice, D. M., & Baumeister, R. F. (1998). Self-control as limited resource: Regulatory depletion patterns. *Journal of Personality and Social Psychology, 74,* 774-789.

Oaten, C. M., & Cheng, K. (2001). *Strengthening the regulatory muscle: The longitudinal benefits of exercising self-control.* Unpublished master's thesis, Macquarrie University, Sydney, Australia.

Sartre, J. P. (1956). *Being and nothingness* (H. E. Barnes, Trans.). Secaucus, NJ: Citadel Press. (Original work published 1943)

Seligman, M. E. P. (1975). *Helplessness: On depression, development, and death.* San

Francisco: Freeman.

Smith, R. W. (2002). *Effects of relaxation on self-regulatory depletion.* Unpublished doctoral dissertation, Case Western Reserve University, Cleveland, OH.

Srull, T. K., & Wyer, R. S., Jr. (1979). The role of category accessibility in the interpretation of information about persons: Some determinants and implications. *Journal of Personality and Social Psychology, 37,* 1660-1672.

Srull, T. K., & Wyer, R. S., Jr. (1980). Category accessibility and social perception: Some implications for the study of person memory and interpersonal judgment. *Journal of Personality and Social Psychology, 38,* 841-856.

Steele, C. M., & Southwick, L. (1985). Alcohol and social behavior I: The psychology of drunken excess. *Journal of Personality and Social Psychology, 48,* 18-34.

Vohs, K. D., Baumeister, R. F., Twenge, J. M., Schmeichel, B. J., Tice, D. M., & Crocker, J. (2004). *Self-regulatory resources are depleted by decision making-but also by accomodating to unchosen alternatives.* Manuscript submitted for publication.

Vohs, K. D., & Schooler, J. (2003). [Free will beliefs and antisocial behavior]. Unpublished raw data, University of British Columbia, Vancouver.

Williams, R. M., Goldman, M. S., & Williams, D. L. (1981). Expectancy and pharmacological effects of alcohol on human cognitive and motor performance: The compensation for alcohol effect. *Journal of Abnormal Psychology, 90,* 267-270.

Chapter 04

관계적 자기
심리학적 · 신학적 관점

C. Stephen Evans

인간 자기의 사회적 인격은 고대로부터 인정되어 왔다. 아리스토텔레스는 "인간은 정치적 동물이다."(c. 330 B.C./1968, 1253a)[1]라는 말을 통해 인간이 본질적으로 사회적 창조물임을 분명히 하였다. 고대, 중세, 현대의 철학자 대부분은 현대 경험심리학에서 강력하게 확증되어 온 이 판단에 모두 동의하였다.

인간 자기의 사회적 인격은 유대−기독교 전통에서도 동등하게 두드러진다. 창세기 2장에서의 창조에 관한 설명은 그것을 간단하면서도 고상하게 집어넣었다. "사람이 독처하는 것이 좋지 않으니." 하나님과 인간 존재의 상호작용에 대한 성경 이야기는 가족과 공동체를 매우 중요시한다. 하나님의 목적은 단순히 개별적 인간 자기와 관계를 맺는 것이 아니라 '사람(people)'의 약속 공동체를 만

---

1) 숫자들은 영어로 아리스토텔레스를 나타내는 표준인 아리스토텔레스의 그리스 문서 베켄(Bekken) 판의 페이지 수를 의미한다. 이러한 페이지 수는 모든 학술적인 영어판의 여백에 재생되었기 때문에 독자들은 사용된 번역의 종류와 관계없이 페이지를 발견할 수 있다.

드는 데 있다.

이 장에서 나는 자기의 관련성에 대해 심리학적 연구 결과들이 신학적 관점과 어떻게 맞물리는지 보려고 한다. 철학자로서 내 분야가 아닌 내용을 쓰는 것이고, 지면에 한계가 있기 때문에 이러한 검토는 분명히 제한되지만, 주요 심리학적 연구 결과 몇몇을 먼저 검토하면서 이러한 노력을 시작하려고 한다. 그러고 나서 나는 기독교 신학의 눈을 통해서 자기의 사회적 인격을 바라보고자 한다. 물론 이러한 풍부한 전통에 대한 나의 관점은 특수하고 역사적으로 자리를 잡은 것이지만, 나는 기독교 신앙의 여러 분파를 나누는 신념을 너무 무겁게 맞바꾸지 않는 전(全) 기독교적 정신(ecumenical spirit) 안에서 이러한 주제들에 접근하려고 한다. 나는 기독교인이므로 내 글은 나의 기독교 전통을 필연적으로 반영하고 있으며, 또한 이는 내가 가장 잘 알고 있는 전통이기에 그 관점에서 글을 쓰려고 한다. 그러나 내가 여기서 말하려고 하는 많은 것은 이미 유대 관점으로부터 확인되었을 수 있다고 믿는다.

나는 대표적인 기독교 사상가로 19세기 덴마크 철학자이자 신학자인 쇠렌 키르케고르(Søren Kierkegaard)를 인용하고자 한다. 나는 몇 가지 이유에서 키르케고르가 좋은 선택이라고 믿는다. 첫째로, '개별적 인간(the individual)'에 대한 많은 책을 쓰는 데 전념하였고, 이것을 자신의 카테고리(1859/1998)로 여긴 '실존주의의 아버지' 키르케고르는 제일의 개인주의자로 명성을 날리고 있다. 만약 자기의 사회적 인격이 키르케고르의 사상에서 중요하면서도 두드러진 주제로 판명된다면, 이는 인간의 관계성이 기독교 전통과 얼마나 깊이 관련되는지를 보여 주는 탁월한 증거가 될 것이다. 둘째로, 키르케고르는 현대 경험심리학이 생기기 이전의 인물이지만 심리학과 심리학적 주제에 대한 그의 관심과 민감함은 특별하였다. 또한 심리학적 질문에 대한 그의 관심은 여전히 현대의 연구 결과들과 그의 신학적으로 충전된 관점 사이의 연결고리를 인식하도록 촉진한다.

심리학적 연구 결과와 신학적 관점이 일관성 있으면서 서로 긴밀하게 붙어 있는 관계가 사실이지만, 나의 논지는 단지 그렇다고만 말하는 힘없는 주장이 아니다. 그것보다 나는 더 강력하고 흥미로운 주장을 하고자 한다. 만약 우리가 인간에 대한 신학적 관점을 진지하게 취한다면, 이는 우리에게 인간의 관계성에 대한 심리학적 연구 결과를 이해하고 해석하는 데 중요한 맥락을 제공할 것이다. 특히 만일 인간이 하나님의 손에 의하여 창조되고 하나님과 관계하도록 의도되었음을 믿는다면, 이는 우리가 어떻게 자기가 근본적으로 관계적인지, 어떻게 인간이 사회적 관계를 초월하는 실제이면서 제한된 능력을 갖고 있는지 이해할 수 있게 할 것이다. 만일 자기가 완전히 타인과의 관계에서의 부산물이라면, 누군가는 다른 사람으로부터의 실제적 독립이 어떻게 가능한지에 대해 의아하게 여길지도 모른다. 신학적 관점은 상대적 자율성이라고 불릴지도 모르는 자기를 소유하는 것이 인간이 전적으로 관계적이라는 점을 부인하지 않으면서도 어떻게 가능한지를 이해하도록 한다고 나는 주장한다.

자기는 어떤 종류의 실체인가

현대 심리학자들은 개성(selfhood)에 대해 많이 언급하였지만, 개성의 많은 부분은 자기를 다른 개념과 연관하여 다루고 있다. 그래서 연구는 자기개념, 자기인식, 자기존중, 자기규제, 자기제시, 그리고 이외의 더 많은 자기와 관련된 주제에 초점을 맞추어 왔다. 심리학자들은 자기에 대한 순수한 개념보다 이러한 개념에 더 편안함을 느껴 왔는데, 아마도 이는 그들이 '자기 그 자체로는' 직접적으로 관찰될 수 없다고 말한 데이비드 흄(David Hume, 1739/1890)과 임마누엘 칸트(Immanuel Kant, 1789/1965) 같은 철학자들의 의견에 동의해 왔기 때문이다. 바우마이스터는 「사회심리학 핸드북」에 수록된 자기에 관한 검토 논문에서 다음과 같이 주장하였다. "자기는 지각되지 않지만 자기의 활동은 지각된다. 그리고 우리는 그것으로부터 자기에 대해 배울 수 있다." (1998, p. 683)[2] 이러한 점을 직접적으로 관찰될 수 없는 실체에 대한 실증주의자들에 의해 영향을 받은 의심과 결합해 보면, 인지화된 심리학의 후기 행동주의자들에게서도 억제하는 경향성과 같은 무엇인가가 남는데, 그러면 '자기'가 붙은 용어들이 자주 연구되고 있는지 쉽게 이해할 수 있다. 물론 이러한 주제에 대한 연구는 아주 유용하고 계몽적이다.

바우마이스터는 자기가 직접적으로 관찰될 수 없다는 사실로부터 "상황을 초월하는 자기는 직접적으로 알려진 그 무엇이기보다는 이른바 연역, 추리, 추상의 부산물이라고 말하는 하나의 구성"이라고 결론을 지었다. 그리고 그는 자기가 '진짜 실체'가 아니라고 함축하였듯이(p. 684), 자기는 하나의 구성물이라는 이 주장을 이해하는 듯 보인다. 그러나 내가 오해했을지도 모르는 이 주장에는 두 가지 이유에서 의심스러운 점이 있다.

첫째, 자기를 직접적으로 관찰할 수 없다는 말은 자기가 수행하는 활동을 제외하고는 자기를 결코 관찰할 수 없다는 주장으로부터 나오지 않는다. 이 주장에 따르면, 자기는 스스로는 관찰될 수 없다는 말이다. 어떤 방식으로든 활동적인 나를 관찰하지 않고 나 자신을 직접적으로 관찰할 수 없다는 말이 사실이라고 치자. 나는 세상을 관찰하고, 세상에서 활동하며, 감정적으로 상황에 반응하는 나를 관찰한다. 그러면 자기가 하고 있는 것을 관찰함으로써 자기가 관찰되기 때문에 자기를 직접적으로 관찰할 수 없다는 말을 따르지 않게 된다. 많은 (아마도 대부분) 실체를 관찰한다는 것은 실체가 하고 있는 것의 맥락 속에서 그 실체를 관찰하는 것이다. 우리가 행동을 관찰할 때, 절대로 자기의 전부를 관찰할 수 없다고 말하는 것이 정확할 것이다. 자기에 대한 우리의 경험은 완전하다기보다는 언제나 일시적이고 파편적이다. 그러나 이것이 우리가 자기를 전혀 관찰할 수 없다는 의미는 아니다.

바우마이스터의 주장은 두 번째 이유로 볼 때 또한 의심스럽다. 자기를 직접적으로 관찰할 수 없다는 그의 주장에 동의한다 할지라도, 우리가 관찰하는 자

---

2) 나는 그의 논문으로부터 다음에 진행되는 많은 것들을 배웠다. 나는 그의 도움에 대해서 바우마이스터에게 고마움을 표하고 싶다.

기는 단지 "이 세상에 존재하는 진짜 실체이기보다 인지적 과정의 결과인 구성"
이라는 것이 아니다. 바우마이스터는 우리가 알게 된 자기란 '관념, 추론, 추정'
의 산물이라는 주장에서 이를 추론한 것으로 보인다. 이러한 점은 우리 인간이
이 개념을 연결하려고 의도하는 현실에서 개발하는 자기의 개념을 혼란스럽게
한다. 아마도 우리의 자기에 대한 개념은 '구성'이며, 히긴스(Higgins, 1996)가 말
하였듯이 심지어 자기의 개념은 세계와 상호작용하기 위해서 개발된 이론적 개
념이라고 말하는 것이 맞을지도 모른다. 우리는 한 걸음 더 나아가서 자기이해
는 신념의 복잡한 망 속에서 구성되기 때문에 자기개념이라기보다는 자기이론
이라고 해야 한다는 엡스타인(Epstein, 1973)의 견해에 동의한다. 그러한 자기에
대한 '이론'은 명백하게 인간의 구성물이다. 그렇다고 해서 그러한 이론이나 개
념이 말하는 자기가 진짜 실체가 아니라는 것은 아니다. 블랙홀은 직접 관찰할
수 없고 그들의 존재를 추정하는 이론은 분명히 사람이 만든 것이지만, 대부분
의 과학자는 블랙홀의 독립적 실재를 의심하지 않을 것이다. 자기가 복잡한 대
상이라는 것은 사실이며, 그것은 우리의 이론적 구성으로 완전히 포착되지 않은
것처럼 보인다. 그러나 이것이 곧 개성에 대한 우리의 개념이 진짜 실체를 지칭
하지 않거나 적어도 때로는 그 실체의 어떠한 진짜 특징을 드러내지 않는다는
말이 아니다.

　"마치 자기와 자기개념이 서로 호환될 수 있는 것처럼"(1998, p. 681) 사회심리
학 안에서 자기와 자기개념의 견해 간의 혼란을 비판할 때, 바우마이스터 자신
은 이러한 점을 정말로 인식하고 있었다. 바우마이스터는 "자기가 단지 한 개념
이라면, 어떻게 결정을 할 수 있으며 사람들과 관계 맺을 수 있겠는가?"(1998, p.
681)라는 질문을 통해 이것이 오류임을 주장하였다. 하지만 그러한 구성물이 동
등하게 활동하거나 관계를 할 수 없기 때문에 자기는 단순히 이론적 개념이 아
니라는 논리가 내포된다. 따라서 우리는 그가 자기개념에 대해 말하는 점을 일
반화해야 하며, 우리의 자기에 대한 개념 모두에까지 확장해야 한다. "자기개념
은 무엇인가에 대한 하나의 아이디어다. 자기개념이 지칭하는 자기는 실체다."

(1998, p. 681)

　나는 이러한 혼란이 일어난 것은 우연이 아니라고 말하는 바우마이스터가 옳다고 생각한다. 나는 자기가 독특한 형태(a unique type of entity)의 실체이며, 그 실체의 존재는 자기가 자신을 마음속에 어떻게 그리는지에 따라서 부분적으로 구성되기 때문에 이러한 혼란이 생겼다고 생각한다. 비록 자기가 특정한 역사를 가진 생물학적 유기체이기는 하지만 단지 그렇지만은 않다. 자기 의식적 존재로서의 행동은 자기를 형성하기도 하고 자신의 자기개념(self's conception)을 반영하기도 한다. 우리는 철학자 찰스 테일러(Charles Taylor, 1985)의 "자기를 해석하는 동물"이라는 말이나 마르틴 하이데거(Martin Heidegger, 1927/1962)의 표현에서 자신의 현존(existence)의 의미에 대한 질문을 제기하는 가운데 그 존재(being)가 어느 정도 구성되는 실체라는 것을 알 수 있다. 따라서 한 인간의 자기는 자기에 대한 마음속의 상상과 동일하지는 않지만 부분적으로 그러한 상상에 의해서 구성된다. 이러한 경우에 자기의 현실은 자기가 마음속에 그 현실을 어떻게 품는가와 완전히 독립적이지 않다. 자기이해 안에서의 변화는 자기에서의 변화가 있었음을 시사한다.

　바우마이스터는 개성(selfhood)에 대한 연구를 검토하여 '세 가지 중요한 뿌리'라고 명명하면서 자기에 대한 연구를 세 영역으로 나누었다(비교. 이 책의 3장을 보라). '반영적 의식의 경험' '개성의 관계적 측면', 그리고 바우마이스터가 명명한 '실행적 기능, 대행자, 조절자, 근원'이 이 세 가지 영역이다. 이러한 세 가지 자기가 우리의 감각에 근본적이기 때문에 나는 그가 이 세 가지 영역에 집중하는 것이 옳다고 생각한다. 한편으로, 자기는 우리가 우리의 정신적 삶에 의식적으로 참여할 때 자각하는 것이다. 그러나 그러한 정신적 삶은 우리의 정체성을 만드는 자신의 관계 형태와 동떨어져서는 이해할 수 없다. 마지막으로, 우리는 정신적 삶에 참여할 때 알게 된 자기를 경험하는데, 정신적 삶은 우리가 때때로 책임이라고 부르는 행동의 근원으로서, 그리고 대행자로서 다른 사람들과 관계할 때 차례차례 만들어진다. 바우마이스터는 이러한 세 가지 영역이 어떻게 연관되어 있는지에 대한 이해가 "적어도 몇십 년은 뒤처져 있다."라고 주장하면서 세 가지 영역을 별도로 다루었다. 나는 이러한 주장이 낙관적일 수 있을 때조차, 그리고 몇몇 물질주의 철학자들이 자기는 완전하고 충분한 이해를 가로막는 방식 속에 있기 때문에 본질적으로 신비하다고 판명될 수 있다고 믿을 때조차 이러한 세 가지를 논의하였다(McGinn, 1999). 그럼에도 이러한 개성의 세 가지 '뿌리'는 자기와 동일한 실체의 차원을 드러내는 전적인 시도를 하는 중이라고 보는 것이 중요하다. 우리는 자기를 충분히 이해할 수는 없지만, 자기가 스스로에 대한 인식을 하고 있고, 다른 사람들과의 관계 속에서 만들어지며, 행동할 수 있는 역량을 가지고 있다고 상상하는 것은 어렵지 않다. 자기의 사회적 인격이 나의 주제이기 때문에 나는 이 장에서 일차적으로 개성의 두 번째 차원에 집중할 것이다.

자기의 사회적 관점으로의 전환

외부 사람들에게는 이러한 판단이 위험하게 느껴질 수 있겠지만, 나는 최근 몇십 년 동안 심리학에서 자기를 사회적 존재로 더 깊게 이해하려는 현저한 경향이 있어 왔다고 본다. 물론 인간 행동에 대한 행동주의자들의 접근은 자기를 모두 부정한 채 인간의 행동이 어떻게 환경적 우연에 의해서 만들어지는지를 강조해 왔고, 물론 이 중 일부는 사실상 사회적이었다. 이런 관점으로 인해서 '자기'는 거의 사라졌거나 외부 조건에 의한 수동적 산물로 나타났다. '기질' 같은 선천적 개인차를 강조한 접근은 자연스럽게 개인 '내면'에 있는 것에 더 강조점을 두었지만, 인정할 수 있는 자기의 내적 요인으로 확실하게 구분하지 않았다. 인간 행동을 내적 정신 과정에 의해서 조정되는 현상으로 보는 인지이론에서는 자기를 단지 환경에 의한 수동적 산물이 아니라 환경을 만들어 가는 적극적 사람으로 중요하게 본다. 최근의 연구에서는 자기의 본성과 정체성은 종종 그 사회적 관계에 의해 깊이 형성된다고 주장한다.

예를 들어, 자기인식조차도 타인과의 관계에 포함되는 것으로 본다. 자기인식의 상당 부분은 자기가 비교되는 기준이 적용되는 것을 포함한다(Duval & Wicklund, 1972). 심지어 키나 몸무게 같은 것에 대한 한 사람의 인식도 이상적 기준에 비교하므로 색칠되는 경향이 있다. 어떤 기준이나 '이상적' 체중을 참조하지 않으면 누구도 '뚱뚱'하거나 '날씬'하다고 할 수 없다. 하터(Harter, 1987)와 히긴스와 파슨스(Higgins & Parsons, 1983) 같은 연구자들은 두 종류의 기준을 강조하였다. 첫째 유형은 성격상 사회적 특징을 더 보이면서 다른 사람들의 기대나 평가에 따른 개인의 수행과 관련이 있다. 다른 종류의 기준은 좀 더 개인적이며 내재적 목표에 따른 개인의 성공과 관련이 있다.

그러나 단언컨대 개인적 유형조차도 사회적 차원을 가지고 있다. 사회학습이론에 따르면, 아이들은 대체적으로 부모, 친구들, 심지어는 미디어에서 묘사된 인물을 포함하여 자신이 관찰해 온 모델로부터 이상형을 발전시킨다(Bandura & Walters, 1963). 그러면 자기인식에 관련된 모든 기준은 우리 스스로에 대한 우리의 지식에 색을 입히는 사회적 성격을 띤다. 이전에 이 점을 알고 있었던 헤겔(Hegel, 1807/1977) 같은 철학자들처럼, 우리는 다른 사람이 우리를 어떻게 지각하는지를 지각함으로써 부분적으로 우리 자신을 지각한다. 이러한 점은 우리에 대한 우리의 지각이 다른 사람들이 실제로 우리를 어떻게 지각하는가와 일반적으로 일치하는 것을 의미하지는 않는다. 오히려 자기지각은 우리가 다른 사람들이 우리를 어떻게 지각하는지를 믿는 것과 연결되어 있다(Shrauger & Schoeneman, 1979). 사르트르(1949)의 〈출구 없음(No Exit)〉이라는 연극은 이러한 사실의 부정적인 측면을 극적으로(다소 고통스럽게) 묘사하고 있다. 이 극에는 세 명의 죽은 인물이 지옥의 방에 갇힌 상황이 나온다. 이 세 명은 자신들이 가지고 있는 것을 두 명 중 한 명이 알아봐 주기를 갈구한다. 그러나 그들은 다른 사람들이 알아봐 주지 않아서 자신이 원하는 대로 자신을 볼 수 없다. 그들은 각각 서로를 고문하는 사람이 되고, 결국 "타인이 지옥"이다.

그러나 이것만이 자기지식이 사회적 차원을 가지는 경우는 아니다. 또한 자기지식의 동기는 자체적으로 사회적 성격을 갖는다. 바우마이스터(1998)는 자기지식을 획득하는 세 가지 주요한 동기가 있다고 말하였다. 사람들은 자신에 대한 정확한 정보, (정확하든 그렇지 않든) 자신에 대한 우호적 정보, 자신의 현존하는 신념과 일치하고 일관성이 있는 정보를 원한다. 정확한 정보에 대한 사람들의 갈망이 가장 낮고, 다른 사람들로부터의 우호적 정보에 대한 갈망이 가장 강하다는 세디키데스(Sedikides, 1993)의 연구 결과는 짐짓 놀랄 만하다. 이러한 연구 결과는 사람들은 다른 사람들이 자신을 좋아한다는 견지에서 자신을 바라보기를 원하며, 그렇게 함으로써 비록 정확성을 희생하고서라도 다른 사람들이 자신을 긍정적으로 보고 있다고 다른 사람들을 지각하기를 원한다는 시사점을 준다.

자신에 대한 사람들의 견해가 일반적으로 정확하지 않은 사실은 그다지 놀랍지 않다. 대부분의 사람은 여러 측면에서 자신을 평균 이상으로 본다. 예를 들어, 사람들은 자신을 자기 동료들보다 도덕적이고 편견을 덜 가지고 있다고 본다(Lamm & Myers, 1978). 한 연구에서 성인의 90%가 자기 자신이 보통의 운전자보다 낫다고 믿고 있었다(Svenson, 1981). 고등학교 상급자에 대한 대학위원회의 조사에서 자신이 다른 사람과 잘 지내는 능력이 상위 1%에 들어간다고 대답한 사람은 25%인 반면, 평균 이하라고 응답한 학생은 0%였다(College Board, cited in Baumeister, 1998; Myers, 1980). 협력 활동에 참여한 사람들은 성공의 공은 자신에게로 돌리고 실패에 대해서는 다른 사람을 비난하는 경향이 지속적으로 나타났다. 시험을 잘 본 학생들은 대개 시험이 타당했다고 말하지만, 시험을 못 본 학생들은 시험에 대해 불평하는 경향이 있었다(Myers, 1980). 이러한 점은 인간이 다른 사람들과의 비교에서 자신을 좋게 평가하여 본인 스스로 자신을 좋은 사람으로 보려는 지속적인 경향이 있음을 말해 준다. 그러나 자기기만조차 대인관계와 연결되어 있다는 점은 흥미롭다. 어떤 견해가 옳다고 스스로 확신하는 가장 효과적인 방법 중 하나가 다른 사람을 확신시키려는 시도다(Haight, 1980). 어떤 이에 대한 비우호적 정보가 공개되지 않았다면, 이러한 정보는 종종 무시되거나 잊힌다. 그러나 다른 사람들이 이러한 정보를 알고 있으면, 이 정보는 자기를 무시하기 어렵도록 하는 현실을 제공하는 것처럼 보인다(Baumeister & Cairns, 1992).

자기지식은 사회적 관계와 강하게 연결된 지식의 유일한 유형이 아니다. 모든 것에 대한 사람들의 신념은 타인으로부터 영향을 강하게 받는다는 강력한 증거가 있다. 이러한 점은 세뇌 현상에서 극적으로 그려진다. 사람의 견해를 종합적 방식으로 변형시키려고 하면, 이전에 알던 사람들로부터 사람을 떼어 놓도록 요구하는 방식이 가장 일반적인 방법이다. 죄수는 낮 동안에는 교화가 되지만, 저녁에 동료 죄수들에게 돌아가면 세뇌는 비효과적이다(Baumeister, 1986). 세뇌는 분명히 극단적이고 비정상적인 상황이지만, 사람이 자신과 함께하는 사람들처럼 생각하려는 경향을 배운다는 점은 그다지 놀랍지 않다.

이전의 연구 결과들은 사회심리학의 잘 정립되고 널리 알려진 결과들을 보여준다. 그러나 최근의 심리학자들은 심리 내적 과정이라고 보일 수 있을 때조차 그 속에 사회적 차원이 있음을 암시한다는 것을 발견하였다. 개성에 대해서 가장 잘 연구된 측면 중 하나가 자존감이다. "자존감은 실용적이거나 물질적 결과를 가지지 않지만 사람들은 그것을 보존하고 보호하려는 데 많은 힘을 쓴다."(Baumeister, 1998, p. 696)라는 점에서 자존감과 관련된 수수께끼가 있다. 사람들이 그렇게 가치 있게 보여지지 않는 무엇인가를 얻기 위해서 그토록 많은 일을 한다는 사실은 합리적이지 않다. 이 수수께끼에 대한 하나의 그럴듯한 대답의 한 부분은 리어리, 탬버, 테달과 다운스(Leary, Tambor, Terdal, & Downs, 1995)의 연구에서 발견될 수 있는데, 이들은 성공적인 사람이 다른 사람들에 의해서 어떻게 받아들여져서 수용되는가를 내적으로 측량한 사회관계지표(sociometer)를 자존감이라고 이론화하였다. 사람들은 자동차 가스계량기가 'E'(비어 있음)가 되는 것을 피하는 이유와 마찬가지로 낮은 자존감을 피한다. 계량기 자체는 그다지 중요한 위치를 갖지 않지만, 계량기는 중요한 다른 무엇인가를 측량한다. 이것이 아마도 사람들이 자존감에 가치를 두는 단 하나의 이유이지만, 사람들이 "대인관계적 연결을 유지하고 형성하려는 보편적인 욕구"(Baumeister & Leary, 1995)를 가지고 있다는 강력한 증거와 이론이 잘 들어맞는다. 이러한 점은 자존감이 낮은 사람과 자존감이 높은 사람의 행동적 차이 중 어떤 것들은 공공연하고 대인관계적 환경에서 드러난다는 증거에 의해서 또한 뒷받침되고 있다(Baumeister, Hutton, & Tice, 1989). '사회관계지표' 이론은 표면에 순수하게 심리 내적 현상이라고 드러나는 것이 사실상 사회적 차원을 갖고 있음을 시사하고 있다.

이 결과는 '인지적 불일치'와 관련된 논쟁으로부터 유래된 결론과 유사하다. 사람들이 자신의 행동과 일치되는 내적 신념을 만드는 경향이 있다는 사실은 오랫동안 인지되어 왔다. 불일치를 줄이기 위해서 노력하는 내적 인지 기제로 이러한 점을 설명하는 것은 자연스럽다. 바우마이스터(Baumeister, 1982)와 다른 연구자들은 사회심리학자들이 심리 내적이고 인지적인 과정의 입장에서 설명한 사람들의 변화 중 일부는 피험자로 참여한 대행자들이 다른 사람들에 의해서 관찰될 때 일어났다는 강력한 증거를 제시해 왔다. 이러한 연구 결과는, 예를 들어 어떤 위치를 위한 공적 행위를 취한 후에 자신의 태도를 바꾸는 사람은 자신의 신념을 행동에 일치되도록 그렇게 할 뿐만 아니라 다른 사람들이 자신을 어떻게 지각하는지를 고려하면서 그렇게 행동한다는 점을 제안한다.

파지오, 에프레인, 팔렌더(Fazio, Effrein, & Falender, 1981)에 의해 개발되었듯이, 내적 변화에 대한 '편향된 스캐닝' 이론에 의해서도 유사한 결과를 찾아볼 수 있다. 많은 질문을 받은 사람들은 나중에 그러한 질문들을 받았을 때보다 자기개념의 의미 있는 변화를 겪었다. 편향된 스캐닝 이론은 이러한 점에 대해서 최근의 행동에 기억이 더 뚜렷해서 자신의 행동에 대한 자기개념에 편향된 그림을 준다는 스캐닝 기제의 결과로 설명한다. 그러나 타이스(Tice, 1992)는 이런 결과가 단순히 내적 인지 과정에 의해서만이 아니라 대인관계적 차원에 의해서도 부분적으로 설명될 수 있다고 주장하였다. 그녀는 예를 들어, 어떤 질문에 대해 사적이고 익명으로 대답하도록 함으로써 편향된 기억 스캔으로부터 대인관계 차원을 분리하는 절차를 개발하였다. 그 결과, 자기개념의 변화는 다른 사람이 참가자와 상호작용했을 때에만 일어났다. 나는 이러한 발견이 자기의 중요성과 현실에 의문을 품도록 인도해야 한다고 믿지 않는다. 오히려 이러한 발견은 심리 내적 과정과 대인관계적 과정이 아주 예리하게 구분되는가라는 질문을 하도록 인도해야 한다. 만약 '내면적 자기'와 사회적 관계가 서로 지속적으로 영향을 받는다면, 그들이 완전히 서로 독립되었다고 생각하는 것은 도움이 되지 않는다. '내면적 자기'는 자기의 사회적 관계로부터 완전히 구분되어 있지 않고, 오히려 자기의 실체는 사회적 과정에 의해서 깊고 심오하게 만들어지는 정체성을 띤다.

지금까지 나는 자기의 지식, 특히 자기에 대한 지식에 대부분 초점을 맞추었다. 그러나 자기의 다른 측면도 마찬가지로 대인관계적 요소에 의해서 만들어진다고 생각할 만한 좋은 이유가 있다. 부, 건강, 교육, 거주지 등과 같은 것보다 훨씬 강한 요인인 사회적 유대가 행복에 대한 믿을 만한 유일한 예측자라는 강력한 증거가 있다(Baumeister, 1991; Myers, 1992, 2000a, 2000b). 사적으로 보일 수 있는 내적 현상인 죄의식과 같은 감정도 대인관계와 밀접하게 연결되어 있다. 하나의 문헌조사(Baumeister, Stillwell, & Heatherton, 1994)에서는 죄의식이 '소속의 필요'와 관계를 깨뜨리는 현상과 연결되어 있다는 견해를 강력하게 지지하였다. 만약 두 사람 간의 관계가 다르다면, 같은 행동도 다양한 수준의 죄의식을 낳을 수 있다. '생존자의 죄의식'의 경우, 죄의식을 느끼는 사람들은 누구에게도 도덕적으로 나쁘게 행동하지 않는다. 하물며 이런 경우에서조차 타이스와 바우마이스터(Tice & Baumeister, 2001)는 다른 사람들과 관련해서 불공평한 이익을 취해 왔다는 느낌을 죄책감과 그럴듯하게 연결하였다.

바우마이스터가 자기의 집행적 기능이라고 부르는 것도 사회적 차원을 가지고 있다고 볼 수 있다. 자기의 대행에 중요한 측면은 자기통제와 자기규제의 개념 속에 놓여 있다. 그러한 능력이 없다면 도덕성은 불가능하며, 도덕성이 없이는 사회적 삶, 즉 인간이 가지는 적어도 구분된 종류의 사회적 삶은 존재하지 않는다고 논쟁할 수 있다. 트웬지, 캐터니스, 바우마이스터(Twenge, Catanese, & Baumeister, 2003)에 의하면, 사람의 자기통제 능력은 다른 사람들에게 수용되거나 거절되는 느낌과 강력하게 연결되어 있다. 학부 심리학 과정을 거친 대부분

은 스탠리 밀그램(Stanley Milgram, 1965)의 복종에 관한 유명한 실험에 익숙한데, 이 실험에 참가한 대부분의 사람은 권위자에 의해서 그렇게 하도록 교육을 받았을 때 사람들에게 준 고통스러운 전기 자극을 기꺼이 견딘다. 이 경우에 사람들은 명백히 사회적 상황의 압력 때문에 그들의 신념과 배치되는 방식으로 기꺼이 행동한다.

물론 이런 종류에 많은 증거가 인용될 수 있고 더 많은 주제가 논의될 수 있지만, 지금까지 말해 온 것만으로도 내적 자기를 회복하는 데에서 자기의 정체성이 다른 사람들과의 관계와 강력하게 연결되어 있다는 점에 현대심리학이 점점 관심을 갖는다는 주장을 지지하기에 충분하다. "어떤 사람도 무인도가 아니다." 라는 말은 진리다. 경험적 심리학에서 보이는 자기의 사회적 차원은 마치 자기가 완전히 자율적이며 충분히 존재하는 실체인 것처럼 말하면서 "자기를 찾아라." 라고 종종 말하는 '팝 심리학'이라고 이름 붙일 수 있는 우리 시대의 문화 속에서 발견된 자기에 대한 어떤 생각과 강력하게 대비를 이루고 있다. 이렇게 말하는 것은 어느 정도 '나의 진짜 자기에 진실하지 않은' 것으로 보이면서 의무를 충실하게 이행하지 못하고 관계를 깨뜨리는 얄팍한 합리화일 수 있다.

인간의 관계성에 대한 신학적 관점

유대-기독교의 전통은 인간의 자기가 관계에 의해 정의되고 형성되는 방식에 관한 이러한 경험적 발견과 완전히 일치한다. 현대 심리학자들처럼 성경적 전통은 인간을 영향을 받는 수취인이 아니라 자기발달의 참여자이면서 적극적으로 발달을 이루어 가는 사람으로 본다. 이렇게 적극적으로 행동하는 자기는 다른 사람들부터 고립되어 이해될 수 있는 자기가 결코 아니다. 성경은 자신의 정체성에 중요한 공동체와 가족의 일원으로 사람들을 그리고 있다.

성경적 전통에서는 성(sexuality)을 어떻게 보는지에 대한 방식에서 관계성의 중요함에 대한 중요한 단서를 발견할 수 있다. 창세기 1장 27절에 "하나님이 자기 형상, 곧 하나님의 형상대로 사람을 창조하시되 남자와 여자를 창조하시고"라고 나온다. 히브리 성경에서의 마지막 두 줄을 보면, 공통적으로 사용하는 히브리 평행주의로 알려진 시적 기법과 같은 대구(couplet)를 적용해 시적으로 흥미로운 방식으로 첫 번째 줄의 내용을 두 번째 줄에서 다시 진술한다. 이러한 방식이 창세기의 성경 구절에서 나타난다고 논의되어 왔다(Bird, 1995). 이것이 사실이라면, 하나님의 형상으로 단지 남자와 여자가 창조되었다고 말하는 것이 아니다. 고대 사회에서도 하나님의 형상은 중요하였고, 그 사회의 문화는 여자에 대해서 낮은 가치를 부여하였다. 오히려 이 성경 구절은 하나님이 인간을 남성과 여성으로 창조했다는 사실에서 드러날 수 있는 하나님의 형상 자체를 어떤 방식으로 말하고 있다. 이러한 경우에 하나님의 형상 자체는 인간이 관계적으로 소유할 수 있는 그 무엇이다. 남자와 여자는 서로의 관계를 위해서 창조되었고, 이러한 관계성 그 자체가 곧 하나님이 그들을 만든 성격을 반영한다.

기독교 신학자 중 일부는 삼위일체의 기독교 교리에 대한 힌트로 이런 점을 취한다. 삼위일체는 하나님 한 분이시지만, 그럼에도 세 사람이라는 주장이다. 삼위일체는 굉장히 신비로운 수수께끼 같은 교리다. 이것을 우리가 거의 이해할 수는 없지만 이는 하나님의 존재가 본질적으로 관계적임을 암시한다(O'Collins, 1999). 창조와 별도로 하나님은 공동체의 특징 중 어떤 것을 포함하는 존재로 생각되었다. 삼위일체의 각 존재는 각각 완전한 일체와 사랑을 즐긴다. 아마도 인간 존재를 남자와 여자로 창조하고, 그들의 관계를 염두에 두신 하나님은 하나님 자신의 관계적 성격[3]의 무엇인가를 정말로 인간 존재에 두신 것이다.

각 개인이 하나님과 관련성을 가지고 있고, 하나님이 정의로운 심판자로서 자

---

3) 기독교와 유대인 신학자들은 하나님을 지칭하는 남성 대명사를 전통적으로 사용해왔다는 것은 물론 사실이다. 그리고 특히 그리스도인들은 하나님을 아버지라고 형상화해 왔다. 이러한 신학자들은 그러나 하나님 자신이 남성이 아니라는 점과 하나의 성으로 하나님을 할당하지 않으면서 아버지의 형상은 하나님과 자신의 창조 사이의 관계에 대한 무엇을 의도하고 있다는 점을 분명히 하고 있다.

신의 행동과 공동체에 대한 책임을 지도록 하기 때문에 기독교 신학에서 개인적 요소를 가지고 있다고 말하는 것은 사실이다. 그러나 이러한 개인주의는 인간에게 동등하고 중요한 사회적 성격을 애매하게 만들지 말아야 한다. 인간의 사회성에 대한 근본적인 중요함은 하나님의 구속적 행위가 공동체인 사람의 창조를 근본적으로 향하고 있다는 사실에서 나타난다. (기독교 구약) 히브리 성경을 보면, 결정적 메시지를 인류 전체에게 전달하기 위해서 유대 민족이 선택되었다. '아주 선별된' 모양으로 하나님이 유대인을 선택하였다는 유대인들의 생각을 거부하지 않지만, 대부분의 현대 기독교인은 하나님은 모든 언어와 종족의 장벽을 넘어서면서 모든 민족과 부족으로 구성된 새로운 백성을 교회 속에 창조하였다는 것을 믿는다. 인간 구속에 대한 마지막 그림은 기독교적 비전에 대한 많은 것을 말하고 있다. 천국은 하나님의 도시인 새 예루살렘과 공동체에 의해서 즐기면서 나누는 음식과 음료가 있는 하늘 잔치로서 사회적 상징을 통해 그려지고 있다.

키르케고르와 인간관계성

나는 이 장에서 쇠렌 키르케고르의 도움을 받아 자기에 관한 신학적 관점이 어떻게 자기의 관계적 인격을 조명하는지 보여 주고자 한다. 특히, 나는 자기에 관한 신학적 설명이 어떻게 인간의 자기와 철저하게 관계적일 수 있는가와 때로는 자신들을 만들어 왔고 지금도 그렇게 하고 있는 사회적 영향을 관계적이고 부분적인 방식으로 초월하는가를 이해하도록 돕는다고 주장할 것이다.

『죽음에 이르는 병(The Sickness Unto Death)』에서 처음에는 키르케고르의 개성에 대한 설명이 불분명하였다. "그러나 자기는 무엇인가? 자기는 자기를 스스로에게 연관시키는 관련이다." (Kierkegaard, 1849/1980, p. 13) 이것은 거의 명료하지 않은 산문이다. 그러나 이것은 분명히 자기가 심리 내적으로 고려될 때조차 성격상 관계적이며 복잡함을 내포하는 것으로 보인다. 우리는 여기서 키르케고르를 윌리엄 제임스(William James)의 '나(I)'와 '나를(me)'에 대한 유명한 구분과 비교할 수 있다. 여기서 키르케고르가 말하려고 하는 것의 부분적 의미는 자기가 되기는 반성적 자각을 포함하고, 이러한 반성적 자각 속에서 자각의 활동은 자각의 대상과 구분된다. 우리는 대문자 나(I)를 자각하는 자기로, 그리고 나를(me) 자각의 대상으로 생각할 수 있다. 키르케고르는 자기가 이러한 둘 중의 하나에 의해서 사용되지 않고 둘 사이의 관계에 의해서 구성된다는 점을 말하려 하였다.

키르케고르의 자기에 대한 설명은 이러한 심리 내적 묘사에 그치지 않고, 밖에 있는 것과 자기의 연관 속에서 자기를 즉각적으로 정의하려고 하였다. 즉, 자기는 "자기 자신을 자기 자신과 연관시키려는 그러한 관련이고, 하나의 자기는 자기 자신을 확립하거나 서로에 의해서 확립되어야 한다."(1849/1980, p. 13)라는 것이다. 자기 자신을 확립하는 자기는 완전히 독립적이고 자율적인 하나님과 비슷한 자기다. 만일 자기가 이러한 신과 같은 힘을 가지고 있지 않다면, 그리고 어떤 방식으로 자기 자신 이외의 무엇인가에 의존적이라면, 자기는 오직 다른 과업을 수행함으로써 자기 자신과 자기 자신을 연관시키는 과업, 다시 말해서 자기 밖에 있는 것과 연관하려는 과업을 수행한다. 키르케고르는 인간 존재는 분명히 이 두 번째 종류의 유한한 자기라고 하였다. "인간 자기는 자기 자신을 자기 자신과 연관시키려는 관련이고, 그 속에서 자기 자신을 다른 것과 연관시키려는 관련인데, 이는 파생되었지만 확립된 관련이다."(pp. 13-14)라고 하였다. 요컨대, 키르케고르는 자기 밖에 있는 무언가와의 관계에 기초를 두고 있는 존재가 곧 자기 정체성이라고 말하고 있다. 우리는 이 점을 자기인식이 사회적으로 파생된 어떤 종류의 기준이나 이상에 기대려는 현대 심리학자들의 공통된 견해와 비교할 수 있다.

키르케고르는 『죽음에 이르는 병』 전체를 통해서 그가 절망이라고 부르는 존재의 상태이자 의식적 절망의 감정 속에서 자기 자신을 나타내는 자기가 되는 데 실패하는 여러 가지 방식을 들여다보려고 한다. 인간은 이러한 조건도 자각하는 데 실패할 수 있다. 자기 되기의 실패는 이상적이고 건강한 자기를 차단하는 막을 걷고 자기를 정의하는 그러한 이상과의 연관 속에 있는 자기로 보여져야 한다. 그는 "절망이 완전히 뿌리째 뽑혔을 때 자기의 상태를 기술하는 공식은 이것이다. 즉, 그 자기는 자기 자신에게 관계하고 자기 자신이 되려고 하는 중에 자기를 확립한 힘에 자기 자신을 있는 그대로 맡긴다."(1849/1980, p. 14)라고 하였다.

이 '힘'은 무엇인가? 이 언어는 알코올 중독자들의 모임에서 사용된 것을 제시하고 있다. 이 언어는 더 높은 힘을 말하며, 나는 중요한 평행이 있다고 믿는다. 둘 다의 경우에 이 힘을 하나님과 동일시하려는 유혹이 있다. 형이상학적으로 이것은 키르케고르에게는 사실이다. 그에게는 하나님이 자기를 창조했으며, 그는 궁극적으로 자기의 존재를 책임지고 있음이 문자 그대로 사실이다. (물론 이것은 어떻게 인간의 자기가 존재하게 되었는가에 대해 말해지는 자연적이고 과학적인 이야기가 있다는 것과 일치한다.) 우리는 키르케고르에게 있어 이러한 확인은 심리학적 이상으로서 맞는다고 말할 수 있다. 하나님은 인간이 하나님과 관계를 맺어야 그들 자신이 의도한 전부가 될 수 있도록 인간을 창조하셨다. 그렇지만 이것이 하나님이 자기를 확립한 형이상학적 '힘'이며, 또한 이상적인 자기의 심리적 기초라 할지라도, 키르케고르는 심리학적 관점에서 자기가 여러 종류의 '더 높은 힘'에서 자기 자신의 근거를 찾을 수 있다는 점을 인식하고 있다. 그는 자기를 구성하는 관련을 하나님이 "자기를 그의 손에서 놓으면서 자기가 되도록 하였다."라고 말하였다(1849/1980, p. 16). 즉, 하나님은 인간에게 자신의 정체성을 만들 수 있는 어느 정도의 자유를 주셨다. 인간은 하나님이 우리를 창조하신 의도를 충분히 인식하면서 하나님과 관계를 맺을 필요가 있다. 그러나 인간은 자유롭기 때문에 자신의 정체성을 하나님보다 덜한 것(우상숭배의 진수)에 기초를 둔다. 이러한 자유를 남용하면 인간은 많은 종류의 병리를 보인다. 키르케고르의 몇몇 아이디어는 흥미로운 일련의 경험적 연구를 제안한다.

예를 들어, 키르케고르는 유한성과 무한성의 절망이라고 이름 붙이는 현상에 대해서 기술하였다(1849/1980. pp. 29-35). 자기는 유한성으로는 이러한 용어들에 도달할 능력이 없으며 오직 자신의 창조된 지위를 받아들이는 조건 속에서 무한성의 절망을 느낀다. 이러한 자기는 활동력이 떨어지면서 역사성을 가진 실질적 자기에 구체적으로 연결되지 않을 가능성을 가지고 산다. 유한성의 절망은 그 반대 상태인데, 자기는 통제할 수 없는 힘의 피해자 또는 산물로, 전적으로 결정된 방식 속에서 자기를 바라보면서 유한성의 절망을 느낀다. 하나님과의 올바른 관계가 발전됨으로써 이 두 경우 모두 치료가 된다.

키르케고르는 하나님과의 관련 속에 내재한 인간화 가능성을 보면 이러한 치료가 어떻게 일어나는지를 볼 수 있다고 하였다. 내가 하나님의 피조물로서 나 자신을 볼 때, 나는 이러한 두 가지 절망으로부터 보호된다. 한편으로, 나는 나 자신을 하나님으로 보려는 유혹을 느끼지 않지만 나의 창조된 위치를 충분히 인식한다. 나는 특정한 환경에서, 그리고 특정한 시간과 장소에서 생물학적 근거가 있는 특성(내가 만들지 않은)과 몸을 가지고 남자 또는 여자로 태어났다. 진짜 내 것이라는 어떤 가능성도 모두 이러한 구체적이고 제한을 하는 현실에 근거한다.

그러나 하나님의 형상으로 자기가 된 하나님의 피조물이라는 사실은 내가 단순히 비인격적 요인의 산물이 아니라는 점을 내포한다. 하나님은 모든 것이 가능한 하나님이다. 하나님에 의해서 자기의식을 가진 자로 부여되었다는 말은 가능성이 부여되었다는 의미다. 키르케고르의 입장에서 보면, 각 사람은 우리가 하나님으로부터의 부르심이나 소명이라고 말하는 것을 갖는다. 하나님에 의해서 창조된 각각의 사람은 특정한 개인이 된다. (여기서 우리는 키르케고르가 어떻게 '개인주의자'로 명성을 얻었는지를 볼 수 있다.) 인간 존재의 목적이 있는 형태(end-form), 즉 궁극적 목적(telos)으로 이러한 소명을 볼 수 있다. 이러한 궁극적 목적은 모든 것이 다 잘되면 발달될 이상적 자기다. 비록 마음에 그려진 목적의 내용 사이에는 중요한 차이가 있지만, 우리는 여기서 로저스(Rogers, 1961)나 매슬로(Maslow, 1968) 같은 심리학자들의 일과의 유사성을 발견할 수 있다. 이들 또한 인간은 실현할 수 있는 이상적 자기를 가진 존재라고 본다. 우리 각자는 사회적 스테레오 타입과 여러 종류의 기대를 거부할 수 있는 그러한 사람이 되려고 노력하는 용기를 필요로 한다. '하나님 앞에서 개인'이 되는 이러한 부르심은 다른 사람들을 무시하는 부르심이나 별종에로의 부르심이 결코 아니다. 오히려 키르케고르(1847/1995)에게는 유대인과 기독교 둘 다의 계시에 나타난 근본적 메시지로, 하나님을 사랑하고 네 이웃을 네 몸과 같이 사랑하라는 하나님의 근본적 부르심이다.

키르케고르의 '개인주의'는 결코 인간들이 고립되어 있으면서 자율적 개인이라는 견해에 근거를 두지 않는다. 그는 단지 사람들이 자신에게의 부르심을 듣고 따라가지 못하게 하는 사회적 동조주의의 힘을 아주 잘 자각하고 있었다. '모두'가 하는 대로, 또는 '다른 사람들'이 말하는 것에 동조함으로써 이웃 사랑에 대한 부르심을 무시하기가 너무 쉽다(1849/1980, pp. 33-35). 키르케고르 사상의 이러한 측면들은 현대 문화에서 이미 진부해졌다. 우리는 모두 사회 동조주의의 마비시키는 효과에 대해서 안다. 그러나 키르케고르(1846/1978)에게는 '평준화' 효과인데, 이러한 효과가 당장에 미치는 영향이 윤리적 영웅주의라고 부를 수 있는 사람들의 역량을 무디게 한다는 사실을 인식하는 것은 중요하다. 키르케고르(1847/1995, pp. 76-82)에 따르면, 이웃을 사랑하라는 부르심을 심각하게 받아들이는 개인은 '이중 위험'에 직면한다. 한편으로, 이 사람은 이기심의 위험에 직면한다. 이웃을 내 몸처럼 사랑하기 위해서 나는 나를 우주의 중심에 두려는 인간의 경향을 멀리하여야 한다. 이러한 영역에서 성공적 진보를 이룬 사람은 두 번째 위험이나 유혹에 직면하게 된다. 다른 사람들은 이러한 사람들이 만든 발전적 모습을 불편하게 느낄 수 있다. 이웃을 진지하게 사랑하는 사람은 사회적 보상이나 인정을 바라지 말고, 오히려 다른 사람들이 자신에게 그렇게 높은 곳을 향하면서 노력하지 말라고 설득할 때 놀라지 말아야 한다. 이러한 설득이 저항에 부딪히면 개인은 심하게 원망할지도 모른다. 특히나 이웃을 사랑하는 사람이 사회적 약자인 '다른 사람'을 사랑하기 위해서 사회적 장벽을 넘으려 한다는 점은 사실이다.

키르케고르는 자기를 형성하는 데서 다른 인간들과의 '수평적' 관련을 충분히 강조하지 않으면서 하나님과의 '수직적' 관계를 너무 강조하였다고, 이로 인해 종종 비판을 받았다. 나는 이러한 비판들이 두 가지 이유에서 요점을 벗어난다고 믿는다. 먼저, 하나님은 다른 유한한 사람들과 사랑을 위해서 경쟁하는 유한한 사람으로 생각되지 않는다. 만일 한 사람이 하나님을 더 사랑하면 다른 사람들을 덜 사랑한다는 것은 사실이 아니다. 적어도 그 사람의 하나님에 대한 사랑과 이해가 진짜라면, 앞에서 언급한 점은 사실이 아니다. 키르케고르는 재정적 은유로 이러한 점을 말하고 있다.

> 만일 당신이 당신의 삶에서 하나님을 섬기기로 작정하였음을 보이려면, 지속적으로 하나님을 생각하면서 당신의 삶이 사람들을 섬기도록 해라. 하나님은 그가 그 자신을 위해서 자신의 몫을 요구하는 방식으로 존재의 몫을 주시지 않는다. 하나님은 당신에게 모든 것을 요구하지만, 만일 당신이 당신의 모든 것을 하나님에게 가져가면 하나님은 그 모든 것이 전송되어야 할 곳이라고 지정하는 통지를 당신에게 한다. 하나님은 당신에게 모든 것을 요구하지만 자신을 위해서는 아무것도 요구하지 않기 때문이다. (1847/1995, p. 161)[4]

이러한 비판이 잘못된 두 번째 이유는 키르케고르가 하나님과의 관계를 강조한 이유를 잘못 이해했기 때문이다. 키르케고르는 다른 사람들과의 관계가 중요하지 않다고 생각해서가 아니라 인간관계의 영향이 너무도 중요하고 얼마나 강력한가를 잘 알았기 때문에 하나님에 대한 관련을 강조하였다. 인간은 본질적으로 관계적 존재이기 때문에 인간은 완전히 '자율적'이면서 '독립적'으로 자기의 정체성을 형성할 수 없다. 키르케고르에게는 하나님과의 관련이 곧 이러

---

4) 나는 여기서 홍의 번역을 약간 변경하였다. 홍은 덴마크어인 'skal besorges'를 '더 멀리 전달한 (delivered further)'이라고 글자 그대로 (영어로는 어색한) 번역을 하였지만 영어로는 '전송된 (forwarded)'이 분명하다.

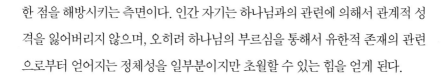

한 점을 해방시키는 측면이다. 인간 자기는 하나님과의 관련에 의해서 관계적 성격을 잃어버리지 않으며, 오히려 하나님의 부르심을 통해서 유한적 존재의 관련으로부터 얻어지는 정체성을 일부분이지만 초월할 수 있는 힘을 얻게 된다.

> 자기가 하나님 앞에 존재하고 있다는 사실을 인식하면서, 그리고 하나님을 기준으로 두면서 인간 자기가 되어 갈 때 얻게 되는 무한한 현실을 보라! (이것이 가능하다면) 자기 소 떼 바로 앞에서 자기가 되려고 하는 목동은 낮은 자기를 갖는다. 그리고 자기 노예들 바로 앞에서 자기가 되려는 주인은 자기가 없다. 이 둘의 경우에는 기준이 부족하다. 부모만을 기준으로 둔 아이는 그 기준의 위치를 획득함으로써 어른으로서 자기가 되지만, 하나님을 기준으로 두면 얼마나 많은 무한한 강조점이 생기는가 생각해 보라!(1849/1980, p. 79)

키르케고르는 간략하게 자기가 되어 가는 데 결함이 있는 여러 가지 방식을 가리키고 있다. 목동이나 노예 주인에 대해 말하면서 그는 다른 사람들에게 우월감을 느끼며 자기에 대한 감각을 가지려고 하는 사람들을 고발하고 있다. 다른 사람들을 탄압하거나 지배하면서 자신의 정체성을 얻으려고 하면 병리적이다. 좀더 '정상적'인 발달을 생각해 보면, 그는 부모로부터 표준 또는 '기준'을 얻는 아이를 말하고 있다. 이러한 표준이나 기준은 나중에 '위치(state)', 더 넓게는 사회로 일반화된다. 그러나 자신이 살고 있는 사회와 비판적 거리를 유지함으로써, 그리고 진정으로 '한 개인'이 될 수 있기 위해서 한 사람은 자기가 사는 사회의 표준이나 '기준'보다 더 큰 표준이나 '기준'을 필요로 한다. 키르케고르에게 개인에 대한 하나님의 부르심은 이러한 해방의 기능을 수행할 수 있게 한다.

키르케고르에 따르면, 소크라테스나 예수님(오늘날 우리는 간디를 덧붙일 수 있다) 같은 개인은 그들이 살았던 사회가 만들어 낸 인물들이라고 충분히 설명될 수 없다. 한 개인이 단지 새로운 비판적 관점을 만들어 내는 것은 불가능하다. 자기는 항상 '목표와 측정'이 있는 '기준'에 의해서 정의된다. 키르케고르에게 그러한 목표나 측정은 사회적 관계를 통해서 개발된다. 만일 하나님이 진짜 사람이라면, 하나님과의 관련은 인간에게 자기를 일반적으로 규정하는 사회적 실천과 관습에 대해 비판적 관점을 줄 수 있는 초월적인 그 무엇이다. 그래서 키르케고르는 '하나님 앞에' 한 개인으로 살아가는 과제를 강조한다. 그가 그것을 강조하는 이유는 인간관계가 중요하지 않아서가 아니라 너무나 중요해서 하나님과의 관련 없이는 진정한 개인성(individuality)을 발달시킬 수 없어서다. 그래서 우리의 개인성조차 우리의 관계적 성격을 반영한다.

요약하면, 키르케고르는 자기가 심오하게 관계적 존재이고, 관계적 존재라는 정체성은 자기와 특히 개성에 '기준'을 제공하는 타인과의 관계로 서로 잘 짜여 있다는 현대심리학에 동의한다. 그의 견해는 자기를 만들어 내는 사회적 힘을 초월할 가능성이 있는 하나님과의 진정한 관련에 대한 가능성을 열어 놓으면서 과학적 심리학의 관점을 넘어선다.

하나님과의 관련이 중요하다는 주장은 특히 세속적 마음을 가진 학자들에게 많은 질문을 야기한다. 이 장의 마지막 절에서 나는 비판론자들이 가질 수 있는 급박한 관심들과 이 영역에서 좀 더 연구 가치가 있다고 여겨지는 합리적 질문들을 일으키는 관심을 제기하고 이들에 대해서 간략하게 대답하고자 한다. 여기에는 두 가지 목적이 있다. 무엇보다도 먼저, 나는 일련의 연구를 향하는 몇몇 가능한 질문을 제시한다. 두 번째로, 이것과 연계하여 연구가 불분명하다고 생각되는 몇몇 결정적 질문에 대한 대답을 하려고 한다. 좀 더 명확하게 하면, 나는 직설적으로 질문하고 대답하는 형식을 취하고자 한다.

결정적 질문들

1. 사람들은 하나님의 부르심을 어떻게 자각하는가? 키르케고르에게는 이러한 일이 하나의 방식으로 일어나지는 않는다. 많은 사람은 하나님의 부르심을

하나님으로부터 계시를 통해 듣는다. 유대주의에서는 히브리 성경이 그러한 계시가 되고, 기독교인들에게는 나사렛 예수라는 역사적 인물과 기독교 성경이 그러한 계시다. 물론 다른 주요 종교에서는 무엇이 하나님의 특별한 계시인가 하는 자신들만의 믿음이 있다. 키르케고르에게는 "하나님과 연관이 되면 양심을 갖게 되며" 이것은 하나님이 인간의 도덕적 경험을 통해서 인간에게 일반 계시를 줌을 의미한다. 키르케고르는 양심은 인간의 맥락에서 형성되므로 우리의 도덕적 판단은 상당한 정도로 상대적이라는 사실을 인식하고 있었다. 인간적으로 형성되는 양심 속에서, 그리고 때로 양심을 통해서 우리는 무엇이 진정으로 옳고 그른지, 무엇이 진정으로 착하고 악한지를 자각하고, 이럴 때 하나님의 부르심을 듣게 된다.

로드니 스타크(Rodney Stark)는 사람들이 도덕적 행동을 할 때 신론적 믿음이 어떤 영향을 주는가라는 흥미로운 연구를 하였는데, 하나님을 믿는 사람들은 여러 가지 의심스러운 행동에 덜 참여한다는 연구 결과를 보였다(Stark, 2003). 아마도 심리학자들은 이러한 연구에 기초하여 성경 읽기, 기도, 중보 등과 같은 여러 가지 영적 실천이 많은 사람의 '부르심'에 대한 감각과 도덕적 행동에 미치는 영향에 대한 방식을 탐구할 수 있었을 것이다.

2. 키르케고르의 견해는 한 사람이 진정한 개인이 되기 위해서는 반드시 하나님을 믿어야 함을 시사하는가? 만약 그렇다면, 누군가는 그의 견해가 잘못되었다고 생각할 수도 있다. 하나님을 믿지 않는 사람 중에도 이웃을 사랑하면서 진정으로 자신의 삶을 사는 사람들이 있고, 하나님을 믿는 사람 중에서도 자신의 이웃을 진정으로 사랑하지 않는 사람이 있다는 점은 자명하기 때문이다. 중요한 것은 단지 하나님이 존재한다는 명제적 믿음이 아니라는 점이 키르케고르의 대답이다. 사람들은 자신이 깊이 만나고 있는 분이 하나님이라는 사실을 인식하지 않으면서도 하나님의 실재를 자각할 수 있고 하나님과 관련을 맺을 수 있다. 양심은 하나님과 관련되는 도구이기 때문에(이전 절을 보라) 사회적으로 형성된 도덕적 확신을 통해서, 그리고 그 속에서 사람들이 진짜 절대적인 도덕적

의무에 대한 진정한 느낌을 가질 때마다 그들이 느끼는 분이 하나님이라는 점을 인식하지 못할 수도 있지만, 그들은 하나님의 현실을 자각하게 된다. 역으로 사람들은 비록 자신이 하나님의 부르심의 성격이나 하나님의 인격에 대한 자각이 없이도, 그리고 적절한 방식으로 그러한 부르심에 응답하지 않으면서도 하나님의 존재를 명제적 방식으로 확인할지도 모른다.

여기서 종교와 도덕적 행동 사이의 관계에 대한 연구는 양방향을 향하게 된다. 누군가는 이타적 경향을 가진 사람들이 이기적인 사람들보다 좀 더 종교적 사고에 열려 있는가를 연구할 수 있다. 다른 방향에서는 종교적으로 헌신된 사람들(하나님으로부터의 부르심의 감각에 대한 아이디어를 반영하는 적절하고 복잡한 방식으로 정의된)이 더 이타적인가를 탐구할 수 있다.

3. 이러한 견해가 데이비드 코레시(David Koresh)나 오사마 빈 라덴(Osama Bin Laden)의 행위를 정당화하는가? 많은 악한 행위가 하나님의 이름으로 행해진다는 점은 분명한 사실이다. 인간 존재는 자신이 알고 자각하면서 악을 행하기는 어렵다. 양심이 스스로 증거하기 때문이다. 인간들은 사회적으로 유도된 착각이라고 부를 수 있는 것에 굴복하거나 자신을 속여서 자신이 하고자 하는 것이 선이라고 스스로 확신을 주면서 악을 행하게 된다. 따라서 우리는 인간들이 자신의 행위를 정당화하기 위해서 최선이고 최고라고 믿는 모든 것을 호소할 것이라고 기대하여야 한다. 항상 그렇지는 않지만 종종 가장 이상적인 것은 성격상 종교적이다. (그러나 스탈린이 공식적으로 무신론적 미래의 이상이라는 이름으로 수백만 명을 죽였다는 사실은 주목할 만한 가치가 있다.)

두 가지 형태의 사례들을 구분하는 것이 중요하다. 유형 1의 사례에서는 하나님이 악을 행하도록 자신을 불렀다는 잘못된 믿음을 갖는 사람들이다. 우리는 자기가 하고 있는 것이 선하다고 세뇌당하거나 사회화된 개인과 구분되는 잘못된 사람들을 구별할 수 있다. 만일 하나님의 부르심이 객관적 현실이라고 해도, 인간은 자신이 많은 것을 할 때 실수를 하듯이, 하나님의 부르심의 성격에 대해서 실수할 수 없음을 의미하지 않는다. 우리가 유한성과 윤리적 부족함을 생각할 때, 나는 우리가 이러한 종류의 실패를 완전하게 방지할 방법이 없음을 본다.

두 번째 부류의 가능한 사례들이 있다. 만일 실제로 그러한 끔찍한 행위를 하도록 하나님이 어떤 개인을 부르셨다면? 그 부르심이 그러한 행위를 옳게 만드는가? 이 두 질문 사이에는 아주 깊은 철학적이고 신학적인 이슈가 있으며, 이것들을 모두 다루기에는 내용이 광범위하다.[5] 다음은 내가 이러한 이슈에 대해서 이야기되어야 한다고 생각하는 간단한 밑그림이다.

왜 인간들은 하나님의 부르심에 기꺼이 따르려고 하는가? 이 질문에 대해서 키르케고르의 대답은 상벌을 주시는 하나님의 능력이나 힘에 호소하지 않는다. 오히려 그의 대답은 의무가 사회적 관계에 기초한다는 견해에 뿌리를 두고 있다. 나는 정확하게 부모와 내가 가진 역사나 관계로 인해서 나를 돌보고 사랑해 온 부모를 돌보고 존경하는 의무를 갖는다. 나는 우리가 서로 역사를 공유하면서 서로에게 한 약속들 때문에 아내에게 충실하고 사랑할 의무를 갖는다. 유사한 방식으로 키르케고르는 하나님에게 복종할 의무는 우리의 탄생과 함께 시작하고, 죽음을 넘어서 지속될 역사적 관계인 하나님과의 특별한 관계에 기초한다고 논의하였다. 낭만적으로 사랑하는 사람들이 서로에게 갖는 의무가 그들이 수행했던 사랑하는 행위와 그들이 서로 한 약속에 기초를 두고 서로에 대한 역사에 뿌리를 두고 있듯이, 인간 행위에 의해서 창조된 어떤 의무보다 선행하는 역사인 하나님과 우리의 역사에 우리의 의무는 뿌리를 두고 있다. "그러나 영원한 사랑의 역사는 훨씬 먼저 시작되었다. 당신이 무에서 존재하게 되는 당신의 시초부터 하나님의 영원한 사랑의 역사는 시작되었다. 하나님의 영원한 사랑이 당신이 아무것도 아닐 때 정확하게 시작되었듯이, 그의 사랑의 역사는 당신의 무덤에서 끝나지 않는다."(1847/1995, pp. 149-150) 하나님에 대한 나의 의무는 그가

---

5) 로버트 애덤스(Robert Adams)의 12장 「유한적이고 무한적인 상품들(finite and infinite goods)」을 보라 (Oxford, England: Oxford University Press, 1999). 이러한 이슈들을 좀 더 폭넓게 다루고 있는 키르케고르의 『사랑의 윤리: 신적인 명령과 도덕적 의무』(Oxford, England: Oxford University Press, 2004)를 참고하라.

나를 창조하고 나에게 영원히 행복한 삶을 의도한 사실로부터 유래한다.

이러한 것을 한 하나님이 사랑의 하나님이라는 사실은 결정적이다. 악하거나 잔인한 하나님은 나의 충의에 대해서 그러한 주장을 할 수 없다. 만일 이러한 점이 옳다면, 우리는 하나님이 그러한 잔인한 행위를 하도록 요청하지 않았다는 사실을 확신할 수 있다. 더군다나 우리에게 그러한 악을 행하도록 한 존재에게는 우리의 의무에 대한 주장을 몰수하게 된다. 그러한 존재는 진정한 하나님이라고 자신을 보이지 않는다. 물론 이러한 점은 우리가 살고 있는 특정한 문화의 사회적 실천과 반대되는 행위를 하나님이 인간에게 요청할 수 없다고 말하지 않는다. 하나님은 이전에 어떤 특정한 사회에서 믿었던 것과 반대로 아이들의 희생과 과부의 화형이 잘못되었다고 믿도록 개인에게 영감을 줄 수 있다.

이러한 고찰에서 '얻어진 것(payoff)'으로 결론을 내자면, 하나님으로부터 부르심을 받은 느낌이 있는 사람들이 무고한 사람들을 보호하기 위해서 위험을 무릅쓰는 행위를 수행하는 사람들인지(데이비드 코레시와 같은), 악을 행하는 영역 속에 있는 사람들인지의 차이를 알아보도록 연구할 수 있다. 이러한 두 집단의 사람들이 하나님에 대해서 의미 있는 다른 관념을 가지고 있는가와 각각이 하나님으로부터의 부르심에 대해서 이해하고 있는가를 알면 도움이 되곤 한다.

4. 하나님의 부르심은 몇몇 예외적인 개인들만 들을 수 있는가? 아니면 모든 보통 사람들의 삶에도 해당하는 그 무엇인가? 성 프란치스코, 예수, 소크라테스, 모세와 같은 두드러진 개인의 삶에는 하나님의 부르심의 영향이 가장 분명하다. 진정한 특별 비전이나 신비적 체험을 한 하나님의 계시를 받은 개인이 바로 이러한 특수한 예다. 그러나 그렇다고 해서 일반 사람들이 하나님의 부르심을 들을 수 없다는 의미는 아니다. (질문에 대한 대답으로) 나는 하나님의 부르심이 양심에 의해서 들릴 수 있고, 그 양심은 보통 사람들이 하나님의 부르심을 분별할 수 있는 하나의 수단이라고 주장한다.

하나님의 계시는 반드시 예외적인 사람들만 들을 수 있는 것은 아니라는 사실을 인식하는 것이 중요하다. 오히려 모세나 예수 같은 개인은 이번에는 다른 사람들에게 넘겨 주는 계시를 하나님으로부터 받는다. 많은 유대인은 모세의 율법에서 하나님의 부르심을 받는다고 믿는다. 기독교인들은 나사렛 예수의 삶, 죽음, 그리고 부활에서 하나님의 부르심을 볼 수 있다고 믿는다. 이러한 계시들은 역사적 공동체의 삶 속에 묻혀 있고, 다른 사람들에게 넘겨진다. 그래서 많은 사람은 공동체에 참여함으로써 하나님의 부르심을 들을 수 있고, 하나님의 계시는 특정한 개인에게만이 아니라 많은 사람에게 주어진다.

사람들이 하나님의 부르심을 받는 특정한 방식이나 그러한 부르심을 받은 사람들에게 흔히 일어나는 영적 변형의 방식에 연구의 초점을 둘 수 있다.

인간 자기의 연관성에 대한 키르케고르의 견해를 비판하려고 한다면 바로 여기가 그 장소라고 나는 말하곤 한다. 키르케고르는 사람들이 사회적 규범에 맞추려는 압력으로 인해서 하나님의 음성을 흐리거나 사람들의 관계를 불분명하게 하는 방식에 예민하다. 그러나 그는 인간의 공동체가 하나님의 부르심을 듣기 위한 긍정적 수단이 되도록 하는 방식은 강조하지 않는다.[6] 개인에 대한 하나님의 부르심은 그들이 혼자 있는 동안에도 오지만, 하나님의 계시를 보존해 오고 있는 공동체의 증거를 통해서도 올 수 있다. 공동체가 자신이 전달하고 있는 하나님의 계시에 대한 함의를 충분히 밝히는 데 실패할 때조차도 공동체는 인간 자기가 자신이 되도록 하나님의 부르심을 듣는 도구가 될 수 있다. 하나님 앞에서 자신이 되도록 부르심을 받는 자기는 결코 섬과 같은 존재가 아니고 최종적으로 하나님의 왕국에 부르심을 받은 공동체 안에 있는 자기다.

---

6) 여기서 하나님이 다른 사람들과의 관계에서 어떻게 발견될 수 있는지를 유려하게 서술했던 유대인 사상가인 마르틴 부버(1970)는 키르케고르를 보충할 수 있다.

참·고·문·헌

Aristotle. (1968). *Politics.* In R. McKeon (Ed.), *The basic writings of Aristotle.* New York: Random House. (Original work written c. 330 B.C.)

Bandura, A., & Walters, R. H. (1963). *Social learning and personality development.* New York: Holt, Rinehart, & Winston.

Baumeister, R. F. (1982). A self-presentational view of social phenomena. *Psychological Bulletin, 91,* 3-26.

Baumeister, R. F. (1986). *Identity: Cultural change and the struggle for self.* New York: Oxford University Press.

Baumeister, R. F. (1991). *Meanings of life.* New York: Guilford Press.

Baumeister, R. F. (1998). The self. In D. Gilbert, S. Fiske, & G. Lindzey (Eds.), *Handbook of social psychology* (Vol. 1, pp. 680-740). Boston: McGraw-Hill.

Baumeister, R. F., & Cairns, K. J. (1992). Repression and self-presentation: When audiences interfere with self-deceptive strategies. *Journal of Personality and Social Psychology, 62,* 851-862.

Baumeister, R. F., Hutton, D. G., & Tice, D. M. (1989). Cognitive processes during deliberate self-presentation: How self-presenters alter and misinterpret the behavior of their interaction partners. *Journal of Experimental Social Psychology, 25,* 59-78.

Baumeister, R. F., & Leary, M. R. (1995). The need to belong: Desire for interpersonal attachments as a fundamental human motivation. *Psychological Bulletin, 117,* 497-529.

Baumeister, R. F., Stillwell, A. M., & Heatherton, T. F. (1994). Guilt: An interpersonal approach. *Psychological Bulletin, 115,* 243-267.

Bird, P. A. (1995). Sexual differentiation and divine image in the Genesis creation texts. In K. E. Borresen (Ed.), *Image of God and gender models in Judeo-Christian tradition* (pp. 5-28). Minneapolis, MN: Fortress Press.

Buber, M. (1970). *I and thou* (W. Kausmann, Trans.). New York: Scribner.

Duval, S., & Wicklund, R. A. (1972). *A theory of objective self-awareness.* New York: Academic Press.

Epstein, S. (1973). The self-concept revisited: Or a theory of a theory. *American Psychologist, 28,* 404-416.

Fazio, R. H., Effrein, E. A., & Falender, V. J. (1981). Self-perceptions following social interactions. *Journal of Personality and Social Psychology, 41,* 232-242.

Haight, M. R. (1980). *A study of self-deception.* Atlantic Highlands, NJ: Humanities Press.

Harter, S. (1987). The determinants and mediational role of global self-worth in children. In N. Eisenberg (Ed.), *Contemporary topics in developmental psychology* (pp. 219-242). New York: Wiley.

Hegel, G. W. F. (1977). *Phenomenology of spirit* (A. V. Miller, Trans.). New York: Oxford University Press. (Original work published 1807)

Heidegger, M. (1962). *Being and time* (J. MacQuarrie & E. Robinson, Trans.). New York: Harper & Row. (Original work published 1927)

Higgins, E. T. (1996). The "self-digest": Self-knowledge serving self-regulatory functions. *Journal of Personality and Social Psychology, 71,* 1062-1083.

Higgins, E. T., & Parsons, J. E. (1983). Social cognition and the social life of the child: Stages as subcultures. In E. T. Higgins, D. N. Ruble, & W. W. Hartup (Eds.), *Social cognition and social development* (pp. 15-62). New York: Cambridge University Press.

Hume, D. (1890). *A treatise of human nature.* Oxford, England: Clarendon Press. (Original work published 1739)

Kant, I. (1965). *Critique of pure reason* (N. K. Smith, Trans.). New York: St. Martin's Press. (Original work published 1789)

Kierkegaard, S. (1978). *Two ages* (H. V. Hong & E. H. Hong, Trans. and Eds.). Princeton, NJ: Princeton University Press. (Original work published 1846)

Kierkegaard, S. (1980). *The sickness unto death* (H. V. Hong & E. H. Hong, Trans. and Eds.). Princeton, NJ: Princeton University Press. (Original work published 1849)

Kierkegaard, S. (1995). *Works of love: Some Christian reflections in the forms of discourses* (H. V. Hong & E. H. Hong, Trans. and Eds.). Princeton, NJ: Princeton University Press. (Original work published 1847)

Kierkegaard, S. (1998). *The point of view for my work as an author* (H. V. Hong & E. H. Hong, Trans. and Eds.). Princeton, NJ: Princeton University Press. (Original work published 1859)

Lamm, H., & Myers, D. G. (1978). Group-induced polarization of attitudes and behavior. In L. Berkowitz (Ed.), *Advances in experimental social psychology* (Vol. 2, 145-195). New York: Academic Press.

Leary, M. R., Tambor, E. S., Terdal, S. K., & Downs, D. L. (1995). Self-esteem as an interpersonal monitor: The sociometer hypothesis. *Journal of Personality and Social Psychology, 68,* 518-530.

Maslow, A. H. (1968). *Toward a psychology of being* (2nd ed.). New York: Van Nostrand Reinhold.

McGinn, C. (1999). *The mysterious flame: Conscious minds in a material world.* New York: Basic Books.

Milgram, S. (1965). Some conditions of obedience and disobedience to authority. *Human Relations, 18,* 57-75.

Myers, D. (1980). *The inflated self: Human illusions and the biblical call to hope.* New York: Seabury Press.

Myers, D. (1992). *The pursuit of happiness.* New York: Morrow.

Myers, D. (2000a). The funds, friends, and faith of happy people. *American Psychologist, 55,* 56-67.

Myers, D. (2000b). Money and misery. In *The American paradox; Spiritual hunger in an age of plenty* (pp. 126-160). New Haven, CT: Yale University Press.

O'Collins, G. (1999). *The tripersonal God: Understanding and interpreting the trinity.* New York: Paulist Press.

Rogers, C. R. (1961). *On becoming a person.* New York: Houghton Mifflin.

Sartre, J. P. (1949). *No exit and three other plays.* New York: Vintage Books.

Sedikides, C. (1993). Assessment, enhancement, and verification determinants of the self-evaluation process. *Journal of Personality and Social Psychology, 65,* 317-338.

Shrauger, J. S., & Schoeneman, T. J. (1979). Symbolic interactionist view of self-concept: Through the looking glass darkly. *Psychological Bulletin, 86,* 549-573.

Stark, R. (2003). *For the glory of God: How monotheism led to reformation, witch-hunts, and the end of slavery.* Princeton, NJ: Princeton University Press.

Svenson, O. (1981). Are we all less risky and more skillful than our fellow drivers? *Acta Psychologica, 47,* 143-148.

Taylor, C. (1985). Self-interpreting animals. In *Human agency and language* (pp. 45-76). Cambridge, England: Cambridge University Press.

Tice, D. M. (1992). Self-presentation and self-concept change: The looking glass self is also a magnifying glass. *Journal of Personality and Social Psychology, 63,* 435-451.

Tice, D. M., & Baumeister, R. F. (2001). The primacy of the interpersonal self. In C. Sedikides & M. Brewer (Eds.), *Individual self, relational self, collective self: partners, opposed, or ambiguous* (pp. 71-88). Philadelphia: Psychology Press.

Twenge, J. M., Catanese, K. R., & Baumeister, R. F. (2002). Social exclusion causes self-defeating behavior. *Journal of Personality and Social Psychology, 83,* 606-615.

Chapter 05

이야기story와 내러티브narrative

Thomas H. Bien

이제 함께 토라와 랍비의 글 속에서 찾은 유월절의 이야기를 다시 암송하도록
합시다.
한때 우리가 애굽 파라오의 노예로 있었지만, 주 우리 하나님께서는 강한 손과
긴 팔로 우리를 다시 낳으셨도다.

　　　　　　　　　　　　　　　　　　　　　　　　　　　-The New Haggadah, 1978

어릴 적 나는 하늘이 왜 파란지 종종 어른들에게 물었다. 나는 반사된 빛과 먼
지 알갱이 때문이라는 과학적 대답을 들었다. 당시 이러한 설명이 나에게 어떠한
영향을 주었는지 기억한다. 나는 그 느낌을 표현하려고 시도도 하지 않았고, 그
느낌은 모호한 실망감이었다. 왠지 그 대답은 내가 진짜로 물어본 것에 대한 답이
아니었다. 그것은 내가 찾고 있는 그러한 대답이 아니었다.

성경에서 맨 먼저 나오는 창세기 1장에는 하늘이 파란 이유에 대해서 다른 종

류의 대답을 주고 있다. 거기서 우리는 하나님이 천지를 창조하였음을 배운다. 창세기의 설명은 creatio ex nihilo, 즉 무에서의 물질 출현이 아니라 형태가 없고 혼돈된 허공에서 삶에 필수불가결한 기본적 조건들이 생긴다는 이야기다.[1] 이를 성취하기 위해 하나님은 건조한 땅에서 물을 수평적으로, 그리고 수직적으로 분리해야만 하였다. 수평면에서 바다를 땅덩어리로부터 분리해야 했고, 수직면에서 위의 물은 땅으로부터 분리하고, 성경의 저자들이 궁창이라고 부르는 것으로부터 아래의 물을 분리하여야 하였다. 위의 물이 우리에게 쏟아지지 않도록 해 주는 평평한 디스크 모양의 지구상의 단단한 돔이 태초의 혼돈의 힘과 맞서는 삶의 필수적 조건을 유지하고 있음을 그려 보라. 물이 푸르고 하늘도 푸르며 또한 때로 하늘에서 물이 떨어지기 때문에 너무나 자명하게도 하늘은 물임이 틀림없다! 노아의 설명에서 보듯이, 하나님은 생명을 파괴할 만한 양의 물을 쏟으면서 혼돈의 힘이 일시적으로 원시의 지배를 되찾도록 허용하셨다. 그러나 하나님은 증거로서 무지개를 주시면서, 차후에 이런 일을 다시는 하지 않겠다고 약속하셨다.

만약 당신이 고대 인류를 가까이서 보면서 이 정보를 고려한다면, 이보다 설득력 있는 설명을 생각해 내기는 어려울 것이다. 과학의 입장에서 이는 순진해 보인다. 우리 대부분은 하늘에 뭉텅이의 물을 품고 있는 궁창이 없다는 데 동의한다. 그러나 창세기의 창조 이야기를 과학으로 보면 중요한 점을 놓친다. 창세기의 저자는 과학적 설명을 하는 데에는 관심이 없었으며, 이 세상이 우연히 생

---

1) 편집자의 노트: 창조에 대한 전통적인 유대-기독교적 관점에서 보면 하나님이 무에서부터 우주가 존재하도록 말씀하셨다(Ross, 1988; Wenham, 1987). "태초에 하나님이 천지를 창조하시니라."의 첫 선언이 명료함에도 불구하고, 창세기의 첫 세 구절의 정확한 해석에 대한 복잡하고 오랜 논쟁이 있어 왔다(Wenham, 1987, p. 11). 쟁점은 1절이 창조의 첫 행위를 묘사하고 2절과 3절이 창조의 후속적인 단계를 묘사하는가(전통적 관점), 또는 1절을 2절의 주요 부분인 "땅이 혼돈하고 공허하며"의 종속적인 절로 보아야 할지다. 로스(Ross, 1988, p. 718 이하)와 웬험(Wenham, 1987, p. 11 이하)은 주요한 관점들에 대한 유용한 요약들을 제공한다. 창세기의 문학 장르에 대한 또 다른 관점에 대한 간단한 토론들을 보려면, 카수토(Cassuto, 1972, pp. 1-19), 로스(1988, pp. 50-64), 또는 월츠크(Waltke, 2001, pp. 73-78)를 참고하라.

기지 않았고, 우리가 우연히 존재하지 않으며, 어쩌면 우리를 하나님이 창조하였다고 우리가 알기를 바란다. 성경 저자의 관점에 의하면, 이러한 설명은 먼지 입자들의 빛 반사라는 설명보다 훨씬 중요한 진리의 종류다. 창세기에서 우리는 신화(mythopoetic) 영역으로 들어가게 되는데, 이러한 신화는 진리가 아니라는 의미가 아니고 오히려 더 깊은 진리 또는 궁극적 진리임을 의미한다. 이러한 궁극적 진리는 메마른 사실을 넘어서 상상을 만족시키고 마음을 풍부하게 하는 설명이다.

과학적 설명 또는 성경적 설명 중 하나를 선택해야만 하는 것은 아니다. 이 두 가지는 다른 목적으로 쓰인 설명이다. 만약 누군가의 목적이 자연적 설명이라면, 어떠한 설명이 목적에 더 부합하는지는 의심할 여지가 없다. 즉, 과학적 설명을 해야 한다. 그러나 만약 누군가의 목적이 궁극적 진리를 이해하는 것이며 마음과 정신에 양분을 주는 것이라면, 어떠한 설명이 이 목적에 맞는지는 분명하다. 이 경우에는 창세기가 훨씬 큰 만족을 줄 것이다.

이 장에서 나는 인간 존재의 근본적 측면으로서 이야기(story)를 토론하고자 한다. 이야기는 우리를 타인과 연결할 수 있으며, 자기의 상충하는 욕구 사이의 조화와 균형을 만들어 내는 데 일조할 수 있다. 나는 유대교와 기독교의 실천 속에서 의례(ritual)와 개작된 말(retelling)이 이야기의 연결되는 측면을 가볍게 건드리고 있다고 본다. 이러한 점을 넘어서 어떤 이야기들은 우리를 초월자와 연결한다. 나는 몇몇의 공통적으로 사용된 임상적 개념을 내러티브 용어로 재구조화하고, 부정적 이야기를 다시 쓰며 삶의 목적을 연결시키고, 치료에서 유대와 기독교 담화의 주제를 사용하여 이야기를 넘어서서 진행되는 삶의 기록과 하나님에 대한 내담자의 견해를 측정하면서 이야기와 담화가 어떻게 임상 실제에 적절한지 보고자 한다. 나는 심리학자들이 유대와 기독교 전통에서 사용되어 온 이야기로부터 배울 수 있기를 구체적으로 추천한다.

인간 삶 속의 이야기

호모 내레이터로서의 인류

20세기 초반에 심리학 분야에서는 내러티브에 대한 관심이 지대하였다(Polkinghorne, 1988). 인간 본성의 이해에 대한 내러티브의 접근은 20세기 중후반기를 주도한 실증주의와 행동주의가 요구한 관찰 가능성, 예측, 통제라는 엄격한 신조들과 갈등을 겪었다. 인지적 혁명의 출현으로 심리학에서의 내러티브에 대한 관심은 다시 일어났다(Bruner, 1986, 1990, 2002; de Rivera & Sarbin, 1998; Hermans & Hermans-Jansen, 1995; Sarbin, 1986; Shafer, 1983; Spence, 1982). 그러나 이러한 관심은 유대-기독교적 전통에서 이야기와 내러티브가 가지고 있던 위치에 다가가지 못하였다.

이 장에서 나는 허구든 허구가 아니든 간에 하나의 전체를 만들어 내는 방식으로 서로에게 관련된 연계적 사건을 지칭할 때, 이야기와 내러티브라는 용어를 교대로 사용할 것이다. 정확한 정의가 무엇이든 간에, 이야기의 창조는 근본적으로 인간적이어서 이야기 속의 사례는 인간 존재를 호모 사피엔스라기보다는 이야기꾼인 호모 내레이터로서 고려하도록 만들어질 수 있다. 허만스와 허만스-얀센(Hermans & Hermans-Jansen, 1995)은 인간 존재를 동기화된 이야기꾼으로 기술하였다. 이 저자들에게 자기에 대한 이야기와 내러티브의 일차적 동기는 한편으로는 자기향상이고, 다른 한편으로는 다른 사람들과의 일치와 연결이다. 다른 말로 하면, 이야기는 언제나 목적을 가지고 구연되었다. 그 목적은 때때로 단순히 즐거움을 위한 것일지도 모른다. 이야기 구연의 목적이 고려되지 않으면, 목적이 무엇이든지 간에 좋은 이야기라고 평가할 적절한 기준이 없다.

일단 이야기의 목적을 이해한다면, 우리는 그 내용을 풀 수 있는 열쇠를 갖게 된다. 요한복음의 저자는 자신의 동기를 숨기지 않으면서 예수님의 사역을 상세하게 말하고자 하는 목적이 있었다. 그가 자신의 설명이 충분하지 않다는 점과 자신이 쓴 설명들 이외에 그리스도가 많은 것을 행하였다는 점을 인정하면서 그는 "오직 이것을 기록함은 너희로 예수께서 하나님의 아들 그리스도이심을 믿게 하려 함이요"(요 20:31)라고 진술하였다. 이러한 목적을 위한 그의 일은 경탄할 만하다. 그러나 복음서는 과학자들이나 역사가들이 대부분 알기 좋아하는 종류의 사실을 강조하지 않았을지 모른다.

인간 존재가 본성상 이야기꾼이라는 많은 증거가 있다. 누군가에게 자신의 삶에 대하여 물어보라. 당신은 승리와 패배, 용감함과 두려움, 충성과 배신, 기쁨과 슬픔, 전쟁과 평화에 대해 듣게 될 것이다. 잠을 자는 순간에조차 뇌는 이야기를 만들어 낸다. 활성화–종합 모델(activation-synthesis model)에서 홉슨(Hobson, 1988)은 꿈이 뇌에 의해 조직화된 (중뇌와 대뇌를 연결하는 신경섬유인) 뇌교(pons)로부터 무작위로 발현되어 결국은 의미 있는 패턴이 된다는 점을 제안하였다. 융(Jung, 1974)은 분석을 통해서 네 가지 요소를 포함하는 내러티브 구조를 갖는 완전한 꿈을 보여 주었다. 이는 제시부(설정), 줄거리(plot)의 전개, 줄거리의 역전(어떤 결정적 모양새로 줄거리의 절정), 해소(해결이나 결과)다. 정말로 이 같은 네 개의 구성 요소는 꿈뿐만 아니라 어떠한 이야기를 묘사하는 데에도 사용된다.

만약 이야기 구연이 본질적으로 인간 활동이고 우리가 세상을 이해하는 진수라면, 우리의 내러티브 역량이 과학적 사업과 어떻게 다른지, 그리고 어떻게 같은지를 이해하기 위한 열쇠를 제공할 수 있다. 창세기의 심리학적 의미는 세상은 끊임없이 혼돈으로부터 창조되고 있다는 점이다. 즉, 인간의 뇌는 경험의 어떤 부분을 참여시키고 무시하는 일을 지속적으로 한다. 그렇지 않으면 뇌는 일을 할 수 없다. 감각에 의한 유입의 홍수가 어마어마해서 오직 샘플만 취해진다. 얼버무리려는 의도를 갖지 않을 때조차 우리 자신에 대한 이야기 구연을 할 때 엄격한 사실적 감각 내에서 이야기가 전적으로 사실이 아니라는 잠재적 감각을 가지고 있는데, 이는 우리가 내러티브의 목적과 구조에 적합하도록 우리 이야기의 어떤 요소는 확대하고 다른 요소는 축소하기 때문이다. 그래서 위대한 독일 작가 요한 볼프강 폰 괴테는 자서전적 일은 결코 단순히 진실을 말하기가 아니고 시적이고 해석적인 사업이라는 점을 인식하면서 그의 자서전을 『시와 진실 (Dichtung und Wahrheit)』이라고 불렀다.

비록 브루너(Bruner, 1986)가 내러티브 사고를 논리수학적 사고와 대조했지만 그 둘은 전혀 거리가 먼 관계는 아니다. 과학자들은 어떤 자료에 관심을 둘지, 그리고 어떤 자료를 부적절하다고 생각할지 신중하게 선택한다. 이러한 선택은 일반적으로 동의가 된 원리들(agreed-on principles)을 통해서 이루어진다. 실증주의 전통에서는 자료가 관찰 가능해야 하고, 반복적이어야 하며, 그 외의 조건들을 만족시켜야 한다. 더군다나 실현 가능성의 가정(assumptions of feasibility)을 통해서 무엇을 더 탐구할지를 선택하게 한다. 일반적으로 말해서, 새로운 수술 기법의 결과가 초감각적 지각에 대한 연구를 할 때보다 분명하게 과학적 사업으로 보이도록 하는 것이 곧 실현 가능성의 가정이다.

하지만 우리가 과학 자체를 넓은 의미에서 볼 때 이야기 구연과 같은 종류이고 선택의 과정을 통해서 세상을 창조하는 노력이라는 점을 이해한다면, 두 가지 놀라운 결과가 있음을 알게 된다. 먼저, 과학자로서 우리는 터널 비전(tunnel vision)을 피하면서 우리의 가정을 탐색할 수 있다. 둘째, 우리는 일차적 방법은 아니지만 보통의 감각으로 인간 알기의 중요한 방법인 이야기에 우리를 열 수 있다.

내러티브 이해는 사례 기술(idiographic) 위에 보편적 법칙(nomothetic)을 세우기를 좋아하는 편견에 대한 유용한 대척점을 제공한다. 만일 우리가 혼돈으로부터 감각, 의미, 형태를 주는 정보를 선택하면서 세상을 창조하는 과정으로서 앎의 모든 방식을 이해한다면, 방법론의 이러한 넓은 층의 하나를 다른 하나보다 더 선호할 아무런 특별한 이유가 없다. 대신에 방법론은 우리의 목적에 의해서 결정된다. 유사하게, 우리는 '일화적' 증거를 내재적으로 열등한 형태라기보다 증거의 특별한 한 형태로 보면서 그것에 대한 반영적 할인을 재검토할 수 있다.

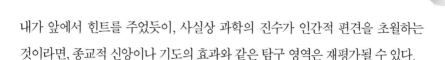

내가 앞에서 힌트를 주었듯이, 사실상 과학의 진수가 인간적 편견을 초월하는 것이라면, 종교적 신앙이나 기도의 효과와 같은 탐구 영역은 재평가될 수 있다.

자기와 타인을 연결하기

　현대의 심리적 질병은 파편화와 고립의 용어로 짧게 요약될 수 있다(Bien & Bien, 2003). 파편화란 우리 안에 차원을 따라서 생긴 분열을 의미한다. 이것은 정신분석적 용어로는 자아와 초자아의 욕구들 사이의 분열, 또는 보다 일반적으로는 연결을 위한 욕구와 갈등 상태에 있는 자기향상을 위한 욕구처럼 서로 경쟁하는 욕구들 사이의 분열, 그러나 다시 좋은 부모가 되려는 우리의 갈망과 시간을 많이 요하는 진로에 대한 열망 사이의 긴장을 경험하듯이 경쟁하는 역할들 사이의 분열(이것은 연극적 용어라는 점을 주목하라)일 수 있다. 고립은 유대감의 부족을 의미한다. 고립은 우리 자신과 사회적 세계, 우리 자신과 자연의 세계, 우리 자신과 과거나 미래, 우리 자신과 의미의 영역 사이에서 느끼는 연대감의 부족을 뜻한다. 이러한 어려움으로 우울과 불안 스펙트럼 장애와 같은 대부분의 심리적 질병을 충분히 설명할 수 있다.

　내 견해로는 임상심리학이 독점적이지는 않지만 파편화의 문제를 돕는 데 탁월하다. 많은 임상적 개입은 자기의 경쟁하는 욕구들 사이에서 개인이 균형을 찾을 수 있도록 한다. 연결에 대한 욕구에 대해서는 임상 실천에서 어느 정도 강조해 왔음에도 전반적으로 보면 이에 대해서 말을 덜 해 왔다. 사회적 지원이 다양한 질병을 예방한다는 사실이 명확해 보이기 때문에(예, Baron et al., 1990; Berkman & Syme, 1979; Jemmott et al., 1990) 우리는 내담자들이 자신의 삶에서 이러한 사회적 지지를 만들어 내기를 권한다. 임상가들은 또한 자기주장이나 사회적 기술들을 가르칠 수 있다. 그러나 이들은 종교적이고 영적 가르침을 통해 얻을 수 있다는 이러한 연결에 대해서는 거의 가르치지 않는다.

　전반적으로 종교들, 특히 유대-기독교 전통이 소외를 돕는 한 가지 방식은 사람들을 그들보다 더 큰 이야기에 연결시키는 것이다. 유대-기독교 전통 속에서 나는 나 스스로가 단지 파편화되지 않은 존재일 뿐 아니라 조화로운 전체이며, 나의 가족 역사와만 연결되어 있지 않고 훨씬 큰 이야기—이스라엘 민족의 이 야기나 그리스도 이야기—보다 보편적으로는 역사 속 하나님의 구원 사역 이야 기와 연결되어 있음을 경험하였다. 이는 기독교인들이 '성도 간의 교제'라고 부 르는 나의 신앙공동체와 나보다 전에 존재한 공동체, 그리고 나보다 후에 존재 하게 될 공동체를 현재의 나와 연결시켜 준다.

의식에서의 구연(Telling the Story in Ritual)

유대-기독교 전통은 수세기에 걸쳐서 변화와 치유의 강력한 기술을 발전시 켜 왔는데, 이는 구연을 중심으로 전개되는 기술들이다. 성경, 탈무드 같은 랍비 의 저술, 외경, 성자들의 삶 속에 있는 이야기 자체를 읽고 묵상하는 것은 이러한 기술의 가장 간단한 방법이다. 모든 유대와 기독교 전통에서는 이러한 면을 포 함하고 있다. 좀 더 다르게 하면, 유대인과 기독교인은 그러한 이야기들을 개인 에게 적합하도록 상징적으로 재연하는 의식을 발전시켜 왔다. 이러한 의식을 통 하여 나는 오래전에 멀리 있는 사람들이 포함된 이야기만 보지 않고 내가 그 이 야기에 부분적으로 참여한 나 자신의 이야기로 보게 되었다. 신학자들은 이를 회상(anamnesis)이라고 부르는데, 이는 개인적 유대감을 구축하는 방식으로 이야 기를 기억하는 방법이다.

회상의 고전적 예들은 유대인들에게는 유월절이고, 기독교인들에게는 성찬 식 또는 거룩한 교제다. 『하가다(Haggadah)』는 유월절의 축하연에 사용되는 전 례서인데, 이는 독자로 하여금 자신에게 적합하도록 돕는 방식으로 구연하는 방 법에 대한 탐구다. 특별한 음식을 먹을 때 이러한 음식의 상징적 해석이 주어진 다. 왜 유월절에 무교병(matzo)을 먹는가? 『하가다』에서 우리는 빵을 부풀릴 시 간이 없었던 애굽에서 탈출할 당시의 긴급함을 기억하며 무교병을 먹는다는 것을 배운다. 왜 쓴 나물을 먹는가? 노예 생활의 쓰라림을 기억하며 이를 먹는다. 아이들은 아피코멘(afikomen)이라고 부르는 무교병 한 조각을 가지고 숨바꼭질을 하는 특별한 게임이나 특별한 질문의 대답을 하도록 참여시킨다. 모든 사람은 리더십을 공유할 기회가 있고, 과정 중에 적극적으로 참여할 수 있다. 익숙한 노래를 불러서 어린 시절로 돌아가는 편안한 유대감을 자극한다. 또한 비공식적 가족의 역사와 전설을 자세하게 말한다. 이러한 양상의 모든 감각을 통해서 참여자들이 자신을 더 큰 이야기에 속한 것처럼 볼 수 있도록 하고 참여하게 한다. 이러한 의식의 강점은 유대인들이 몇 세기 동안의 박해와 디아스포라에서 생존할 수 있었던 방법의 중요한 부분일 수 있다. 유월절 밤에 열리는 축제(Seder)에 참여하면 자신이 누구인지, 또 유대인의 역사에서 더 큰 하나님의 구원 사역에 나 자신이 연결되어 있음을 알게 되기 때문이다.

유월절 전통으로부터 직접 성장해 온 가장 가깝게 비교할 수 있는 기독교인을 위한 의례(rite)는 (감사절을 의미하는) 성찬식(Eucharist)이거나 (유대감을 강조하는) 성체성사(Communion)다. 성찬식은 예수님이 제자들과 보낸 마지막 밤을 상기시키는데, 이 사건은 사복음서 모두에서 유월절과 연결시키고 있다. 축제(Seder)라고 불리는 유월절 만찬의 의미는 기독교인들과 그리스도 사이에 지속되는 연결로 재해석된다. 이러한 연결의 정확한 성격은 순수한 회상(anamnesis)부터 로마 가톨릭의 화체설(transubstantiation) 교리까지 다양하게 해석된다. 화체설이란 빵과 포도주가 글자 그대로 예수님의 피와 살로 변형된다는 교리다. (어원이 hocus pocus인 Hoc est corpus meum, "이것은 내 몸이오."라고 신부가 말할 때 이러한 변형이 일어난다고 믿는다.) 그리스도가 이러한 의식 속에 함께하여 참여자가 그리스도를 만날 수 있다는 점이 이러한 전통의 요지다. 유월절의 축제나 성찬식에서도 특별한 말씀들이 낭독되고, 특별한 음악을 노래하며, 특별한 음식을 먹고, 어떤 경우에는 특별한 냄새(향)를 피우는데, 이를 통해서 전 스펙트럼의 감각적 경험을 하도록 한다. 이러한 의식에 깊이 참여한 그리스도인들은 그들이 단지 지적 앎을 넘어서는 방식으로 그리스도 이야기의 한 부분이 됨을 안다.

초월자와 연결하기

믿음의 차원에서 보면 이러한 이야기와 의식 수행은 참여자를 단지 전통, 과거, 현재, 미래의 공동체와 연결시켜 주는 것 이상이다. 이러한 의식은 참여자를 초월자와 직접적으로 연결해 준다. 이는 심리학이 따라 할 수 없는—따라 해서는 안 되는—유대감을 통해 소외를 극복하는 하나의 측면이다. 윌리엄 제임스(1902/1985)의 전통에서 보여 주듯이, 이러한 점은 탐구될 수 없다고 말하는 것이 아니다. 궁극적 실재로서 하나님은 말로 다 표현할 수 없는 분이기 때문에 유대교 전통은 일반적으로 하나님에 대해 직접적으로 묘사하려고 시도하지 않는다 (Fromm, 1966). 그리고 기독교인들은 상당한 정도로 이러한 전통을 계승해 왔다. 대신에 하나님이 어떠한 분이냐에 대한 대답은 가장 빈번히 이야기의 형식으로 전해진다. 우리는 이집트의 노예였고, 하나님은 우리를 자유로 이끄셨다. 그리스도가 우리를 찾을 때까지 우리는 잊힌 존재들이었다.

내러티브의 치료적 유용성

이야기 구조로 임상적 개념을 재구조화하기

비합리적 신념(Beck, 1976; Burns, 1980; Ellis & Dryden, 1987)과 스키마(Young & Klesko, 1993)는 내러티브적 이해를 통해서 다시 계획할 수 있는 임상적 개념의 두 가지 예다. 인지심리치료의 영역에서 비합리적 신념은 논리의 오류로 이해될 수 있다. 내담자가 어떤 방식으로든 부정확하거나 비논리적으로 생각한다는 점이 곧 문제다. 그러므로 내담자가 다르게 생각하도록 (좀 더 합리적으로) 가르치는 방법이 곧 문제의 해결인데, 결과적으로 내담자는 다르게 행동하거나 느끼게 된다.

이는 분명히 인간 존재의 호모 사피엔스의 모델이다. 인간 존재는 논리적인 사람들이지만 이 경우에는 논리가 부족한 사람이다. 이 종류의 치료가 효과적이라고 밝혀져 왔지만 이 모델에 단지 논리적 추론 능력뿐만 아니라 구연 역량이 더 보태진다면 이러한 치료는 더 확장될 수 있다. '나는 언제나 모든 사람에게 사랑받아야만 한다.'와 같은 비합리적인 신념은 단지 잘못된 논리일 뿐 아니라 확고하게 얼어붙은 이야기로 이해될 수 있다. 그렇다면 임상가의 임무는 그들의 잘못된 논리에 대항하여 논쟁하기를 넘어서 (물론 잘못된 논리에 대항하기도 중요하다) 그들의 이야기를 풀어 내는 활동이다. 임상가는 내담자가 자신의 이야기가 어디로부터 비롯되었는지, 이야기의 기원이 무엇인지, 그리고 이러한 이야기가 어떻게 일상생활을 펼치고 있는지를 이해하도록 도울 수 있다. 이야기가 확고하게 집중된 형태로 되어 있으면 난공불락이다. 누군가가 이것을 과거의 경험을 선택하여 편집할 수 있는 방식인 이야기 견해로 본다면 고칠 수 있다.

스키마는 직접적으로 이야기와 관련되어 있다. 예를 들어, 버려짐의 스키마는 '내가 의지하는 사람들은 결국 나를 떠난다.'라는 식으로 진행되는 아주 분명한 이야기다. 어떻게 이 이야기가 시작되었는지에 대한 설명을 풀어 냄으로써 이야기는 더욱 유동적이 되고 재조직이 가능해진다. 논리적 요인을 넘어서서 스키마와 비합리적 신념을 이야기의 요소로 보면 도움이 되는 다른 관점을 제공할 수 있다.

부정적 이야기 다시 쓰기

모든 임상가는 부정적 이야기의 힘에 대해 자각하고 있다. 자신을 실패자라고 생각하는 내담자들 역시 자기 자신에 대한 이야기를 한다. 그들은 딱딱한 내러티브에 들어맞는 어떤 종류의 정보와 경험을 미리 선택하고, 그렇지 않은 것들은 버린다. 또한 이러한 이야기들은 자성예언(self-fulfilling prophecies)으로서 기능을 한다. 자신이 실패자가 될 것이라고 믿으며, 또한 그렇게 행동하고 그 안에서 누군가는 변하기를 바라는 내러티브의 주제를 영속시키게 된다. 허만스와 허만스-얀센(1995)이 제시한 바와 같이 그러한 부정적 주제는 보호하는 기능이 있다. 즉, 자신을 실패자라고 믿으며 더 나아질 것을 기대하지 않기 때문에 미래의 실망으로부터 나를 다소간 보호한다.

부정적 이야기들은 부정적 정체성뿐만 아니라 부정적 연결을 포함한다. 말하자면, 나 자신을 부정적으로 평가하면서 내 가족이나 신앙공동체를 부정적 시각으로 평가할 수 있다. 심리학자들은 부정적 자기정체성에 포함된 이야기 주제를 다시 쓰도록 할 뿐만 아니라 이야기 속의 부정적 연결 요소를 고침으로써 자신의 일을 확장할 수 있다고 말한다. 사실상 치료에서 개발된 이런 종류의 이야기들은 부모나 자신의 주변에 있는 중요한 사람들이 결국 비난을 받아야 하기 때문에 자신에게 너무 심하게 하지 말라고 말하면서, 처음에는 연결을 희생시키고 자기정체성의 중요함을 증가시킨다. 물론 이러한 방법이 내담자의 이야기를 다시 말하게 하는 단계에서는 적법할지 모르지만, 만일 연결을 희생시키면서 정체성을 세우는 단계에서 멈추면 그 임상가는 단지 비난을 다른 곳으로 돌리는 방식으로 내담자를 도왔기 때문에 해결된 만큼 다른 문제를 많이 만들어 낸다. 허위기억증후군(false memory syndrome)은 바로 이러한 문제의 좀 더 극단적인 예 중 하나다.

부정적 연대에 대한 유대-기독교적 전통 속에 한 실체가 있다. 하나님은 은혜롭고 자비롭지만 아버지들의 부정함은 3~4대에 걸쳐서 자녀들에게 전수된다고 출애굽기(34:7)에서 말하고 있다. 정의의 측면에서 진술하자면, 이러한 점은 문제가 있다. 그러나 심리적 진실로 진술하자면 이러한 점은 불행하게도 모두 타당하다. 문제가 다음 세대에서 재현되지 않도록 성장과 변화를 하면서 영웅의 형태(Campbell, 1949)로 변화하는 사람들이 자신을 볼 수 있도록 돕는 것이 이러한 상황에서 심리치료사들의 내러티브 전략이다.

내담자들이 보일 수 있는 또 다른 종류의 문제는 드라마 중독이다. 이는 많은 성격장애의 특징이다(Lester, 2002). 예를 들어, 경계선 성격장애가 있는 사람은 삶의 문제를 해결하기보다 자기파괴적 드라마를 지속하는 데 더 관심이 있어 보인다. 아마도 파괴적 멜로드라마의 주제를 대체할 수 있는 좀 더 조용하고 성장시키는 주제로 대체하면서 다른 종류의 이야기에 이러한 개인을 연결시키도록 돕는 것이 더 맞을 것이다. 만일 인간이 이야기꾼이라면, 한 사람에게 논리적 논쟁을 통해서 이야기를 빼앗기보다는 긍정적 이야기로 대체하는 것이 더 맞을 수 있다. 성격장애의 영역에서 연구와 치료를 통해 이러한 연구 조사의 열매가 있는 부문을 찾아낼 수 있다.

신학적 관점: 삶의 목적 찾기

이야기와 내러티브는 정체되어 있기보다는 해결을 위한 움직임인 이동의 느낌을 전달한다. 시보다는 소설이고, 멈춰 있는 사진보다는 동영상이다. 유대-기독교 이야기는 평화, 하나님의 나라, 구원과 치유를 향해서 나아간다. 임상가들은 현재의 어려움이 그들을 어디로 데려가고 있는지를 내담자가 마음속에서 상상하도록 이러한 질적 이야기를 사용할 수 있다. 현재의 어려움이 무엇인지, 그리고 이러한 어려움이 어떻게 찾아왔는지에 대한 내러티브를 공감적으로 경청한 뒤에 누군가는 "이러한 어려움이 당신을 어디로 데려가고 있습니까?" 또는 "이러한 어려움을 해결하기 위해서 당신 안에서 어떤 종류의 특성이 필요합니까?"와 같은 질문을 어느 지점에서 던질 수 있다. 임상가로서 나는 이러한 질문이 꽤 유용함을 발견해 왔다. 아마도 처음으로 긍정적 가능성을 포함하면서 잠재적으로 자신을 어디론가 이끌고 있다고 문제를 보기 시작할 때, 비록 그들이 즉각적인 대답을 내놓을 수 없는 경우에도 문제에 대한 그들의 시각이 변화함을 누군가는 목격할 수 있다.

고전적 유대-기독교 주제를 심리치료에 사용하기

유대-기독교 내러티브의 주요 주제는 유대인과 기독교인만의 배타적 자산이 아니라 보편적인 인간의 주제다. 그 이상으로 유대−기독교 전통 밖에 있는 사람들에게조차 이 주제는 삶을 바라보는 방식과 우리가 제기한 질문의 본질을 구조화하면서 서구 문명 어디에서나 찾아볼 수 있다. 유대교나 기독교 전통의 사람들에게 심리치료를 할 때 이러한 주제들은 직접적으로 적용될 수 있다. 종교적으로 민감한 치료사들은 아마 그러한 주제들이 어디에서 건강하지 않은 방식으로 사용되고 있는지 분류하면서 좀 더 도움이 될 수 있는 전통의 대안을 향해 가도록 내담자를 도울 수 있다. 전통 외부의 사람들에게도 같은 주제가 비종교적 모양으로 적용될 수 있다. 이러한 주제들이 비종교적 틀을 요구할지라도, 이러한 가능성에 깨어 있기만 해도 도움이 될 것이다. 이러한 이유로 이러한 주제의 탐색과 건강과 병리의 관계는 작은 이슈가 아니다. 생각해 볼 만한 주제들을 열거해 보겠다.

노예 상태와 자유

이 장을 시작할 때 비문에서 보았듯이, 노예 상태와 해방은 유대 전통의 주요 주제다. 우리는 지금도 여전히 노예 상태나 노예 상태 같은 조건을 간혹 듣지만, 이러한 형태들은 과거에 있었던 노예 상태의 제도화된 변형과는 일반적으로 다르다. 그러나 문자적 노예 상태가 아니라고 할 때조차 인간은 억압적 힘에 의해 지속적으로 노예가 되어 왔다. 유대−기독교의 내러티브는 하나님은 억압된 사회적 폭력이나 불안, 우울, 자기의심이나 중독적 과정의 내적 억압으로부터 우리가 자유롭기를 바라신다고 주장한다.

단지 '…로부터(from)'의 자유가 아니라 '…으로(to)'의 자유가 중요한 부분이다. 자유는 궁극적으로는 평화, 또는 천국을 향한, 그리고 긍정적 충족, 안녕, 평화를 향한 움직임을 포함한다. 이 주제는 긍정심리학에서 점차로 성장하는 강조점과 일치한다(예, Seligman, 2002).

우상숭배와 유일신론

오늘날 우리를 구속하는 우상숭배의 종류는 유대인들의 원래 관심이나 우상 과는 별로 상관이 없다. 카를 융(Jung, 1953)은 "우리의 무시무시한 신들은 단지 그들의 이름을 바꾸어 왔다. 이들은 이제 '주의(ism)'라는 운율을 가지고 있다." 라고 썼다. 이데올로기에 사로잡혀 있으면서 우리는 부당하게 중앙을 차지하려 는 함정에 빠져 있다. 광신적 극단에 밀려 가면서 갖게 되는 물질주의, 국수주의, 쾌락주의, 보수주의, 자유주의 등등은 하나님 이외의 그 무엇이 인간의 삶의 중 심에 놓여 있게 될 때 발생하는 황폐의 비극적 예들을 정말로 제공할 수 있다. 유 대-기독교적 관점에서 보면 우리가 하나님께 우리의 중심을 내어 드림으로써 현대의 무시무시한 우상들에게 굴복당하는 것에서 우리를 보호할 수 있다. 이 주제는 유대-기독교 신앙을 가지지 않은 다른 사람들에게도 적용될 수 있다. 누 군가가 더 높은 자기초월 목적이나 이상을 가지지 않는 한, 삶은 의미가 없어지 고 불균형에 취약해질 것이다. 임상 훈련이나 연구에서 모두 그들이 중심적이라 고 말하는 것과 실제로 그들의 에너지와 시간을 투자하는 방법과 긴장 상태일 수 있는 정도와 사람들의 삶에서 중심적인 것을 찾아가기가 중요할지 모른다. 한편, 그러한 불일치가 있는 정도는 소외와 파편화의 문제들과 상관 있을 수 있다.

잃음과 찾음

예수님의 가르침은 종종 비유의 형태로 있었는데, 예수님이 선호한 주제 중 하나가 잃어버림과 찾음의 비유다. 이러한 주제들을 수반하는 비유는 잃어버린 동전, 잃어버린 양, 잃어버린 아들의 비유를 포함한다. (감추어져 있기 때문에) 밝 음을 잃어버린 빛과 맛을 잃어버린 소금에서 이러한 관련된 주제가 있다.

발달심리학에서 보면, 이러한 주제의 중요성은 우연이 아니라는 점이 분명하 다. 이러한 주제는 아이들이 왜 까꿍놀이를 즐기는가를 설명할 수 있다. 어린 아이들은 찾고 찾아지는 것을 끊임없이 반복하면서 재미있다고 느낀다. 좀 더 큰 아이들의 경우에는 숨바꼭질 놀이에서 이러한 주제를 발견할 수 있다.

내담자들이 말하는 많은 이야기는 이 주제의 흐름을 따라 추적될 수 있다. 내담자들은 방향이나 목적을 찾았다가 잃어버리곤 하는데, 이 점은 임상 실제에서 길이나 행로를 찾는 것과 같은 은유의 중요성을 제안한다. 내담자들은 자신이 단지 하나의 사례나 장애로 여겨지는 것이 아니라 자신이 진정으로 누구인지를 가치 있게 여기며, 그 가면 뒤에 있는 자신이 발견되고 보이기를 소망한다.

삶과 죽음

살아 있는 것은 단지 존재하는 것과는 다르다. 모세가 사람들에게 "보라, 내가 오늘 생명과 복과 사망과 화를 네 앞에 두었나니"(신 30:15)라고 선포할 때, 또는 예수님이 그를 따르는 사람들이 가질 수 있는 삶(요 10:10)을 선언할 때, 둘 다 의미 있고, 연결되고, 평화가 가득한 삶의 질에 대하여 말하였다. 유대-기독교적 관점으로 볼 때, 그런 삶의 충만함은 하나님을 중심으로 할 때에만 이루어진다. 우리가 매달리는 우상은 불안, 분리, 파편화, 사망을 초래한다. 역설적으로 하나님을 중심에 놓으면 명백한 죽음으로부터 삶이 만들어진다. 아브라함의 이야기는 옛 삶을 버리고 약속의 땅에서 하나님과 함께하는 삶을 찾는 주제로 가득하다. 기독교의 복음에서 부활은 십자가를 통해서만 가능하다. 작은 존재에 매달리는 우리의 삶을 내려놓음으로써 우리는 새로운 삶으로 태어난다. 비슷하게 중요한 삶의 변화를 위해서 분투하는 내담자는 옛것을 보내는 두려운 과정(죽음)과 새것(삶)으로 향하는 과정을 종종 경험한다. 교실에서 세계를 이해하는 새로운 방식을 제출하는 학생들은 또한 죽음과 재탄생의 과정을 통과할 수 있다. 이는 마치 처음으로 성경을 해석하는 역사적이고 비판적인 방법에 눈을 뜬 신학교 학생들이나 인간 행동과 존재에 대한 문화적 가정에 도전하는 방법을 배우는 심리학과 학생들에게 동일하게 적용된다.

유대교나 기독교 신앙과 연결되어 있는 사람들은 자신이 무엇에 매달려 있는지, 그리고 이렇게 매달린 것이 자신의 삶을 향상시키는지 아니면 삶을 파괴하는지에 대한 토론이 가능할 수 있다. 죽음과 부활의 주제는 보편적이며 많은 문화에서 보인다(Campbell, 1988). 그리고 우리는 결국 유대교나 기독교의 정체성이 있는 사람과 마찬가지로 유대-기독교 정체성이 없는 사람들에게도 그러한 보편적 주제가 작동하는지를 기대할 수 있다. 사람들이 매달리는 가장 중심 가치는 무엇인가? 삶과 죽음의 결과는 무엇인가? 우리 삶에서 약물 사용을 중심에 두면 어떤 한 방향으로 인도하지만, 다른 사람들에 대한 봉사를 중심에 놓으면 다른 방향으로 우리 삶을 인도한다.

죄와 은혜

이 주제는 이 책의 어디에서나 논의되고 있다. 일반적으로 말하는 죄들(sins)에 초점을 맞추다 보면, '죄(Sin)'(대문자 S)라는 깊은 신학적 의미가 오히려 모호해진다. 다른 말로 하면, 죄는 우리 존재가 신의 땅(Divine Ground)으로부터 소외됨을 기술하는 신학적 방식이다. 이는 단절과 파편화의 상태다. 물론 죄와 규칙위반이 어느 정도 관련되어 있지만, 죄는 규칙위반보다 훨씬 심오한 개념이다. 신경증적 죄의식을 가진 심리치료 내담자는 규칙위반보다는 소외를 극복하는 더 큰 주제에 초점을 맞추면서 더 도움을 받을 수 있다.

반대로, 은혜는 선물이나 축복을 아무 공로 없이 얻는 데 관심이 있다. 우리 모두는 어느 정도 소외와 파편화 속에 존재한다. 또한 우리 모두는 때로 전혀 기대하지 않을 때에도 도움의 손길을 받게 된다. 임상가들은 신학적으로 착상되었든지 그렇지 않든지 관계없이 내담자가 은혜의 순간에 주목하도록 돕기 위한 기회에 민감하게 각성되어 있어야 한다. 이러한 기회의 가장 극적인 부분은 곧 양자변화(Quantum change)의 순간(Miller & C'de Baca, 2001)이다. 이 주제는 감사의 치유적 힘을 제안하는 심리학 탐색의 비옥한 토양이다.

성육신

많은 기독교 사상은 초기 기독교 사상가인 사도 바울, 아우구스티누스, 안셀름(Anselm)의 저술 속에 포함된 주제인 죄와 구원, 그리고 하나님이 무엇으로도 값을 수 없는 빚을 탕감해 주셨음을 강조해 왔다. 이러한 용어들은 많은 사람이 듣기 어려울 정도까지 얼룩져 왔다. 그러나 기독교 전통의 전반에 걸쳐 동일하게 타당한 부분은 바로 성육신 신학이다. 본질적으로 성육신 신학이 하는 것은 '하나님이 어디에 있는가'라는 질문에 대한 대답이다.

엘리 비셸(Elie Wiesel)은 유명한 유대교의 스승이며, 유대교 대학살의 생존자다. 나치 수용소에서의 그의 경험을 담은 감동적인 이야기(Wiesel, 1960)에서 그는 아름다운 소년의 잔인하면서도 비극적인 교수형에 대해 기술하였다. 다른 수감자들은 희생자와 함께 처형당한 두 명의 희생자 앞을 지나 행진해야만 하였다. 위셀은 끔찍하게도 그 소년이 너무 가벼워서 죽기까지 너무 오랜 시간이 걸린 장면을 상세하게 말하였다. 위셀이 그곳을 지나쳐 갈 때 어린 소년은 여전히 살아 있었다. 수감자들 사이에 있던 누군가가 "하나님은 어디에 계십니까?"라며 울부짖었다. 위셀은 자신 속에서 들린 한 음성의 응답을 적었다. "그가 어디에 있는가? 그분은 여기에 계신다. 이곳 교수대에 매달려 계신다." 유대교와 기독교의 대답은 모두 결국 하나님은 바로 거기에 계시며, 그 잔인한 교수대에 매달려 계신다고 말할 것이다. 고통이 가장 극심한 그곳에 하나님은 대부분 함께하고 계신다.

기독교 신학과 반영에서 보면, 성육신 신학은 본질적으로 하나님이 그리스도 안에 인간성을 입으셨음을 의미한다. 초기 교회 의회가 지적으로 고통스럽게 교리적인 인정을 했듯이, 예수는 완전한 인간이고 완전한 신이었다. 다시 말하면, 우리는 자신의 인간적 삶이 있는 그곳에서 신성을 만난다. 우리는 하나님을 우리의 직장에서, 가정에서, 분투 속에서, 기쁨 속에서 만난다. 우리는 하나님을 고속도로에서, 공항에서, 무례한 호텔 직원을 상대할 때, 아침에 샤워할 때 만난다.

금욕주의의 성육신적 이해는 우리가 믿음과 용기를 가지고 어려움을 직면하기만 하면 따로 인위적 훈련을 하지 않더라도 충분하다고 강조하고 있다. 성육신 신학은 우리의 인간성에 대한 최고의 인정이다. 이는 하나님의 형상으로 창조된 인간성이라는 주제와 연관되어 있으며, 인본주의와 서구 종교 전통 사이의 풍성한 연결점을 제시한다.

한 민족의 주님 또는 그 민족의 주님

심리치료와 심리학 연구는 가치로부터 자유롭지 않다(Bergin & Garfield, 1994). 가치를 분명히 드러내기 위한 리처드와 버진(Richards & Bergin, 1997)의 추천에 동의하는 나는 오늘날의 역사적 맥락에서 치명적인 것 하나를 언급하면서 건강한 종교와 영성의 한 요소가 한 전통에 있는 개인이 다른 전통의 개인 또는 전통이 없는 개인을 어떻게 보고 있는가에 관련된 것을 제안하고 싶다. 유대-기독교 전통의 탄생은 본질적으로 부족(tribal) 사건이었다. 그러한 역사적 맥락에서 적절하게 기능하는 것은 점차로 지구적(global) 맥락에서 적절하게 기능하는 것과 일치하지 않을 수 있다. 유대교 전통에서는 주님의 한 백성이 되는 것과 주님의 그 백성이 되는 것 사이에 잠재적 긴장이 있었다. 이러한 긴장은 기독교인들에게 상속되고 지속되어 온 딜레마다. 하지만 유대교와 기독교 전통의 중심적 의미는 하나님의 사랑을 말하고 있다. 하나님의 사랑은 다르게 사물을 바라보는 사람들을 견디거나 단지 참는 것을 훨씬 뛰어넘는다. 9·11 이후 우리는 안전한 우월감을 넘어서 다른 전통으로부터의 진정한 배움과 개방으로 가는 이해의 확립이 결정적이 되었다. 자신의 신조에 대해서 의심할 여지 없는 우월감을 가지고 있는 신념은 이미 폭력의 씨앗을 담고 있다. 현대 이슬람 순교자의 형태였던 중세 십자군의 형태라든지 테러리즘은 틀림없이 자신의 종교적(때로는 비종교적) 관점의 우월감 속에서 의심치 않는 신념의 궁극적 결과다.

하나님에 대한 내담자의 견해

복잡한 내러티브를 이해하기 위해서는 중심적 원칙에 대하여 심사숙고하여야 한다. 유대교와 기독교의 성경은 전도서 저자의 실존주의부터 역대서의 뼈대만 있는 역사적 설명과 신앙과 사랑의 심오한 진술까지 전 영역에 걸쳐서 복잡하고 다양하다. 모든 부분에 같은 무게를 두면서 이 자료에 접근하는 것은 불가능하다. 예를 들어, 신명기는 "너는 그들을 진멸할 것이라"(신 7:2)라고 말하면서 이스라엘 백성에게 약속의 땅에 이미 살고 있던 사람들에 대항하여 거룩한 전쟁을 하도록 명령한다. 시편 기자는 매우 기뻐하면서 하나님을 대적하는 사람들에 대해서는 "네 어린 것들을 반석에 메어치는 자는 유복하리로다!"(시 137:9)라고 기록하였다. 대부분의 신학자는 앞의 구절과 그리고 다른 구절은 그러한 공동체가 유래한 신앙공동체의 문화적 맥락인 그 시대적 삶의 자리(Sitz im Leben)의 견지에서 이해되어야 한다고 말한다.

또한 이러한 성경 구절들은 그들의 중심적이고 해석적인 원칙의 용어 속에서 보여야 한다. 기독교인에게나 유대인 모두에게 비슷하게 하나님은 무엇보다도 사랑과 은혜의 하나님이다. 한 개인의 신앙의 건강함을 측정하는 하나의 방식은 그 사람의 중심적 원칙을 듣는 것이다. 사랑과 은혜를 강조하는 사람은 화, 복수, 심판을 중요시하는 사람보다 정서적으로 더 건강할 수 있다는 상식적이고 검증할 수 있는 가설이다. 개인적인 사람의 내러티브는 건강하거나 건강하지 않은 방식에 들어 있는 신앙 전통과 연결되어 있을 수 있다. 예를 들어, 우울한, 즉 아주 자기비판적인 사람들은 자신을 이미 죄인으로 수용하고 있을 수 있으며 하나님의 은혜와 연결하는 데 어려움을 가질 수 있다. 이런 사람들은 심리학적 현실(예, 우울이나 낮은 자존감)과 신학적 현실(죄)을 혼동하고, 하나님의 자기희생적인 사랑과 은혜의 중심적 주제와 연결하는 데 도움이 필요할 수 있다.

이야기를 넘어

여기서 봤듯이 이야기나 내러티브는 긍정적 가능성뿐 아니라 부정적 가능성 또한 가지고 있다. 예를 들어, 버림받음으로 (발견되기보다 잊힌) 자신의 삶을 중심적으로 해석하려고 하는 사람들은 이러한 견해에 부합하지 않는 사건은 무시하고 부합하는 사건에만 참여하면서 부정적 이야기를 쓰고 있다.

그러나 긍정적 이야기들조차도 바람직하지 않은 방식으로 기능할 수 있다는 점에 대한 인식은 부족한 것 같다. 자기를 과장하는 방식으로 자신을 바라보는 사람들은 내적 고통(파편화)을 유발하지 않는 삶의 내러티브를 구성할 것이다. 그럼에도 다른 사람들과 연결될 때 문제(소외)를 가질 수 있다.

인간 존재의 이야기 본성을 이해하면, 인간들은 언제나 우리 경험의 어떤 것은 빼고 다른 것은 집어넣으면서 이야기를 구성하고 있다. 이렇게 선택한 정보를 가지고 우리는 연계적이며 응집적인 전체를 구성하려고 한다. 심리학적 관점에서 볼 때 적절한 이야기라고 검증하려면, 궁극적 진리라는 견지에서 오는 신뢰성이라기보다 오히려 기능성에 초점을 둘 수 있다. 세계의 모든 종교는 그러한 선택적 앎을 넘어선 일종의 궁극적 앎을 위한 이름을 갖는다. 힌두교에서는 이를 해탈(moksha)이라 부르고, 불교에서는 이를 열반(nirvana)이라 부른다. 이는 유대-기독교 전통에서는 천국으로 언급되거나, 사도 바울이 말한 "이해를 넘어선 평화"(빌 4:7)로 언급된다. 이 영역에서 우리는 더 이상 거울로 보는 것처럼 희미하지 않으며(고전 13:12), 보통의 지식을 넘어서는 방식으로 완전히 안다. 유대교와 기독교 신비주의자들과 같이 이러한 존재의 상태를 경험한 사람들은 쉽게 누락시키지 못하게 하려고 개인적 기술을 넘어서는 규칙성을 충분히 포함하는 방식으로 그러한 경험을 기술한다. 밀러와 세드 바카(2001)는 독자적인 학문으로서 심리학의 기원으로 돌아가는 전통을 회복하면서 이러한 종류의 탐색으로 탁월한 귀환을 하였다(James, 1902/1985).

심리학자를 위한 권고

심리학자들이 유대-기독교 전통에 대해서 익숙해지고 우리의 인간성에서 이야기 측면의 중심을 인식한다면, 여러 측면에서 도움이 될 수 있다.

1. 일반적으로 우리가 이야기적 존재라면, 내러티브 영역에서 증가된 연구를 통해서 인간심리학에 대해 많이 배울 수 있다. 현존하는 연구는 아마도 시작 단계일 것이다.

2. 심리학적 조사에서 실증주의의 속박이 있기 전에 내러티브에 대한 왕성한 관심이 있었다(Polkinghorne, 1988). 이러한 심리학적 조사의 몇몇은 재고할 가치가 있다. 하나의 예를 들자면, 심리학자들은 머레이(Murray, 1938)의 주제통각검사를 재고할 수 있다. 현재 사용되는 방법은 확실히 가치가 있지만, 조사의 다른 형태를 통한 보충 없이는 제한적이고, 심지어 일종의 '방법론 우상숭배(methodolatry)'로 보일 수도 있다.

3. 스키마와 비합리적 인지는 구체화되고 응집된 이야기 요소로 재구성될 수 있다. 이야기의 관점에서 인지치료, 스키마치료나 대인관계치료 같은 현재의 접근법들에 대한 재검토는 내러티브의 맥락에서 볼 때 인간 존재에 대한 이해를 위한 열매가 있는 새로운 길을 제공할 수 있다.

4. 인간 과학의 훈련을 받고 연구에 친숙한 사람들은 통계적 데이터와 그와 수반되는 유의도 검증 능력과 그로부터 의미를 얻어 내는 역량을 획득해 왔다. 우리는 언제나 이 학문 밖에 있는 사람들에게 이러한 숫자가 얼마나 의미가 있는지를 말해 주지 않는다는 사실을 잊어버리기 쉽다. 많은 심리치료사가 내담자들에게 연구 결과를 인용하는 상황에서 내담자들의 일화적 사건에 의해 이러한 연구 결과가 거부당하는 경험을 했을 것이다. 마찬가지로, 심리학을 가르칠 때 우리는 법칙 정립적이고 개연적인 진술에 대해 자

신의 개인적 경험을 들면서 도전하는 학생들을 만나게 된다. 예를 들면, 알코올 중독 부모를 둔 아이는 다른 사람들에 비해 알코올 중독이 될 위험이 크다는 선생님의 말에, 학생이 "그것은 사실이 아니에요. 내 친구네 아빠는 알코올 중독인데, 내 친구는 술을 마시지도 않아요."라고 대답한다.

우리가 우리 방법론으로 교육받지 않은 세계에 정보를 제공할 때, 내러티브 형태의 일화적 경험이 최고의 실험적 증거보다 비과학자들에게 더 설득력이 있다는 점을 기억하면 도움이 될 수 있다. 심리학자들이 자기도움 책을 저술할 때, 혹은 일반 대중을 위한 요약 정보를 줄 때, 또는 상원위원회나 법정에서 증언할 때, 우리는 이야기를 통해 사람들의 마음이 움직임을 기억한다. 심리학의 숫자로 된 데이터를 버리기보다, 대신에 그 데이터 뒤에 사람의 이야기를 구연함으로써 데이터를 보충할 수 있음을 기억해야 한다.

5. 심리학자들도 인간 존재이기 때문에(contra opinionem omnium) 연구 보고에 이야기를 포함하면 도움이 될 수 있다. 예를 들면, 임상적 발견을 보고할 때, 누군가는 무엇이 잘못되고 있는지 무엇이 잘되고 있는지를 탐색하고 새로운 가설을 만들어 내기 위해 내러티브 형식을 사용하면서 전형적 사례나 그 결과가 비정형적으로 부정적이거나 긍정적인 사례에 대해서 짧은 내러티브를 포함시킬 수 있다. 나는 통계적 유의도 검증의 표준 절차가 내러티브가 되는 때가 되기를 바란다.

6. 내러티브 연구를 다시 정당화하면 심리학을 다른 인문과학이나 인간성과 직접적으로 접촉하게 하며, 우리와 다른 분야에서 빠져 있는 구획주의(compartmentalism)를 극복할 수 있다. 이로써 인류학사, 신화학자, 언어학자, 역사학자 등과의 대화가 다시 가능하게 된다. 후기 프로이트주의 심리학을 거의 알지 못하고 많은 심리학자의 가치 있는 작업을 거의 모르는 신학자와도 교류하게 될 것이다. 이러한 접촉과 상호작용은 포함된 모든 분야를 위해 아주 많이 비옥해질 것이다.

7. 심리학적 연구와 임상적 반영이 언급될 수 있는 수많은 가능성이 있다. 예

를 들어, 신앙의 깊은 적절성과 심리적 안녕이나 병리학 사이의 관계는 무엇인가? 사람들이 이 재료들을 그러한 방식으로 성공적으로 사용하는가는 어떤 요인이 결정하는가? 긍정적으로나 부정적으로 심리적 건강과 상관되어 있는 전통 내의 구체적인 내러티브가 있는가? 어떤 조건 하에서 같은 내러티브의 주제가 건강이나 안녕과 긍정적으로나 부정적으로 상관되는가? 유대-기독교 문화적 세계관의 주제가 연구자의 조작적 가설이나 연구 참여자, 내담자에게 은연중에 어떻게 드러나는가?

에필로그

〈나는 이야기하기를 사랑합니다〉라는 찬송이 있다. 달콤한 빅토리아 시대의 곡이다. 내가 어린아이였을 때 부엌에서 어머니가 가늘고 부드러운 목소리로 이 노래를 부르는 것을 늘 들을 수 있었다. 또한 큰 감리교단에서 웅장한 파이프오르간 소리에 맞춰 회중이 부르는 소리 역시 들을 수 있었다. 하지만 그 찬양이 정서적이라면 어떤 의미에서 그것이 곧 포인트다. 이야기는 인지적이고 정서적이면서 느낌으로 가득 차 있다. 인간의 삶 자체에는 언제나 생각과 감정이 같이 있으며, 그리고 그것들의 분리는 단지 편의상 추상적일 뿐이다. 인지와 감정 모두를 포함하는 우리의 이야기는 언제나 우리의 일부이고, 인간 됨의 부분이다. 아마도 가장 본질적인 부분일 것이다.

참 ● 고 ● 문 ● 헌

Baron, R. S., Cutrona, C. E., Hicklin, D., Russel, D. W., & Lubaroff, D. M. (1990). Social support and immune function among spouses of cancer patients. *Journal of*

Personality and Social Psychology, 59, 344-352.

Beck, A. T. (1976). *Cognitive therapy and the emotional disorders.* New York: International Universities Press.

Bergin, A. E., & Garfield, S. L. (Eds.). (1994). *Handbook of psychotherapy and behavior change* (4th ed.). New York: Wiley.

Berkman, L., & Syme, S. L. (1979). Social networks, host resistance, and mortality: A nine-year follow up study of Alameda County residents. *American Journal of Epidemiology, 109,* 186-204.

Bien, T. H., & Bien, B. (2003). *Finding the center within: The healing way of mindfulness meditation.* New York: Wiley.

Bruner, J. (1986). *Actual minds, possible worlds.* Cambridge, MA: Harvard University Press.

Bruner, J. (1990). *Acts of meaning.* Cambridge, MA: Harvard University Press.

Bruner, J. (2002). *Making stories: Law, literature, and life.* New York: Farrar, Straus, & Giroux.

Burns, D. B. (1980). *Feeling good: The new mood therapy.* New York: Avon Books.

Campbell, J. (1949). *The hero with a thousand faces.* New York: Pantheon Books.

Campbell, J. (with Moyers, B.). (1988). *The meaning of myth.* New York: Doubleday.

Cassuto, U. (1972). *From Adam to Noah: A commentary on the book of Genesis.* Jerusalem: Hebrew University.

de Rivera, J., & Sarbin, T. R. (Eds.). (1998). *Believed-in imaginings: The narrative construction of reality.* Washington, DC: American Psychological Association.

Ellis, A., & Dryden, W. (1987). *The practice of rational emotive therapy.* New York: Springer Publishing Company.

Fromm, E. (1966). *You shall be as gods: A radical interpretation of the Old Testament and its tradition.* New York: Holt.

Hermans, H. J. M., & Hermans-Jansen, E. (1995). *Self-narratives: The construction of meaning in psychotherapy.* New York: Guilford Press.

Hobson, J. A. (1988). *The dreaming brain.* New York: Basic Books.

James, W. R. (1985). *The varieties of religious experience.* Cambridge, MA: Harvard

University Press. (Original work published 1902)

Jemmott, J. B., III, Hellman, C., McClelland, D. C., Locke, S. E., Kraus, L. J., Williams, R. M., & Valeri, C. R. (1990). Motivational syndromes associated with natural killer cell activity. *Journal of Behavioral Medicine, 13,* 53-73.

Jung, C. G. (1953). *Two essays on analytical psychology.* Princeton, NJ: Bollingen.

Jung, C. G. (1974). *Dreams.* Princeton, NJ: Bollingen.

Lester, G. (2002, December). *Personality disorders in social work and health care.* Presentation, Albuquerque, NM.

Miller, W. R., & C'de Baca, J. (2001). *Quantum change.* New York: Guilford Press.

Murray, H. A. (1938). *Explorations in personality.* New York: Oxford University Press.

Polkinghorne, D. E. (1988). *Narrative knowing and the human sciences.* Albany: State University of New York Press.

Richards, P. S., & Bergin, A. E. (1997). *A spiritual strategy for counseling and psycho-therapy.* Washington, DC: American Psychological Association.

Ross, A. P. (1988). *Creation and blessing: A guide to the study and exposition of the book of Genesis.* Grand Rapids, MI: Baker.

Sarbin, T. R. (Ed.). (1986). *Narrative psychology: The storied nature of human conduct.* New York: Praeger Publishers.

Seligman, M. E. P. (2002). *Authentic happiness: Using the new positive psychology to realize your potential for lasting fulfillment.* New York: Free Press.

Shafer, R. (1983). *The analytic attitude.* New York: Basic Books.

Spence, D. P. (1982). *Narrative truth and historical truth: Meaning and interpretation in psychoanalysis.* New York: Norton.

Waltke, B. K. (2001). *Genesis: A commentrary.* Grand Rapids, MI: Zondervan.

Wenham, G. J. (1987). *World biblical commentary, Vol. 1: Genesis 1-15.* Waco, TX: Word.

Wiesel, E. (1960). *Night.* New York: Bantam Books.

Young, J. E., & Klesko, J. S. (1993). *Reinventing your life: How to break free from negative life patterns.* New York: Dutton.

Part 3

동기, 덕, 가치

Chapter 06

인간성에서의 성의 역할
통합적 탐색

Stanton L. Jones and Heather R. Hostler

이 장의 전제는 심리학적 과학과 실천이 인간 조건의 본질에 대한 종교와의 지속적 대화를 통해 풍성해질 수 있다는 점이다(그리고 어느 범위까지는 해 왔다). 이 장은 바로 이러한 대화의 한 사례로서 인간 조건의 한 측면인 성(sexuality)에 대한 반영적 생각을 제시한다.

(과학으로서의) 심리학과 (과학과 다른 독특한 그 무엇으로서의) 종교 각각의 특성이 그러한 대화를 의미 없게 만들거나, 추측하건대 역사적 토양에서 볼 때 과학과 종교의 관계는 '전쟁'을 벌여 왔다고 보거나, 과학은 종교와 거리를 둘 때만 발전할 수 있다고 추정하면서 대화가 가능하지 않다고 주장하는 사람들이 있었다. 후자의 논쟁은 일반적으로 종교와 과학은 '전쟁 중'이 아니었으며, 종교적 신념과 실천은 어떤 경우에는 과학의 발전을 촉진하도록 봉사해 왔음을 보여 주는 브룩(Brooke, 1991), 린드버그(Lindberg, 1992), 린드버그와 넘버스(Lindberg & Numbers, 1986)의 작업과 같은 과학 역사에서의 뛰어난 업적에 의해

반박되어 왔다.

전자의 논쟁에 관해서 우리는 과학과 종교가 구별된 정체성을 가지고 있다고 존중할 때에도 그들의 본질에 대한 정교한 이해가 의미 있는 대화의 가능성을 확립한다는 점을 제시해 왔다(Jones, 1994, 2000). 이러한 정당화의 핵심적 요소에는 인지적으로 종교적 신념이 의미 있다는 점과 제안적 (선언적) 차원에 대한 확인도 포함된다. 현실에 대한 어떤 주장도 하지 않는 배타적이며 직관적인 경험적 본질을 가진 비인지적 현상으로 종교를 취급하면 이는 사실상 왜곡이다. 그럼에도 우리가 여기서 보듯이, 종교적 신념의 그러한 명제적 측면이 복잡하고 모순되며 모호할 수 있지만 심리학적 패러다임에 대한 신념도 마찬가지다.

이러한 대화의 적법성을 정당화하기 위한 두 번째 핵심은 다양한 형이상학적 진술이나 헌신(Mahrer, 2000; O'Donohue, 1989)이 과학의 훈련을 만든다는 인식을 포함한다. 최근의 두 연구는 종교적 신념을 포함한 형이상학적 진술이 종종 심리학 연구와 훈련이 세운 주제의 개념화를 형성하는 요인이 된다고 보는 주장을 지지해 왔다. 샘슨(Sampson, 2000)은 우리가 "집단주의자나 사람들의 관계에 대해서 개인주의적 이해"(p. 1425)를 택하는 것과 같은 개성의 근본적 차원의 개념화를 위한 심리학의 전체 학문적 '용어를 정립하는 데서의 종교의 역할'에 직접적으로 초점을 맞추었다. 동양 불교의 집단주의와 서구 유대−기독교의 개인주의가 대조를 이룬다는 표준적 설명에 반해서, 샘슨은 개신교의 개인주의와 유대교 랍비의 집단주의를 비교하였다. 그는 심리학자들이 문화에 대한 종교의 영향을 과소평가하는 경향이 있고, 우리의 연구 프로그램을 형성하는 핵심 가설은 종교적 신념과 헌신에 영향을 받는다고 말하였다. 특별히 "인간 본성의 신비를 푸는 열쇠와 심리학 연구의 중심 주제의 대상으로서 개인의 선택은 일차적으로 기독교적인 종교적 신념과 가치들의 배치로부터 상당할 정도로 유래된 일련의 가정에 의해서 지지를 받는다."(Sampson, 2000, p. 1426)

넓은 범위에서 샘슨의 논의를 지지하지만, 우리는 그의 분석 중 두 가지 측면에는 동의하지 않는다. 첫째로, 우리는 이른바 개신교가 그가 기록하고 있는 개인주의 유형의 원천인지 의문스럽다. 우리는 이렇게 만연한 개인주의의 종교적 뿌리는 19세기의 이신론적(deistic)-합리주의적-근대주의적(여기서 개인주의) 혼합물에 있다고 가정한다. 잉그래피아(Ingraffia, 1995)는 이 혼합물을 존재신학(ontothelogy)이라고 불렀는데, 후기 근대주의 창시자들인 니체, 하이데거, 데리다(모두 이 존재신학을 '기독교'라고 오해하여 불렀다) 등이 이에 반발하였다. 이 존재신학은 성격상 심오하게 기독교가 아니거나 기독교의 한 부분에 불과하다. 둘째로, 우리는 심리학이 "인간 본성에 대한 기저의 개념과 개인의 본질에 대한 이해와 그의 일차적 연구 대상이 개신교의 가치와 신념의 결합에 의해 많은 영향을 받은 분야"(Sampson, 2000, p. 1426)라는 논쟁이 불필요하다고 본다. 대신에 우리는 심리학이 개신교보다 이신론적-합리주의적-근대주의적 존재신학에 큰 영향을 받았다고 본다. 종교적 신념이 이러한 주제의 심리학 용어를 형성하는 데 영향을 끼쳤다는 점에는 심각하게 동의하지만, 어떠한 유형의 신념이 이러한 영향을 가졌다는 샘슨의 분석에는 동의하지 않는다.

두 번째 예는 레딩(Redding, 2001)인데, 그는 정치 이데올로기가 우리의 학문에서 문제를 마음속에 그리는 방식을 형성하는 데에서 종교가 한 방식과 마찬가지로 기능한다고 (우리, 샘슨, 다른 이들이 논쟁해 온 것처럼) 도발적 제안을 하였다. 레딩은 정치적 성향의 배경 가설이 (또한 그의 논쟁은 종교에서도 영향을 미친다) 우리가 설명을 요구할 때 생각하거나 가정하는 것, 우리가 타당한 질문이고 그 질문에 대한 대답을 말로 해석하는 것과 타당한 대답을 위해 들어맞는 대답이라고 생각하는 것들을 만들어 낸다고 제안하였다.

> 누군가가 문제를 어떻게 정의하는가는 제안된 해결을 결정하는 데에서 긴 여정이다. … 사회ㆍ정치적 편견은 대답된 질문, 채택된 연구 방법, 연구 결과의 해석, 동료 검토 과정, 연구의 질에 대한 판단, 정책 찬성에 연구를 적용할 것인가에 대한 결정에 영향을 미친다(Redding, 2001, p. 206).

레딩은 이념적 비전을 확장시켜서 심리학 연구와 적용을 자극하는 이념적 배후의 가정을 배열함으로써 많은 사람이 그 분야에서 도움을 받을 수 있고, 자유로운 학습을 구체화할 수 있다고 주장하였다.

레딩, 샘슨, 과학철학자 매리 미드글레이(Mary Midgley)와 마찬가지로 우리는 다음과 같이 주장한다.

> 우리는 물리적 세계(즉, 과학의 연구물)를 이해하도록 도움을 주는 데 사용할 신화나 비전에 대한 선택권이 있다. 즉, 신화나 비전을 전혀 사용하지 않으면 물리적 세계를 이해할 선택을 하지 않는다. 우리는 다시 이러한 신화들을 자각하기와 무시하기 사이에서 진짜 선택을 한다. 만약 이들을 무시한다면, 우리는 다른 사람들이 대부분 제공하는 신화나 비전 속에서 눈을 감고 여행하게 된다. 이는 우리가 어디로 가고 있는지 아는 것을 훨씬 어렵게 한다(Midgley, 1992, p. 13).

심리학자로서 우리는 그렇게 될 때조차 측정 가능한 현상에 관한 경쟁적인 설명체계에 비해서 경험적으로 대화의 역량과 그러한 대화에 대한 경험적 풍부함이 우리의 심리학적 작업을 선도하고 있는 신념에 대한 성공 여부를 측정해 줄 것이다. '반계몽주의자'로 간주되는 사람들은 데이터의 이론적 잠재성에 관해서 과학철학자인 토머스 쿤(Thomas Kuhn)에게 호소하면서 데이터에 관한 과학적 설명력의 중요성을 축소시키는데, 밀(Meehl, 1993)은 이들에 대해 짜증을 내면서 다음과 같이 말하였다. "그들은 쿤을 인용함으로써 자신이 관찰했다고 주장하는 것을 증명하려 하지 않고, 논쟁 중인 그 존재(that being what is in dispute)인 이론을 받아들이도록 회의론자에게 요구하지 않는다."(p. 710) 우리는 밀과 의견이 일치한다. 경험적으로 결실을 맺는 연구로 결과가 나타나지 않는 대화는 궁극적으로 그 분야에 참여하는 데 실패한 대화다. 이러한 대화의 포인트는 종교적 전통과 자료에 형이상학적 가정의 틀을 분명하게 만들 기회를 준다. 이러한 형이상학적 가정은 이번에는 우리가 어떻게 연구하고 어떤 토픽을 연구할지, 그

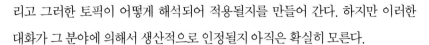

리고 그러한 토픽이 어떻게 해석되어 적용될지를 만들어 간다. 하지만 이러한 대화가 그 분야에 의해서 생산적으로 인정될지 아직은 확실히 모른다.

우리는 심리학이 어떻게 성을 개념화해 왔는지 토론하고, 성에 대한 몇몇의 종교적 개념화를 탐색하면서 이러한 대화를 통한 심리학의 풍요로움을 반영하고 결론을 냄으로써 대화를 진행시킨다.

심리학에서의 성의 개념화의 반영

형이상학적 수준에서 합리적 근대주의에 깊이 영향을 받은 근대주의 과학적 심리학은 자주 성을 분리하고 당혹감을 가지고 아주 단순하게 취급해 왔다. 지식 획득을 위한 방법론을 포용하고 (자기성찰적 실험) 연구물을 선택하는 (인간의 의식) 두 분야에서 분리된 합리적 근대주의를 잘 나타낸 예는 과학적 심리학의 초창기 패러다임인 (구조주의로 진화한) 분트의 자기성찰적 심리학이다. 의식에 초점을 맞춤으로써 '정신(mind)'은 구체적 존재인 육체로부터 추상화되었으며, '더 높은' 능력을 찬양하면서 결과적으로 성에 대한 관심 부족이라는 필연적인 결과를 낳았다.

행동주의는 종의 계통에 걸쳐 좀 더 기본적으로 학습된 인간의 행동 유형과 유일하고 복잡하게 보이는 능력의 지속성을 강조하면서 의식과 같은 인간 능력의 독특성을 강조하지 않거나 부인하였다. 의식이나 언어 같은 독특한 인간의 능력은 인간이 아닌 종들이 보이는 같은 능력의 복잡하고 복합적인 변종이라고 보았고, 학습된 행동 습득의 더 단순한 기본 능력의 연속으로 보았다. 복잡한 행동을 보다 단순한 학습 과정으로 줄이는 과정에서 행동의 복잡한 패턴은 비환원적 분석에서만 가능한 의미 망(meaning network)으로부터 분리되었다. 인간 성격에 대한 행동주의적 설명에서 성은 성적 자극에서 쾌락을 느끼기 위한 오르가슴의 기본적 역량이다. 진화론적으로 유래된 번식의 명령에서 그러한 쾌락의 기원을 공통적으로 이해한다고 생각하는 스키너는 성적 쾌락의 추구가 일종의 생존 동기에 기초를 두고 있다고 보았다. 여전히 행동주의는 주요 강화물로 성에 대한 얕은 이해 이상의 어떤 것도 발전시킬 전형적 자료를 가지고 있지 않았다.

인본주의 심리학은 성에 대해 더 충분하고 온전한(orbed) 비전을 제공하는가? 개인의 경험에 초점을 맞춤으로써 인본주의 심리학은 성에 대한 심층적이고 주관적인 이해의 가능성을 열었으나, 어떤 주요 요인은 성을 다루는 이 접근법의 강점을 제한하였다. 첫째로, 이 접근은 육체화(embodiment)를 덜 강조하였다. 겉으로 보기에는 분트를 따르면서, 의미 만들기를 위한 인간의 고양되고 구별된 독특한 역량을 선호한 매슬로의 유명한 욕구위계이론은 생물학적으로 연결된 현상을 덜 중요하게 여기면서 생물학적 욕구를 가장 낮은 자리에 놓았다. 이 접근은 개인지향적으로 보이며, 그러한 관점은 성에 대한 복잡한 관계적 이해를 근본적으로 방해한다.

진화심리학은 영향력 있는 현시대의 패러다임으로서 인간 특성의 핵심으로 성을 이해하기로 돌아간다. 현재 나타나고 있는 의미있는 행동들은 모두 행동하는 유기체 번식의 성공을 부추기도록 도왔기 때문에 지금 존재하는 심리적 과정에 기반하고 있다고 이해해야 한다는 점이 이 접근의 기본적 논의다(Buss, 1994). 모든 행동은 인간의 유전자를 다음 세대로 투영시키는 근본적 동기에 뿌리내리고 있다. 유전자의 번식을 돕는 육체의 구조가 자연선택(natural selection)을 통해 다음 세대로 전해짐에 따라 유전자의 번식을 돕는 심리적 행동 패턴 역시 전해지기 때문이다. 진정한 의미에서 이 관점을 보면, 행동의 어떤 패턴이라도 최종적 '의미'는 번식에의 기여임이 틀림없다. 따라서 행동의 어떠한 분석이라도 번식 성공에 대한 목표 행동의 기여를 출발점으로 해야 한다. 이러한 패러다임은 일반적으로 성차에 대한 이해, 그리고 특히 번식과 짝짓기에 대한 이해뿐 아니라 행동 패턴의 다양한 배열을 이해하는 방향으로 나아갔다.

이 접근은 많은 관심과 비판을 받아 왔다. 이글리와 우드(Eagly & Wood, 1999)는 심리학적 성차를 설명하는 사회구조주의자의 설명을 통해 개념적이고 경험적인 측면 모두에서 이 접근과 대조를 이루었다. 두 설명은 모두 행동이 현재의 환경적 조건에 기능적으로 반응한다는 점에 주목하지만, 그럼에도 "가장 중요한 적응의 시점과 본질을 분석하는 데에서 급진적으로 다르다."(p. 408)라고 하였다. 특히 전자의 접근은 안정된 성차를 포함한 모든 행동이 고대 환경에 대한 진화적 적응을 근거로 한다고 보았다. 그리고 그러한 적응이 현재 행동을 결정한다고 보았다. 따라서 이러한 적응의 영향은 고정적이고, 본질적으로 과거에 뿌리를 두고 있으며, 보편적으로 보인다. 반대로, 이글리와 우드는 남녀가 "다른 사회적 역할을 점유하려는 경향이 있기"(p. 408) 때문에 심리적 성차는 남자와 여자가 만들어 내야만 하는 적응으로 귀인된다는 사회구조주의자들의 견해를 기술하였다. 이러한 행동의 차이는 궁극적으로 현재에 크게 뿌리박고 있으며, 보편적이 아니다. 그들은 사회구조주의자의 견해와 진화적 접근 모두 자신이 검토한 데이터를 설명하고 있음을 발견하였다. 우리는 행동이 번식적 적합을 부추기는 방법에 대해 진화적 접근이 심리학자들의 견해를 좁히고 있다고 표현한 이글리와 우드의 관심사에 동의한다. 그들의 비판을 넘어서면서 우리는 이러한 접근이 형이상학적 가정을 옹색하게 물질적으로 설정하는 데 근거하도록 밀어붙이는 데 관심을 두었다. 우리는 이후에 종교적 관점에서 볼 때 비환원적 틀 속에 있는 여러 성적 기초 동기 중 하나로서 번식적 적합성이 배치될 수 있는 방법에 대한 논의로 돌아갈 것이다.

우리의 관점에서 프로이트의 정신분석은 성에 대한 이해와 성과 지속적이면서도 깊은 맞물림을 구성하고 있다고 여겨지는 유일한 접근이다. 프로이트의 심리학은 그 시대의 단순 연상 신경심리학, 그 시대의 최첨단 기술(프로이트의 사상에서 지속적 은유인 수리학), 다윈의 진화적 생각, 흥미롭고 신비로운 최면술(그 효과에 대한 추측에 근거한 설명), 그리고 그의 유대민족의 뿌리, 특히 유대교 영성의 신비주의적 카발라 전통의 영향을 받았다고 알려져 있다. 프로이트가 성적 동기를 단순히 기초적이라고 했을 뿐만 아니라 그 영향이 만연하다고 한 점은 특히 놀랄 만하다. 리비도는 인간 경험의 모든 부분에 퍼져 있는 가장 근본적인 정신

에너지의 근원이다. 인간의 심리학적 경험은 완전히 육체화되었다. 많은 사람이 이 관점을 비판하였다. 우리는 이 관점을 지지하지는 않지만, 프로이트 학파의 성에 대한 관점의 가장 근본적인 문제는 생물학적 환원주의다. 이러한 경향은 성적 동기에 대한 원초적이고 부정적인 이해를 특권화하는 결과를 초래하였다. 브라우닝(Browning, 1987)은 프로이트의 성격에 대한 관점을 종교적 관점으로 신중하게 분석하였다. 브라우닝에 의하면, 프로이트가 성을 인간의 동기적 핵심으로 포용한 것은 부분적으로 그의 종교적 유산의 산물일 수 있다고 제안하였다. 브라우닝은 유대교(더 확장하면 기독교)가 "본성[즉, 육체화(embodiment)]과 본능(instinctuality)에 대해 매우 긍정적 관점"(p. 45)을 가지고 있다고 논의하였다. 그러나 프로이트의 관점은, 예를 들어 브라우닝은 "끓어오르는 형체가 없는 '솥'"(p. 45)이라고 부르는 원욕(id)에 대해 훨씬 덜 긍정적이었다. 본성과 본능에 대한 굵직한 관점을 가진 프로이트는 인간에게만 있는 측면을 "부모의 금지인 초자아 같은 인간 본성의 외부로부터, 그리고 결국 운 좋게 분석되는 사람에게는 분석적 통찰로부터"(p. 45) 부과된 것으로 간주할 수밖에 없었다. 그래서 사랑하고 사랑받고, 충실하고 또는 이타적으로 문명화된 인간적 역량은 사람의 핵심에서 소외된다.

> 프로이트의 견해에서 사람들은 만족을 요구하고 육체에서 발생하는 본능에 의해 동기화된다… 억제되지 않은 성적… 충동들은 사회적 삶과 양립할 수 없다. 즉, 본능의 만족감을 주려는 우리의 욕구와 사회적 관계는 불편하게 공존한다 (Harding, 2001, p. 9).

이 결론은 많은 사람을 불편하게 한다.

현시대의 정신분석 전통은 프로이트의 견해에 비해 덜 환원주의적이고, 관계적으로 더 전인적이다. 그들은 리비도를 관계에 대한 더 넓은 욕구로 일반화시켰으며, '성적'이라고 생각되던 것을 상당히 넓혀 나갔다.

성이 순수한 본능적 욕구의 표현이 아니라 상징적 질서 안에 존재한다는 점이
이러한 주제를 고려하기 위한 적절한 틀이라는 것이 주된 주장이다. 생물학적 결
정인자들이 완전히 버려지지는 않았지만 그들의 결정역할의 경직성은 상당히 완
화되었다. … 성의 역사가 있다는 점은 이제는 상식이 되었다. 즉, 성은 문화 사건
안에 있으며, 단지 정형화된 방식으로 고정되거나 타고나지 않는다(Young,
2001, p. 23).

두 종교의 전통에서의 성의 개념화의 반영

심리학과 종교의 대화를 발전시키기 위해 우리는 불교와 기독교의 성에 대한
다른 접근을 짧게 탐색해 볼 것이다. 전자에 대해서는 짧게, 후자에 대해서는 보
다 집중적으로 다룰 것이다.[1] 이 두 이질적 관점을 대조함으로써 우리는 각각의
잠재적이면서 독특한 개념적 공헌을 부각한다.

불교

산스크리트어로 '붓다(Buddha)'란 각성 또는 깨달음을 의미한다. 불교는 근본
적으로 현실에 대한 독특한 견해 내에서 이해된 계몽의 추구다. 보편적으로 경험
되는 현실(예, 우리 몸과 물리적 세계에 대한 감각적 경험)은 '드러남(appearance)'(경
험된 현실이 최종적이지도 않고 또한 현실의 가장 중요한 측면도 아님을 지칭하는 복잡
한 개념)이고, 그것은 정확하게 단념의 훈련을 통해서 깨트려져야 하는 경험된
현실에 대한 개인의 굴레다(Kamilar, 2002). 불교도들은 과거의 선택이 여러 번의

---

1) 우리가 불교에 대한 간단한 기술에 접근할 때 우리는 우리가 적절하다고 간주하는 기독교를 지지하
   지 않는 사람들에 의해서 쓰인 우리 자신의 기독교의 신앙체계에 대한 기술을 거의 만난 적이 없음을
   확인하고 싶다. 그래서 우리는 다른 신앙체계에 대한 이러한 과제를 착수하기가 두렵다.

삶을 초월하는 생명을 지닌 현실의 힘을 창조하는 업보에 지배되는 환생을 믿는다. 한 생애 주기이든 몇 개의 생애에 걸쳐서이든 깨달은 개인은 불가피한 차원의 이 생의 고난을 수용하고, 부처의 가르침인 '팔정도(Eightfold Path)'를 품어 분투하는 지나친 욕망을 중단함으로써 이 한시적 세상의 고난으로부터 해방된다. 특히 우리 삶이 어떻게 존재해야만 하는지에 대한 요구인 금욕은 핵심적이다. 깨달음을 경험하기 위해서 우리는 "포기해야만 하고 항복해야만 하며 영원하지 않은 이 세상에서 우리의 길이 없음을 인정해야 한다. 금욕하는 것은 영원하고 편안하며 전통적인 생활습관에서 오는 안도감에 대한 희망과 꿈이다."(Gross, 2000, p. 97)

 "불교의 다른 전통과 유형은 성에 대해서 각각 다른 견해로 드러나기 때문에 성에 관한 불교의 견해"(Kamilar, 2002)를 구체화하기 어렵다. 불교의 세 가지 주요 형태가 등장한 대략의 연대기적 순서로 볼 때, 그들은 개인주의적이거나 수도적이고(소승불교, Hinayana), 구원자적이거나 우주적이고(대승불교, Mahayana), 또는 종말론적(금강불교, Vajrayana)이다. 소승불교 또는 수도적 형태는 금욕, 명성, 덧없음의 개념을 강조한다. 혼자서 해방을 이루는 것이 궁극적인 목적이다. 누군가가 다른 사람에게 쓸모 있게 되기 전에 마음을 깨끗한 상태로 만들기 위한 경작이 필수적이다. 그러나 대승불교 또는 구원자적 형태는 다른 사람을 해방시키기 위한 노력을 수반한다. 이러한 여정을 하는 보살(여행자)은 다른 모든 존재의 고통을 없애 주기 위하여 일하며 자신의 해방은 뒤로 미룬다. 각성된 심중(heart)의 보살이 되는 것이 곧 목적이다. 오래된 이 두 종파는 지속적으로 모든 성적 표현은 앞으로의 영적 과정에 방해가 된다고 보고 있다. 몸과 몸의 욕망은 모두 금욕의 초점이 된다. 이러한 자세는 물리적이고 경험된 현실은 단지 현상이나 유혹일 뿐이라는 견해와 일치한다. 불교의 수도적 전통은 진정한 깨달음을 얻기 위해서 초창기에 일생 독신을 선택하는 금욕적 형태였다. 독신은 깨달음이라 불리는 평온, 분리, 자유인 영적이고 심리적인 변형을 얻기 위한 하나의 도움이다(Gross, 2000). 대부분의 불교 신자는 성적으로 금욕적이기를 요구하지 않지만, 그들은 전근대적 인디언 사회의 금기(예, 간음[2]을 금지하는)와 관심사를 반영하는 성 윤리의 체계를 고수하도록 요구한다. 이러한 견해는 현재의 행동 규범에 대한 정보를 주면서 과거에 대한 깊은 존중을 반영하여 현재에도 지속된다(Cabezon, 1992). 보다 덜 엄격하고 비금욕적인 길은 한정된 깨달음만을 준다고 보며, 이 전통에서는 가치가 떨어진다고 여긴다.

최근의 변형은 다르다. (파괴되지 않는 수단인 다이아몬드를 의미하는) 금강불교는 티베트에서 나타나 현재 서양에서 점점 퍼지고 있다. 서기 약 500년에서 1000년까지 이 종말론적 형태는 불교계를 걸쳐 퍼져 나갔다. 탄트라로 불리는『금강 불교경전』에는 지혜와 열정의 덕을 남성과 여성으로 의인화하였고, 이 둘은 성적 포옹(일반적으로 yab-yum 아이콘으로 불린)으로 그려지고 조각되었다. 이 아이콘은 명상과 묵상 훈련의 초점 중 하나이며, 이 훈련은 포옹으로 연합한 한 쌍으로 자신을 시각화함을 포함한다. 이 접근에서 성은 개인적이고 다소 당황스럽거나 죄책감을 일으키는 방종이기보다는 오히려 심오한 종교적 진리의 상징으로서의 기능과 누군가의 깨달음을 발전시키기 위한 훈련으로서 이해된다. 성 지위 평등은 궁극적 현실을 상징화시키는 인간의 성관계를 행사하는 가장 심오한 함의 중 하나다. 남성과 여성은 서로 기쁨을 주면서 동등하게 협력하는 동반자다. 신성한 동반자 사이의 성스럽고 변형적인 만남으로서의 성에 대한 개방적 의식은 불임의 성이 결핍되었다는 생각에 도전한다. 또한 이러한 상징주의는 여자와 남자 사이의 영적 (혹은 진리의) 황홀경을 가능하게 한다. 이러한 관계는 전통적으로 가정적이거나 로맨틱할 필요는 없지만, 영적 훈련을 위하여 분투하는 동안에 상

---

2) 달라이 라마는 최근의 한 잡지와의 인터뷰에서 "불교의 성윤리에 대한 견해는 성기는 남성과 여성 사이의 재생산을 위해서 창조되었고" 그의 목록에 따르면 구강과 항문성교, 동성애 행위, 자위행위 등과 같은 "이러한 목적으로부터 벗어나는 그 어떤 것들도 불교 관점에서 볼 때 수용될 수 없다"고 언급하였다. (프랑스어로 보고되고 한 동료가 나를 위해서 번역한 이 인터뷰는 그 잡지 Dimanche에 2000년 12월 30일에 게재되었다가 2002년 6월 2일에 철회되었다. www.Dimanche.ch/article2.asp?laD=1528. 그러나 이 웹 사이트는 더 이상 활동을 하지 않아서 그 인터뷰 내용은 www.geocites.com/hearland_sg/According2.htm에서 볼 수 있다.)

호 간의 지지를 제공한다. 성은 그러한 관계 안에 있지만 그러한 관계의 근본은 아니다(Gross, 2000). 따라서 오직 이러한 접근 내에서만 성적 표현을 '탄트라 공개주의(Tantric Exotericism)'라고 일컬으며 기릴 수 있다(Cabezon, 1992, p. 210).

그러므로 성에 대한 불교의 이해가 하나만 있는 것은 아니다. 두 가지 큰 전통에서 성은 기껏해야 진정한 깨달음으로부터 유혹적 유용으로 이해된다. 세 번째 전통에서 성은 깨달음의 상징이자 깨달음을 얻는 방법이다. 이 두 가지 결론에 대한 강조점은 다음과 같다. 첫째, 불교의 기저에 있는 존재론은 세 개의 전통 모두에 상존한다. 즉, 물리적 세계(특히 인간의 성)는 궁극적으로 하나의 겉모습일 뿐이며, 따라서 단념의 적절한 목표물이 된다는 가르침이다. 둘째, 성에 대한 견해에서 금강불교(Vajrayana)와 이전의 오래된 형태의 일차적 차이를 살펴보면 성적 행위는 수행자가 깨달음을 얻기 위하여 노력할 때 제공되는 상징적(실질적인 것과는 반대로) 기능이라는 점은 분명해 보인다. 다른 말로 하면, 금강불교에서 성은 그것 자체로 선은 아니지만 더 깊은 영적 진실과 맞닿게 해 줄 수 있는 실천과 상징으로서의 선이다.

기독교

불교가 깨달음을 얻기 위해서 노력하는 인간인 사람을 강조한다면, 기독교는 하나님과 인간 사이에 인간이 세운 높은 장벽을 무너뜨리기 위해 반항적 인간에게 하나님 자신과 뜻을 나타내시며 역사 속에서 예상하지 못한 방법으로 개입하는 사랑의 하나님에 대한 선포다. 하나님은 완전한 인간이자 완전한 신인 예수 그리스도라는 인간이 됨으로써 결정적으로 역사 속에 오셨다. 완전한 삶을 살고 그의 길을 가르친 후에 예수는 십자가에 못 박혔다. 또한 예수는 하나님에게 대항하는 모든 인류의 죽음이라는 형벌의 대가를 치르러 희생 제물로서 죽음을 당하였다. 죽음에서 부활함으로써 그는 죽음을 영원히 정복하고, 예수를 믿고 자신의 삶을 그에게 헌신하는 모든 사람에게 새로운 생명을 주었다. 그러나 성에

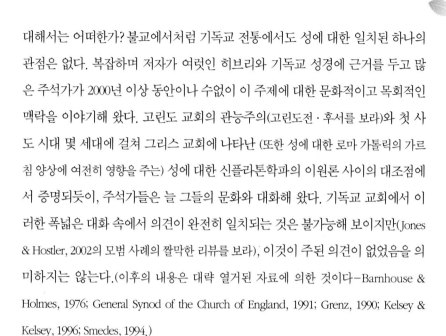

대해서는 어떠한가? 불교에서처럼 기독교 전통에서도 성에 대한 일치된 하나의 관점은 없다. 복잡하며 저자가 여럿인 히브리와 기독교 성경에 근거를 두고 많은 주석가가 2000년 이상 동안이나 수없이 이 주제에 대한 문화적이고 목회적인 맥락을 이야기해 왔다. 고린도 교회의 관능주의(고린도전·후서를 보라)와 첫 사도 시대 몇 세대에 걸쳐 그리스 교회에 나타난 (또한 성에 대한 로마 가톨릭의 가르침 양상에 여전히 영향을 주는) 성에 대한 신플라톤학파의 이원론 사이의 대조점에서 증명되듯이, 주석가들은 늘 그들의 문화와 대화해 왔다. 기독교 교회에서 이러한 폭넓은 대화 속에서 의견이 완전히 일치되는 것은 불가능해 보이지만(Jones & Hostler, 2002의 모범 사례의 짤막한 리뷰를 보라), 이것이 주된 의견이 없었음을 의미하지는 않는다.(이후의 내용은 대략 열거된 자료에 의한 것이다-Barnhouse & Holmes, 1976; General Synod of the Church of England, 1991; Grenz, 1990; Kelsey & Kelsey, 1996; Smedes, 1994.)

많은 사람이 성에 대한 기독교의 견해를 떠올릴 때 도덕적 금지를 생각한다. 윤리 체계는 물리적 현실의 견해로 시작하는 인간 성에 대한 더 깊은 이해 속에 새겨져 있다. 불교의 견해와 대조적으로 유대교와 기독교는 물리적 존재를 자비로운 하나님의 선한 창조물로 본다. 하나님은 무에서 물리적 세계가 존재하도록 말씀하셨다. 하나님의 물리적 세계를 그의 본질 또는 태초부터 존재하는 신적 '요소(stuff)'의 어떤 형태로 만들지 않았다는 점은 우리가 물리적 세계를 예배받을 가치로 간주하지 않도록 한다. 반면에, 하나님은 자신의 창조가 보기에 좋았다고 반복적으로 선포함으로써 물리적 세계를 가볍게 여기지 않도록 하였고, 자신의 작품이기 때문에 경이로움을 느끼며 물리적 세계를 대하기를 바라신다.

육체화된 사람으로서 인간의 존재는 이러한 좋은 (그러나 신적이 아닌) 물질성의 한 측면이다. 우리는 육체 그 이상이며 "하나님의 형상"[3](창 1:27)으로 창조되었다. 영적이고 정신적인 측면이 이 형상에 포함되어 있지만, 우리는 그럼에도

---

3) 모든 성경구절은 NIV(New International Version)에서 인용한다.

"살아 있는 존재"이며 "땅의 티끌로부터 만들어져" "생명의 호흡을" 하게 된 육체다(창 2:7). 앞서 논의해 왔듯이, 육체적 존재의 선함은 창조의 교리뿐 아니라 전통적 기독교에서 추가된 두 가지 핵심 신학 주제에 의해서도 지지를 받으며 근거를 두고 있다. 성육신의 교리는 기독교의 중심이며, 아마도 유대교와 완전히 대조된다(또는 다른 아브라함의 신앙을 가진 이슬람과도 대조된다). 기독교인들은 하나님(성자 하나님, 삼위일체의 제2위 격)이 인간 예수로서 완전한 인간이 되었다고 믿는다. 육체적 존재는 본질적으로 악일 리 없거나, 하나님이 인간의 삶을 가정할 수 있다면 완벽한 선과 양립할 수 없어야 한다. 이러한 가르침은 기독교 신학의 기반이 성육신하여 육체화된 사랑이라고 증언하고 있다. 또 하나의 중요한 신학적 주제는 육체의 부활이다. 기독교인들은 구원된 인류의 마지막 상태는 부활한 온전한 육체임을 믿고, 그 육체를 가지고 우리는 하나님이 영원히 즐거워할 것이라고 믿는다. 그리하여 대부분의 역사를 통틀어서 기독교인들은 자신의 존재가 근본적으로 육체화되었다고(불교에서는 육체화에 대한 부정적 견해에 반대하여 긍정적인 방법으로) 보았다. 예를 들어, 바이넘(Bynum, 1995)은 교회사의 상당 부분에서 물리적 육체에 대한 숙고가 정체성과 개성, 그리고 영혼의 본성에 대한 생각의 핵심이라고 기록한다.

이러한 육체화는 성으로 환원되지는 않지만 분명히 성에 기반을 두고 있다. 메소포타미아와 헬라 문화 같은 다른 주변 지역의 창조 이야기와 달리, 창조에 관한 창세기의 내러티브는 신적 의도에 의한 성차의 사람들로 하나님이 창조하였음을 선포한다. 또한 이 내러티브는 남성과 여성 모두 "하나님의 형상"(창1:27)으로 창조되었고, 그들이 함께 있는 모습이 "매우 좋았다"(창1:31)라고 선포한다. 이는 고대 사회의 맥락으로 보면 급진적으로 평등주의적인 선포였다.

성에 기초한 관계성(아마도 성으로 환원되지는 않지만)인 인간 특성의 관계적 개념화에 대한 분명한 증표가 우리에게 부분적으로 주어졌다. 최초의 여자가 창조되기 전 창세기 2장에서 펼쳐지는 이야기에 의하면, 최초의 남자는 완전한 환경에서 하나님과 완전한 관계를 맺으며 스스로 완전한 상태에서 살았음에도 창조

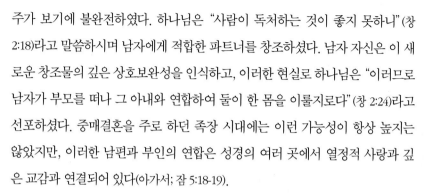

주가 보기에 불완전하였다. 하나님은 "사람이 독처하는 것이 좋지 못하니"(창 2:18)라고 말씀하시며 남자에게 적합한 파트너를 창조하셨다. 남자 자신은 이 새로운 창조물의 깊은 상호보완성을 인식하고, 이러한 현실로 하나님은 "이러므로 남자가 부모를 떠나 그 아내와 연합하여 둘이 한 몸을 이룰지로다"(창 2:24)라고 선포하셨다. 중매결혼을 주로 하던 족장 시대에는 이런 가능성이 항상 높지는 않았지만, 이러한 남편과 부인의 연합은 성경의 여러 곳에서 열정적 사랑과 깊은 교감과 연결되어 있다(아가서; 잠 5:18-19).

둘이 "한 몸이 되니"라는 선언은 성경의 다른 부분에서도 성교라는 성적 연합과 분명히 연결된 결혼에 대한 기독교적 견해에 단단히 기반을 두는 기독교 전통의 근본적 가르침이다. 한 몸의 연합 이외의 다른 의미는 완전한 성적 친밀감과 연관되어 있다. 첫째, 아이 출산의 전망은 최초의 부부(창 1:28)에게나 이후의 사람들에게도 축복의 목소리였다. 둘째, 성경 자체는 성적 연합의 육체적 즐거움을 찬양하며(잠 5장) 아가서의 로맨틱한 사랑과 친밀감 속에서 나타나는 에로티시즘(성적 표현)과 확실히 연결되어 있다. 셋째, 기독교인 사도 바울조차 성욕의 충족은 배우자 각각이 서로에게 제공해 주어야 하는 적법한 기능(이 또한 확실히 평등주의적 방식이다, 고전 7:1-6)이라고 결혼한 부부에게 단호한 훈계를 주었다. 그러나 이런 다른 의미에도 성교가 간음과 혼외성교(보통 성적 부도덕성이라고 불린다, 고전 6:12-17)의 금지를 단단하게 하고, 예수님의 가르침에서는 이혼을 반대하는(마 19:1-10) 일종의 초개인적 현실인 남자와 여자의 한 몸의 연합임이 분명하다. 그러므로 성교는 성적 행위에 참여하는 사람들의 의도와 관계없이 확고한 의미를 가진 것으로 보인다. 고린도 사람이나 그가 어울리는 매춘부 모두 즐겁고 가벼우며 일시적 만남을 갖지만, 사도 바울은 그럼에도 성행위의 의미와 기능은 한 몸의 연합을 확립하는 것이라고 주장하였다.

결혼의 맥락에서 기독교 성경의 가르침은 오직 한 가지다. 성교는 한 몸이 되는 결혼에서 전적으로 긍정적 목적과 재생산, 기쁨, 욕구 충족에 기여하는 창조된 선이다(예, 히 13:4, 딤전 4:1-5). 성적 연합은 결혼의 기본이 되지만, 결혼은 이번에는 아이코닉(iconic)이라고 불리는 것 중의 하나인 중요한 목적을 수행한다. 아이콘(기독교의 다양한 정통 전통에서 가장 보편적이던)은 초월자에게로의 '창구' 역할을 하는 만질 수 있는 물건이다. 성경은 결혼을 부활한 예수 그리스도와 그의 '신부'인 교회[4](엡 5:22-33)의 관계의 아이콘 또는 지구상에서의 모델인 영적 진리의 예시라고 본다. 결혼은 성적 연합과 결혼서약의 공식적 교환으로 형성된다. 배우자와의 성적 연합의 관계는 새롭기 때문에 많이 어색하든지 또는 시간이 흐름에 따라 정서적으로 명백해지든지 간에 하나님과 남편과 아내 사이의 언약을 끊임없이 재개하고 재확인하는 기능을 한다.

진화심리학에 대하여 논의하면서 우리는 비환원적 구조 속에서 몇몇 성적 기본 동인(motive) 중 하나로서 번식적 적합성에 대한 고찰이 어떻게 형성될 수 있는가를 앞서 종교적 관점으로 언급하였다. 앞에서부터 번식에 대한 깊은 동인이 인간 본성에 관한 성경적 견해에 낯설지 않다고 우리는 추론하였다. 결혼과 가족에서 관계적 욕구와 같은 덜 환원적 성적 동인과 하나님과 같이 있고 생산적으로 일하기와 같은 비환원적 성적 동기(motivation)를 번식적 동인과 같은 선상에 놓음으로써 번식적 동기를 조절하는 데 실패하는 것이 오히려 낯설다.

우리는 프로이트에 대해 논의하면서 기독교적 가르침과 공명 때문에 인간성의 견해가 갈등적이라는 그의 견해를 추천하였다. 하나님은 그에게 반항하며 삶속에서 그의 뜻과 완전히 반대되는 행동을 하려는 인간의 경향성 때문에 우리의 성에 대한 도덕적 경계를 세우셨다(예, 죄). 기독교 신학에서 볼 때 인간성은 근본적 실재로서 창조적 선을 유지하고 있다고 보지만, 우리는 또한 "전적으로 타락했다."라고 보기도 한다. 전적 타락의 개념은 교회의 주요 교리 중에서 가장 흔하게 오해받고 있을 수 있다. 이는 불가능하지만, 우리는 언제나 현재의 행동보다 나쁘게 행동하는 방법을 상상할 수 있기 때문에 "가능한 매 순간 모든 방식으로 악하다."라고 주장하지는 않는다. 그보다는 전적 타락의 교리가 우리의 깨어짐

---

4) 성의 이러한 아이콘적 기능은 금강불교(Vajrayana)에서 성의 상징화하는 기능과 어느 정도 비슷하다고 주장될 수 있다.

과 하나님에 대한 반항을 반영하지 않는 우리 인간성의 측면이 없음을 의미한다. 이러한 현실은 인간의 인격 속에 들어 있는 원초적 선을 박멸하지 않았지만 모든 인간 경험을 길들인다. 예를 들어, 우리의 성적 갈망은 연합과 사랑과 기쁨을 위한 선한 능력 안에 있지만, 동시에 이기심과 음탕함(연결되어 있는 초월적 목적으로부터 육체의 욕망을 분리함)이라는 악한 경향성과 다른 사람들에 대한 깨어지고 악하게 지배하려는 성향으로부터 흘러나오는 진압이나 폭력과 같은 악한 경향성에 오염되어 있다. 따라서 우리는 성에서 깊은 상충성을 (모든 경험에서와 같이) 경험하고, 거기서 성적 본성의 잠재적이고 실현된 선을 알지만 동시에 우리의 죄성으로부터 분리되어 순수하고 정제된 선을 결코 경험하지 못한다.

이러한 이유에서 성적 행동의 분명한 도덕적 경계가 세워졌다. 히브리와 기독교 성경의 핵심적 성적 금지는 "간음하지 말지니라"(출 20:14)라고 십계명에 나와 있다. 완전한 성적 친밀함은 결혼한 남녀의 관계인 하나의 관계만을 위해서 마련되었다. 모든 부수적인 도덕적 금지사항은 이러한 핵심적 제한을 지지하거나 연장하는 것이다. 예를 들어, 강간을 금한다(예, 신 22:25-27), 근친상간을 금한다(예, 레 18:6 전후), 동성애를 금한다(예, 레 18:22, 20:13; '이러한 계명들의 신약으로의 확장에 관해서'라는 Gagnon(2001)의 글을 보라), 동물과의 성교를 금한다(예, 레 18:23, 20:15-16) 등이 있다. 마태복음 5장 27~30절에서 예수는 도덕적 관심사를 행동에서 생각으로 확장하면서 도덕적 금지 규정에 음욕(lust)을 추가하였다. 이러한 도덕적 경계에도 (흠이 없고 완전함의 모범이 되는 리더를 포함하여) 기독교 신앙의 추종자들은 이러한 제약을 지키며 사는 삶에 실패한 그들의 깨어짐을 고백한다. 최악으로는 추종자들과 지도자들이 단지 '이러한 기준에 따라 살지 못할' 뿐 아니라, 아동과 청소년 성학대에 대한 로마 가톨릭 교회의 성직자(또한 기독교의 다른 교파)의 기록에서 보이는 선례처럼 가장 극악무도한 죄의 노예 상태인 성적 깨어짐을 보이는 경우도 있다. 마찬가지로, 기독교인들은 스스로 성에 대한 이해를 오직 이러한 금지만으로 환원시키면서 결과적으로 성에 대한 부정적이고 억압적인 접근을 초래하며, 심리학자들이 종교와 성에 대해 생각할 때 그들의 임상 경험으로부터 불러일으키는 (대표적인 것이 되지 못할 것 같은) 부정적인 고정관념을 만들어 낸다.

기독교적 관점에서 볼 때, 성이 인간성(personhood)의 넓은 의미에서 어떤 역할을 하는가? 성은 인간의 더 '원시적' 측면인가? 번식적 충동이 인간을 포함한 모든 생명체의 기본 동기인가? 여러모로 성(육체화, 성차, 관계적 능력과 필요, 성교의 특별한 기능)은 인간 존재 전체에 만연하며, 조건적이고, 우리의 성적 본성에 대한 주의 깊은 고려가 없이는 인간 본성에 대한 깊은 이해가 불가능하다. 여전히 성적 차원 자체로는 성욕보다 근본적인 인간의 다른 비환원적 특성과 개념화되지 않고서는 홀로 설 수 없는 차원이다. 우리의 성적 본성으로 우리는 명백한 성적 만족이 개인적인 행복과 안녕이나 관계적 행복과 안녕에 어떤 역할을 할까에 대해서 질문할 수 있다. 성은 행복과 완전함의 극히 중요한 요소인가? 역사적으로 기독교 신학은 우리의 성적 본성이 명백한 성행위의 친밀감 없이도 수용되고 실현될 수 있다고 대답한다. 이 가능성과 방침은 성적 친밀감에 대한 도덕적 제한과 또한 결혼도 성관계도 하지 않음에도 완전한 인간의 삶을 실현하며 살았던 본보기(예수님의 삶에서 가장 잘 드러난)에 의해 증명된다. 완전한 인간의 삶을 경험하기 위해서 하나님에게, 그리고 하나님과 함께 충실하게 살기 위한 목적으로 자신의 특수한 육체적인 성적 욕구를 부정하는 행위는 이 선택이 자신이 만나게 될 실천적이고 발달적인 도전에 대한 압박을 만들어 낼 때조차 그러한 신체적 욕구를 만족하는 것보다 더 본질적일 수 있다.

'결실이 있는 대화'에서 결론적 반영

종교와의 대화가 심리학적 이론, 연구, 실천을 풍요롭게 하는가, 그렇지 않은가에 대한 대화를 마무리하면서 우리는 분명히 종교적 사고가 즉각적으로 양화하고 검증할 수 있는 가설에 드물게 기여하고 있다는 점을 주목한다. 매클레이

(McClay, 1997, p. 235)는 다음과 같이 말하였다.

> 기독교적 관점은 반드시 구체적이며 일치된 의제를 발생시키지는 않을 것이
> 다. 기독교는 이데올로기가 아니며 정책이나 정치에 대한 질문에 동일한 입장을
> 고수하도록 결코 인도하지 않는다. 오히려 기독교는 질문이 놓이는 방식을 심오
> 하게 만들 것이다.

그러나 질문을 놓는 방법을 만드는 데에서 종교적 비전은 외부에서 삽입을 함
으로써 연구 프로그램에 영감을 줄 가설을 만들어 낼 수 있다. 기독교 관점으로
더 좋은 심리학적 질문을 위치시키는 방법은 다음에서 반영할 것이다.

성과 인간 본성에 대한 기독교적 관점을 고려해 볼 때, 심리학 분야의 어떤 수
의 경험적 연구들도 기독교적 견해에 딱 들어맞게 예측되지 않는다는 점은 놀랍
지 않다. 동거가 결혼 준비를 촉진하고 결혼 적합성에 대한 더 나은 판단을 가져
온다는 일반적 통념과는 반대로, 동거에 대한 경험적 연구는 동거가 결혼 후의
이혼율과 혼외정사율을 높이고, 또한 결혼생활 내 성적 만족도를 떨어뜨린다고
지속적으로 제안한다. 게다가 방대한 문헌에서는 전통적 결혼과 양 부모의 중매
가 삶의 질을 높이는 유익을 준다고 증언하고 있다(Waite & Gallagher, 2000에 요약
되어 있다). 결혼에 대한 심리학 연구에서 종교적 신념이 거의 측정되지는 않았지
만, 종교적 신념이 있을 때 흥미로운 결과들이 나왔다. 아마도 '오늘날심리학
(Psychology Today)'이 후원한 결혼에 대한 갤럽 연구상에서 그릴리(Greeley, 1991)
의 보고보다 흥미로운 결과는 없다. 이 보고서는 좋은 결혼의 강력한 예측 요인
은 부부가 규칙적으로 함께 기도하는지 아닌지라고 밝혔다. 함께하는 기도는 성
적 만족과 높은 상관관계가 있었고, 함께 기도하며 성생활을 즐기는 부부는 이
혼 가능성이 가장 낮았다. 마호니와 동료들(Mahoney et al., 1999)은 높은 종교성과
결혼 만족도와 적응도가 연결된다는 다른 연구를 요약했는데, 명쾌하고 획기적
인 연구에서 "더 나은 결혼생활의 기능은 영적 특성과 의미를 가지는 결혼에 대

한 지각과 부부 사이에 함께하는 종교적 활동과 연관되어 있다."(p. 333)라고 발견하였다. 만약 인간이 성적 친밀감으로 유지되는 일부일처제의 영구적 연합을 갖도록 창조되었다면, 종교성, 성적 정절, 관계적 안정성, 관계의 질 사이의 강한 관계는 예측되며 더욱 확장된 경험적 탐구가 이루어져야 마땅하다.

게다가 성 경험의 질과 일반적 관계의 질의 연관은 성 치료의 발전에서 예견될 수 있었다. 모든 성적 수행의 문제를 지울 수 있을 것처럼 보이던 단순하고 환원주의적인 훈련의 연습이 (이로 인해 성 치료는 '안마시술소 기술'의 적용이라는 기억될 만한 비난으로 인도하면서; Bailey, 1978) 이 분야에서 지배적이었을 때, 우리 중 한 명인 존스는 성 치료 훈련을 받고 있었다. 성 치료 초기에 수년간 정신분석 치료사는 성 치료를 육체적 증상의 수준만 다루는 영역이며, 따라서 지속적인 변화를 만들어 내지 못하는 분야이기 때문에 고려할 가치가 없다고 일축하였다. 그러한 정신분석 치료사들은 심층 개인치료와 부부치료만을 통해 성적 증상을 변화시키려 시도하였다. 그때 이후로 고립된 단순한 성 치료 기술은 몇몇 케이스에서 유용하다고 발견되었으나, 현재는 관계적 개입에 적합한 심리치료 접근법과 함께 조화를 이루어 제공된다(Leiblum & Rosen, 2000). 이러한 견해에서 (성 문제의 증상이라고 여겨지는 곳에서) 관계적 개입과 성 행위 패턴이나 성의 생물학적 기질에 직접적으로 모두 개입하기에 대한 균형 있는 개방은 성에 대한 복잡한 이해와 일치한다. 성, 결혼, 인간의 관계성에 대한 기독교적 관점은 관계적인 것으로부터 물리적인 것의 완전한 독립이나 성적인 것을 물리적인 것으로의 환원주의를 허용하지 않으면서 물리적이고 생물학적인 현상의 기능적 자율성의 위도를 제공한다. 예를 들면, 성적 절정 경험을 촉진하는 기술의 습득은 성적 즐거움을 증대시키는 데 합당한 역할을 할 수 있지만, 더 나아가 성적 기술이 성적 즐거움과 만족의 하나뿐인 결정 요인이고, 성적 즐거움과 만족이 충분한 부부 관계의 친밀함을 결정하는 복잡한 요인 중 단 하나라는 사실은 예상되는 일이다.

마지막으로, 첫째 인류의 관계성, 둘째 결혼에서의 연합, 핵가족, 확대가족,

믿음의 공동체의 확장된 사회 속에서의 사람의 연합을 만들어 내는 개별성을 초월하는 성적 연합에 대한 이해, 셋째 우리의 육체화로 환원될 수 없는 개성의 측면에서 우리의 육체화된 존재의 뒤얽힌 상호의존성 등 이 모두에 대한 복잡한 기독교적 이해는 인간심리학에서 우리의 이해를 넓히는 데 도움을 준다. 이는 개인주의를 뛰어넘기 위한 미국 심리학(예, Sampson, 2000)의 다른 논의에 기여할 수 있고, 사람에 대해 충분히 이해하기 위한 필수적인 결혼 관계와 가족 관계에 다시 초점을 맞추도록 돕고, 개성의 생물학 현상과 환원될 수 없는 비물질적 현상을 통합하는 데 기여할 수 있으며, 평범한 인간의 일상에서 작동된다고 이해되는 복잡한 인간 동기의 배열을 확장시킬 수 있다.

참 · 고 · 문 · 헌

Bailey, K. G. (1978). Psychotherapy or massage parlor technology? Comments on the Zeiss, Rosen, and Zeiss treatment procedure. *Journal of Consulting and Clinical Psychology, 46,* 1502-1506.

Barnhouse, R. T., & Holmes, U. T., III. (Eds.). (1976). *Male and female: Christian approaches to sexuality.* New York: Seabury Press.

Brooke, J. H. (1991). *Science and religion: Some historical perspectives.* Cambridge, England: Cambridge University Press.

Browning, D. (1987). *Religious thought and the modern psychologies.* Philadelphia: Fortress.

Buss, D. (1994). *The evolution of desire.* New York: Basic Books.

Bynum, C. W. (1995). *The resurrection of the body in Western Christianity, 200-1336.* New York: Columbia University Press.

Cabezon, J. I. (Ed.). (1992). *Buddhism, sexuality, and gender.* New York: State University of New York Press.

Eagly, A. H., & Wood, W. (1999). The origins of sex differences in human behavior: Evolved dispositions versus social roles. *American Psychologist, 54,* 408-423.

Gagnon, R. A. J. (2001). The Bible and homosexual practice: Theology, analogies and genes. *Theology Matters, 7,* 1-13.

General Synod of the Church of England. (1991). *Issues in human sexuality: A statement by the House of Bishops; General Synod of the Church of England.* Harrisburg, PA: Morehouse.

Greeley, A. (1991). *Faithful attraction; Discovering intimacy, love and fidelity in American marriage.* New York: Tor.

Grenz, S. (1990). *Sexual ethics: A biblical perspective.* Dallas, TX: Word.

Gross, R. M. (2000). *Soaring and settling.* New York: Continuum.

Harding, C. (2001). Introduction: Making sense of sexuality. In C. Harding (Ed.), *Sexuality: Psychoanalytic perspectives* (pp. 1-17). New York: Brunner-Routledge.

Ingraffia, B. D. (1995). *Postmodern theory and biblical theology.* Cambridge, England: Cambridge University Press.

Jones, S. (1994). A constructive relationship for religion with the science and profession of psychology: Perhaps the boldest model yet. *American Psychologist, 49,* 184-199.

Jones, S. (2000). Religion and psychology: Theories and methods. In A. Kazdin (Ed.), *Encyclopedia of psychology* (Vol. 7, pp. 38-42). Washington, DC: American Psychological Association; and New York: Oxford University Press.

Jones, S., & Hostler, H. (2002). Sexual script theory: An integrative exploration of the possibilities and limits of sexual self-definition. *Journal of Psychology and Theology, 30,* 120-130.

Kamilar, S. (2002). A Buddhist psychology. In R. P. Olson (Ed.), *Religious theories of personality and psychotherapy: East meets West* (pp. 85-140). New York: Haworth Press.

Kelsey, M. T., & Kelsey, B. (1996). *The sacrament of sexuality: The spirituality and psychology of sex.* Warwick, NY: Amity House.

Leiblum, S. R., & Rosen, R. C. (2000). *Principles and practice of sex therapy.* New York: Guilford Press.

Lindberg, D. C. (1992). *The beginnings of Western science: The European scientific tradition in philosophical, religious, and institutional context, 600 B.C. to A.D. 1450.* Chicago: University of Chicago Press.

Lindberg, D. C., & Numbers, R. L. (Eds.). (1986). *God and nature: Historical essays on the encounter between Christianity and science.* Berkeley: University of California Press.

Mahoney, A., Pargament, K. I., Jewell, T., Swank, A. B., Scott, E., Emery, E., & Rye, M. (1999). Marriage and the spiritual realm: The role of proximal and distal religious constructs in marital functioning. *Journal of Family Psychology, 13,* 321-338.

Mahrer, A. R. (2000). Philosophy of science and the foundations of psychotherapy. *American Psychologist, 55,* 1117-1125.

McClay, W. M. (1997). Filling the hollow core: Religious faith and the postmodern university. In G. Wolfe (Ed.), *The new religious humanists: A reader* (pp. 231-246). New York: Free Press.

Meehl, P. E. (1993). Philosophy of science: Help or hindrance? *Psychological Reports, 72,* 707-733.

Midgley, M. (1992). *Science as salvation: A modern myth and its meaning.* London: Routledge.

O'Donohue, W. (1989). The (even) bolder model: The clinical psychologists as meta-physician-scientist-practitioner. *American Psychologist, 44,* 1460-1468.

Redding, R. E. (2001). Sociopolitical diversity in psychology: The case for pluralism. *American Psychologist, 56,* 205-215.

Sampson, E. E. (2000). Reinterpreting individualism and collectivism: Their religious roots and monologic versus dialogic person-other relationship. *American Psychologist, 55,* 1425-1432.

Smedes, L. (1994). *Sex for Christians* (Rev. ed.). Grand Rapids, MI: Eerdmans.

Waite, L. J., & Gallagher, M. (2000). *The case for marriage.* New York: Broadway.

Young, R. M. (2001). Locating and relocating psychoanalytic ideas of sexuality. In C. Harding (Ed.), *Sexuality: Psychoanalytic perspectives* (pp. 18-34). New York: Brunner-Routledge.

Chapter 07

종교가 제공하는 의미와 결과로 나타날지 모르는 동기

Martin L. Maehr

수년 전, 나는 숙모의 장례식에 참석했다가 이어지는 사교 모임에 남아 있었다. 사촌과 나는 대화를 시작하게 되었다. 그는 동부 해안의 큰 교회에서 사역자로서 경력을 마무리하는 중이었고, 그러한 배경에 어울리는 모든 사회적·언어적 기술을 선보였다. 아니나 다를까, 그는 나에게 "당신의 연구 영역은 무엇인가요?"라는 질문까지 하였다. 나는 '동기'라고 대답하면서 피상적으로 나의 최근 연구 프로젝트에 대해 설명하였다. 두 문장도 채 말하기 전에 그는 끼어들면서 "동기요? 난 동기가 필요 없어요. 나에게는 종교가 있어요."라고 말하였다. 그는 좀 더 외교적 자기로 빠져들면서 대화의 주제를 나의 가족에 대한 탐색으로 바꾸었다. 나는 미소를 지었지만, 마음속으로 나의 크리스마스 카드 명단에서 그의 이름을 지웠다.

집으로 돌아오는 동안 여러 가지 생각이 떠올랐다. 나는 전부터 심리학에 대한 회의적 태도를 직면해 왔다. 또한 내가 종사하는 직업의 대표성에 의해서 그려진 인간 본성의 특성과 마주하는 인간에 대한 이해를 할 때 불안해하는 일부 성직자들이 있음을 자각하고 있었다(참고, Doniger, 1962; Evans, 1989; Meehl, 1958; Myers, 1978). 하지만 여전히 내 안에서 가장 걸린 것은 내 사촌이 타당한 지적을 했다는 점이다. 종교는 명백히 있어 왔고, 존재하고 있으며, 많은 사람의 삶에서 강력한 동기의 힘을 부여하고 있다. 그런 부분들을 생각하면서 나는 동기에 대해 연구하는 사람들이 영적 신념이나 종교단체에 참여하는 활동이 그들의 생각이나 행동, 느낌, 감정을 형성하는 데 어떤 역할을 하는지에 대해서는 거의 관심을 두지 않았음을 알게 되었다. 게다가 과거 사회과학자들이 종교에 대해 고려했을 때에도 그 초점은 종종 기이한 현상이나 귀신 들린 현상이었다. 이러한 입장에 있을 때조차 나는 2001년 9월 11일의 비극(9 · 11 사건)이나 알라의 이름으로 행해진 자살폭탄 테러가 지속적으로 행해짐을 언급하면서, 종교의 동기부여 효과를 소개하고 싶은 유혹을 느꼈다. 물론 신앙적 헌신이 어떻게 이 세상에서 의미심장하고 긍정적이며 생산적 역할을 하는지에 대한 심오한 증거로 자리 잡은 자선, 봉사, 희생의 일상적 행위뿐만 아니라 영웅적 삶을 산 수많은 신자의 예가 있다. 나의 사촌의 도전과 편집자의 초대, 그리고 신앙적 헌신으로 나는 이 글을 쓰도록 동기부여되었다.

관련 연구와 관점

언뜻 보기에 현대심리학적 문헌들은 동기 자체에 대한 종교적 관심 또는 종교의 주요한 흥미를 거의 반영하지 않는다. 예를 들어, 전자 사이크인포(PsycINFO) 조사에서 2000년부터 2001년 사이에 출간된 '종교와 심리학'이라는 주제에 관해 쓰인 천여 개의 논문과 책을 검색할 수 있었다. 놀랍게도, 그중에 기본 사회심리학적 과정에 초점을 둔 주요 학술지에 실린 경험적 연구 보고서는 단 하나였고(Cohen & Rozin, 2001), 그 자체로서는 흥미로웠지만 그것은 동기와 관련이 없었다! 나중에 좀 더 새로운 여럿의 연구가 조사되었지만 이 부분의 상태에 큰 변화는 없었다.

'동기'라는 이름이 포함되지 않았더라도 종교가 동기에 영향을 주는 방법을 이해하는 데서 특별히 두드러지게 그려질 수 있는 연구 프로그램을 나는 결국 확인하였다. 일차적 예로, 목표(goals)에 관한 최근의 연구(예, Baumeister, 1991; Emmons, 1999; Emmons & Paloutzian, 2003)와 자기와 정체성에 대한 방대하면서도 여전히 늘어나고 있는 문헌(예, Baumeister, 1998)은 종교가 어떻게 동기에 영향을 주는지를 의미있게 보여 준다. 마찬가지로, 문화나 공동체뿐만 아니라 소속(예, Baumeister & Leary, 1995)이라는 관심사도 유의미한 동기적 힘으로 종교를 다시 고려하는 새로운 기초를 제공한다.

영성, 종교, 정신건강, 웰빙에 대한 최근의 연구에 의해서 유발된 자극은 이와 비슷하게 중요하다. 이런 문헌들은 치유의 능력으로뿐만 아니라 인간 본성의 특성을 이해하는 데서 의미 있는 관점으로서 종교의 중요성을 다시 고려하도록 유발해 왔다는 데 별다른 이견이 없다. 심리학 학술지에 널리 게재되어 있는 최근의 논문들(예, Hill & Pargament, 2003; Miller & Thoresen, 2003; Powell, Shahabi, & Thoresen, 2003; Seeman, Dubin, & Seeman, 2003)이 그렇듯이 이 책의 이번 장은 이런 부분들을 입증한다. 종교적 헌신과 영성이 인간의 건강과 연결되는 강도가 동기와 다른 기본적인 심리적 과정과 인과적 연결 고리 속에서 작동되는 매개 역할에 대한 질문을 유발한다. 종교적 신념이 건강을 만들어 내고 격려하는 도구라는 사실에 대해 어떻게 생각하는가? 부분적이라 할지라도 종교적이고 영적인 신앙이 개인으로 하여금 다양한 노력과 시간, 에너지, 유능성과 같은 개인적 자원을 건강에 투자하도록 하는가? 만약 그렇다면 동기적 과정은 유의미하게 연관성이 있을 것이다.

그래서 이번 장에서는 사고, 감정, 행동을 지시하는 동기적 과정상에서의 종교의 영향이 검토된다.

세워지는 것의 기초

동기적 힘으로서 종교에 대한 관심이 아주 적은 상황에서 동기 탐구에 대한 현대적 접근이 막스 베버(Max Weber)의 '개신교 윤리와 자본주의 정신'(McClelland, 1961; Weber, 1930)을 다시 고려하는 것으로부터 나왔다는 틀림없는 사실은 아이러니하다. 동기적 힘으로서 종교에 접속하지 않아서가 아니라, 우리는 인간 동기의 효과, 기원, 특성에 대한 이론화나 종교의 영향을 이해하기 위한 중요한 무엇인가를 잃어버렸다.

어떤 이들은 베버 논쟁의 다양한 특징을 거부하거나 논쟁에 기초하는 데이터의 질에 의문을 제기하고 '개신교 주의'가 이런 윤리를 독점하거나 특별하게 소유한다고 의심할 수 있지만, 베버는 종교와 특히 동기에 대한 그 영향의 중요한 포인트를 분명히 지적하였다. 다행스럽게, 동기에 대한 연구와 동기에 대한 종교의 영향(impact)을 이해하는 데에서 이 분야의 떠오르는 리더였던 데이비드 매클리랜드(David McClelland)는 거의 반세기 이전의 동기의 사회 · 문화적 기원을 이해하기 위한 베버의 영향을 감지하였고, 그의 작업을 재발견하게 되었다. 매클리랜드는 이데올로기가 어떻게 한 개인의 성취지향성의 틀을 짜는 문화를 창출하게 하고 묻어 나게 하는지를 포함하여 베버 이론의 여러 가지 면에 특별히 주목하였다. 따라서 베버가 저술할 당시 네덜란드의 시민들은 '하나님의 은사'로서 개인의 자원을 조심스레 활용하거나 '은사를 최고로 만들기' 위한 기대에 부응하기 위해서 더 많은 자원을 열심히 쌓아 가는 방식으로 행동할 필요성을 받아들였다. 아마도 몇몇 개인은 '선민'만이 구성원임을 나타낸다고 할 정도로 하나님이 그들을 축복하신다는 생각을 위태롭게 하면서 그런 행동을 하도록 강화를 경험하였다. 개인적 자원을 '육체의 쾌락'으로 소진하는 것을 금하는 그들의 신념에 아무런 영향을 끼치지 않는다. 그러나 무엇보다도 하나님 나라에서 최선을 다할 부르심에 대한 지배적 느낌이 있었다.

목회자의 아들인 매클리랜드는 이 속에서 단순히 이데올로기의 관점만을 보지 않고 특정한 종류의 제도, 역할, 법, 특히 자녀를 양육하는 방식을 만들어 내면서 문화의 틀을 짜는 신념, 가치, 기준과 기대의 체계로 보았다. 특히 매클리랜드는 자녀들이 길러지고, 그들이 삶에서 무엇을 기대해야 하는지 가르치고, 어떻게 행동하고 무엇이 되고 무엇을 하는지 등과 같은 방식으로 이런 '개신교 윤리'는 단지 보존만 하지 말고 전수되어야 한다고 가설을 세웠다. 매클리랜드는 이를 좀 더 연장하여 자녀들이 그들의 은사를 사용하는 것뿐만 아니라 도전하도록 교육해야 한다고 말하였다.

　이것이 어떻게 '개신교 윤리'로부터 모두 나왔는지는 분명하지 않지만, 이것은 모험을 좋아하고 도전을 받아들이며 달성하기 어려워도 이룰 만한 목표나 성취 동기를 세워 나가는 매클리랜드의 '성취문화' 구성의 중요한 특징이 되었다. 그리고 동기에 대해 가장 야심적이었던 다문화적 연구에서 그는 스트레스가 성취 동기에 미치는 영향과 경제 활동에 미치는 영향의 다문화적 변수를 연구하기 시작하였다.

　이 세미나 연구에서 매클리랜드는 아이들이 경제에 중요하게 기여하는 사람으로 추정될 때, 학교 환경에서의 성취에 대한 강조가 몇십 년 후 성취 중심의 사회에서 어떻게 발달될지에 대해 특히 초점을 맞추었다(McClelland, 1961). 어느 기준에 맞춰 보아도 이 프로젝트는 엄청난 착수였고, 그 결과 또한 인상적이었다. 전 세계 33개의 다양한 사회에 걸쳐 성취 중심의 자녀양육 방법의 표준화 지표와 이 아이들이 국가 경제에 영향을 줄 것으로 예상되는 25년 후의 경제생산성 사이에는 유의미한 상관관계의 동향이 있었다. 비록 이러한 특정 연구가 다른 문화적 요소에 주된 관심을 끌지는 못했을지라도, 매클리랜드와 그의 동료들은 확실히 성취에 대해 더 넓은 차원을 인식하였고 종교를 포함한 성취동기의 다양한 문화적 기원에 대해 분석하였다(참고, McClelland, 1985).

　매클리랜드의 강조점은 전형적으로 다른 문화에서의 자녀양육이 '자신의 은사'를 어떻게 온전히 사용하고, 자신의 개인적 주요 자원을 현명하게 투자하고,

열망하도록 하는 지속적인 성격 특성에 어떤 영향을 미치는가에 두었다. 그렇
지만 다른 사람들은 한 개인이 그들의 인생을 통해 살아가고, 일하고, 행동하
고, 상호작용하는 지속적인 문화적 맥락이 중요한 결정인자가 될 가능성이 크
다는 결론을 내렸다. 하지만 종교적 믿음이 무엇을, 왜 할 만한지에 대한 강한
느낌과 가치를 발생시키기 때문에 종교적 믿음이 도덕적 삶으로서가 아니라
인간의 생각과 감정과 행동의 중심에서 결정적 특징으로 지목되었다는 점이
중요하다. 비록 매클리랜드의 몇몇 초기 저작은 행동 역동에 대해 프로이트에
매우 의존하고 있었지만, 그의 후기 저작들은 최근의 인지이론을 더욱 감안하
였다(McClelland, 1985; McClelland, Koestner, & Weinberger, 1989). 그렇지만 모험을
좋아하거나 도전을 추구하거나 더 광범위하게는 '기업가 정신'을 유발시키는
후천적 정서 기질의 역할에 대한 강조점은 남아 있다. 개인은 아마도 도전과 적
당한 위험 부담에 대해 긍정적으로 느끼도록 사회화되었다. 그들은 정서적으로
'모험을 좋아' 하는 경향이 있다.

한마디 덧붙인다면, 매클리랜드의 연장선으로서 베버의 작업이 종교가 동기
형성에서 '긍정적 방식'으로 이해될 수 있는 초기의 두드러진 예로 있다는 점은
주목할 만하다. 베버-매클리랜드의 성취 중심의 사람은 스크루지 영감이 아니
다. 오히려 그는 (이전 시대의 남성, 최근에는 여성일 수도 있는) 기업가, 탐험가, 혹
은 도전을 추구하고 받아들이는 사람으로 보였다. 아마도 그(또는 그녀)는 자신
의 잠재력을 발휘하는 사람으로 보일 수도 있다. 물론 기업가 정신은 좋은 행동
뿐만 아니라 나쁜 행동을 나타낼 수도 있겠지만, 그것이 베버-매클리랜드 전통
에서의 기업가 정신의 본질은 아니다.

하지만 성취와 모든 인간의 노력은 '접근' 뿐만 아니라 '회피' 행동 패턴으로
도 나타난다. 이것은 비록 궁극적으로는 매클리랜드의 저작에 합쳐졌을지라도,
부분적으로는 그의 학생이자 공동연구자인 앳킨슨(J. W. Atkinson, 1957)에 의해
강조되었고, 동기 연구의 중요한 특징으로 남아 있다(예, Elliot, 1999). 베버의 자
본가들은 신중한 친구들이어서 자신들 스스로를 항상 확인하면서 악과 어리석

은 관계를 피하려 하였다. 현재 이것은 '어리석은 쾌락' '육체의 죄' 무엇보다도 '자원의 낭비'를 피하는 자기통제의 최적의 상태를 보여 준다. 오늘날 자기규제는 일반적으로는 전문 심리건강 범위에서뿐만 아니라 넓은 성취이론의 범위에서 중요한 연구 영역으로 남아 있다. 바우마이스터가 이 책의 3장에서 지적했듯이, 종교는 현대의 동기이론을 기대하면서 이런 주제에 대해 깊게 관여해 왔을 뿐만 아니라 유혹에 넘어가지 않고 악을 멀리하며 선을 행하기 위한 인센티브와 더불어 하나의 관점도 제공한다.

어떤 경우에라도 매클리랜드의 이러한 일에 대한 재고가 인간 동기에 대한 새로운 관점을 열었다는 점을 무시하기 어렵다. 체계적으로 문화를 동기, 성취, 생산성과 연결시키면서 그는 여러 조직 또는 집단 맥락이 어떻게 다른 중요한 변인뿐만 아니라 성취와 동기에 직접적으로 영향을 끼치는 문화를 반영한다고 보일 수 있는지를 고려하는 방식을 준비하였다. 또한 조직과 집단 문화에 대한 여러 연구가 이루어져 왔다(참고, Maehr & Braskamp, 1986; Maehr & Midgley, 1996; Schein, 1985). 이러한 연구들은 단지 최소한으로 추구되어 온 종교적 집단생활에 대한 함의가 있다. 정말로 종교적 공동체를 문화로 고려하여 종교적 실천, 사고, 감정, 동기화되는 과정을 연구하는 데에서 실로 유용한 접근일 수 있다는 점을 특별히 주목할 수 있다. 또한 매클리랜드가 함의하였듯이, 이런 영향이 어린 시절부터 시작되기 때문에 종교와 그의 영향을 어른들에게만 국한하여 연구하면 종교와 '종교적 문화'가 가지고 있을 법한 중요한 것들을 만드는 역할을 놓칠 수 있다.

베버와 매클리랜드를 넘어서

비록 베버와 매클리랜드의 연구는 기초적이었지만, 이것은 끝이 아니었다. 이는 어떤 대목에서 볼 때 현재의 종교나 동기에 대한 연구를 하는 데에서 제한된 특정한 가치를 가지고 있다. 그럼에도 이는 동기적 요소로서 종교의 역할을 재고하기 위한 기초를 제공하고 확장하는 연구를 촉구해 왔다. 이는 사실상 최근 떠오르는 사회과학의 맥락 안에서 종교와 동기를 고려하기 위해 특별히 유용하다고 증명할 틀에 대한 전이를 제공한 앳킨슨의 연구였다. 앳킨슨은 사회과학 내에 새로 떠오르고 있는 관점이라는 방식으로 동기를 재고하였다. 그것은 바로 선택과 결정 이론이다.

그때나 지금이나 선택과 결정 이론은 필수적으로 다면적 요소로 구성되어 있다. 첫째, 맨 먼저 취해진 행동의 결과와 그 행동의 방향이 있다. 후에는 취해진 행동의 질과 정도가 있다. 예를 들면, 사람이 얼마나 오랫동안 깊이 있게 투자를 할 것인가? 이러한 투자가 새롭고 참신한 결과로 이끄는 '깊이 있는 과정'을 반영하는가?(참고, Amabile & Hennessey, 1992; Csikszentmihalyi, 1996) 덧붙이면, 맨 먼저 행동 형태의 관찰, 그러한 행동 형태의 특성의 변화 및 방향, 그리고 질에 대한 관찰로부터 필수적으로 이끌어 낸 추론이 곧 동기 연구에서의 결정이론 모델의 적용이다. 특별한 활동에서의 관여의 질, 강렬함, 방향 속에서의 변화에 대한 관찰이 동기적 추론을 촉발한다. 뒤이어서 동기적 추론을 만들기 위한 행동적 기초를 주목하게 된다.

이 선택과 결정 이론 관점은 여러 가지 방식으로 동기에 관한 연구와 개념에 영향을 미쳐 왔다. 첫째, 이는 투자의 정도와 깊이뿐만 아니라 동기에 대한 특정한 행동적 지표, 취해진 특정한 선택, 이러한 선택들에서의 지속성에 특별한 관심이 있었다. 좀 더 넓게는, 이러한 것들은 개인이 길거나 짧은 기간에 다양한 노력으로 만드는 시간, 재능, 부에 대한 '개인적 투자'로 보일 수 있다(Maehr & Braskamp, 1986). 이러한 소중한 개인적 자원의 '투자'는 동기에 대한 가장 직접적이고 경험적인 증거다.

하지만 동일하게 중요한 것은 '필요'와 '본능', 또는 '욕구'에 집중하던 동기에 관한 이전의 다른 이론보다 선택과 결정 이론이 원인의 여러 다른 세트에 초점을 두도록 인도했다는 점이다. 간단히 말하면, 의사결정이론은 세 가지 기본

적 원인에 관심을 갖는다. 첫째, 더 수용적이거나 덜 수용적인 행동 방안에 대한 통찰이다. 둘째, 개인이 이러한 방안을 성공적으로 추구하는 역량감이 있음을 인식하는 것이다. 마지막으로, 이러한 방안들이 개인마다 각자의 가치에 따라 다르다는 가정이다(Allport, 1955; Eccles, 1983).

아마도 가장 중요한 최근의 발달은 가장 주요하지는 않을지라도 하나의 주요한 동기적 변인으로서의 '목적'의 출현이다. 물론 사회심리학에서 연구자들은 개인적 영역과 목적과 목표에 대해 예전부터 관심을 보여 왔다(비교, Emmons, 1999). 하지만 최근의 업무, 학습, 성취에 대한 연구에서의 목적을 고려하면서 더 널리 적용될 수 있는 새로운 중요한 관점이 생겨났다. 특별히 그들은 그룹이나 기관, 공동체, 사회 · 문화적 상황에서의 신앙 생활을 연구하기 위해 유용한 관점을 제안하였다. 이 연구는 또한 종교 현상을 이해하는 데뿐만 아니라 종교 활동을 활성화하는 데에도 실제적 함의가 있었다.

성취이론 안에서 크게 생겨나고 있는 목표에 대한 새로운 강조에 관해서 중요하고도 다른 점은 일과 학교의 세계, 그리고 가능하게는 종교적 실천 속에서 실제를 위한 함의가 있는 구체적 제안을 만들어 냈다는 사실이다. 비록 성취목표이론이라는 용어가 종교의 영역과 관련이 없는 것처럼 보일지 모르지만, 나는 그렇지 않다고 제안한다. 여기서 이 용어는 처음에는 연구 전통을 인식하는 데 사용되었는데, 그 연구 전통으로부터 목표에 대한 현재의 많은 연구가 새롭게 나타나고 있고 그 안에서 계속해서 주요한 역할을 하고 있다.

필수적으로 성취목표이론으로부터 생겨난 작업은 네 가지 일차적 목표를 중심으로 돌아간다. 다른 곳에서 자세하게 설명되었듯이(예, Maehr & Braskamp, 1986), 각각의 목표는 동기 부여에 기여하지만 서로 다른 방식으로, 그리고 서로 다른 결과를 가져온다. 비본질적 보상들이 지속적으로 제공되면 일차적으로 비본질적 목표가 동기화된다. 사람들은 비본질적 보상을 얻는 것이 목적일 때 비본질적 보상이 가능하도록 만들고, 이것이 만들어지면 자신의 시간과 노력을 투자하는 경향이 있다. 사회적 결속 목표의 경우 사회적 수용이나 인정이 중요하다. 자아목표 갖기는 누군가가 자신에 대해서 어떻게 느끼는가에 따라서 동기를 강화하거나 약화시키는 자의식을 높이는 경향이 있다. 마지막으로, 과업 목표 갖기는 해야 할 활동에 초점을 맞추고 자기의 역할이 최소화되는 경향이 있다.

이러한 목표들은 '특성'이나 '상태' 변인 모두로 다루어졌다. 즉, 개인이 그들의 목표지향에 따라 시간과 장소와 환경에 걸쳐서 어떻게 다른지에 대한 상당한 연구가 진행되어 왔고, 다른 연구들은 이러한 목표의 상황적 특성에 종종 초점을 맞추어 왔다. 분명히 목표는 특정한 맥락에서 일어나고 있는 것에 의해 다소간 두드러지게 만들어질 수도 있고 '최고화'될 수도 있다. 예를 들면, 새로운 기술을 배우기 위해 모험을 해야 할 때와 같은 상황에서는 '당신이 누구인지, 무엇을 할 수 있는지'에 초점을 두면 생산적이지 않다. 그래서 능력에 대한 중점이 옳든 그르든, 너무 일찍 또는 너무 많이 강조될 때 자신감을 덜 느끼는 사람들은 참여를 피할 것이다. 다른 사람을 기쁘게 하는 활동이 궁극적 목표라면, 유사하게 사회적 결속에 대한 배타적 관심은 성취를 줄어들게 할 것이다. 말하자면, 비본질적 보상이 두드러질 때, 그들은 과업 그 자체가 아니라 동료들의 선례를 따르게 된다.

종교의 실천과 연구에서 왜 이것이 중요할까? 첫째, 종교단체의 탁월한 기능 중 하나는 교육이다. 그러한 단체에 속해 있는 이들의 주요 목표는 배우고, 발달하고, 성장하는 것이다. 이것은 신성한 저술에서뿐만 아니라 역사를 통해서 헌신된 사람들의 모임에서도 가르침, 배움, 그리고 영적 성장과 같은 용어가 두드러진 유대-기독교 전통 내에서 분명한 경우다. 그래서 종교 지도자들이나 단체들이 예배당과 교회의 활동을 구성하는 사업이나 장소에 어떤 종류의 목적이 있는지, 또는 반영되어야만 하는 목적이 무엇인지를 신중히 고려하는 것은 놀라운 일이 아니다. 분명히 학습과 발달과 성장과 관련된 목적이 우선되어야 한다.

특히 초기 단계에서의 학습이 숙달 목표 맥락에 의해 특별히 촉진될 것 같음을 보여 주는 연구(Midgley, 2002)가 있다. 첫째, 이러한 목표는 자기 자신이 누구인지, 무엇을 할 수 있는지에 덜 집중하도록 해 준다. 그 대신에 행동과 존재에 대한 본질적 이유에 좀 더 집중할 수 있다. 또한 숙달 목표는 대인관계에서의 경쟁과 사회적 소외를 덜 조장하는 듯하고, 도움을 구하고 주는 것을 더 권면하는 것 같다(비교. Karabenick, 2003; Ryan, Gheen, & Midgley, 1998). 심지어 개인의 성취나 최선을 다하는지에 초점이 맞춰질 때에도 숙달 목표는 사람들 간의 경쟁을 조장하지 않고 개인적 성장을 도모하면서 사회적 결속을 돕는 경향이 있다. 비록 이러한 것들은 가장 쉽게는 종교단체의 후원하에 있는 학교나 다른 교육적 활동과 관련되어 있는 듯 보이지만, 그 이상의 함의가 있을 것 같다.

결정 모델의 세 번째 변인은 다소 관심을 덜 받아 왔다. 그것은 행위를 위한 선택은 지각된 방안 사이에서 이루어진다는 것이다. '가능한 자기들'(Markus & Kitayama, 1991; Markus & Nurius, 1986)뿐만 아니라 '주관적 문화'(예, Triandis, 1972) 상에서의 작업은 한 사람이 살고 움직이고 규정되는 사회·문화적인 모체가 어떻게 대안 행동을 장려하거나 금지하는지를 예시하고 강조한다. 종교는 분명히 역할과 규범의 정의에 기여하며, 이상적이면서도 가능한 자기의 정의에도 기여한다. 그러므로 이는 지지자들이 두드러진 방안을 선택하는 데 의미 있게 기여한다.

우리가 수행하는 역할과 우리가 따르는 기준, 그리고 가능하며 허용되고 가치 있다고 여겨지는 방안은 한 공동체 또는 여러 공동체에 의해서 만들어지고 확립되었다. 이러한 공동체들은 종종 믿음 체계를 둘러싸고 만들어지며, 개인이 아무리 중요하고 특별한 역할을 한다 하더라도 그 역할은 공동체 안에서 하게 된다. 신앙공동체에 소속되고 참여하는 것은 유대-기독교 전통 안에서 분명히 중요한 요소다. 예를 들어, 히브리 성경의 하나님과 하나님을 대신하는 선지자들은 계속해서 '사람들'에게 말을 건다. '신앙공동체'의 개념은 기독교 전통 안에서 유지되어 왔다. 전통적으로 사도 베드로에 의해 쓰인 베드로전서에서 말하듯이, "너희가 전에는 백성이 아니더니 이제는 하나님의 백성"이다(벧전 2:10).

비록 종교심리학의 책들이 가끔 개인과 그의 종교, 또는 종교와 개인이라는 제목을 사용하기는 하지만(비교. Allport, 1950; Batson, Schoenrade, & Ventis, 1993), 이들은 종교, 특히 서양 세계에 비춰지는 종교에 대한 최근의 관심을 반영한다. 유대-기독교 전통에서 종교 활동과 신념을 반영하는 것은 공동체의 참여와 구성원에 대한 강조를 의미한다. 선지자와 사도는 규칙적으로, 예를 들어 '하나님의 사람들'이라는 정체성의 견지에서 '옳은 행동'을 위한 부르심을 짠다. 이러한 방식으로 언급되었듯이 정체성, 특별한 책임감, 또는 '부르심'은 도덕, 정의 또는 친절한 반응의 기본으로 강조된다. 더욱 일반적으로 유대-기독교 전통 내에서 옳은 생각, 감정, 그리고 행동은 대개 '해야 할 일과 하지 말아야 할 일'의 목록이 아닌 당신이 누구인지에 대한 통찰과 하나님 앞의 당신의 자리에 의해 정기적으로 틀이 만들어진다. 이와 유사하게 위로, 소망, 언약, 그리고 안녕은 공동체의 구성원으로서 그 사람이 어떠한 정체성을 가지고 있는지에 달려 있다. 게다가 교회와 회당뿐만 아니라 다른 기관들도 그들만의 문화를 가지고 있는데, 존재하고 생각하고 느끼는 방식이 곧 그 문화다. 특별히 중요한 것은 그들이 도모하거나 지양하는 '행동적 방안'이다. 지역 교구들에 의해 제시되고 촉진되는 문화에 대한 고려는 유대-기독교 전통의 종교 생활에 대한 연구에서 분명한 가치를 지닌다.

요약하면, 생각하고 행동하고 느끼기 위한 방안을 제시하는 사회·문화적 공동체 내에 목적, 자기의 개념, 그리고 정체성이 진화되고 자리하고 있기 때문에 결정이론의 틀에서 보는 동기적 과정은 이러한 것들에 대한 고려를 포함한다. 이러한 관점은 종교에 대한 연구가 '신자의 모임: 개인의 삶에서의 모임'의 중요성과 위치, 발생하는 대인 간 상호작용의 특징, 그리고 결과로 나타나는 성과에 중요하게 초점을 맞추어야 한다고 제안한다. 비록 '개인과 그의 종교'에 대한 연구는 분명히 그 위치를 확보하고 있지만, 모임 또는 종교단체의 구성원으로서 개인에 대한 연구는 절대 간과되어서는 안 된다.

결론

　처음에는 어느 정도의 의혹이 있었지만, 이후에 내 사촌이 근본적으로 옳았음을 알게 되었다. 종교는 때때로 의미 있는 동기 유발 요인이 되기도 하고, 될 수도 있다. 그러나 종교는 심리학자들에 의해서 연구되고 잘 알려진 기본적 과정에 어떤 영향을 주기 때문에 종교는 어떤 효과든지 가지고 있는 듯하다. 종교공동체 내에서 위로를 주고 찾으며, 도움을 구하고, 기도하고, 예배하는 집회에 의해서 유지되고, 촉발되며, 정의되는 것들을 포함하는 자기의 개념, 목적과 목적의식의 틀, 사회적 기대, 규범, 대인 간 영향에 대한 반응 등이 그것이다. 사회과학에서의 연구는 우리에게 기성의 유대–기독교적 전통의 관점을 떠올리게 한다. 비록 가끔 인간을 그렇게 연구할지는 몰라도, 사람은 섬이 아니다. 사람들은 적어도 정체성, 목적, 의미, 가치에 대한 가정을 공유하고 확인하며, 또는 하나의 종교공동체를 종종 포함하고, 포함할 수 있는 사회 · 문화적 틀 안에서 결정하고 선택하고 행동한다. 만약 이런 관점이 타당하면, 그 뒤에 아마도 더 많은 연구가 개인이 살고 움직이고 존재하는 사회 · 문화적 모체의 부분으로서 종교나 영성에 대해 더 많이 초점을 맞추어야 한다. 종교 모임이나 학교에 대한 연구가 시작할 수 있는 한 영역이다. 몇몇 주목할 만한 작업이 그 길을 닦아 왔고, 나는 종교와 영성에 관한 현대의 문헌에 자주 인용되지 않는 하나의 예를 인용하였다. 종교적 학교들은 신앙공동체가 제공하는 사회 · 문화적 모체를 고려하기 위해 접근 가능하고 잘 맞는 장소다. 이러한 점에 대해 교회에서 후원하는 학교들에 대한 퍼시킨(Peshkin)의 민족학 연구(1986)는 시작하기에 적합한 위치일 수 있다. 학교나 다른 사회적 상황 내에서 도움을 찾기, 도움을 주기, 포함시키기, 배제하기를 다루는 심리학 내에서 점점 증가하는 문헌들은 이러한 노력의 보완적 확장을 제공한다.

　하지만 특수하게는 종교적 학교들을 포함하는 종교단체들 안에서의 삶으로부터 기인하는 다른 성과들을 고려하는 데 있어서 목적과 초점이 있다. 창의력과 같은 변인들(Amabile, 1996; Csikszentmihalyi, 1996), 건강과 안녕(예, Myers, 2000), 그리고 성취가 그것이다. '개신교도들'은 정말로 자신들이 그래 왔지만 더 이상 성취를 요구하지 않는다. 이와 관련하여 지역교구 학교의 효과성에 대한 중요한 연구가 브리크, 리, 홀랜드(Bryk, Lee, & Holland, 1993)에 의해 진행되었다. 이러한 학교들이 특별히 공립학교에서 종종 실패의 위험을 겪는 소수집단 출신의 배경을 가진 아동들을 돕는 데 효과적이라는 점이 주요 결론이다. 브리크 등은 이러한 연구 결과가 실질적으로 연구되지 않은 '영적 상황'이 아닌 학교의 집중적 교과과정으로 귀인하였다. 하지만 영적 신념이 학습과 성취에서 투자와 관련이 되는지를 고려하는 것이 나쁜 생각은 아니다. 결국, 이전 시대에 언급된 (Weber, 1930) 그러한 관계가 현재의 종교, 동기, 성취에 대한 현재의 관심사에 기초를 제공한다.

아마도 현대의 사회복지업자와 같이 신앙을 바탕으로 한 단체들의 현재 촉진은 종교가 제공하는 의미가 어떻게 동기화하도록 제공할 수 있는지, 그리고 하는지에 대한 주의 깊고 체계적인 검토를 위해 잘 들어맞고 유익을 주는 장소가 될 수 있다.

참·고·문·헌

Allport, G. W. (1950). *The individual and his religion: A psychological interpretation.* New York: Macmillan.

Allport, G. W. (1955). *Becoming: Basic considerations for a psychology of personality.* New Haven, CT: Yale University Press.

Amabile, T. M. (1996). *Creativity in context.* Boulder, CO: Westview Press; and HarperCollins, New York.

Amabile, T. M., & Hennessey, B. A. (1992). The motivation for creativity in children. In

A. K. Boggiano & T. S. Pittman (Eds.), *Achievement and motivation: A social-developmental perspective* (pp. 54-74). New York: Cambridge University Press.

Atkinson, J. W. (1957). Motivational determinants of risk-taking behavior. *Psychological Review, 64*, 359-372.

Batson, C. D., Schoenrade, P., & Ventis, W. L. (1993). *Religion and the individual: A social-psychological perspective.* New York: Oxford University Press.

Baumeister, R. F. (1991). *Meanings of life.* New York: Guilford Press.

Baumeister, R. F. (1998). The self. In D. T. Gilbert, S. T. Fiske, & G. Lindzey (Eds.), *Handbook of social psychology* (4th ed., Vol. 1, pp. 680-740). New York: McGraw-Hill; and Oxford University Press.

Baumeister, R. F., & Leary, M. R. (1995). The need to belong: Desire for interpersonal attachments as a fundamental human motivation. *Psychological Bulletin, 117*, 497-529.

Bryk, A. S., Lee, V. E., & Holland, P. B. (1993). *Catholic schools and the common good.* Cambridge, MA: Harvard University Press.

Cohen, A. B., & Rozin, P. (2001). Religion and the morality of mentality. *Journal of Personality and Social Psychology, 81*, 697-710.

Csikszentmihalyi, M. (1996). *Creativity: Flow and the psychology of discovery and invention.* New York: HarperCollins.

Doniger, S. E. (1962). *The nature of man.* New York: Harper.

Eccles, J. (1983). Expectancies, values, and academic behaviors. In J. T. Spence (Ed.), *Achievement and achievement motives* (pp. 75-146). San Francisco: Freeman.

Elliot, A. J. (1997). Integrating the "classic" and "contemporary" approaches to achievement motivation: A hierarchical model of approach and avoidance achievement motivation. In M. L. Maehr & P. R. Pintrich (Eds.), *Advances in motivation and achievement* (Vol. 10, pp. 143-179). Greenwich, CT: JAI Press.

Elliot, A. J. (1999). Approach and avoidance motivation and achievement goals. *Educational Psychologist, 34*, 169-189.

Emmons, R. A. (1999). *The psychology of ultimate concerns: Motivation and spirituality in personality.* New York: Guilford Press.

Emmons, R. A., & Paloutzian, R. F. (2003). The psychology of religion. *Annual Review of Psychology, 54,* 377-402.

Evans, C. S. (1989). *Wisdom and humanness in psychology: Prospects for a Christian approach.* Grand Rapids, MI: Baker Book House.

Hill, P. C., & Pargament, K. I. (2003). Advances in the conceptualization and measurement of religion and spirituality: Implications for physical and mental health research. *American Psychologist, 58,* 64-74.

Karabenick, S. A. (2003). Seeking help in large college classes: A person-centered approach. *Contemporary Educational Psychology, 28,* 37-58.

Maehr, M. L., & Braskamp, L. A. (1986). *The motivation factor: A theory of personal investment.* Lexington, MA: Heath.

Maehr, M. L., & Midgley, C. (1996). *Transforming school cultures.* Boulder, CO: Westview Press.

Markus, H. R., & Kitayama, S. (1991). Culture and the self: Implications for cognition, emotion, and motivation. *Psychological Review, 98,* 224-253.

Markus, H., & Nurius, P. (1986). Possible selves. *American Psychologist, 41,* 954-969.

McClelland, D. C. (1961). *The achieving society.* Princeton, NJ: Van Nostrand.

McClelland, D. C. (1985). *Human motivation.* Chicago: Scott Foresman.

McClelland, D. C., Koestner, R., & Weinberger, J. (1989). How do self-attributed and implicit motives differ? *Psychological Review, 96,* 690-702.

Meehl, P. (1958). *What then is man?* St. Louis, MO: Concordia.

Midgley, C. (2002). *Goals, goal structures, and patterns of adaptive learning.* Mahwah, NJ: Erlbaum.

Miller, W. R., & Thoresen, C. E. (2003). Spirituality, religion, and health: An emerging research field. *American Psychologist, 58,* 24-35.

Myers, D. G. (1978). *The human puzzle: Psychological research and Christian belief.* San Francisco: Harper & Row.

Myers, D. G. (2000). *The American paradox: Spiritual hunger in an age of plenty.* New Haven, CT: Yale University Press.

Peshkin, A. (1986). *God's choice: The total world of a fundamentalist Christian school.* Chicago: University of Chicago Press.

Powell, L. H., Shahabi, L., & Thoresen, C. E. (2003). Religion and spirituality: Linkages to physical health. *American Psychologist, 58,* 36-52.

Rogers, C. R. (1961). *On becoming a person.* Boston: Houghton Mifflin.

Ryan, A. M., Gheen, M. H., & Midgley, C. (1998). Why do some students avoid asking for help? An examination of the interplay among students' academic efficacy, teachers' social-emotional role, and the classroom goal structure. *Journal of Educational Psychology, 90,* 528-535.

Schein, E. H. (1985). *Organizational culture and leadership.* San Francisco: Jossey-Bass.

Seeman, T. E., Dubin, L. F., & Seeman, M. (2003). Religiosity/spirituality and health: A critical review of the evidence for biological pathways. *American Psychologist, 58,* 53-63.

Triandis, H. C. (1972). *The analysis of subjective culture.* New York: Wiley-Interscience.

Weber, M. (1930). *The Protestant ethic and the spirit of capitalism.* New York: Scribner.

Chapter 08

덕, 악 그리고 인격 교육

Everett L. Worthington Jr. and Jack W. Berry

> 영혼의 순수함은 동의 없이 잃어버릴 수 없다.
>
> -칼 바르트(Karl Barth)

이 장에서 언급된 중심적 질문은 이것이다. 만약 심리학자들이 유대-기독교적 세계관을 진지하게 받아들인다면 성격 발달, 덕, 악에 관한 연구와 실제는 어떻게 영향을 받을까? 이 중심적 질문은 또 다른 질문에 대한 여러 논의를 부른다. 첫째, 유대-기독교 세계관은 단 하나인가? 둘째, 덕과 악에 대한 기독교직·세속적·유대적 접근은 어떻게 상호작용하는가? 셋째, 유대주의와 기독교는 덕, 악, 그리고 인격 교육에 대한 세속적 심리학의 이해에 무엇을 더할 수 있는가?

우리는 이 장의 연구 일정 부분이 펫저 연구소(Fetzer Institute)와 존 템플턴 기금을 기반으로 이루어졌음에 감사를 표한다. 또한 편집자들과 토론자들의 피드백에 감사한다. 특히 해럴드 델라니는 여러 덕목에 좋은 명칭을 제안하였다. 또 랍비 잭 스피로는 유대적 관점에 대한 귀한 배경 정보를 제공해 주었다.

넷째, 이 영역에서 심리학과 신학의 통합은 이루어질 수 있는가?

유대-기독교 세계관에서 차이점을 검토하기

비록 유대인들과 기독교인들이 히브리 성경을 공유하고 있지만, 그들은 서로 다른 해석을 한다. 유대교의 큰 세 분파―정통, 보수, 개혁―안에 다시 여러 파가 있다. 기독교는 심지어 더 많이 갈라져 있다. 크게 세 가지 주요 분파가 있는데, 로마 가톨릭, 정교(그리스, 러시아와 그 외), 그리고 개신교(예, 주류파, 복음주의자, 근본주의자)다. 신학에서 기독교 전통을 아우르는 차이가 있다. 이러한 차이의 여러 차원 중 하나가 자유주의와 보수주의다. 덕과 악에 대한 많은 이해에 따라 기독교에는 수백 종류의 분파가 있다. 단 하나의 통일된 '기독교 세계관' '유대적 세계관'이나 세속적 세계관이란 없다. 몇 가지 공통점에도 단 하나의 확실한 유대-기독교 세계관은 없다.

전통적으로 덕은 (나쁘고 잘못되고 사악한) 악을 피하면서 좋고 옳고 훌륭한 존재나 행위를 향한 사람을 미리 만드는 성격 특성이 된다고 이해되어 왔다.

고대 그리스, 유대인, 기독교인에 의해 공유된 이러한 관점은 선함이 객관적이고 절대적으로 존재하며, (악함이 그렇듯이) 우리가 자연스럽게 하기를 원하는 것과 일반적으로 같지 않다고 가정하였다. 예를 들어, 내가 디저트를 먹고 싶어서 먹었다면 나의 행동은 덕이 아니다. 그러나 덕이 있는 사람은 쉽든 어렵든, 비용이 들든 들지 않든, 노력을 요하든 요하지 않든 관계없이, 결국 좋고 옳고 훌륭한 것을 열망하였다. 그리스인, 유대인, 그리고 기독교인, 이러한 문화 안의 사람들은 정확하게 무엇이 덕이고 악인지에 대해서 자주 이견을 보이지만, 덕과 악이 진정으로 존재한다고 동의하였다. 칸트 이후로 사람들은 덕은 노력이 필요하고 노력에 연습을 요구하는 인격이라고 이해하기 시작하였다. 그래서 만일 어떤 여자가 자신이 원하거나 상급을 받기 위하여, 또는 일을 한 후에 좋은 기분을 느끼기 위하여 친절한 행동을 한다면, 그것은 덕으로 간주되지 않는다. 만약 한 사람이 도둑질할 상황이 아니었기 때문에 도둑질을 하지 않았다면 그 또한 덕이 아니다. 이러한 이해의 방식에서, 덕은 노력과 연습을 필요로 한다. 오늘날에는 덕에 대한 절대 선적 이해와 노력을 근간으로 하는 이해 둘 다 존재한다.

덕과 악은 항상 도덕적으로 보이지 않는다. 예를 들어, 덕의 정직은 진실을 말하고 거짓을 피하는 도덕적 덕이다. 창조적이 되려는 노력의 여부나 단조로움이나 일상을 피하기 위한 노력의 여부는 도덕적 결정이 아니지만, 창조성은 또한 덕으로 보일 가능성이 있다.

긍정심리학에서 발전된 최근의 목록을 포함하여 덕과 악의 많은 목록이 존재한다(http://www.psych.upenn.edu/seligman/taxonomy.htm). 덕과 악은 각각의 목록에서 저자가 따라 왔던 역사적 유산을 반영해 온 경향이 있다. 덕과 악, 인격 교육을 이해하는 주요 역사적 행로를 개괄적으로 검토해 보자.

여기서 우리는 세 가지 주제를 가지고 덕과 악, 인격 교육에 대한 세속적·유대적·기독교적 접근을 검토한다. 첫째, 이성이나 열정의 수월성, 둘째, 관계의 역할, 셋째, 악을 피하고 덕 있는 개인의 활동의 일차적 책임은 그 사람에게 있는지(예, 자기통제) 아니면 하나님에게 있는지(예, 하나님에 의한 통제: 이 책의 9장을 보라)에 관한 것이다.

그리스, 로마 그리고 현대의 세속철학과 심리학

열정 대 이성, 관계, 자기통제상에서의 세속철학

세 가지의 폭넓은 철학적 움직임은 덕과 악, 인격 교육에 현대심리학적 접근을 빚어 내는 유산을 만들었다. 그것은 첫째, 고전적 그리스·로마의 덕 윤리, 둘째, 도덕적 행위를 위한 보편적·형식적 (규칙에 근거한) 기초에 대한 계몽주의적 탐구, 셋째, 계몽주의에 대한 낭만주의적이고 후기 근대주의적인 대안이다.

옛날 고대에 그리스 · 로마 철학자들은 도덕을 좋은 삶을 살도록 인도하는 인격의 질을 개발하는 사안으로 보았다. 플라톤은 영혼에 세 단계의 수준이 있다고 하였다. 생리적 욕망은 음식, 성, 수면 등등에 대한 자연스러운 육체적 욕망을 포함한다. 영은 명예를 위한 열정, 영광, 화, 그리고 다른 감정을 위한 갈망을 포함한다. 가장 높은 수준의 지성은 합리적 사고와 의사결정에 참여할 수 있고 낮은 열정을 통제할 수 있다. 지성은 건강한 영혼에서 개인을 고결하고 덕스러운 삶으로 인도하는 방식으로 영과 생리적 욕망을 통제한다. 덕은 아리스토텔레스에게도 공적 사안이고, 인격 교육은 자신을 스스로 통제할 수 있도록 하는 교육이었다. 에픽테투스(Epictetus)나 세네카(Seneca)와 같은 로마의 스토아 철학자들은 세상과의 분리를 지지하였다. 그들은 자기통제와 덕을 장려하기 위해 순수이성을 권장하였다. 세부 내용이 다름에도 고대 그리스 · 로마의 철학자들은 인간의 이성을 사회 안에서 덕스러운 삶의 중심으로 보았다. 덕은 일치를 형성하였고, 모든 것은 자기통제를 향한 인간의 노력에 뿌리를 두고 있다.

이성을 최고로 여긴 고전적 그리스 · 로마인들의 견해는 르네상스와 함께 부활하여 여러 세기 동안 지속되었다. 하지만 계몽주의 시대에 칸트와 공리주의자들의 영향 아래 덕을 기반으로 하는 윤리가 합리적이고 규칙 위주의 윤리로 대체되었다(또는 제2의 자리로 밀려나게 되었다). 특정한 공동체로부터 모든 독립적이고 합리적인 인간들에게 보편적으로 적용 가능한 객관적 임무와 도덕적 규칙이 윤리의 지도 원리였다.

낭만주의가 발흥하면서 객관적이고 보편적인 도덕률에 대한 계몽주의의 가정은 공격을 받았다. 대신에 직관, 창의성, 이국적 정서, 그리고 인간 열정의 선함에 대한 신뢰가 지배적인 윤리적 사고가 되었다. 힘멜파브(Himmelfarb, 1994)는 근대주의가 사회를 덕에 대한 관심으로부터 가치에 대한 관심으로 옮겨 가게 했다고 논의하였다. 그녀는 가치를 첫째, 각자로부터 그리고 덕으로부터 분리되고, 둘째, 근본적으로 주관적이라고 보았다. 오늘날 후기 근대주의 철학은 가치에 대한 급진적 상대주의를 조장하고, 역사적으로 지식과 윤리의 의존적 공동체에 초점을 맞추면서 절대적 진리를 지속적으로 거부하고 있다.

근대심리학에 나타난 세속철학

이런 광범위한 세속철학의 흔적은 도덕 발달과 행동을 언급하는 현대심리학의 이론에서도 발견될 수 있다. 프로이트의 구조이론은 플라톤의 영혼의 세 단계와 유사점이 있는데, 자아(이성)는 신체적 욕망과 성격의 감정적 측면보다 우위에 있다고 여겨졌다. 바우마이스터(Baumeister, 1997)의 사악(악)과 인간의 강점(덕)에 대한 접근은 마치 고전적 골동품의 것과 같이 자기통제를 도덕적 행동의 중심에 두었다. 우리는 바우마이스터의 이론을 후에 더 자세히 논의한다.

많은 계몽주의 이론과 같이 도덕 행위에 대한 최근의 행동주의 이론들은 도덕 규칙의 습득을 강조하면서 덕스러운 인격 개발의 개념은 소홀히 한다. 마찬가지로, 콜버그(Kohlberg)(Puka, 1994)는 자신의 윤리적 틀 속에서 명백하게 칸트적이며 엄격하게 형식적이고, 추론하기에 기초한 입장에서 도덕 발달 단계를 다루었다.

결국, 인본주의 심리학, 다문화주의, 그리고 이야기 심리학은 모두 낭만주의의 영향과 그에 대한 후기 근대주의의 파생임을 보여 준다. 이는 특히 직관적이고 상대적인 가치의 고양 속에 나타난다. 보편적 도덕률의 가능성을 거부하는 후기 근대주의 철학은 모순된 이론들이 쉴 수 있는 우산을 제공해 왔다. 이를 통해 종교와 심리학 사이에 서로 존중할 만한 대화가 있었다(Jones, 1994). 이는 심리학자들로 하여금 고전적 접근과는 차이를 가지고 덕과 악을 다시 생각하도록 하였다(Sandage & Hill, 2001). 최근 긍정심리학과 합치되는 영역에서도 덕은 고려된다(Seligman & Csikszentmihalyi, 2000). 고전적 그리스 · 로마의 윤리이론과는 달리, 현대심리학 이론은 덕의 일치성을 강조하지 않는다. 긍정적 특성과 행동 각각은 서로 독립적으로 보여지며, 각자 자체의 문헌을 가지고 있다.

〈표 8-1〉에서 덕에 관한 몇몇 심리학적 논평 기사와 책을 분석해 보았다. 이 자료들은 저자들이 이 분야의 전문가이기 때문에(또는 저자들은 책의 장들을 편집하였다) 편리하게 선택된 샘플이다. 덕에 대해서 서로 완전히 따로 측정한 상태에서 우리는 각 참고문헌을 분석하였다. 우리는 참고문헌의 수를 (a) 전체적으로, (b) 검토하에 특정한 덕에 대해, (c) 〈표 8-1〉 안에 다른 덕을 하나 또는 그 이상, (d) 〈표 8-1〉에 없는 덕에 대해서도, (e) 종교에 관해, (f) 자기통제에 관해, (g) 기타 다른 자료를 집계하였다. 우리는 중심 덕을 인용하고 있는 기사들의 분수를 계산하였다(예, 각각의 논문을 [a]로 나눈 [b]의 평균). 평균은 .18이었다. 이 결과는 자료들이 중심 덕을 강조함을 나타낸다. 하지만 참고자료의 〈표 8-1〉에 나타나 있는 아홉 가지 다른 덕에 대한 평균분수(예, [c]를 [a]로 나눈 평균)는 고작 .03이었다. 이는 각각으로부터 덕에 대한 문헌들이 실질적으로 분리되어 있음을 나타낸다. 종교에 대한 참고문헌의 평균비율은 (예, [a]를 [e]로 나눈 평균) .06이었다. 이는 덕이 종교와 매우 분리되어 있음을 나타낸다.

인격 교육의 심리학에 나타난 세속철학

많은 후원자 단체는 인격 발달에 관심이 있다. 부모들(예, Bornstein, 1995), 공교육과 사교육, 홈스쿨(Devin, 1999), 그리고 교회와 회당들은 의도적인 인격 교육을 지원한다. 또래(Harris, 1998; 이 책의 12장을 보라)나 미디어(Danish & Donahue, 1996)에 의한 의도적이지 않은 인격 교육 또한 강력하다.

세속적 심리학 모델은 인격 발달의 가장 근대적이고 계몽주의적인 모델로 기술될 수 있다. 예를 들어, 첫째 콜버그(Puka, 1994)의 도덕추론 발달모델(검토를 위해 Jaffee & Hyde, 2000을 보라), 둘째 인라이트(Enright, 1994)의 용서에 대한 추론모델, 셋째 살로베이(Salovey)의 감성지능(Salovey & Mayer, 1989~1990), 넷째 파울러(Fowler, 1981)의 신앙발달모델(검토를 위해 Worthington, 1989를 보라)은 개인심리학에 근거하고 있으며, 모두 규칙 기반형 추론과 합리적 문제해결법을 강조하고

〈표 8-1〉 덕에 관한 10개의 문헌 연구의 참고문헌 목록에서 문헌의 내용 분석
(Content Analysis of References Within Bibliographies in 10 Reviews of Research on Virtues)

참고문헌 수

덕	참고문헌	총계(a)	특정한 덕목(b)	표로 작성된 이들 개의 다른 덕(c)	이 표에 열거되지 않은 덕(d)	종교(e)	자기통제(f)	기타(g)
희망	Snyder(1994)	899	69	7	6	1	18	798
감사	McCullough, Kilpatrick, Emmons, & Larson(2001)	141	19	9	1	2	0	110
용서	McCullough, Pargament, & Thoresen (2000)	708	240	9	5	47	4	403
영성	Emmons(2000)	403	22	6	1	85	5	284
지혜	Brown(2001)	606	37	4	1	27	0	537
사랑	Levin(2000)	85	39	4	0	7	0	35
자기통제	Baumeister & Exline(2000)	20	8	1	1	1	N/A[a]	9
겸손	Tangney(2000)	43	7	4	2	0	0	30
이타성	Post et al. (2002)	989	78	48	67	70	7	719

[a] b열을 보시오.

있다. 고전적 덕 윤리나 윤리에 대한 좀 더 종교적인 접근과 달리, 이 모델들은 인격 발달에 대한 광범위한 주제를 등한시하며 인격이 어떻게 발달하는가를 보여 주는 데 인간의 관계적 본성을 고려하지 않는다.

덕과 악에 대한 세속심리학적 접근

바우마이스터(Baumeister, 1997)는 사회심리학적 관점에서 악을 연구하였다. 이는 계몽주의와는 달리 인격 교육을 위한 세속적이고 과학적인 근거를 제공할 수 있고, 고전적 덕 윤리와 유사성이 있기 때문에 우리는 이 이론을 조금 더 자세히 검토해 보려고 한다. 바우마이스터는 그의 방법에 대해 "나는 내가 모을 수 있는 발견과 사실에 근거하여 이론을 만들려고 하였다. 그래서 이론가들이 악에 대해 말해 온 것을 보호하려는 체계적 노력을 하지 않았다.··· 나는 막대한 사실적 증거에 충실하고 주의 깊게 머물러서 가능한 한 가장 정확한 결론을 창출하기를 바란다."라고 기술했다(p. vii).

바우마이스터는 악을 가해자의 관점에서 분석하였다. 일반적으로 우리는 악을 피해자나 구경꾼 또는 사회가 보는 점에서 개념화한다. 피해자는 전형적으로 악은 가해자가 자신의 쾌락을 위해서 또는 파괴나 혼란을 만들려는 갈망에 의해 동기화된다고 여긴다. 하지만 가해자가 보는 관점에서 거의 모든 폭력은 가해자가 공격당했다고 느끼거나 자신의 인격적 존중이 위협을 당했다고 느낄 때 발생한다. 일반적으로 폭력적 일화에 포함된 양측이 모두 자극을 받았다고 느낀다(Baumeister, 1997). 사람들은 자신의 피해자 입지를 정당화하고 보복적 폭력을 합리화하기 위해서 서로 상대방의 공격적이고 해를 끼치는 행동에 초점을 맞춘다. 악한 행동을 하는 대부분의 사람은 죄책감 때문에 자신이 타인에게 해를 끼치는 것을 허용하기 위해 인지적 속임수를 사용한다. 전형적으로 그들은 악하게 행동하려고 스스로 정당화하는 생각을 하거나 상황을 기계적 해결이 필요한 문제가 있다고 자의적으로 해석한다. 갈등, 전투, 그리고 타인에 대한 악의의 행위는 내

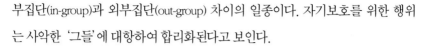

부집단(in-group)과 외부집단(out-group) 차이의 일종이다. 자기보호를 위한 행위는 사악한 '그들'에 대항하여 합리화된다고 보인다.

　역사를 통해 모두는 사악할 수 있다. 사실, 바우마이스터는 사람들이 악을 행하지 않는 이유보다 사람들이 악을 행하는 이유를 설명하기가 더 쉽다고 제안하였다. 하지만 사회는 선을 끌어당기는 힘이 있다. 사람들이 친사회적으로 행동하면 사회적 관계는 더 부드럽고 생존 가능성이 있다. 그는 자기통제가 악을 저지하기 때문에(이 책의 3장을 보라) 사람들은 그들이 하는 악보다 더한 악은 저지르지 않는다고 제안하였다. 사람들의 자기통제가 스트레스, 피곤, 공격성을 조장하고 지지하는 인지적 정당화나 공격성을 탈억제하는 사회적 조건을 통해서 약화될 때, 사람들은 자신의 사악한 동기를 마음껏 누린다. 바우마이스터는 자기통제에 대해 광범위하게 연구하였다(Baumeister & Exline, 2000). 자기통제는 학습될 수 있고 연습을 통해 증가시킬 수 있기 때문에 이 덕은 인격 교육에 중요한 역할을 한다. 우리는 나중에 이 입장을 비평한다.

유대교

근본적 믿음

　일반적으로 유대교는 종교와 사회·정치학적 공동체 둘 다에 속한다고 본다(Silver, 1957). 대부분의 유대인은 그들의 전통과는 상관없이 인간은 선과 악을 선택할 능력을 가지고 태어난다고 믿는다. 유대교의 중심적 초점은 토라에 의한 삶—하나님을 알고 신적 삶을 살기—에 놓여 있다(이 책의 10장을 보라). 유대교의 중심적 특성 중 하나는 모든 사람이 때때로 죄 속에서 길을 잃기 때문에 하나님의 행로로 돌아감을 의미하는 테슈바(teshuvah)(Dorff, 1998)다. 히브리 역사를 통해 하나님은 인간이 살 수 있는 길을 계시하였다. 토라는 유대인들이 길에서 벗어났을 때 돌아오는 방법을 기술한다. 먼저 「토라」(문자적으로 의로운 행동에 대한 법들)는 하나님을 향한 행로를 기술한다. 새로운 목소리들이 그들의 상황적 견지에서 토라를 해석한 다른 성경 저자들과 선지자들의 형태 속에 등장하였고, 그 저술들은 히브리 성경으로 모아졌다. 이런 글들이 중단되었을 때(약 B.C. 400년) 유대인들이 직면한 많이 당황스러운 새로운 상황에서는 토라가 어떻게 적용될 수 있는지에 대한 해석이 필요하였다(랍비들의 지혜를 모아 한 권의 책으로 만든 짧지만 간결한 언급들, 『미슈나(the Mishnah)』). 유대 전통에서 랍비들은 간결하게 진리를 언급한다. 랍비들은 종종 속담을 구체화하기 위해 설명조의 글을 쓴다. 이러한 설명은 미드라시(midrash)라고 하는데, 이는 여러 설명과 설교로 구성되어 있다. A.D. 70년 이후에 유대인들이 전 세계로 흩어지게 되면서 많은 전문가는 현대의 상황 속에서 토라와 『미슈나』의 의도를 설명하는 편지들을 썼다. 이 모음은 탈무드로 알려졌는데, 방대한 탈무드는 유대인들이 하나님의 뜻에 합당하게 살고 하나님의 행로로 돌아오도록 돕는 해석과 여러 가지 법을 기술하고 있다.

'토라'를 알고 이성적으로 선택하는 것만으로는 충분하지 않다. 『교부들의 윤리학(Pirke Evot-a Mishnah Tactate)』에서는 만약 토라를 공부하고 선행을 하지 않는 것과 '토라'를 공부하지 않고 선행을 하는 것 중에 선택을 해야 한다면 선행이 우선되어야 한다고 말한다. 스타인버그는 "도덕적으로 훌륭함이 지성보다 우위에 있고, 얼마나 지식적이고 분별하는지에 상관없이 은혜롭고 바른 마음이 머리보다 우위에 있다.… 그리고 유대교의 영웅들은 현명하기 이전에 선한데, 그들은 보통 선할 뿐만 아니라 현명하다."라고 썼다(Steinberg, 1947, p. 66).

덕과 악에 대한 유대의 견해

유대교 내의 다양성에도 대부분의 전통은 필수사항에 대해 동의한다. 즉, 첫째, 사람들은 선과 악을 위한 역량이 있다. 둘째, 선을 선택하기가 핵심적 관심사다. 셋째, 유대인들이 악을 선택하는 대신 의로운 삶을 살아가는 데 이성은 가장 중요한 특성이고(예, '토라'나 다른 신성한 글들을 선택하기), 그들이 다른 길로 벗어났다면 하나님의 길로 되돌아올 수 있다. 넷째, 유대교는 사회 · 정치적 공동체다(Schimmel, 1997; Silver, 1957; Steinsaltz, 1980). 그래서 유대인들에게 덕과 악은 선택이다. 인격의 특성이나 기질이 되는 덕은 신적 선택을 연습함으로써 형성된다. 대부분의 유대인에게 대가의 덕은 신적 삶을 살고, 이성적이고 논리적인 의사결정을 하고, 신적 삶을 성취하기 위한 덕스러운 수단으로서 합리적 의사결정 위에서 자기통제를 따르는 것이다.

기독교

고전적 기독교 세계관과 그것의 현대적 출현

기독교는 유대주의로부터 죄와 회개의 생각을 유산으로 이어받았다. 아우구스티누스로부터 시작하여 기독교인들은 덕의 본질에 대한 고전적 사고에 참여하기 시작하였다. 기독교인들에게 인간성의 목적은 사랑하고 순종하며 하나님에게 항복하는 관계다. 덕은 이 관계와 따로 떼어 고려할 수 없기 때문에 기독교인들은 자율적 이성과 자기통제를 덕에 대한 그들의 이해의 중심에 놓지 않았다. 아퀴나스에 의하면, 이성은 열정을 통제할 수 없다(비록 아퀴나스가 분명히 이성을 높이 평가했지만 말이다). 오히려 열정 그 자체가 변형되어야 한다. 악한 열정을 대신하는 하나님의 열정적 사랑이 기독교인의 삶을 인도한다. 기독교는 고전적 철학에서는 덜 중요하거나 알려지지 않은 믿음, 소망, 자선, 겸손과 같은 덕을 강조한다. 우리는 기독교 사상의 발달에 대한 역사적 설명을 제공하는 데 목적을 두지 않기 때문에(2장을 보라) 자세한 내용은 다루지 않겠다. 중세에 기독교 덕의 많은 정확한 표현이 발달하였다고 말하면 충분하다.

초기 기독교 교회는 예수 그리스도의 삶 속에 있는 기독교 덕을 청년과 성인들에게 가르쳐서 전달하려 하였다. 덕의 기독교 모델은 그리스도다. 기독교인들에게 가장 중요한 교육 전략은 항상 그리스도와 기독교 공동체의 성인들과 그리스도를 닮는 것이었다. 그러므로 기독교 덕은 특정한 내러티브와 함께 신자들의 공동체에 의해 전승된다.

유대교와 기독교의 공유되는 부분과 독특한 부분

사람들은 덕과 악을 위한 역량이 있다

유대교(Silver, 1957을 보라)와 기독교는 모두 사람에게는 선과 악을 위한 역량이 있다고 이해한다. 기독교인들은 선과 악을 위한 역량이 세 단계로 생겨난다고 본다. 첫째, 인간은 하나님의 형상, Imago Dei로 창조되었고, 그 이미지를 지니고 있다. 이와 같이 인간은 근본적으로 관계적이고, 의미를 추구하고(예, 합리적), 도덕적으로 동기화되며, 창의적이고 결단력이 있다. 둘째, 인간들은 (타락한) 죄성을 갖게 되었다. 기독교인들은 하나님과 인간 사이의 근본적인 도덕적 간극은 인간이 의지로 불순종을 택했기 때문이라고 본다. 그래서 악은 선과 함께 인류에게 세대에 걸쳐 전달된다. 셋째, 기독교인들은 사람들이 자신을 통해 예수님이 일하시도록 하는 범위까지, 예수님의 대속적 죽음이 선을 위한 역량을 회복한다고 보았다. 기독교인들은 기독교 전통을 통해 다르게 이해되는 '새로운 자기'를 갖는다.

사람들은 관계적이다

유대인과 기독교인 모두는 인간은 기본적으로 관계적이라는 점에 동의한다

(이 책의 4장과 10장을 보라). 그래서 사람들은 공동체로부터 떨어져서 덕스럽게 살아갈 수 없다. 유대인들에게 하나님과 사람들과의 관계란 일차적이다. 아담과 하와로부터 아브라함에 대한 하나님의 부르심과 이스라엘이라는 언약적 백성의 창조(아브라함의 자손들)까지 하나님과 이스라엘의 관계는 오늘날까지도 이어지고 있다. 유대인들에게 종교는 또한 이스라엘 사람들의 공동체 안에서의 관련이기도 하다. 유대법의 많은 부분이 유대공동체 안에서 서로 어떻게 관계를 맺어야 하는지, 그리고 유대인들이 유대공동체 밖의 사람들과 어떻게 관계를 맺을 수 있는지를 겨냥하고 있다. 관계성은 유대주의의 심장이다.

기독교인들에게는 삼위일체의 교리가 인류 이전에 관계성이 존재했음을 제시한다. 즉, 삼위일체의 세 사람은 시간이 시작되기 이전에 이미 관계를 하고 있었다. 그렇기에 이스라엘 안에서, 그리고 교회 안에서 하나님과 인간 사이의 관계는 삼위일체 하나님의 관계적 본성의 자연적 부산물이다. 기독교에서 사람들의 관계적 본성은 율법과 선지자들의 모든 것을 두 계명으로 요약한 예수님의 명령 속에 있다. "너는 마음을 다하고 뜻을 다하고 힘을 다하여 네 하나님 여호와를 사랑하고"(신 6:5, 마 22:37), "네 이웃 사랑하기를 네 자신과 같이 사랑하라" (레 19:18, 마 19:19, 마 22:39). 이러한 계명들은 사회적 공동체에서 악의 결과를 경험하고 덕을 추구하면서 그 중심에 관계적 삶의 사명을 갖는 것으로 기독교인들을 정의한다.

사람들은 하나님과의 완벽한 관계 속에 있지 않다

악을 위한 인간의 역량은 하나님과의 관계에 문제를 만들어 낸다. 유대인과 기독교인은 모두 그들의 관계적·의미적·도덕적·창의적·의지적 결함을 느낀다. 사람은 하나님과의 관계 속에 있도록 창조되었기 때문에 인간 존재의 가장 중심적 문제는 하나님과의 화해가 어떻게 일어나는지 믿는가라는 점이다.

유대교에서 하나님은 선도자다. 하나님은 아담과 하와를 보전해 주셨고, 노아

를 구하셨으며, 아브라함과 모세를 불렀고, 다윗의 왕국을 건설했으며, 유대인
들을 바빌론과 페르시아의 노예 신분으로부터 회복시키셨다. 기독교 또한 하나
님을 화해의 선도자로 본다. 기독교는 히브리의 설명에 의지하면서 이 모든 역
사적 사건을 하나님의 회복의 노력을 받아들인 인간이 되어 인간을 위해 대신
죽으신 나사렛 예수가 육신을 입고 이 땅에 오심에 대한 전조로 본다.

유대인과 기독교인들은 화해에 대한 하나님의 제안에 다르게 반응한다. 유대
인들에게는 '토라'를 따르고(Applebaum, 1959; Silver, 1957을 보라), 죄가 발생할 때
하나님의 행로로 되돌아감을 통해 신적 삶을 사리에 맞고 의지력 있게 추구하는
것이 곧 열쇠다. 유대인들은 도덕과 윤리적 가르침과 그 가르침의 함의를 가지
고 자신의 행동을 의식적으로 순종하도록 하면서 사람들이 무엇을 하는지에 대
부분 관심을 갖는다. 기독교인들은 대부분 하나님의 화해의 사역에 감사함으로
반응하며, 예수의 행동에 근거하여 하나님의 용서를 받아들인다. 감사함은 하나
님의 선물에 대한 반응으로, 사랑을 (그리고 덕스러운 행동을) 동기화하는 기독교
인들의 근본적인 감정일 수 있다.

이성 대 열정

유대교와 기독교에 대해 과도한 일반화 없이 우리가 주요 효과에 대해 말하
고 있다는 분명한 신념을 가지고, 근본적으로 경험적 질문인 어떤 가설을 제안
한다. 우리는 다음과 같이 시험적 가설을 세웠다. 유대인들은 대부분의 기독교
인보다 이성을 더 높은 자리에 놓는다. 유대인들에게 이성이란 사람들이 자기
통제를 발휘하고 책임 있는 선택을 하도록 하는 방식이다. 그래서 유대인들에
게는 하나님의 행로에 머물기 위한 시도의 결과로 인격의 덕이 세워지고 악은
줄어든다. 대부분의 기독교 전통에서는 구원을 위해서 이성이 필수적이지만 그
것만으로는 충분하지 않다(요 1장을 보라). 삼위일체의 하나님이 누군가가 자신
의 의지를 통제하도록 허락하기 때문에 예수님의 인간을 위한 대속적 죽음에

대한 반응으로서 사랑과 감사 안에서 덕이 세워지고 악은 줄어든다.

중요한 예고(caveat)

우리가 무엇을 가설로 세우고 또는 세우지 않을 것인지 명확히 하자. 첫째, 유대인들이 기독교인들보다 이성을 더 강조한다고 가설을 세움으로써 우리는 기독교인들이 이성이 부족하다고 제안하지는 않는다. 또한 유대인들이 감사함이 부족하거나 결핍되었다고 논의하지도 않는다. 우리는 특정한 덕을 성취하고 아마도 특정한 악을 피하는 데에서 생기는 상대적 중요성에 대해 집단 간에 차이가 있다고 가설을 세우고 있다. 확실히 이러한 가설에 대한 반대 형태들이 각 종교, 회중 모임, 그리고 개인 안의 하위집단에서 발견될 수 있다.

둘째, 우리는 덕과 악의 패턴이 고대에 의해서 제안된 패턴을 정확하게 반영할 것이라고 논의하지 않는다. 무엇이 덕이고 악인지에 대한 사람들의 이해는 시간이 흐르면서 진화해 왔다. 우리의 가설은 역사로부터의 특정 철학이나 신학에 엄격하게 동조하는 것이 아니라 현재의 실천에 신경을 쓴다.

셋째, 유대주의와 기독교는 다양성의 특징보다는 유사성의 특징을 더욱 공유하기도 한다. 로키치(Rokeach, 1973)는 두 종류의 가치가 있다고 제안하였다. 그것은 갈망하는 최종 상태를 구체화하는 궁극적 가치(terminal value)와 최종 상태에 도달하는 행로를 구체화하는 도구적 가치(instrumental value)다. 이러한 도식을 설명의 도구로 사용하면서[심지어 슈워츠와 사기브(Schwartz & Sagiv, 1995)의 경험적인 다문화적 연구가 로키치의 도식을 지지하지 않음을 인식하면서] 우리는 다음을 제안할 수 있다. 최종의 목표상에서 유대인과 기독교인은 하나님을 아는 일차적 덕을 공유하는 것으로 보이고, 사람을 이해하는 바람직한 덕을 상대적으로 더 높게 보는 심리학과 다르게 보인다. 하지만 도구적 가치상에서 유대인들과 세속적 심리학자들은 이성과 자기통제를 기독교인들보다 높이 평가한다. 반면, 기독교인은 유대인과 세속 심리학자들보다 하나님의 통제에 항복하는 것을 더 높이 평가한다.

유대주의와 기독교는 덕에 대한 세속 심리학의 접근에 무엇을 더할 수 있을까? 여섯 가지 가능한 추가

만약 우리가 유대인과 기독교인의 세계관을 심각하게 받아들인다면, 덕에 대한 세속적 접근에 적어도 여섯 가지를 추가할 수 있다.

1. 종교적 관점은 아주 종교적인 사람을 더 이해하는 데 기여할 수 있다.
2. 종교적 관점은 덕에 대한 세속 심리학의 접근을 비평할 수 있다(세속 심리치료의 비평을 위해서는 Jones와 Butman, 1991을 보라).
3. 종교적 관점으로부터 덕을 이론화해서 검증 가능한 가설을 제공할 수 있다 (Roberts, 2001).
4. 신학적 접근은 세속적 접근에 의해 비평될 수 있다. 이는 신학적 접근을 발전시킬 수 있다.
5. 종교와 심리학적 관점의 상호작용과 통합은 어느 쪽에서도 제시되지 않았지만 연관성을 제공할 수 있다.
6. 신학적으로 덕에 대해 재단된 접근(악에 대한 회피)은 종교적인 사람들의 하위집단이 사용할 수 있는 개념과 추정을 사용하여 적용된 정보를 제공할 수 있다.

종교적 관점은 종교적 사람들을 이해하도록 도울 수 있다

첫째, 기독교 신학은 주요 동기가 자기통제가 아닌 하나님께의 항복인 사람들을 이해하는 데 도움이 될 수 있다. 거의 모든 현대심리학의 이론은 자기통제를 주요한 덕으로 여긴다. 하지만 전 세계의 많은 사람은 주요 심리학 이론이 사람들의 실질적 다양성을 위한 악과 덕을 설명하는 데에서 결핍이 있다고 말하는 기독교를 다른 어떤 종교들보다 더 포용한다(Park, 2003).

둘째, 다문화적 후기 근대주의 세상에서 종교는 덕을 명령하고 조직화한다. 기독교는 덕을 사랑, 감사, 겸손, 은혜, 충성, 용서 등과 관련하여 규정한다. 유대교에서는 덕을 선행과 연결시켜 규정한다. '토라'는 일관성이 있는 삶, 합리성, 자기통제, 공동체적 충성과 성취를 덕과 관련하여 규정한다. 우리가 〈표 8-1〉에서 제시한 기록과 같이 심리학은 덕이 근본적으로 서로 독립되어 있다고 취급한다. 심리학은 덕을 독립적으로 취급하기보다 종교와 일치하는 군집 속에서 덕을 취급함으로써 더 풍성하게 될 수 있다.

셋째, 심리학이 도덕적 판단을 주저하고 있는 반면, 유대교와 기독교는 그들의 지지자들에게 안내서를 제공하면서 도덕을 분명하게 규정한다. 종교적 사람들이 덕스럽게 행동하든 그렇지 않든 간에 세속적 사람들보다 종교적 사람들의 선택은 분명하다. 종교적 고려는 심리학자들로 하여금 종교적 도덕성에 의해서 지도를 받는 사람들을 더 잘 이해하도록 도울 수 있다.

넷째, 유대교와 기독교 모두 대부분의 세속 심리학보다 관계성을 강조한다. 관계적 인간을 유지하므로 심리학적 초점이 달라지게 한다. 대부분의 덕과 악은 개인 내면에 머무른다고 이해되어 왔다. 사실, 덕스럽게 행동하는 개인은 다른 사람들에게 영향을 미친다. 또한 악에 빠진 사람들도 다른 이들에게 영향을 미친다. 덕과 악의 발달의 고전적(그리고 많은 기독교인에게도) 버전에서는 대부분 그 과정이 기본적으로 개인적이라고 생각된다. 하지만 만약 덕을 공동체 상호작용의 산물로 본다면, 의도적이든 그렇지 않든 간에 사람들은 그 안에서 서로 맞물리는 다른 공동체에 노출되는데, 이는 이상적인 덕스러운 행동을 촉진하게 된다. 그렇다면 덕을 한 개인의 가능성과 다른 공동체의 영향의 힘 사이의 상호작용으로 볼 수 있다. 유대교와 기독교의 관계성상에서 강조점의 통합은 그들의 공동체를 이해하는 데 도움이 된다.

종교적 관점은 세속 모델을 비평할 수 있다

앞서 우리는 바우마이스터의 덕과 악에 대한 이론을 전적으로 과학적 자료만을 근거로 한 그의 분명한 시도에 근거하여 기술하였다. 기독교인들은 두 가지 기본적인 비평을 할 수 있다. 그들은 바우마이스터의 결론과 그의 방법에 동의하지 않는다.

자기통제는 제왕적 덕이 아니다

바우마이스터와 엑스라인(2000)은 자기통제가 제왕적 덕이라고 주장한다. 기독교 신학자들은 자기통제를 제왕적 덕과 닮은 무언가로 보기보다는 개인의 삶에서 하나님 일하심의 열매로 보아야 한다고 주장한다(Roberts, 1993). 기독교인들은 적극적으로 하나님에게 항복해야 한다. 항복하기는 제왕적 덕이며, '새로운 자기'에 의한 통제를 만들어 낸다. 도덕적 통제를 이루기 위한 시도는 우리 개개인에 의해서 열정 중 전쟁으로 경험된다. 덕을 자극하는 열정은 우리를 한 방향으로 몰아간다. 반면, 악을 자극하는 열정은 우리를 다른 방향으로 몰아간다. 그중 한 가지 열정이 때에 따라 우리를 지배한다. 애를 쓰는 자기통제가 덕을 위한 전쟁에서 승리할 수 있을까? 자기통제에 대한 기독교적 관점은 스스로 덕을 위한 전투에서 승리하기에 부적절한 자기를 발견한다. 바울은 다음과 같이 말했다.

> 내가 행하는 것을 내가 알지 못하노니 곧 내가 원하는 것은 행하지 아니하고 도리어 미워하는 것을 행함이라. 내 속 곧 내 육신에 선한 것이 거하지 아니하는 줄을 아노니 원함은 내게 있으나 선을 행하는 것은 없노라. 내가 원하는 바 선은 행하지 아니하고 도리어 원하지 아니하는 바 악을 행하는도다(롬 7:15b, 18-19, 개역개정).

바울은 사람들이 애를 쓰는 자기통제를 통해서 덕을 증진하고 악을 통제할 수 없다고 결론을 내렸다. 그는 "오호라, 나는 곤고한 사람이로다. 이 사망의 몸에서 누가 나를 건져내랴. 우리 주 예수 그리스도로 말미암아 하나님께 감사하리로다"(롬 7:24b-25a)라는 결론에 이르렀다.

자연스러운 개인의 발달에서도 하나님을 사랑하는 제왕적 덕을 생산해 낼 수 없다. 오스왈드 챔버스(Oswald Chambers, 1935/1963)는 기독교인들에게 인기 있는 묵상집을 집필하였다. 그는 12월 9일자 초입에 다음과 같이 썼다.

> 우리를 하나님의 최선으로부터 뒤로 가도록 하는 것은 자연적 입장에서 볼 때 옳고 고상하고 선한 그 무엇들이다.…… 그것은 최선을 증오하는 선이고, 당신이 자연인에 속한 덕의 수준을 높이면 높일수록 예수 그리스도에게는 더 격렬한 반기를 들게 마련이다.

바우마이스터의 방법은 그의 경험에 의해 영향을 받는다

자기규제가 제왕적 덕이라는 바우마이스터의 결론은 그가 후기 계몽주의 유산을 추종했을 뿐만 아니라 악에 대해 연구했기 때문에 일부 가능하였다. 그는 자기통제가 사람들의 타고난 악의 충동을 억제할 수 있다고 결론지었다. 하지만 바우마이스터가 악이 아닌 사랑에 대해 10년 동안 연구하였다고 상상해 보라. 분명히 자기통제는 유혹을 피하고 사랑하는 사람에게 헌신을 유지하는 데 중요하지만, 사랑의 발달 뒤에 제왕적 덕으로서 자기통제를 인용하는 사람들은 별로 없다. 자기통제를 통해서 부정적 충동을 억제하기보다 자기통제를 통해 사랑의 감정을 창조하기가 더 어렵다고 누군가는 발견한다.

기독교는 이것이 인간의 본성을 전적으로 심리학적으로만 연구하는 것에 대한 문제를 설명하고 있다고 주장한다. 심리학자들이 사용하는 자료들은 아마도 현상을 묘사할지 모르지만, 사람이 만든 이론은 그 사람이 어떤 관찰을 했느냐에 따라 다르다. 주관적인 선택에 따라 어떤 관찰 내용은 자료로 선택되는데, 바우마이스터의 연구도 마찬가지로 악의 억제와 자기통제의 역할에 대해 연구되었다. 사실상, 심리학은 움직이는 기준에 근거하여 인간의 본성에 대한 진리를 찾으려 한다.

반면에, 종교적 틀은 보편적 진리를 가지고 있다고 주장한다. 개인은 종교적 진리에 대한 자신의 해석이 맞는지 아닌지 알 수 없기 때문에 겸손은 필수적이다. 하지만 종교적인 글과 해석은 과학적 발견에 비해 덜 자주 변화한다. 그래서 과학은 모터보트와 같이 기동성이 있고, 종교는 원양 정기선처럼 더욱 안정적이다.

종교적 관점은 검증 가능한 모델을 제시할 수 있다

로버츠(Roberts, 2001)는 심리학을 참고하지 않고 신약의 바울 서신에 근거하여 기독교 심리학을 분명하게 표현하였다(즉, 바우마이스터의 악에 대한 글을 종교적으로 칭찬). 바울은 옛 (타락한) 자아의 반대에 새 (구원받은) 자아를 놓았다. Sarx (육신; 롬 7:5; 갈 5:16-17)는 somates hamartais(죄의 몸; 롬 6:6), soma tes sarkos(육의 몸; 골 2:11), polaios anthropos(옛 자아; 롬 6:6; 골 3:9) 또는 soma(몸; 롬 8:13)와 같은 단어와 같은 방식으로 사용된다. 로버츠는 새 자아로부터 생기는 덕과 옛 자아로부터 생기는 악에 대해 목록을 정리하였다. 덕과 악에 관한 바울의 관점은 로마서 7장에서 볼 수 있는데(앞에서 인용하였다), 여기서 바울은 자기 자신을 통제하기가 불가능하며 예수 그리스도가 그의 구원자가 되심을 언급하였다.

덕과 악에 대한 바울의 견해는 덕스러운 행동을 하는 데 인간은 무엇을 하고 하나님은 무엇을 하는지에 대해 묻는다. 로버츠는 (a) 사람은 하나님의 뜻에 굴복하고, (b) 새로운 삶을 걸어가고, (c) 악행을 던져 버리고, (d) 그리스도의 특징인 행동을 하고, (e) 사망의 길을 죽이고, (f) 바울이 그리스도를 닮으려 하듯이 바울을 닮아야 한다고 제안하였다. 그러는 동안 하나님은 그 믿는 자의 내면에서 일하신다. 덕과 악에 대한 바울의 견해에서 성부 하나님의 통치적 행위와 예수님의 모델과 성령님의 개입을 통해 사람 안에서 하나님이 하시는 일에 균형이 있다.

　로버츠는 기독교인은 변화된 사람이라고 제안하였는데, 이들은 덕스러운 하나님이 기대하는 인격을 갖기 위해 감사함으로 따라가려는 의지가 있다고 하였다. 이는 헌신된 기독교인들이 덕의 범위에서 높은 상관이 있다는 검증 가능한 가설을 제공한다. 이는 〈표 8-1〉에서 본 덕의 파편화와 반대이며, 아마도 후기 근대주의 환경 속에 있는 비종교적 사람들에게도 나타난다. 이 자료에 실질적 차이가 있다는 점은 중요하다. 하나님께의 완전한 항복을 구현할 수 있는 기독교인은 별로 없다(아마도 전무할 텐데, 로마서 7장을 보라). 하지만 헌신된 기독교인과 헌신이 덜 된 기독교인과 비기독교인 간의 집단 차이가 가설로 세워진다.

세속적 관점은 종교적 모델을 비평할 수 있다

　로버츠는 심리학자가 아닌 철학자이자 신학자다. 그는 진리를 발견하기 위해 철학적이고 신학적인 방법을 주로 사용하였다. 심리학은 과학적 방법에 근거한다. 심리학자는 구성 개념(construct)을 조작화하고 주요 전제의 검증을 위해 배치하고 결과들을 측정함으로써 로버츠의 모델을 비판할 수 있다. 로버츠의 모델을 하나의 과학적 모델로 취급하면서 과학의 기준에 따라서 평가할 수 있다(예, 일단의 문헌들로부터 축적된 발견, 이론의 인색, 이론의 고상, 중요한 질문을 설명하는 능력 등). 둘째, 한 심리학자가 끌어내는 과학의 몸체는 넓고 깊을 것이다. 이것은 실험적이고 임상적인 이론을 포함한다. 로버츠가 심리학적 결과를 통합하려는 시도를 했을 때, 그는 실험심리학이 아닌 임상적인 심리학만을 사용하였다 (Roberts, 1993). 성경에서 언급되지 않은 행동에 대한 측면은 로버츠의 모델을 확장하기 위해서 검토될 수 있다. 과학자들은 "덕과 악, 그리고 인격 교육 심리학에 기여하는 실험심리학으로부터 발견이 있는가?" 라는 질문을 할 수 있다.

세속과 종교적 관점의 통합은 어느 쪽에서도 제시되지 않았지만 연관성을 제공할 수 있다

앞의 글에서(Worthington, Berry, & Parrott, 2001) 덕을 두 가지 형태로 분류하였다. 그것은 양심에 근거한 덕[양심, 정직, 설명적 책임(accountability), 세심함, 자기통제, 그리고 이와 같은 것들]과 온정에 근거한 덕(감사, 용서, 사랑, 돌봄, 그리고 이와 같은 것들)이다. 우리는 긍정적 감정에 더욱 인도된 낭만주의, 근대주의, 후기 근대주의로부터 생겨난 덕과 지성과 합리성에 근거한 고전적 덕도 함께 가져오려는 시도를 하였다. 어떠한 종교는 다른 종교에 비해 한 형태의 덕을 더욱 증진할 것이라고 가설을 세웠다. 우리는 주요 종교들이 교리적으로는 양심에 근거한 덕과 온정에 근거한 덕을 모두 중요시하지만, 실천에서는 한 형태를 다른 형태보다 더욱 강조한다고 믿는다. 예를 들어, 이슬람과 유대교는 주로 양심에 근거한 덕을 증진한다고 보이고, 기독교는 주로 온정에 근거한 덕을 증진하는 것으로 보인다. 우리는 각 교과 내에서 각 회중이 다르고, 회중 내에서 개인이 다를 수 있듯이, 각 종교 내의 교파는 덕의 형태에 대한 강조점이 상대적일 수 있다(예, 남침례교는 양심에 근거하고 루터교는 온정에 근거한다고 볼 수 있다)고 제안한다. 그래서 이러한 일반화를 적용할 때, 연구자와 임상가들은 그러한 일반화의 '주요 효과'에 더 중요성을 귀인시키거나 고정시키지 않도록 경계해야 한다. 그럼에도 종교적 전통의 안과 밖에서 두 가지 형태의 덕을 탐구하기는 (다소간 미세하게 초점을 맞춘) 분명히 언급되지 않았을 질문들을 할 수 있게 했다.

우리의 독창적인 두 가지 형태의 덕이 제안된 이래(Worthington et al., 2001) 우리는 더 많은 덕의 목록을 만들었고, 덕을 세 계층으로 구분해 가설을 세웠다. 온정에 근거한 덕, 양심에 근거한 덕(재명명하여 일에 근거한 덕), 그리고 지혜에 근거한 덕(예, 지혜, 지식)이 그것이다. 대략적으로 이 덕들은 각자 정서, 행동, 그리고 인지에 가중치가 주어진다. 우리는 온정을 강조하는 종교는 장기적 지지자와 온정에 근거한 덕을 나타내는 헌신된 새 지지자를 가진다고 가설을 세웠다. 일에 근거한, 그리고 지혜에 근거한 종교에도 유사한 추론이 적용된다.

종교는 사람들이 더욱 덕스럽게 되도록 돕기 위해 응용된 방법을 제공할 수 있다

쉼멜(Schimmel, 1997)은 지혜의 고전적 자원과 신앙의 전통이 사람들로 하여금 더 나은 삶을 살도록 도울 정보를 제공할 수 있다고 제안하였다. 철학과 종교는 사람이 이성과 자기통제를 배양해서 모두 더 덕스러운 삶을 살도록 도울 수 있다. 목회적이고 신앙적인 문헌들은 수세기에 걸쳐서 지지자 수십억 명의 지혜를 여러 다른 신앙에 반영해 왔다. 비록 종교적 실천들이 통제되고 정확한 측정의 느낌으로 자료를 산출해 내지 못하더라도 그들은 시간의 시험을 잘 견뎌 왔다. 그러므로 종교나 고전철학은 임상 실제와 학문적 임상심리를 위한 아이디어를 제공할 수 있다(이 책의 11장, 3장을 보라).

지금까지 심리치료의 보조로 교회적 기술의 사용에 대한 몇몇 연구(예, 기도, 묵상, 말씀 읽기)가 수행되어 왔다(검토를 위해 이 책의 11장을 보라. Worthington, Kurusu, McCullough, & Sandage, 1996; Worthington & Sandage, 2002). 전형적으로 이러한 종교적 기술들은 역기능적 행동의 자기통제를 향상시키는 도구로 취급되어 왔다. 최근까지 심리학자들은 단지 본질적인 종교적(심리학적이 아니라) 목적을 위해 고전적 종교의 사용을 증진해 왔다(Hall & McMinn, 2000, 2001을 보라). 자기통제보다 기독교인들의 '항복'이나 수용에 대한 강조는 앞에서 말한 심리치료에서 교회적 기술에 대한 연구보다 더욱 기독교 전통과 맥을 같이한다.

또 다른 주의

우리는 이 장의 전개에서 분명한 입장을 취하기 바라는 반면에, (이 장을 검토하는 사람들의 논평에 근거하여) 주요 논지를 다시 한번 강조함에 있어서 신중해야 한

다고 믿는다. 첫째, 종교는 종교적인 사람들이 세속주의자들보다 특정한 부류의
덕을 더 소중히 여기는 결과를 초래하는 경향이 있는 신념 체계를 분명히 해 왔
다. 세속주의자들 또한 (문화는 가치와 덕을 전달하고 악을 검열하는 도구이기 때문에)
공통적 덕을 공유하지만 신념 체계가 종교처럼 코드화되어 있지 않기 때문에(종
교적 단체에 비해서) 더 많은 다양성이 예상된다. 둘째, 종교는 그들이 특정한 덕을
포용할 때 상대적 정도에서 다르다고 기대된다. 셋째, 종교적 체계가 문화적 상
황 안에 존재하므로 공통적인 다양성이 있다.

심리학과 신학의 통합이 일어날 수 있는가

현실적으로 종교는 세속 심리학 연구에 영향을 주는 데에서 아주 제한된 영
향을 만든다고 할 수 있다. 세속 심리학적 실천이 더 영향을 주는 것 같다. 종교
와 심리학의 통합은 많은 단계에서 이루어질 수 있다(Worthington, 1994). 예를 들
면, 이것은 지적인 학문의 수준에서 일어날 수 있다. 이것은 신학이 과학적이거
나 실천지향적 학문으로서 심리학의 구상을 개념적으로 혼합하는 창조를 포함
한다. 그러나 아마도 개인은 종교를 자신의 연구나 실제 또는 그 역으로 통합시
킬 수 있는가에 따라서 좀 더 유용할 수 있다.

연구자들은 그들의 연구에서 특정한 주제나 방법에 초점을 맞추는 경향이 있
고, 직선적이고 좁은 그러한 경향에서 웬만해서는 벗어나지 않는다. 개별 연구
에서 통합은 대체로 성과 변인의 매개자로서 종교나 영성의 측정을 더하는 데까
지 도달한다. 종교적 이슈가 포함되는 영역은 거의 도덕적 · 영적 발달, 긍정심
리학, 가족과 관계들, 종교와 건강(정신건강을 포함하여) 등인 것 같다. 최근 영
성은 연방정부의 자금 지원의 목표가 되어 왔으며, 이는 연구자들이 종교를 덧
붙이는 변인으로서 연구할 수 있도록 하였다.

임상가들은 실험이나 임상연구가들보다 종교적이고, 영적 관점이 자신에게

제공할 수 있는 것들에 더욱 열려 있는 듯하다. 미국에 있는 대부분의 사람은 하나님 앞에서 믿음을 고백하며(Gallup Organization, 2000), 비록 최근 25년간 다문화주의나 이민자의 증가로 종교적이고 또한 영적 다양성이 증가했지만 그들 대부분은 유대인이거나 기독교인이다. 게다가 임상가들은 매일 종교적이고 영적인 문제를 가지고 오는 내담자들을 만난다. 만약 임상가들이 내담자의 개인적 영성과 내담자의 종교적 믿음이나 가치를 더 많이 이해한다면, 그들은 최고의 상담을 제공하거나 의뢰할 수 있다. 이것은 미국심리학회(APA)의 종교와 영성에 관한 수많은 책의 발간으로 이어져 왔다(Miller, 1999; Richards & Bergin, 1997, 2000; Shafranske, 1996).

결론적으로, 심리학이 유대교나 기독교의 세계관을 진지하게 받아들이면 잠재적 이득이 된다. 우리는 연구와 실제의 영역에서 모두 종교와 심리학 영역의 교차점에 있는 이들에게 덕과 악, 그리고 인격 교육의 영역에서 나타날 수 있는 여러 접촉점과 상호 풍성함이 이 장에서 분명해지기를 바란다.

참 · 고 · 문 · 헌

Applebaum, M. M. (1959). *What everyone should know about Judaism: Answers to the questions most frequently asked about Judaism.* New York: Philosophical Library.

Baumeister, R. F. (1997). *Evil: Inside human violence and cruelty.* New York: Freeman.

Baumeister, R. F., & Exline, J. J. (2000). Self-control, morality, and human strength. *Journal of Social and Clinical Psychology, 19,* 29-42.

Bornstein, M. (1995). *Handbook of parenting* (Vol. 1). Mahwah, NJ: Erlbaum.

Brown, W. S. (Ed.). (2001). *Understanding wisdom; Sources, science, and society.* Philadelphia: Templeton Foundation Press.

Chambers, O. (1963). *My utmost for his highest.* Toronto, Canada: McClelland and Stewart. (Original work published 1935)

Danish, S. J., & Donahue, T. (1996). Understanding the media's influences on the development of antisocial and prosocial behavior. In R. L. Hampton & P. Jenkins (Eds.), *Preventing violence in America: Issues in children's and families' lives* (Vol. 4, pp. 133-155). Thousand Oaks, CA: Sage.

Devin, T. T. (1999). *Life goals as a framework for character education.* New York: International Educational Foundation.

Dorff, E. N. (1998). The elements of forgiveness: A Jewish approach. In E. L. Worthington Jr. (Ed.), *Dimensions of forgiveness: Psychological research and theological perspectives* (pp. 29-55). Philadelphia: Templeton Foundation Press.

Emmons, R. A. (2000). *The psychology of ultimate concerns: Motivation and spirituality in personality.* New York: Guilford Press.

Enright, R. D. (1994). The moral development of forgiveness. In B. Puka (Ed.), *Reaching out: Caring, altruism, and prosocial behavior. Moral development: A compendium* (Vol. 7, pp. 219-248). New York: Garland Publishing.

Fowler, J. W. (1981). *Stages of faith: The psychology of human development and the quest for meaning.* San Francisco: Harper & Row.

Gallup Organization. (2000, March). *The future of religion in the 21st century.* Philadelphia: Templeton Foundation.

Hall, T. W., & McMinn, M. R. (Eds.). (2000). Christian spirituality: Theoretical and empirical perspectives? Part 1 [Special issue]. *Journal of Psychology and Theology, 28.*

Hall, T. W., & McMinn, M. R. (Eds.). (2001). Christian spirituality: Theoretical and empirical perspectives? Part 2 [Special issue]. *Journal of Psychology and Theology, 29.*

Harris, J. (1998). *The nature assumption: Why children turn out the way they do.* New York: Free Press.

Himmelfarb, G. (1994). *The demoralization of society: From Victorian virtues to modern values.* New York: First Vintage Books.

Jaffee, S., & Hyde, J. S. (2000). Gender differences in moral orientation: A meta-analysis. *Psychological Bulletin, 126,* 703-726.

Jones, S. L. (1994). A constructive relationship for religion with the science and profession of psychology: Perhaps the boldest model yet. *American Psychologist, 49,* 184-199.

Jones, S. L., & Butman, R. E. (1991). *Modern psychotherapies: A comprehensive Christian appraisal.* Downers Grove, IL: InterVarsity Press.

Levin, J. (2000). A prolegomenon to an epidemiology of love: Theory, measurement, and health outcomes. *Journal of Social and Clinical Psychology, 19,* 117-136.

McCullough, M. E., Kilpatrick, S. D., Emmons, R. A., & Larson, D. B. (2001). Is gratitude a moral affect? *Psychological Bulletin, 127,* 249-266.

McCullough, M. E., Pargament, K. I., & Thoresen, C. (2000). *Forgiveness: Theory, research, and practice.* New York: Guilford Press.

Miller, M. R. (Ed.). (1999). *Integrating spirituality into treatment: Resrouces for practitioners.* Washington, DC: American Psychological Association.

Park, K. (2003). *World almanac and book of facts.* New York: World Almana Books.

Post, S. G., Underwood, L. G., Schloss, J. P., & Hurlbut, W. B. (2002). *Altruism and altruistic love.* Oxford, England: Oxford University Press.

Puka, B. (Ed.). (1994). *Moral development: A compendium: Vol. 3. Kohlberg's original study of moral development.* New York: Garland Publishing.

Richards, P. S., & Bergin, A. E. (1997). *A spiritual strategy for counseling and psychotherapy.* Washington, DC: American Psychological Association.

Richards, P. S., & Bergin, A. E. (Eds.). (2000). *Handbook of psychotherapy and religious diversity.* Washington, DC: American Psychological Association.

Roberts, R. C. (1993). *Taking the world to heart: Self and other in an age of therapies.* Grand Rapids, MI: Eerdmans.

Roberts, R. C. (2001). Outline of Pauline psychotherapy. In M. R. McMinn & T. R. Phillips (Eds.), *Care for the soul: Exploring the intersection of psychology and theology* (pp. 134-163). Downers Grove, IL: InterVarsity Press.

Rokeach, M. (1973). *The nature of human values.* New York: Free Press.

Salovey, P., & Mayer, J. D. (1989-1990). Emotional intelligence. *Imagination, Cognition, and Personality, 9,* 185-211.

Sandage, S. J., & Hill, P. C. (2001). The virtues of positive psychology: The rapprochement and challenges of an affirmative postmodern response. *Journal for the*

Theory of Social Behaviour, 31, 241-260.

Schimmel, S. (1997). *The seven deadly sins.* Oxford, England: Oxford University Press.

Schwartz, S. H., & Sagiv, L. (1995). Identifying culture-specifics in the content and structure of values. *Journal of Cross-Cultural Psychology, 26,* 92-116.

Seligman, M. E. P., & Csikszentmihalyi, M. (2000). Positive psychology: An introduction. *American Psychologist, 55,* 5-14.

Shafranske, E. P. (Ed.). (1996). *Religion and the clinical practice of psychology.* Washington, DC: American Psychological Association.

Silver, A. H. (1957). *Where Judaism differed: An inquiry into the distinctiveness of Judaism.* New York: Macmillan.

Snyder, C. R. (1994). *The psychology of hope.* New York: Free Press.

Steinberg, M. (1947). *Basic Judaism.* New York: Harcourt Brace.

Steinsaltz, A. (1980). *The thirteen petalled rose* (Y. Hanegbi, Trans.). New York: Basic Books.

Tangney, J. P. (2000). Humility: Theoretical perspectives, empirical findings and directions for future research. *Journal of Social and Clinical Psychology, 19,* 70-82.

Worthington, E. L., Jr. (1989). Religious faith across the life span: Implications for counseling and research. *Counseling Psychologist, 17,* 555-612.

Worthington, E. L., Jr. (1994). A blueprint for interdisciplinary integration. *Journal of Psychology and Theology, 22,* 79-86.

Worthington, E. L., Jr., Berry, J. W., & Parrott, L., III. (2001). Unforgiveness, forgiveness, religion, and health. In T. G. Plante & A. Sherman (Eds.), *Faith and health: Psychological perspectives* (pp. 107-138). New York: Guilford Press.

Worthington, E. L., Jr., Kurusu, T., McCullough, M. E., & Sandage, S. J. (1996). Empirical research on religion and psychotherapeutic processes and outcomes: A ten-year review and research prospectus. *Psychological Bulletin, 119,* 448-487.

Worthington, E. L., Jr., & Sandage, S. J. (2002). Religion and spirituality in psychotherapy. In J. C. Norcross (Ed.), *Psychotherapy relationships that work* (pp. 383-399). New York: Oxford University Press.

Part *4*

변형, 변화 그리고 발달

Chapter 09

변형적 변화

Stephanie Brown and William R. Miller

변화는 여러 해 동안 그 종류, 내용, 과정, 원인을 아우르는 질문들과 함께 연구와 논쟁의 주제가 되어 왔다. 심리학자들은 학습곡선의 연속적 근사(successive approximation)와 같이 주로 점증하는 변화를 연구해 왔다. 하지만 가끔 인간의 변화는 단지 행동뿐만 아니라 개인의 근본적 정체성이나 성격을 바꾸면서 광범위한 규모로 이루어진다. 갑자기 일어나든지 점진적으로 일어나든지 간에, 범주 내에서 일어난 급격한 변화가 변형이다.

항상 긍정적 변화의 방향으로 일어나지는 않지만, 자기의 변형을 위한 가능성은 인간 본성의 유대-기독교적 이해의 핵심이다. 급작스럽고 신비로우며 영구적인 급진적 변화는 (모세의) 유대 문서와 (바울의) 기독교 문서 모두에서 발견된다. 종교적 맥락에서 이러한 변형적 변화는 종종 회심(conversion)이라는 이름으로 나타난다(비록 같은 용어(conversion-회심)가 가끔 종교나 교파 소속의 변화를 정의하는 말로 사용되기도 하지만). 그러나 변형적 변화는 종교적 맥락 안팎에서 모두 일어난다(Miller & C'de Baca, 2001). 회심의 경험은 윌리엄 제임스(1902)나 스탠리 홀(1904)과 같은 초기 심리학자들의 마음을 사로잡았고, 심리학적 주요 연구 주제로 남아 있다(Spilka, Hood, Hunsberger, & Gorsuch, 2003).

회심은 종종 수동적 형태와 능동적 형태로 구분된다. 수동적 형태에서 사람은 인과적 대리인이 된다는 의식 없이 자기보다 큰 힘이 자신에게 주어지는 경험을 할지 모른다. 모세나 바울이 이러한 경우였는데, 이러한 경험들은 종종 신학적 용어로 신적 개입의 산물로 이해된다. 유대-기독교 용어로는 회개라고 기술되며, 적극적이고 결단력 있는 역할을 하는 변형(그리스어로 metanoia)이 사람들에게 좀 더 보편적이다. 하지만 심리학적으로나 신학적으로 그 두 가지를 명확하게 구분하기는 쉽지 않다. 제임스(1902)는 급진적이든 점진적이든, 또는 부추겨졌든 스스로 나섰든 간에 변형적 변화를 더 '높은 자기(higher self)', 또는 신적 용어로 하나님과의 의식적 만남으로 이해하였다(Barnard, 1997). 다른 학자들은 변형을 중요함(Pargament, 1997), 의미(Fowler, 1993), 그리고 지식(Loder, 1989)에 대한 인간의 심오한 추구의 정점이라고 설명하였다. 유대-기독교 사상에서 회개의 결단력 있는 행위는 하나님의 은혜로운 행위와 쉽게 분리되지 않는다.

급진적 변화는 심리학에서도 알려져 있다. 바츨라빅, 위클랜드, 피쉬(Watzlawick, Weakland, & Fisch, 1974)는 일차 변화와 이차 변화를 구분하였고, 피아제(1970)는 인지발달에서의 두 가지 상호작용 변화 과정을 정의하였다. 설명되지 않은 갑작스러운 변형에 대한 사례 연구는 심리학자들에 의해 보고되어 왔다(예, Barlow, Abel, & Blanchard, 1977). 하지만 심리학은 변형에 관해서 하나의 일치된 이론이나 합의된 용어가 없다. 결과적으로, 종교에서 핵심적이고 친숙하던 개념이 심리학 교과서의 색인에서는 거의 찾아보기 힘들게 되었다.

이 장의 목적은 변형적 인간의 변화를 종교와 심리학 두 가지 관점에서 기술하고 정의한다. 첫째로, 우리는 변화와 변형이라는 자연적 언어의 정의를 고려하면서, '이것이 무엇인가?'라고 묻는다. 다음으로 우리는 변형의 경험을 포괄하는 공통된 특성을 개괄하고 발달적 틀 내의 과정과 구조 간의 다중 수준 상호작용으로 변화가 어떻게 일어나는지 기술한다. 그리고 우리는 일화와 전이를 완성하고 수반하는 애착의 초점과 갑작스러운 깊은 신념의 변화, 그리고 마지막으로 시간과 공간의 이차원적 틀에서 삼차원적 틀로의 움직임을 포함하는 완성된 변화적 변화 또는 해결을 포함하는 변형적 변화의 발달적 과정을 기술한다.

자기, 자기-그리고-타인(self, self-and-other)의 개념은 변형적 변화의 이론을 체계에서와 같이 조직하는 구성 개념이다. 갈등의 요소, 인간의 추구, 권력, 의지, 항복, 인간 한계의 수용, 그리고 '타인'을 인식하기는 모두 종교적이고 심리학적인 관점의 중심적 관점이다. 우리는 여기서 특히 종교와 심리학 양쪽에 뿌리를 둔 동료 지지 조직, 익명의 알코올 중독자 모임(Alcoholics Anonymous: AA)의 예를 들면서 현대 종교와 심리학의 견해를 연결하려고 한다(Alcoholics Anonymous, 1976).

변형과 변화의 정의

웹스터 국제사전 3판(1981)은 변화를 "어떤 특정한 것에서 차이가 나지만, 아직 다른 무언가로 전환되기에 부족한" 작은 변화로 정의하였다. 반면에, 변형의 정의는 전환을 포함한다. 변형은 "구성이나 구조에서 완전하고 근원적인 변화" (Webster's, 1981)다. 변형은 가끔 갑자기 일어나면서 적어도 모양에서는 급진적인 불연속이다(Bien, 2004). 이것은 마치 얼음이 물이 되듯이 근사치가 아닌 무언가 다른 것으로의 전이다(Miller & C'de Baca, 2001). 즉, 내용이나 과정뿐만 아니라 형태에서도 전이다.

변형적 변화는 하나의 사건, 과정, 결과가 될 수 있다. 이 변형은 천천히 누적되기도 하고 급진적으로 일어나 갑작스러울 수 있다. 하나의 사건으로서 급진적 파열이다. 얼음에서 물이 되는 전이의 순간이거나 자기에 대한 누군가의 경험과 인식을 영구적으로 변화시키는 명쾌한 순간이기도 하다. 많은 기독교인은 반전

(metanoia)의 순간을 '구원받는' 경험으로 정의한다. AA 그룹의 많은 사람은 유사하게 그들을 영원히 변화시킨 전환점을 회상하는데, 전환점은 음주에 대한 통제력을 상실했음을 깊이 깨닫고 이에 따르는 '영적 각성'의 순간이다(Forcehimes, 2004). 변형적 사건이 있을 때조차 이 사건의 전, 동안, 후에 변화의 발달적 과정이 있다(Brown, 1985, 1993).

변형적 변화의 특징

변형의 특징에 대한 많은 목록이 쌓여 왔지만 두 가지 고유한 속성은 개념을 통틀어서 비교적 일관성이 있다. 변형적 변화는 범주에서 급진적인 불연속적 전환이다. 항상 그렇지는 않지만 이것은 종종 영구적 변화다.

불연속성

이론가들은 불연속성을 변형적 변화의 구별되고 두드러지는 점으로 정의한다. 제임스(1902)는 변화가 점증하는 '교육적 다양성'을 변형(전환)으로부터 구분하였다. 케스틀러(Koestler, 1967)는 "다른 규칙이나 논리에 갑작스러운 이전을 요구하는 습관적으로 양립할 수 없는 두 가지 맥락 속의 상황이나 사건에 대한 지각" 속에서 일어나는 급진적인 변화를 기술하기 위해서 '이중연관(bisociation)'의 인지적이고 언어적인 과정을 정의하였다. 베이트슨(Bateson, 1971)은 변형을 폐쇄보다는 자기 내에서의 개방이라고 기술하였다.

변형은 또한 더 커다란 체계적 수준에서 일어난다. 철학자인 토머스 쿤(1962)은 '누적에 의한 발달' 또는 증가하는 변화의 한계를 기술하였다. 그는 과학적 혁명은 기초가 되는 이론이나 패러다임에서 예상치 않은 전환으로 인도하는 놀라운 발견에 의해 특징지어져 왔다고 주장하였다. "학문공동체가 한때 존경을 받던 과학적 이론과 양립할 수 없는 다른 이론을 선호하면서, 즉 그 이론을 거부함으로써 과학적 혁명이 일어났다. 각각의 혁명은 과학적인 면밀한 조사가 가능한 문제와 전문 영역이 적법한 문제 해결로서 또는 인정할 만한 문제로 간주해야 할 것을 결정하는 기준에서 당연한 전환을 만들어 냈다"(p. 6). 과학적 혁명은 세계관의 변형을 포함한다. "새로운 패러다임에 인도된 과학자들은 새로운 장소에서 새로운 도구와 조망을 채택하였다. 더 중요하게는, 혁명 기간에 과학자들은 이전에 본 곳에서 익숙한 것을 보더라도 새롭고 다른 것을 보게 된다." "시각적 형태의 변환"이고, "이전의 과학자들의 세계에서 오리였던 것이 혁명 이후에는 토끼다."(p. 111)

또한 불연속은 변형에 관한 종교적 사고를 특징짓는다. 신학자인 제임스 로더(James Loder, 1989)는 변형의 논리를 선천적 문법과 비슷하다고 기술하였다. 변화는 특정 체계의 경계선 내에 있는 동안에는 결정될 수 없다. 형체와 근본 사이의 급격한 지각적 전환과 같은 파열은 전적으로 새로운 지각(형태)을 일으키게 된다. 이것은 쿤의 패러다임 변환에 해당하는 자기수준 구조적 변화다. 변형은 "주어진 참조 또는 경험의 틀 내에서 응집성과 의미의 숨겨진 질서들이 주어진 틀의 공리를 변경하면서, 이러한 변경에 따라 틀의 요소를 재배열하기 위해서 나올 때 일어난다."(Loder, p. 4) '체계적 상호연결'로 이어지면서 전제들이 뒤바뀐다.

확신이 있는 지식은 또한 불연속적인 변형적 사건이다. 확신이 있는 통찰의 비합리적인 침투가 그 중심에 있다. 퍼즐 조각이 맞춰졌을 때 "아하!"와 같이 통찰은 형체와 근본을 뒤집듯이 들어온다. 밀러와 세드 바카(2001)는 이것을 양자 변화의 '통찰적 형태(the insightful type)'라고 기술하였다.

급진적 변화

변형은 근원적 구조에서의 변화를 포함한다. 밀턴 로키치(Milton Rokeach,

1973)는 이것을 갑작스러운 성격의 재조직이라고 특징지었는데, 여기에는 현실 경험의 재조직도 포함된다. 카를 융은 AA의 초기 관찰자로서 알코올 중독자들의 급진적 변화를 다음과 같이 기술하였다.

> 그들은 거대한 감정적 전치나 재배치와 비슷해 보인다. 이 사람들의 삶을 인도하는 힘이었던 생각, 감정, 태도는 갑작스레 한쪽 편으로 던져지고, 완전히 새로운 개념과 동기의 세트가 이들을 지배하기 시작한다(Alcoholics Anonymous, 1976, p. 27).

미지의 세계로의 양자적 도약에 대한 생각은 실존적 사고의 핵심이다. 얄롬(Yalom, 1980)은 인간의 심리 안에 있는 궁극적 진공과 이런 공허를 경험하거나 알려고 하지 않는 개인의 방어적 노력에 대해 기술하였다. 궁극적 공허인 죽음에 대한 불안은 인간 조건의 핵심이다. 또한 얄롬은 역설을 변형적 변화의 중심으로 보았다. 그러한 개인은 '앎'과 앎에 의해서 수반되는 내적 평화를 발견하는 통로로서 무지의 공간인 공허 속으로 도약한다.

이런 급작스러운 반전은 삶을 특징짓는 보통의 점증하는 변화와 구별된다. 양자적 변화는 "새로운 현실의 인식과 지각에서의 전환"을 포함하는 "선명하고, 놀랍고, 유익하고, 지속되는 개인적 변형"이다(Miller & C'de Baca, 2001, p. 40).

영속성과 움직임

변형의 영속성은 덜 분명하다. 영속적이지 않은 변화는 '진정한' 변형이 아니라는 말이다. 일부 심리학 이론은 안정적 상태 사이에서 오가는 진동을 설명하는데(Apter, 1982; Bateson, 1971; Watzlawick et al., 1974), 이 관점은 적어도 회심은 불가역적이 아니라는 유대-기독교적 사고의 일부 분파와 일치한다. 이전의 신앙 관점을 상실하는 변절은 오래된 연구의 주제이고, 점진적으로 또는 급진적으로 일

어날 수 있다(Spilka et al., 2003). 유대나 기독교 성경 모두 하나님과의 조화로부터 떨어져 나간(다시 조화를 이룬) 인물이나 공동체의 예를 제공한다.

　하지만 이런 크고 급진적이며 가끔은 급작스러운 변형에 종종 영속성이 있다는 사실은 흥미롭다. 내면의 갈등이 없지는 않겠지만 생애 내내 이어지는 확신 있는 변형은 유대-기독교 성경에서 충분히 묘사되고 있다. 게다가 변형적 경험이 있는 사람들은 자신이 지나온 길이 일방통행 문이기에 예전으로 되돌아가지 않음을 안다고 말한다. 대부분 '양자 변화를 겪은 사람들은' 그럼에도 초기의 변형적 사건에 의해서 완성되지는 않지만 움직이면서 개방과 진화의 지속적 과정을 기술한다(Miller & C'de Baca, 2001).

　영속성과 움직임의 주제는 AA 회원들의 변화 과정을 이해하는 열쇠다(Brown, 1985). 일시적이 아니라 영속적인 음주에 대한 통제상실의 수용은 AA 내에서 변형의 첫 단계. 이러한 변형은 자기통제와 음주로의 귀환에 대한 희망을 철회하면서 일어난다. 이런 과정에서 많은 사람은 안정적이고 장기간의 금주에 이를 때까지 금주와 음주 사이의 진동을 가지고 전진과 후퇴를 한다. 결국, 여기에는 영구적으로 긍정적 변화가 일어나게 하는 진동의 그림이 있다.

　플라톤은 모든 움직임이나 변화는 원래의 완벽한 상태로부터의 변질이라고 간주했지만(Popper, 1966), 초기의 많은 철학자는 이상을 향해 전진하는 움직임을 믿었다. 에이브러햄 매슬로나 칼 로저스와 같은 심리학에서의 '제3 세력'인 인간의 잠재력 운동을 이끄는 이론가들은 긍정적으로 성장하는 방향 속에서 자연스럽게 움직이는 인간 본성에 대한 견해를 지지하였다. 종교 발달이나 성숙에 대한 유사한 이론들은 항상 높은 단계의 의식과 거룩한 존재와 통합을 향한 움직임인 확장으로 변형적 변화를 정의한다(Pargament, 1997). AA에서의 사람들을 위한 움직임은 자신을 제한하는 방어에 영구적 퇴행 없이 자신과 타인, 그리고 현실을 경험하고 아는 점점 깊고 넓은 역량을 가지고 의식의 확장을 포함한다(Brown, 1985).

　하지만 거의 모든 구조적 각도에서 긍정적 양자 변화를 반영하면서도 그 사람을 대부분이 최악의 상태라고 인정하는 것에 남겨 두는 변형의 일화적 증거가 적어도 존재한다(Miller & C'de Baca, 2001; Nowinski, 2004). 심리역동과 발달이론가들은 신체적이고 물리적인 외상 또는 해결되지 않은 내적 갈등을 생각과 행동의 폭과 의식을 축소시키면서 뒤로 돌아가게 하는 변형적 변화의 전조로 강조한다. 이런 변화의 부정적 방향은 방어의 증가와 적응적 기능의 축소를 요구한다. 개인은 증상을 통제하기 위한 방어적 노력과 내면화된 반복의 상태에 갇히게 된다(Herman, 1992; van der Kolk, 1987). 정신역동이론가들은 한 걸음 더 나아가서 한 개인이 망상을 통하여 심각한 갈등의 한 체계로부터 나와 다른 체계로 이동할 수 있음을 주장할지 모른다. 예를 들어, 개인은 자신이 반드시 피해야 하는 가해자가 있다고 강조하면서 내적 갈등의 위치를 외적 자원으로 전환한다. 안에서 밖으로의 이런 전환은 갈등이 잠잠해지고 밖으로 향할 때 변형적 변화의 수준에서 내적 세계의 방향을 재설정할지 모른다. 비록 망상적 개인이 한편으로 닫힌 체계로부터 '탈출'하고 갈등을 '해결'한다고 할지라도, 많은 사람은 그러한 망상의 형성이 건강이나 의식의 더 커다란 확장을 이끄는 움직임이 되리라고 생각하지 않는다.

변형적 변화의 발달 과정

발달과 변화

발달의 개념은 예전부터 성숙과 움직임을 향한 과정이다. 헤겔은 긴급하고 창조적인 혁명의 상태에 있는 '유동의 세계(world of flux)'에 대해 기술하였다. 각각의 발달 단계는 자신이 나온 단계를 포함하고, 각 단계는 점점 완벽에 접근하면서 이전의 모든 단계를 대체한다. 그래서 발달의 일반적 법칙은 앞으로 가는 진보의 법칙이다(Popper, 1966).

발달은 또한 세계 종교에서 핵심 구성 개념이다(Fowler, 1995). 증가하는 변화와 변형 둘 다를 통해 개인과 인류는 완전의 상태를 향해 진보적으로 움직이게 됨을 의미한다. 여기서 완전이라는 개념은 약간의 해설이 필요하다. 현대적 용법의 '완전'이라는 용어는 결점이나 오류가 없는 상태를 함의한다. 이렇게 보면, "하나님이 온전하신 것과 같이 너희도 온전하라"(마 5:48)라는 명령은 수행 불가능하다. 그리스어 동사인 teleo는 '완벽'이라고 번역되는 파생어인데, 이는 오히려 다른 함의가 있다. Telios는 발달의 완성되고 완전하며 성숙한 결과다. 도토리는 참나무에서 완전해진다. 이는 예수님의 마지막 말씀인 "다 이루었다."와 같은 어원이다.

발달의 개념은 또한 프로이트나 다른 단계 이론가에 대한 다윈의 진화론의 영향과 더불어 인간 행동에 대한 심리적 이론의 초기 토대가 되었다. 발달이론은 "전체의 일반적인 특성에 의해 지배되는 부분의 상호작용인 구조와 과정(움직임) 사이의 구분을 포괄하기 위해 진화하였다."(Webster's, 1981) 종교적이고 심리학적인 이론가들은 과정을 '전체의 어떤 특성' 내에서의 연속적인 움직임으로 정의하는 반면, 구조 안에서의 변화는 비연속적이면서 전체를 급진적으로 변경하였다. 과정은 운동을 포함하고, 구조는 형태나 용기를 포함한다. 더 나아가 심리학자 앨시어 호너(Althea Horner, 1990)는 구조를 신체화 경험, 영향, 충동, 인식, 사고를 포함하는 '심리적 자기'로 정의하였다. 그녀는 자기와 대상 표상의 정신구조는 인지발달에서의 과정과 구조 간의 상호작용에 관한 피아제(1936/1952) 이론과 유사한 방식으로 발달한다는 점을 주목하였다.

피아제(Piaget, 1954/1968, 1970)는 인간의 생각이 구체성에서부터 추상성으로 움직이는 선천적 발달 잠재력이 있음을 보았다. 그는 사람들이 이 잠재력을 자연스럽게 충족하는 구조를 형성하는 인지적 성장에서 두 종류의 정상적이고 상호적인 변화 과정을 개괄하였다. 첫 번째는 사고에서의 지속적인 움직임을 포함하는데, 기존의 인지적 틀의 수정 없이 정보를 기존의 인지적 틀에 통합하는 논리적이고 점진적인 과정이며, 피아제는 이를 동화(assimilation)라고 불렀다. 두 번째는 조절(accommodation)이라고 부르는 인지적 틀이나 구조의 급격한 변환을 포함한다. 이러한 통합된 과정은 한 아이가 성장함에 따라 그 개인이 인지의 감각운동 단계에서 구체적 조작기로, 또는 형식적·추상적 능력으로 움직일 수 있게 한다. 피아제의 이론은 어떻게 안정성과 보존의 과정(변화가 없거나 증가하는 변화)과 변형이 상호작용을 하는지를 설명해 준다.

변화이론가 바츨라빅과 그의 동료들(1974)은 '이상하게 반대편에 상호의존하는' 변화의 모델을 정의하였다. 그들은 반대 상황을 염두에 두지 않는, 주어진 체계 안에서 지속되는 1차적 변화와 불연속적이고 급진적이며 대립하는 반대 상황의 해결책을 포함하는 2차적 변화를 구분한다. 일차 변화는 피아제의 동화(assimilation)와 비슷하게 구조는 변하지 않고 남아 있다. 이차 변형적 변화는 항상 다음의 높은 발달 단계를 포함하는데, 이는 현재의 체계로부터 나가는 길을 제공하여 변화, 도약, 불연속을 수반하는 움직임이다. 이는 같은 체계를 변화시키고, 새로운 체계를 위한 기초를 만든다. 그들은 이차 변화를 보통 다음과 같은 사람들에게서 볼 수 있다고 말한다.

> 통제할 수 없는 무언가, 심지어 이해되지 않는, 차원적 도약, 긴 끝에 예상치 않게 온 갑작스러운 조명은 때로는 꿈에서, 때로는 거의 신학적 감각에서 은혜의 행위로서 종종 정신적이고 심리적인 노동에 좌절감을 안겨 준다(p. 23).

이것은 지속되는 일차 변화의 논리 안에서 익숙해질 수 없거나 이해되지 않는 새로운 생각의 방식이다.

이것은 시공간에서조차 외견상으로 동떨어진 요인이 새로운 이해와 응집력이 있는 통찰을 발생시키고 나서 새로운 게슈탈트와 지각적 현실이 될지도 모른다는 점을 주목한 로더(1989), 쿤(1962), 코스틀러(1967), 그리고 로키치(1973)와 비슷하다. 밀러와 세드 바카(2001)와 인터뷰한 거의 모든 양자적 변화자들(quantum changers)은 자아로부터 시작하거나 통제되기보다 자아의 외부에서 오는 변화를 경험하였다. 변형된 개인은 의미의 닫힌 체계 외부에서, 즉 자신의 통제 밖에서 발생하는 의미를 발견하거나 그 의미에 의해서 발견된다(Fowler, 1993). 이것은 "확실히 초월 현상이다. 이는 주어지기보다 찾아지고, 발명되기보다 발견된다." (Frankl, 1984, p. 62)

자기체계(A Self-System)

발달적 틀 안에서의 과정과 구조의 상호작용은 체계이론의 핵심이다. 사이버네틱스(Cybernetics)는 같은 틀이나 구조 안에서의 지속적 움직임과 체계의 구조를 바꾸는 불연속적이고 급진적인 움직임 사이의 상호작용이다. 이러한 과정들은 자아 내에서 역동의 균형을 만들거나 유지하는 데 작용하게 된다(Bateson, 1971).

자기체계는 낮은 단계에서 높은 단계로 성장하기 위한 활동의 자유에 따라 열리기도 하고 닫히기도 한다. 닫힌 체계는 상반되는 전제의 경쟁적이고 극단적인 갈등 안에 갇히게 되는데, 여기에는 갈등을 해결하기 위한 기회가 없다. 열린 체계는 성장을 하기 위한 기회를 갖게 되는데, 이 체계의 전제들은 상반되기보다는 보완적이기 때문이다. 전체의 부분들은 공존할 수 있고, 분리된 부분들보다 더 크게 성장하는 데 촉진한다. 자아와 세계에 대한 상반되는 관점에서 보완적 관점으로의 내면적 전환은 급진적인 심리학적·영적 변화가 될 수 있다. 이러한 전환은 음주에서 절제로, 그리고 절주를 유지하도록 움직이게끔 AA의 12단계 내에서 작동한다(Bateson, 1971). 개인은 통제를 잃는다는 것을 알게 되고 새로운 현실에 대처하기 위해 도움을 구한다.

사이버네틱스 이론은 자기체계 내에서 변형을 이루기 위해 구조적 변화의 필요성을 강조한다(즉, 경쟁적 구조에서 보완적 구조로의 전환). 현재의 상황에 갇혀 버린 체계는 닫힌 체계다. 갈등을 해결하기 위한 움직임은 단순히 이것을 강화하게 되고, 이는 체계의 시야를 좁게 만든다. 닫힌 체계의 해결 방법은 역설적이다. 그 체계의 경계선 바깥으로 뻗어나가는 것을 제외하고는, 충돌된 체계가 이 분법적임을 인식하는 것으로는 의도대로 변화할 수 없다. 기본적으로 '타자'에 대한 인식을 포함해야 한다. 사고 구조의 내면적 변환은 현재 체계 안에서의 파열이나 단절을 포함한다. AA에서는 한 사람이 통제를 잃는 것에 대해 받아들이고 자아 외부의 높은 힘(주로 하나님)에 도움을 청한다.

사건, 과정, 또는 결과로서 변형은 발달적이다. 갈등이나 불만은 한 개인의 일차 과정이나 자기체계 내에서 일어난다. 갈등은 현재의 상태가 되는 자연적인 움직임을 저지하게 되거나, 때때로 위기, 명료한 순간, 전환점을 포함하는 급진적 변화를 위한 준비가 될 수도 있다. 이 위기는 구조에서 전환을 일으키게 되는데, 이는 한 개인을 이차원적인 닫힌 체계에서 삼차원의 열린 체계로, 자기만 관련된 개인에서 자기와 타인과 관련되는 개인으로의 변환이다. 이러한 새로운 구조는 자기와 세상을 보고 해석하는 다른 방법을 제공하는데, 이는 새로운 성장과 발달을 위한 기초를 형성한다. 이는 양자적 변화자들에 의해 자연스럽게 보고되어 온 관점에서 변화를 잘 설명한다(Miller & C' de Baca, 2001).

변형을 위한 준비

만일 변형이 발달적 과정이라면, 적어도 우리는 돌이켜 생각해 보았을 때 그 것이 '오는 것을 볼 수 있어야' 한다. 확실한 선행 사건들은 급진적이고 불연속적인 변화를 위한 단계를 준비할 수 있지만, 그것들은 종종 지나고 나서야 분명해진다. 그리고 그것들이 자동적으로 변형으로 인도하는 것은 아니다. 변형의 전 시간들은 변화를 위한 준비 기간이 될 수도 있고, 움직임이 정지되는 상태가 될 수도 있다. 대부분의 변화 발달이론은 변화가 이전 단계에 그 뿌리를 둔다고 제시하고 있다. 그래서 의식적이든 무의식적이든 그 준비는 과정에 내재해 있다. 로더(1989)는 다음과 같이 제안한다.

> 인간의 본성에는 어디에서든, 심지어 이교도의 신화적인 체계에서도, 변형에
> 반응하는 선천적 구조가 있다. 누군가는 변형적 내러티브가 아무것도 할 수 없다
> 고 제안하며 고통받고 돌이킬 수 없는 손실을 가지면서 실존적 변형을 위해 개인
> 적으로 더 잘 준비되어 있을지 모른다(p. 152).

밀러와 세드 바카(2001)의 이야기꾼의 절반 정도는 행복하지 않았다고 보고하
며, 양자 변화 전의 아주 놀라운 사건 전에는 종종 절망적으로 행복하지 않았다
고 한다. 다른 이들이 외상적 사건 경험과 관련하여 피해자의 정체성을 가지고
있던 반면에 몇몇은 '바닥을 쳤다'. 어떤 이들이 목적 없는 방랑에 빠져 있다고
느끼는 동안, 몇몇은 덫에 걸린 듯한 느낌으로 빠져나갈 곳이 없다고 느꼈다. 이
그룹에서 변형을 재촉하는 가장 공통되는 사건은 기도였다.

종교와 심리학에서의 인간 변화에 대해 학자들은 변형의 중심이 자기의 변화
를 포함하고, 변화하는 것은 갈등 속에서 자기임을 사실로 상정한다. 변형을 위
한 준비는 의식적으로 영적 '갈구'를 포함한다(Pargament, 1997). 영적 구도자
(spiritual seeker)들은 현재 상태에 만족하지 않고 불충분한 느낌을 가지면서 성스
러운 것에 대한 애착과 결합을 통해 활발하게 해결책을 찾는다. 심리학적 관점
에서는 변형을 위한 준비는 갈등이나 결핍, 발달 지체와 같은 불만족의 요소들
을 시사한다. 하지만 이것들은 밀러와 세드 바카가 면담한 양자 변화를 경험한
이들의 절반 정도가 그들의 변화 경험 이전에 초대하지 않은 '갑작스런' 의식적
스트레스가 없었다고 기억하는 점은 주목할 만하다.

지금까지의 내용을 종합해 볼 때, 변형이나 전환의 준비 단계에서 개인은 의
지로 변화될 수 없는 어떤 갈등이나 한계에 직면한다(Soper, 1951). 한계를 인식
하는 것은 변형 과정이 일어날 수 있게 하는 위기나 전환점을 만들게 된다. 이
위기를 해결하는 데 익숙한 존재나 대응 방법은 소용이 없고, 개인은 도움을
받기 위해 자기 외부로 나와야 한다.

수용

일반적으로, 미국 심리학계나 특정 임상심리학계에서는 종종 통제를 강조해 왔다. 암암리에 개인은 계획적 변화의 자기통제의 대리인이다. 임상적 개입은 종종 통제를 할 수 있게 되는 노력에서 자기조절을 강화하기 위한 것이다. 같은 접근은 목회상담에서도 알려져 있다. 미국심리학회(APA)에서는 개인의 독립과 힘, 통제에 집착해 왔다는 비판을 받아 왔다(Pargament, 1997; Worthington & Berry, 이 책의 8장).

유대−기독교적 관점에서 인간관은 몇 가지 대안을 제시한다. 자기는 주체적인 독립체이지만 관계 속에서 자기로 이해될 수 있는데, 이는 관계의 합 이상의 것이다(Evans, 4장을 보라). 유대적·기독교적 인류학 양쪽 모두는 인간을 수평적으로는 더 큰 공동체와의 관계로, 수직적으로는 하나님과의 관계에서 이해한다. 이런 관계에 대한 부인이나 분리는 죄의 본질적인 특성이다.

물론 이런 자기의 관점은 의존에서 독립으로 나아가는 발달에 대한 미국 문화의 이상적인 자기에 대한 관점과는 충돌한다. 네키(Neki, 1976)는 의존의 개념에 대한 문화적 상대주의적 논평에서, 미국의 독립에 대한 강박과 그의 모국 인도와 같은 더욱 공동체적인 문화에서의 발달적 기준을 대조하여 설명한다. 그가 제안하는 대안적인 기준은 의존에서 의존할 수 있는 것으로의 발달이며, 나이가 들어감에 따라(성장함에 따라) 자연스럽게 의존으로 되돌아가는 것이다. 오로지 의존적이거나 독립적 개인만 존재하는 문화에서 의존할 만한 개인은 누구인가? 네키의 관계적 인류학은 의존을 사춘기 시절에 가능한 한 빨리 빠져나와야 할 상태나 인생을 통해 수치스러운 상태로 보기보다는 인간 발달의 자연스러운 과정으로 본다.

이 장에서는 변형을 닫힌(자기충족적) 체계에서 좀 더 열린 체계로의 발달적 과정으로 이해된다. 이 방향의 첫걸음은 바닥을 치는 위기로 경험될 수 있는, 또는 시간이 지남에 따라 점점 드러나는 자기의 한계를 인식하고 수용하는 것이다. 종교에서는 자기의 제한되고 불완전한 본성이 당연한 것으로 여겨지는데, 이는 개인이 다른 사람들과의 의식적 관계(의존)에서, 그리고 융(1953)이 '더 높은 타자'라고 말한 존재와의 관계에서 존재한다. 더 높은 타자에 자기를 내어 주려는 의지는 종교에서 매우 중요하다(Rambo, 1993).

무엇이 영향을 미칠 수 있는지에 대한 권한 부여와 개인의 통제나 한계 이상의 것을 수용하는 것 사이에는 균형이 있다. 이 균형에 대한 가장 익숙한 표현은 제2차 세계대전 동안에 라인홀트 니부어(Niebuhr, 1943)가 쓴 기도다. "하나님은 우리가 변할 수 없는 것들을 받아들이는 평온함과 변해야 하는 것들을 변화시킬 수 있는 용기를 은혜로 주시고, 그 두 가지를 분별할 수 있는 지혜를 주신다." 약간 수정된 형태로, 니부어의 청원은 'AA의 평온함의 기도(serenity prayer)'라는 이름으로 전 세계적으로 계속하여 인용되고 있다. 비록 심리학에서 통제를 매우 강조하고 있기는 하지만 수용과 용서와 내려놓기의 치료적 가치에 대한 인식이 점점 커지고 있다(Cole & Pargament, 1999; Hayes, Jacobson, Follette, & Dougher, 1994; Sanderson & Linehan, 1999; Worthington, 2000).

자기의 변형

만약 변형이 자기 안에서 급격한 변화를 포함한다면, 변화는 어떤 것일까? 어떤 면에서 그것은 자기의 상실, 적어도 자기충족감, 자기중심, 자발적인, 닫힌 체계의 자기를 포함한다. 여기에는 자기의 힘에 대한 믿음으로부터 자기보다 더 큰 존재인 '타자'와의 연결의 전환이 있다. 이것은 '자기혼자(self-alone)'로부터 '타인과 함께하는 자기'로의 변화다. 영적 언어로 그 타자는 성스럽고 거룩한 신(하나님)이다. 이 닫힌 체계에서 열린 체계로의 전환은 도형과 배경에 대한 불연속적이고 변형적인 변화를 만든다. 또한 이는 그 사람을 통제로 인한 지속적 괴로움에 갇히게 하는 인간의 한계를 부인하는 것으로부터 자유롭게 한다. 이것은 '통제를 포기함(항복, 내려놓기)으로써 인생에서 더 큰 것을 다룰 수 있게 되는'

역설이다. "이는 내가 약한 그 때에 강함이라."(고후 12:10b, 개역개정)

변형에서의 자기상실은 타인을 포함하는 (통제가 아니라) 자기로 개방하기와 확장으로 더욱 이해될 수 있다. 변형적 변화의 과정은 제한된 자기와 애착의 형성을 허용하고 권한을 부여하는 '타자' 모두를 인정한다. 이런 상호작용 과정에서의 개인은 자기를 완전하게 하기 위해 타인의 힘을 내면화한다. 종교적 · 심리적 이론가들은 변형에 이어지는 변화의 과정을 '내재하기'로 묘사(Loder, 1989)하거나 타인을 자기의 한 부분(또는 자기를 더 큰 타자의 부분으로)으로 '내면화하기'로 묘사한다(Brown, 1985; Pargament, 1997). 이것이 변형적 변화를 만드는 것에 대한 열쇠다. 즉, 더 큰 타자에게 귀속된 힘으로 제한된 자기의 수용이다. 이는 개인을 이차원에서 삼차원의 구조로 이동하게 한다. 이것은 개인을 양립되어 해결할 수 없는 내면의 갈등으로부터 보완적이고 관계적인 자기로 갈등을 해결 가능하도록 전환시킨다. "누구든지 자기 목숨을 얻는 자는 잃을 것이요, 나를 위하여 자기 목숨을 잃는 자는 얻으리라."(마 10:39, 개역개정)

물론 유대-기독교는 영적 '타자'의 실재를 하나님으로 확신하고, 실재 임재를 경험한다는 면에서 심리학과는 다르다. 과학이나 심리학이 이런 신앙의 도약을 확인할 수도, 부인할 수도 없기 때문이다. 변형은 또한 자기를 전체로 향한 진행 중인 변화로 열어 간다. 피아제(1954/1968, 1970)의 발달심리이론과 같이 변화는 자연적 발달의 한 부분으로, 더 완전함을 향하는 방향으로 일어난다. 이와 비슷하게 심리학의 제3 세력인 인본주의 운동에서는 심리치료를 치료를 위한 길로 보지 않고 한 개인이 갈등을 해결해 나가도록 돕는 방법으로 보는데, 이는 새로운 열린 체계 안에서 타고난 잠재력을 성취할 수 있도록 하며 광범위한 성장을 이루는 데 자신의 능력을 넘는 방법을 통해 과거의 장애물들을 지나갈 수 있도록 돕는 방법으로 본다. 여기에는 우리가 변형이라고 말하고 있는 것에 분명하고 직접적인 유사점이 있다.

하지만 아마 거의 모든 변형적 변화가 심리치료사나 전문가의 도움 없이 자연스럽게 자발적으로 일어난다는 것을 반드시 인식해야 한다. 밀러와 세드 바카

(2001)에 의해 묘사된 양자적 변화자들은 명확하게 이런 종류의 자기 개방과 확장—모든 인류와 창조물에 친밀하게 연결되어 있음을 인식—을 보고하였다. 그들은 또한 이런 변형을 미완료된 상태—기억할 만한 전환점에서 가동된 개방적이고 지속적인 과정—로 경험한다. 이런 전환점의 경험들은 알 수 없는 '타자'와의 만남을 포함한다.

마지막으로 자기의 변형은 우선순위에서의 급격한 변화를 포함한다. 융이 관찰한 바와 같이(Alcoholics Anonymous, 1976), 이전의 사람을 인도하던 가치들은 뒤집어진다(Miller & C'de Baca, 2001). 변형된 사람은 그들 주변에 만들어진 삶과 '사랑하는 오래된 물건들'을 포기하려고 한다. 전향자는 그 자리에 새로운 '충성심의 중심'인 다른 조직의 힘을 찾는다(Pratt, 1946). 이는 틸리히가 말한 '존재의 기반' '궁극적 관심'에서의 변화라고 할 수 있다. 새로운 목적이나 방향성이 생기고 피아제나 바츨라빅 등이 설명한 구조에서의 변화와 비슷하다(1974).

익명의 알코올 중독자 모임(AA)의 예

익명의 알코올 중독자 모임(Alcoholics Anonymous, 이하 AA)(1976)은 변형의 과정에 대한 연구에 재미있는 상황을 제공하였다. AA의 12단계는 이 프로그램이 영적 변화에 이르기 위해 명시적으로 의도되었다고 묘사하고, AA가 어떤 면에서는 세상의 다른 종교들보다 더욱 구체적인(그래서 경험적으로 확인해 볼 수 있는) 권리와 맹세를 하고 있다.

자기에서 급진적 변화인 변형의 개념은 AA의 알코올 중독으로부터의 회복에 대한 이해에서는 매우 핵심적이다. 이것은 '통제하기' 접근과 정반대이며, 이러한 점에서 AA를 '자조' 프로그램으로 지명함은 잘못되었다. 인간의 불완전성과 자기통제의 근본적 한계는 AA의 토대가 되는 신념을 대표한다(Kurtz & Ketcham, 1994). AA의 초기 멤버들은 자신의 이전의 노력으로부터 변화를 위한 의지의 확실한 위축과 포기의 경험을 이야기한다.

AA의 첫걸음은 '무력함'으로 묘사되는 개인적 한계의 인식을 포함한다. 이런 자기개념에서의 불연속적인 전환은 자기의 외부로 도움을 청하는 데 문을 열어 놓는다. AA에서 이는 타자나 자기보다 높은 힘의 수용이나 인식을 포함한다. 많은 영적 통찰과 같이, 이는 한계를 깨달아서 전체를 발견하게 되므로 역설적이다(Kurtz, 1979). 근원적으로 기도인 세 번째 걸음은 다른 이들에게 도움을 요청하기를 포함한다. 간단명료하게 이 초기 걸음을 요약하면, 첫째는 "나는 할 수 없습니다.", 둘째는 "하나님은 하실 수 있습니다.", 셋째는 "제발 해 주세요."다. 이 처음 세 단계에 반영된 변환은 단지 시작이며, 자신을 관계 속에 위치시키고 다른 이들에게 순종하게 하는 삶을 위한 전체 '프로그램'을 열게 한다.

AA에서 알코올 중독 재발로 인한 분투는 인간 본성의 더 큰 분투의 작은 부분이다. 자신의 힘에 대한 잘못된 믿음은 중독 역동의 핵심이며, 역설적이게도 그 믿음의 철회가 회복의 핵심이다. 알코올 중독은 이중 구속의 긴장에 의해 지배되고 있다. 그것은 알코올이 더 필요하지만 그것을 부인하고 다른 무언가로 설명하려고 하는 딜레마다. 긴장은 깨지고 자신의 음주에 대한 통제를 잃는 것을 깊이 인정(자기의 한계를 인정)하면서 현실이 승리하게 된다. 이러한 항복은 변형의 기초를 만든다(Tiebout, 1944). 베이트슨(1971)은 사이버네틱 이론을 알코올 중독에 적용하면서 AA의 용어로 '바닥을 치는' 패배의 중요성을 강조하였다. 항복은 "첫 번째 영적 경험이다. 자기의 힘에 대한 신화는 더 큰 힘에 의해 깨진다."(p. 3)

하지만 무엇에 항복하는가? AA에서는 타자, 즉 더 큰 힘에 대한 믿음이 개인적 관점의 전환을 촉진하고 유지하는 데 필요하다. 역설적이게도 자기통제의 신념 철회는 다른 사람들과의 관계에서 자신을 동등한 위치에 놓도록 한다. 자기나 어떤 다른 사람들보다도 더 큰 무엇에 의해서 힘이 주어진다. 힘을 위한 분투는 보완적 틀로 전환함으로써만 변형될 수 있다. 알코올 중독자들은 자기를 통제하는 힘의 부족을 인정하고 통제의 원천을 자신이 정의하는 추상적인 외부의

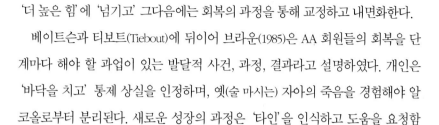

'더 높은 힘'에 '넘기고' 그다음에는 회복의 과정을 통해 교정하고 내면화한다.

베이트슨과 티보트(Tiebout)에 뒤이어 브라운(1985)은 AA 회원들의 회복을 단계마다 해야 할 과업이 있는 발달적 사건, 과정, 결과라고 설명하였다. 개인은 '바닥을 치고' 통제 상실을 인정하며, 옛(술 마시는) 자아의 죽음을 경험해야 알코올로부터 분리된다. 새로운 성장의 과정은 '타인'을 인식하고 도움을 요청함으로써 가동된다.

변형은 새로운 발달에 대한 관심과 힘을 자유롭게 하면서 통제의 갈등을 해결하게 된다. 통제의 상실에 대한 인정은 일관성과 명확성을 주고, 새로운 의미를 찾기 시작하게 한다. 그 중심은 확신 있게 아는 경험이다. 개인은 가장 깊은 진리를 '안다'. 그것은 나는 알코올 중독자라는 것이다. 여기에는 유대-기독교적 죄의 고백과 불완전하고 한계가 있으며 흠이 있는 존재로서의 자신을 아는 것과의 유사점이 있다. AA에서 이러한 지식은 자기의 새로운 발달의 기초를 제공하며, 이는 과거에 대한 적극적인 재건과 현재의 새로운 건설을 의미한다. 개인은 내러티브를 만들어 내는데, 이 내러티브는 인간의 한계에 진리를 포함하는 새로운 이야기다. 자기체계는 열려 있고 자기중심적 관점에서 타인과 연결된 자기로 팽창해 가는데, 이는 종교이론과 비슷하다. "양도하는 행동을 통해 자기는 새로운 세상의 일부가 된다. 자아는 향상된다. 개인은 배타적 자기몰두에서 더 큰 정체성으로 나아간다."(Loder, 1989)

구조적 변화는 자기통제의 신념에서 더 큰 힘에 대한 믿음으로의 변화에서 일어난다. 이것은 개인이 자기 힘을 얻기 위한 일차적 노력에서 자기 외부의 힘—이차적 변형적 변화—으로 나아간다. 발달이 진행되는 과정에서 개인이 더 큰 무언가를 신뢰하고 내면화되면서 자기는 영구적으로 변화한다. 비록 사람들은 오락가락하지만 장기적 과정에서 그들은 더 큰 타자에 대한 자신의 신념과 책임을 강화한다. 그러면서 그 신념이 그들의 계속되는 성장을 위한 새로운 질서 원칙으로 작용하면서 사람들은 변화한다. 개인은 하나의 변형을 소유하고, 회복의 과정에 개입하면서 변형된다.

결론

변형적 변화는 발달의 틀 안에서 급격하고 불연속적인 움직임과 구조적 변화에 의한 실제적 현상이며, 다중 수준의 사건, 과정, 결과다. 무의식적이든 의식적이든 변형은 전환점으로 이어지는 준비 과정을 포함하는데, 이 전환점은 현재의 틀이 깨짐으로 이어진다. 이런 불연속성은 개인을 이차원적 내면의 틀로부터 '타자'를 포함하는 삼차원적 평면으로 나아가게 한다. 유대–기독교 신학과 같이 변형의 패러다임은 AA에서도 더 큰 '타자' 속에 있는 궁극적인 무한한 힘을 가지고 자기의 근원적 한계를 인식하기가 중심적이다. 자기에 대한 초점으로부터 '타자'의 힘으로의 병합과 그에 대한 신념으로의 이동은 혁신적이고 변형적인 변화의 기초를 만든다.

참 · 고 · 문 · 헌

Alcoholics Anonymous. (1976). *Alcoholics Anonymous* (3rd ed.). New York: Alcoholics Anonymous World Services.

Apter, M. J. (1982). *The experience of motivation: The theory of psychological reversals.* London: Academic Press.

Barlow, D. H., Abel, G. G., & Blanchard, E. G. (1977). Gender identity change in a transsexual: An exorcism. *Archives of Sexual Behavior, 6,* 387-395.

Barnard, G. W. (1997). *Exploring unseen worlds: William James and the phiosophy of mysticism.* Albany: State University of New York Press.

Bateson, G. (1971). The cybernetics of self: A theory of alcoholism. *Psychiatry, 34*(1), 1-18.

Bien, T. H. (2004). Quantum change and psychotherapy. *Journal of Clinical Psychology,*

60, 493-502.

Brown, S. (1985). *Treating the alcoholic: A developmental model of recovery.* New York: Wiley.

Brown, S. (1993). Therapeutic processes in Alcoholics Anonymous. In B. McCrady & W. Miller (Eds.), *Research on Alcoholics Anonymous* (pp. 137-152). New Brunswick, NJ: Rutgers Center of Alcohol Studies.

Cole, B. S., & Pargament, K. I. (1999). Spiritual surrender: A paradoxical path to control. In W. R. Miller (Ed.), *Integrating spirituality into treatment* (pp. 179-198). Washington, DC: American Psychological Association.

Forcehimes, A. A. (2004). *De profundis:* Spiritual transformation in Alcoholics Anonymous. *Journal of Clinical Psychology, 60,* 503-518.

Fowler, J. (1993). Alcoholics Anonymous and faith development. In B. McCrady & W. Miller (Eds.), *Research on Alcoholics Anonymous* (pp. 113-135). New Brunswick, NJ: Rutgers Center of Alcohol Studies.

Fowler, J. (1995). *Stages of faith: The psychology of human development and the quest for meaning.* San Francisco: HarperCollins.

Frankl, V. (1984). *The will to meaning: Foundation and application of logotherapy.* New York: Vintage Books.

Hall, G. S. (1904). *Adolescence: Its psychology and relations to physiology, anthropology, sociology, sex, crime, religion, and education.* New York: Appleton.

Hayes, S. C., Jacobson, N. S., Follette, V. M., & Dougher, M. J. (Eds.). (1994). *Acceptance and change: Content and context in psychotherapy.* Reno, NV: Context Press.

Herman, J. (1992). *Trauma and recovery.* New York: Basic Books.

Horner, A. (1990). *The primacy of structure.* Northvale, NJ: Jason Aronson.

James, W. (1902). *The varieties of religious experience: A study in human nautre.* Cambridge, MA: Harvard University Press.

Jung, C. (1953). *Two essays on analytical psychology.* Cleveland, OH: Meridian Books.

Koestler, A. (1967). *The creative act.* New York: Macmillan.

Kuhn, T. (1962). *The structure of scientific revolutions.* Chicago: University of Chicago

Press.

Kurtz, E. (1979). *Not-God: A history of Alcoholics Anonymous.* Center City, MN: Hazelden.

Kurtz, E., & Ketcham, K. (1994). *The spirituality of imperefection.* New York: Bantam Doubleday Dell.

Loder, J. (1989). *The transforming moment.* Colorado Springs, CO: Helmers & Howard.

Miller, W. R., & C'de Baca, J. (2001). *Quantum change: When sudden insights and epiphanies transform ordinary lives.* New York: Guilford Press.

Neki, J. S. (1976). An examination of the cultural relativism of dependence as a dynamic of social and therapeutic relationships. *British Journal of Medical Psychology, 49,* 1-22.

Niebuhr, R. (1943). The serenity prayer.

Nowinski, J. (2004). Evil by default: The origins of dark visions. *Journal of Clinical Psychology, 60,* 519-531.

Pargament, K. (1997). *The psychology of religion and coping: Theory, research, practice.* New York: Guilford Press.

Piaget, J. (1952). *The origins of intelligence in children.* New York: International Universities Press. (Original work published 1936)

Piaget, J. (1968). *The construction of reality in the child.* New York: Basic Books (Original work published 1954)

Piaget, J. (1970). Piaget's theory. In P. Mussen (Ed.), *Carmichael's manual of child psychology* (3rd ed., pp. 703-732). New York: Wiley.

Popper, K. (1966). *The open society and its enemies* (Vol. I). Princeton, NJ: Princeton University Press.

Pratt, J. B. (1946). *The religious consciousness: A psychological study.* New York: Macmillan.

Rambo, L. R. (1993). *Understanding religious conversion.* New Haven, CT: Yale University Press.

Rokeach, M. (1973). *The nature of human values.* New York: Free Press.

Sanderson, C., & Linehan, M. M. (1999). Acceptance and forgiveness. In W. R. Miller (Ed.), *Integrating spirituality into treatment* (pp. 199-216). Washington, DC: American Psychological Association.

Soper, D. W. (1951). At the end of self, God. In D. W. Soper (Ed.), *These found the way: Thirteen converts to Protestant Christianity* (pp. 173-175). Philadelphia: Westminster Press.

Spilka, B., Hood, R. W., Jr., Hunsberger, B., & Gorsuch, R. (2003). *The psychology of religion: An empirical approach* (3rd ed.). New York: Guilford Press.

Tiebout, H. (1944). Therapeutic mechanisms of Alcoholics Anonymous. *American Journal of Psychiatry, 100,* 468-473.

Tillich, P. (1951). *Systematic theology.* Chicago: University of Chicago Press.

van der Kolk, B. (Ed.). (1987). *Psychological trauma.* Washington, DC: American Psychological Association.

Watzlawick, P., Weakland, J., & Fisch, R. (1974). *Change.* New York: Norton.

Webster's third new international dictionary. (1981). Springfield, MA: Merriam-Webster.

Worthington, E. L. (2000). *Dimensions of forgiveness: Psychological research and theological perspectives.* Philadelphia: Templeton Foundation Press.

Yalom, I. (1980). *Existential psychotherapy.* New York: Basic Books.

Chapter 10

영성 발달의 떠오르는 모델
성숙하고 도덕적이고 건강을 증진하는 행동을 위한 기초

Jared D. Kass and Susan Lennox

인간 발달에서 영적 성숙의 역할은 완전히 탐구되지 않았다. 에릭슨(Erikson, 1963)이 부모가 자녀들에게 신뢰감을 제공하고 노인들이 임박한 죽음에 대처할 수 있는 기초적 자원으로 종교를 확인하였을 때, 그는 발달모델에서 영성에 의미 있는 역할을 부여하는 첫걸음을 내디뎠다. 그 후의 스텝들은 노인들의 영적 안녕(Koenig, 1994; Moberg, 2001), 삶의 전 기간에 걸친 종교적 신앙(Worthington, 1989), 종교적 대처(Pargament, 1997), 그리고 발달적 멘토링(Daloz Parks, 2000)의 건강 결과를 포함한다. 그럼에도 영적 성숙은 발달적 문헌에서는 변두리에 위치한다. 클라인벨(Clinebell, 1995)은 영적 발달은 성숙한 태도와 행동을 빚어낼 수 있는 결정적 근거라고 주장하면서 이러한 점을 비판하였다.

포포라(Porpora, 2001)는 영적 발달을 더 충분히 이해하기 위해 사회적 필요를 강조하였다. 비록 미국인의 95%가 신의 존재를 믿지만, 겨우 50%만이 이런 믿음이 그들의 의미 체계나 도덕적 행동에 영향을 미친다고 보고하였다. 전국 여론

연구센터의 구조화된 인터뷰 자료는 대부분의 미국인이 '종교로부터 감정적으로 분리' 되어 있음을 보여 준다. 하나님은 의미나 행동의 모체가 발달하게 하는 경험된 실재가 아니라 추상적인 생각이다(Porpora, 2001). 이러한 자료는 소수의 사람만이 성숙한 신앙 단계를 성취한다는 파울러(Fowler, 1981)의 침울한 관찰을 지지한다. 이것들은 영성과 안녕 사이에 발견된 많지 않은 경험적 관계를 설명하는 데에도 도움이 될 수 있다(Wulff, 1997). 성숙한 종교적 대처는 유익하지만(Pargament, 1997) 많은 이는 이것을 성취할 방법을 모른다. 결과적으로 포포라(2001)는 우리 사회에서 성인들에게 저항하기 어렵고, 접할 수 있는 영적 발달의 모델을 위한 필요를 제안하였다.

현재 인간 발달의 분야에는 영적 발달을 위한 종합적이고 개념적, 방법론적인 모델이 부족하다. 이 과정의 측면들은 특정한 렌즈를 통해 연구되어 왔고, 그 결과 통합된 하나의 모델보다는 구성 개념의 잡동사니를 초래하였다. 이 장의 목적은 영적 발달이 이해되고 연구될 수 있는 좀 더 종합적인 틀을 명확히 표현하기 위한 실험적 발걸음을 취하는 것이다. 첫 절에서 우리는 영적 발달의 현행 심리학적 모델을 검토한다. 두 번째 절에서 마이모니데스(Maimonides)의 『혼란스러운 자들을 위한 안내서(The Guide of the Perplexed)』을 이용하여 좀 더 종합적인 종교적 모델을 살핀다. 세 번째 절에서 우리는 영적 발달의 과정에 참여한 한 젊은이를 기술한 사례 연구를 제시한다.

영적 발달: 심리학으로부터의 개념화

탐구의 여러 흐름은 영적 성숙 동안에 개인에게 일어나는 변화들을 조사해 왔

우리는 이 장의 두 번째 절(영적 발달: 유대 전통으로부터의 개념화)을 검토해 준 랍비 마이클 루켄스(Michael Luckens)와 연구 조교로 수고한 제니퍼 크레인(Jennifer Crane)에게 감사한다.

다. 조사의 다섯 가지 영역이 문헌에서 분별될 수 있다. 그것은 종교적 의미를 빚어 내는 개념적 과정의 성숙, 사회 정의와 개인의 안녕에 기여하는 도덕적이고 행동적인 틀에 대한 고수, 하나님의 표상의 성숙, 핵심적인 종교적 경험을 위한 역량, 그리고 영적 성장을 위한 수단으로서의 인생 주기의 발달적 도전에 대한 참여다.

1. 종교적 의미를 빚어 내는 개념적 과정의 성숙(maturation): 구조적 발달 연구는 인지학습(Piaget, 1952), 도덕적 의사결정(Gilligan, 1982; Kohlberg, 1981), 그리고 자아형성(Kegan, 1982; Loevinger & Blasi, 1980)에서 구분되는 단계를 관찰한다. 각 영역에서 상급의 인지 과정은 더욱 자율적이고, 모호함을 견디며, 복잡한 상호의존적 요인에 예민하다.

파울러(Fowler, 1981)는 신앙 발달 동안에 유사한 성숙 과정을 관찰하였다. 처음에는 종교적 개념과 가치가 가족과 공동체로부터 받아들여진다. 반영이 없는 수용의 단계를 지나면서 개인은 자율적으로 생각하고 자신의 삶의 경험과 좀 더 일치하는 의미 체계를 발달시키기 시작한다. 개인은 '옳고 그름'이나 '우리와 그들'에 대한 경직된 개념으로부터 좀 더 복잡하고 포괄적으로 보편적인 신앙의 상태로 나아간다. 그들의 하나님과의 관계는 사회적으로 구성되고 합의된 것으로부터 진정한 개인적인 것으로 나아간다.

비슷한 형태가 다른 연구에서도 나타난다. 오서와 그문더(Oser & Gmunder, 1991)는 인생의 위기에 종교적 설명에서 변화를 관찰하였다. 초기 발달단계에서 개인은 하나님을 문제의 유일한 원인으로 본다. 이후에 그들 자신으로 하나님의 대행을 대체한다. 결국, 그들은 하나님과 타인에게 상호 의존을 확인하는 동안 개인적 대행을 인정하면서 상호의존적 설명을 발달시킨다. 올포트(Allport, 1957)와 지니아(Genia, 1995)는 자율적 사고와 인간의 상호 연결로 특징지어진 성숙한 종교적 신앙을 발견하였다. 자아발달의 인습 후 단계상의 연구에서 쿡-그로터(Cook-Greuter, 1994)는 보편화하는 신앙을 명료화하고 확증하는 인지적 과정을 확인하였다. 더 높은 단계의 사고 과정에서 개인은 상호 연결의 모체 속에 심어진 유동의 자신들로 자기 자신을 좀 더 인식하고, 그들의 행동에 관해 자기인식을 위한 고양된 역량을 나타낸다.

파울러의 모델은 유용한 비판을 받아 왔다. 그의 위계적 구조는 조직화된 종교에 대해서는 헌신이 부족하고 도덕적 상대주의를 가치 있게 여긴다고 본다(다음 절을 보라). 하지만 영적 성숙의 측정으로서 보편적 인간 연결의 지각과 자율적 사고를 위한 역량의 확인은 종교적으로 다원화된 사회에서 영적 발달의 연구에 실질적으로 기여한다.

2. 사회 정의와 개인의 안녕에 기여하는 도덕적이고 행동적인 뼈대(framework)의 고수: 비록 그러한 뼈대의 고수가 모든 종교에서 중심적이지만 이 개념은 구조적 관점에서 성숙의 초점화된 기준은 아니다. 파울러는 사회 정의와 행동적 자기규제를 높이 평가한다. 하지만 그의 모델은 그들이 오직 인습 이후 자율적인 종교적 신앙으로부터 출현한다는 점을 제안한다고 읽혀 왔다. 이에 대한 비평은 이러한 위계적 구조의 한계를 심각하게 고려하는데, 특히 파울러는 신앙 발달 모델의 상급 단계에 이르는 사람이 적다고 인식하고 있었기 때문이다 (Koenig, 1994; Moberg, 2001).

영적 발달에서 활기찬 모델은 도덕적이고 행동적인 코드에 대한 고수에 초점을 요구한다. 한 걸음 더 나아가서 조직화된 종교공동체가 이러한 목표를 제공하는 강화를 인식해야 한다. 행동적 자기규제를 영적 발달의 결과로 보는 대신에 이 모델은 행동적 자기규제를 영적 발달을 위한 기초로 보는 것이 더 나을지도 모른다. 기독교의 종교적 성숙에 대한 최근의 모델은 회중적 삶에의 참여와 행동적 기준의 중요성을 강조함으로써 영적 발달의 좀 더 종합적인 정의에 기여한다(Benson, Donahue, & Erickson, 1993; Ellison, 1999; Malony, 1988).

3. 하나님의 표상의 성숙: 대상 관계와 사회학습이론은 개인이 하나님의 형상을 빚어 내는 힘을 확인한다. 처음에는 이러한 통찰이 하나님은 존재하지 않는다는 증거로 사용되었다(Wulff, 1997). 하지만 이런 결론에 질문이 제기되면서 이

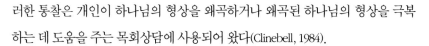

러한 통찰은 개인이 하나님의 형상을 왜곡하거나 왜곡된 하나님의 형상을 극복하는 데 도움을 주는 목회상담에 사용되어 왔다(Clinebell, 1984).

리주토(Rizzuto, 1979)는 이러한 대상 관계의 재구성에서 저명인사다. 비록 초기에 하나님의 표상은 일반적으로 양육자(벌 주는 또는 도움을 주는)의 투사였지만, 리주토는 하나님의 표상이 정신 구조의 자율적이고 안정적인 측면이라는 점을 관찰하였다. 스페로(Spero, 1992)는 이러한 공식을 한 걸음 더 이행하였다. 그는 프로이트의 정신분석 이전의 저술을 근거로 들어, 유아가 표상적 활동을 시작하기 이전에 정신적 구조 내에 세워 갈 종교적 느낌의 잠재성을 가지고 삶을 시작한다고 말하였다. 스페로에게 하나님은 단순한 투사적 대상이 아니라 실재다. 메이스너(Meissner, 1996)는 이러한 접근들을 종합하였다. 그는 심리치료사라는 직업은 하나님의 표상의 현존을 받아들이고 부적응적 대상 관계로부터 출현하는 그런 하나님의 형상의 왜곡을 해체하도록 돕는 일이라고 제안하였다. 그래서 영적 발달에서 중심적 과업은 누군가 하나님의 형상을 검토하고, 그들의 의미와 기원을 이해하며, 왜곡된 표상을 자비롭고 사랑스러운 하나님과 일치하는 형상으로 대체하여 그것을 초월시키는 일이다(Jordan, 1986).

사회학습이론가들은 하나님의 형상을 빚어 내는 데서의 인지적이고 문화적인 힘을 강조하였다(Poloma, 1995). 프라우드풋(Proudfoot, 1985)의 종교적 귀인에 대한 연구를 확장하면서, 카츠(Katz, 1983)는 모든 종교적 경험이 문화적으로 조건화되었다고 주장하였다. 여성주의자들과 다문화이론가들은 하나님의 형상이 사회 그룹의 지배적 성별이나 민족에 반영되는 것을 관찰함으로써 지지를 더하였다(Spretnak, 1982). 하지만 이와 같이 많은 이론가는 하나님을 문화적 구성 개념으로 축소하기를 거부하였다. 하나님은 미국 흑인 가정의 복원력의 주요 원천이다(Billingsley, 1992). 하나님의 표상의 문화적 형성은 하나님의 선험적 현존을 배제하지 않는다(Spretnak, 1991). 클라인벨(1984)은 하나님의 형상의 사회적 해체를 기독교 영성 발달의 가치 있는 측면으로 여겼다.

4. 핵심적인 종교적 경험의 역량: 비록 제임스(1902/1958)가 종교적 경험의 심

리학적 연구를 소개하였지만, 올포트는 영적 발달에서 종교의 역할을 인식하는 데 더욱 책임이 있을지도 모른다. 종교와 인종적 편견 사이에서 발견되어 온 혼란스러운 긍정적 관계를 조사하면서 올포트와 로스(Allport & Ross, 1967)는 종교적 가치가 깊숙이 내면화되거나 본질적으로 되기 전까지 종교는 원숙한 힘이 되지 않는다는 결론을 지었다. 본질적 종교성의 한 측면은 하나님 임재의 경험적 인식이다.

올포트의 연구는 개인적으로 의미 있는 영성을 위한 탐구와 종교적 경험이 심리적 안녕과 성숙에 기여함을 밝혀 냈는데, 이는 후드(Hood, 1975)와 베이트슨과 벤티스(Batson & Ventis, 1982)의 연구에 토대를 제공하였다. 그 후에 카스(Kass)와 그의 동료들은 핵심적인 영적 경험은 두 가지 요소가 있음을 발견하였다. 즉, 하나님 존재의 개인적 확신을 초래하는 구별되는 사건과 그 사건에 대한 인지적 평가, 그리고 하나님과 사람 사이에 아주 내면화된 관계에 대한 인식(Kass, Friedman, Leserman, Zuttermeister, & Benson, 1991)이다. 한 개인이 하나님의 임재를 경험하고 이를 자기의 핵심 토대로 인식할 때, 그의 심리적 복원력은 증가한다고 보인다(Easterling, Gamino, Sewell, & Stirman, 2000; Kass, 1995). 핵심적인 종교적 경험은 가공될 수 없다. 하지만 이러한 경험에 대한 수용성은 세계 종교적 전통에서 일반적인 묵상 실천을 통해 향상된다(Poloma & Gallup, 1991). 묵상적 실천의 주요 효과는 연결하는 자각을 위한 지각적 역량의 출현이다(Kass, 2001). 뉴버그와 다퀼리(Newburg & D'Aquili, 2001)는 스펙트럼 단층촬영을 통해서 이러한 출현적 지각의 역량과 신경학적 연결성을 관찰해 왔다.

5. 영적 성장을 위한 수단으로서의 인생 주기의 발달적 도전에 대한 참여: 에릭슨은 파울러보다 자신의 발달 모델을 생물학적인 발생적 힘에 근거하여 좀 더 깊이 있게 만들었다. 새로운 에릭슨 모델은 파울러의 공식보다 영적 발달의 다른 측면에 초점을 맞추었다. 이 모델은 인생 주기의 생물학적이고 사회적인 국면이 심리적 성장을 위해 구조화된다는 에릭슨의 통찰로 시작한다. 헬미니악(Helminiak, 1987)은 하나님이 후생적 발달 과정의 근본이라고 제안하였다. 인간

발달과 영적 발달은 유사한 구조이고 자기초월과 진정성이 가능한 자율적 개인
이라는 같은 목표를 공유한다. 유신론자, 특히 기독교인의 관점은 이러한 과정
의 이해에 깊이를 더한다. 하지만 그들은 발달 과정 그 자체를 변화시키지는 않
는다. 마이스너(Meissner, 1987)는 하나님이 좀 더 통합적으로 발달 과정에 개입한
다고 제안하였다. 하나님은 신적 은혜를 통해서 개인이 심리적이고 영적으로 성
숙해지도록 힘을 부어 준다. 마이스너는 에릭슨의 발달 단계와 유사한 영적 발
달의 여덟 가지 국면을 기술하였다. 그것은 믿음-소망, 통회, 속죄-절제, 꿋꿋
함, 겸손, 이웃 사랑, 봉사, 구제다. 로더(Loder, 1998)는 이 아이디어를 확장시켰
다. 그는 하나님이 삶의 과정 속에 세워 놓은 발달적 도전은 신적이고 이타적 사
랑을 구체화하는 우리의 역량과 영적 정체성의 발견을 위한 잠재력을 담고 있다
고 제안하였다. 그래서 이 이론가들은 에릭슨의 규범적인 발달적 통찰을 깊이
있는 영적 본성이 성숙할 수 있는 잠재력을 포함시키면서 확장하였다. 개인이
영적 성숙의 수단으로서 삶의 과정에 참여하는 것을 배울 때, 인간 잠재력의 전
체 범위가 경험될 수 있고 성취될 수 있다.

  6. **결론**: 우리가 검토해 온 탐구의 흐름은 영적 발달에 중요한 관점을 제공한
다. 이와 함께 그들은 우리의 종교적 전통이 두드러지게 고려하는 요소를 확인
할지도 모른다. 그러나 각 모델은 단지 특정한 요소만 부각시킨다. 어떠한 모델
도 이 과정에 결정적인 요소 사이의 풍성한 상호 영향을 기술하지 않는다. 이러
한 복잡함은 종교적 전통에 대한 살아 있는 경험을 분석하면서 가장 잘 이해될
수 있다. 어떤 주요 종교의 전통으로도 우리의 요점을 예증할 수 있지만, 우리는
유대교 전통의 렌즈를 통해 이 전체 과정을 들여다볼 것이다.

영적 발달: 유대 전통으로부터의 개념화

  유대주의는 "모든 인간의 행동을 실질적으로 하나님과 교감의 수단으로 변형

시키려고 노력하는 삶의 방식"이라고 미국 유대신학교의 전 총장인 랍비 루이스 핀켈스타인(Louis Finkelstein)은 설명하였다(1999, p. 294). 이 과정은 대인관계, 부모 역할, 성, 직업, 식생활, 건강 보전을 포함하는 일상의 모든 측면을 신성한 것의 영역에 올려놓는 미츠보트(mitzvot, 선행)의 수행을 통하여 일어난다. 미츠보트는 십계명의 도덕적 명령과 선지자들의 정의의 명령, 그리고 매일의 축복과 기도의 갑옷을 포함한다. 이와 함께 미츠보트는 행동의 코드와 할라카(halakhah, '그 길')라고 불리는 고양된 자각을 위한 수단을 포함한다. 할라카를 통하여 하나님과의 교감이 일상의 삶에서 경험된다(Ariel, 1995). 그래서 유대적 관점에서 영적 발달의 가장 높은 단계는 하나님과의 관계에서 지속적인 행동적·인지적·정서적 몰입으로 기술될 수 있다.

마이모니데스(Maimonides, 랍비, Moses Ben Maimon, 1135~1204)는 할라카의 발달에서 주요 인물이다. 그는 카이로 최고 랍비였고 이집트 술탄의 의사였다. 그의 생각은 성 토마스 아퀴나스를 포함한 많은 종교사상가에게 영향을 주었다(Heschel, 1982). 그의 고전인 『혼란스러운 자들을 위한 안내서(The Guide of the Perplexed)』는 유대철학의 기둥이다(Maimonides, 1963). 그는 유대법이 육체와 영혼의 안녕을 증진시키고 정의를 통해 안녕과 건강을 증진시키기 위한 사회 조직을 만드는 데 그 목적이 있다고 설명한다(책 III권, 27장). 이러한 목표를 달성하기 위해서는 그가 종합적으로 기술하고 있는 과정인 영적 발달이 요구된다.

마이모니데스(Maimonides, 1963)는 그 지침의 끝에서 영적 발달의 유대인 모델을 요약하였다(책 III권, 54장). 그는 예레미야(9:22-23)를 인용하면서 시작한다.

> 여호와께서 이와 같이 말씀하시되 지혜로운 자는 그의 지혜를 자랑하지 말라. 용사는 그의 용맹을 자랑하지 말라. 부자는 그의 부함을 자랑하지 말라. 자랑하는 자는 이것으로 자랑할지니 곧 명철하여 나를 아는 것과 나 여호와는 사랑과 정의와 공의를 땅에 행하는 자인 줄 깨닫는 것이라. 나는 이 일을 기뻐하노라. 여호와의 말씀이니라(개역개정).

이 아름다운 구절에서 예레미야는 부, 권력, 지식은 본질적으로 악하다고 주장하지 않는다. 하지만 이러한 속성들이 영화롭게 되지 말아야 하며, 하나님을 알고 이해하는 것은 인간 존재의 목적과 가장 높은 잠재력이다.

우리는 두 가지 방법을 통해 발달적 정점에 이를 수 있다. 첫째, 할라카의 근원적 원칙을 따름으로써 우리의 행동을 다스린다. 그 원칙은 자애로운 친절(황금률), 의로움(사회 정의와 공정에 대한 헌신), 심판(세상에 정의와 자애로움을 가져오는 힘을 북돋아 주는 행동)이다. 게다가 우리의 부, 권력, 지식을 **어떻게 사용하는가**는 자기반성적으로 접근되어야만 하는 중요한 도덕적·발달적 받침대다. 유대 관점에서 우리가 타인과 함께 만들어 가는 공동체의 질은 영적 발달의 주요한 척도다.

둘째, 우리는 하나님의 임재에 대한 인식 안으로 우리 자신을 몰입시킨다. 마이모니데스(1963)는 "하나님은 집중하여 진정으로 그를 부르는 이에게 아주 가까이 계신다. 하나님을 향해 전진하면서 타락하지 않으면 모든 이가 하나님을 찾을 수 있다."라고 덧붙였다(책 III권, 54장, p. 638). 이 아이디어는 도전적 과제를 지나치게 쉽게 보이도록 할 수 있다. 우리의 가장 큰 방해거리인 부, 권력, 지식을 위한 갈망은 우리 마음을 차지하고 있다. 그럼에도 이 진술은 유대 영성의 중심적 통찰 위에 세워졌다. "인간의 영혼은 가장 심오한 존재 속 신성의 일부"(Steinsaltz, 1980, p. 51)이기 때문에 하나님이 알려질 수 있다. 마이모니데스는 영혼을 인간과 하나님 사이의 접촉점으로 간주하였다. '합리적 직관'을 위한 영혼의 역량은 "(가끔) 하나님이 아닌 적극적 지성과의 동일화, 동화, 접촉"을 가져왔는데, 마이모니데스가 이를 세상에서 하나님의 형식적 발현으로 간주하였다(Goodman, 1999, pp. 21-23).[1] 정신과 영혼에 대한 마이모니데스(1963)의 모델에서 '감각들이 쉬고' 우리 마음이 일상의 주의산만함으로부터 자유로울 때 '상상력

---

1) 굿맨(Goodman)은 합리주의와 신비주의가 양립할 수 없음을 발견하는 랍비는 종종 마이모니데스를 그들의 캠프에 둔다고 설명한다. 그러나 하나님과 인간의 영혼 사이의 연결은 마이모니데스의 아이디어에 중심적이다.

이 풍부한 재능'이 있으면 하나님의 임재를 경험할 수 있다(책 II권, 36장).

영적 임재로서 하나님은 안내서(The Guide) 전체를 통한 묘사적 개념이다 (Maimonides, 1963). 12세기에 쓰인 글이지만 이는 놀랍게도 현대의 교재 같다. 주요 주제는 하나님의 실체성, 성 역할, 물리적 장소를 제안하는 형상의 해체다 (책 I권, 1장, 46; 책 II권, 25장). 마이모니데스는 탈무드가 이러한 형상의 문자적 해석을 지지하지 않고(책 I권, 46장), 예언의 비전이 감각에 의해서 지각될 수 없 다는 점을 보여 준다(책 I권, 49장, 50장; 책 II권, 46장). 이러한 비전들은 (내적이든 외적이든 간에) 하나님의 존재에 특성을 조명하기 위해 하나님을 선지자의 마음 에 놓은 형상으로 이해되어야 한다(책 I권, 46장). 이사야(12:3)와 탈무드로부터 마이모니데스는 하나님의 형상이 "흘러넘치는 샘물"이라고 제안하였다(책 II권, 12장). 하나님은 시간과 공간 속에 분리된 존재가 아니기 때문이다. 오히려 하나 님은 영원한 존재인 스스로 있는 자(출애굽기 3:14)이고, 존재의 근원(책 I권, 63장) 이다.

넘쳐 흐르는 신성의 탈무드 형상(Maimonides, 1963, 책 II권, 12장)은 유대 영성 의 중심적 역설을 가볍게 건드린다. 하나님은 물리적 현실로부터 분리(초월)되고 동시에 스며드는 내적(내재하는) 임재다(Mintz, 1984; Steinsaltz, 1980). 인간의 의식 은 하나님의 임재로부터 영감을 끌어내고 파악하는 역량을 심리적 존재의 핵심 에 가지고 있다. 마이모니데스의 영감에 대한 해명은 "알-파라비(al-Farabi; 마이 모니데스에게 영향을 준 10세기의 모슬렘 철학자)가 높은 차원의 사고하기라고 부른 것의 개념적 이해를 하려는 진지하고도 심오한 시도다."(Goodman, 1999, p. 5) 높 은 차원의 사고의 역량(즉, 연결적 자각)은 하나님을 알라고 하는 예레미야의 경 고가 달성될 수 있는 두 번째 수단이다.

영적 발달상에서 유대 관점은 하나님과 교감하는 두 가지 방법 간의 지속적인 상호작용을 제시한다. 하나님과 교감하는 방법은 할라카의 고수(자기규제를 통한 행동의 변형과 자애로움, 의로움, 판단에 의해서 다스려지는 행위들), 그리고 하나님 임재의 터득 속에 몰입(기도와 묵상을 실천하는 동안 높은 차원의 사고하기와 하나님

형상의 해체를 통한 인지적이고 관계적인 세계관의 변형)하는 것이다. 이러한 요소들 간의 상호작용은 두 가지의 추가적 주제인 악과 영적 성장의 단계에 대한 마이모니데스의 토론에서 더욱 분명해진다.

마이모니데스(1963)는 악을 세 가지 부류로 기술하였다. 첫 번째 유형은 물리적 자료를 관장하는 기저에 있는 과정인 존재하게 되기(coming-to-be)와 지나가기(passing-away)로부터 초래된다. 결과적으로, 인간은 죽음과 질병, 그리고 자연 재해를 경험한다(책 III권, 12장). 그는 이들이 파괴적이기 때문에 악이라고 불렀다. 하지만 하나님의 섭리가 그 근원이다. '개인의 죽음이 없다면 그 종들에게 관련될 것들도 지속되지 않는다.' 우리는 '살과 뼈로만 부여될' 수 없고 신체적 실존에만 국한될 수 없다. 마이모니데스는 하나님이 '필수적 활동으로' 악을 창조하지 않았음을 강조하기 위해서 이러한 아이디어를 발달시켰다. 오히려 악은 물질적 삶의 본성에 기인하는 '궁핍'으로부터 뻗어나온다. 그러므로 이러한 형태의 악에 대처하는 가장 좋은 방법은 하나님과의 관계로부터 돌아서지 말고 하나님과의 관계를 확인하는 것이다(책 III권, 10장).

마이모니데스가 존재적 궁핍을 인간의 일차적 경험으로 기술할 때, 이는 실존적이고 정신분석적 사고의 전조가 되었다. 이 실존적 상처의 중심은 하나님과의 연결 경험이 왜 유대주의가 가르치는 일차적인 치료적 방법이 되는지를 설명한다. 동시에 마이모니데스(1963)는 인간 행동의 결과와 자유의지라는 다른 두 가지 형태의 악의 원인으로 궁핍의 중심적 상처를 간주하였다(책 III권, 17장). 악의 두 번째 형태는 '인간이 서로에게 고통을 주는 행동'이다. 일차적 예는 한 사람(또는 사람들)의 다른 사람들에 대한 폭압적 지배다. 악의 세 번째 형태는 '인간이 스스로 자신에게 고통을 가하는 행동'이다. 일차적 예로는 신체적이고 심리적 병의 원인이 된다고 간주하는 절제되지 않는 먹기, 술 마시기, 그리고 성과 관련된 악이다(책 III, 12장). 근본적으로 악의 이 두 가지 형태는 '무시'에 뿌리를 두고 있다. 만약 인간이 하나님과의 기저에 있는 연결을 지각하고 그것에 의해서 존재적 궁핍을 극복했다면 '그들은 자신과 타인에게 해를 가하는 것을 그만두게

된다.' (책 Ⅲ권, 11장)

마이모니데스(1963)는 영적 발달의 단계 모델을 기술하였다(책 Ⅲ권, 51장). 이러한 상승하는 단계는 규율이 없는 행동으로 요약될 수 있다. 그것은 할라카의 해석에서 문자적이고 반영이 없는 할라카를 고수함, 합리적 사고, 과학적으로 생각하기, 비문자적 해석을 통한 필수적 의미를 이해하기 위해 반영적으로 노력하는 할라카를 고수함, 그리고 하나님에게 연결되는 경험 속에서의 완전 몰입을 위한 높은 차원의 사고하기를 이전 단계에 추가하는 마지막 단계다. 게다가 마이모니데스는 영적 발달의 상급 수준을 확인하였다. 그러나 할라카를 행동적으로 고수하며 지키는 것은 모든 단계에서 기본적이다.

마이모니데스의 단계 모델은 역사의 유대적 개념에 뿌리를 두고 있다. 개인적이고 사회적인 역사는 '하나님과 사람 사이의 공통 영역의 근거'다(Hahn, 1993, p. 74). 만일 우리가 하나님과의 교감 속에서 이러한 사건들을 만난다면, 비록 비극적인 상황이라도 영적 발달의 가능성을 담고 있다. 이러한 개념은 홀로코스트 경험으로부터 유래된 프랭클의 로고테라피 방법에 예증되어 있다(Frankl, 1959; Kass, 1996). 인간이 자신의 통제를 넘어서는 악을 직면할 때 프랭클은 "왜 나에게 이런 끔찍한 상황이 일어났는가?"가 아니라 오히려 "이 순간에 삶이 나에게 무엇을 기대하는가?"라고 질문하기를 배웠다. 프랭클의 반응은 영적 성숙에 대한 마이모니데스의 접근을 대표하여 요약한다. 이는 삶의 전 기간에 걸쳐서 하나님과의 즐거운 관계와 의미 있는 삶의 선택을 위한 추출된 전략을 제공한다.

요약하면, 마이모니데스는 앞 절에서 논의된 영적 성장의 상호적이고 다차원적인 행동-인지-관계 모델을 제공한다. 이 모델은 하나님과의 관계 속으로의 몰입을 통해 타인과 자신의 관계 속에 힘이 부여된 행동, 정의, 자애로움을 구체화하는 능력으로 조작되어 기술될 수 있다.

영적 발달의 사례 연구

비록 마이모니데스가 영적 성숙을 위한 근거와 저항하기 어려운 모델을 제안하지만 성스러움에서 정서적으로 분리되어 온 사회에서 이러한 생각들은 기꺼이 이용되지 않는다. 포포라(2001)의 작업은 현대의 성인들에게 강제하는 형식으로 이러한 개념을 번역할 필요가 있다고 제안한다. 다음의 사례 연구는 1987년부터 학부와 대학원에서 가르쳐진 변형된 학습 교과 과정에 대한 학생의 참여를 검토한다(Kass, 2001). 이 교과 과정은 학생들이 인간 성숙에서 묵상 실천과 영적 발달의 기능적 역할 이해를 돕도록 만들어졌다. 이는 기록된 자기탐구식 과제를 활용하는 연계된 경험적 학습 과정 속에 그들을 참여시킴으로써 영적 성숙의 행동적-인지적-관계적 모델을 예시한다. (무신론자를 포함한) 학생들은 여러 다양한 종교적 신념을 가져 특정한 종교가 신봉되지 않는다. 신앙적 학습그룹에 참여한 학생들은 다른 영적 전통의 가치를 배우는 동안 그들의 특별한 영적 정체성을 알고 깊이 들어갈 수 있도록 격려된다. 사례 연구를 위한 다음의 자료는 이 학생의 자기보고식 내러티브로부터 얻은 것이다.

캐런은 26세로 석사학위 공부를 하고 있는 회계사다. 그녀는 안정적이고 사랑이 많은 남부 침례 가정에서 성장하였다. 수업 첫 주에 쓴 영적 자서전에서 그녀는 어렸을 때는 종교 생활이 중요했지만 지금은 종교나 영성으로부터 이탈되었음을 느낀다고 설명하였다.

> 나는 항상 교회를 좋아했고 공동체를 즐겼다. 나는 사회적 창조물이며, 그래서 그런 것들은 나에게 출구를 제공해 줬다. … 그곳에서 나는 사랑을 받았다. 나는 청년 그룹의 회원이었다. 나는 어린이 성가대에서 피아노 반주를 했고, … 가끔 성령님을 느꼈다. 나는 11세 때 세례를 받았다. … 자라면서 나는 내 신념을 주장하기 시작했고, 교회에서 논쟁하기 시작했다. 나는 사람들이 말하는 것을 절대로 그

냥 받아들이지 않았다. 내 마음과 직감과 직관에서는 무엇이 진리인 줄 알고 있었다. 우리 엄마는 그것을 나에게 가르쳐 주었고, 그것에 대해서는 고맙게 생각한다. ⋯ 우리 교회 선생님이 폴란드 선교 여행에서 돌아와서는 천주교를 악마의 사역이라고 말했을 때, 나는 자리에서 일어나 예배당을 걸어 나갔다. 그 후에 나는 교회에 정기적으로 나가는 것을 멈추었다. ⋯ 대학교에 갔을 때 나의 룸메이트가 침례교 학생연합에서 하는 오픈 하우스에 날 데리고 갔다. 우연의 일치일까? 아니었다. 나는 예배공동체를 발견했다. ⋯ 대부분의 학생은 나처럼 자신의 유산에 대해 질문을 가지고 있었다. 우리는 그리스도 안에서 서로 교감하였다.

이러한 활동은 편견과 사회 정의에 대한 새로운 자각을 만들어 냈다. "나는 종교의 다른 측면을 보았다. 당신이 야곱과 같이 씨름해야 하는 측면. ⋯ 나의 여정은 더욱 분명하고 더욱 어려워졌다. 나는 어떻게 나의 유산을 받아들여 주장하고 나의 종교를 품게 되었나?" 비록 이런 것들이 우정과 참여의 중요한 순간들이었지만 그녀는 졸업했을 때 교회에 그만 다니기 시작했다. "나는 그때부터 교회에 적극적이지 않았다."

캐런은 두 가지 이유에서 이 강좌에 등록했다. 첫째, 그녀의 이전 종교 활동은 기본적으로 사회 정의와 그녀의 사회적 필요에 맞춰져 있었다. 그녀는 더 깊이 있는 방법으로 자신의 영성을 탐색하기를 원했다. "나는 내 종교적 자아를 발견하고 돌보고 싶다. ⋯ 왜 그것이 나에게 중요한지⋯ 나는 기독교인이기 때문이다. 그리고 그것은 나에게 그리스도같이 되기를 의미한다." 둘째, 그녀는 이전의 종교 활동이 탐색하도록 돕지 못한 자기 내면의 소용돌이를 더욱 자각하게 되었다. 영성은 항상 '그녀의 강점'이었다. 하지만 그녀는 더 깊이 있는 방법으로 '그 강점을 새롭게' 할 필요가 있었고, '어떠한 엑스레이로도 발견하지 못할 만큼 깊은 상처를 어떻게 회복하는지 배울 필요'가 있었다. 캐런은 "나 스스로의 파괴적인 우울함을 알기 시작했다. 그저 슬픈 감정이 아니라 완전히 침울한 감정이었다. 나는 자살을 깊이 생각해 본 적이 전혀 없었다. 하지만 나는 내 속에서 살고 싶은 갈망을 종종 느꼈다. 세상과 상호작용을 멈추기 위해서……."

이러한 상처들은 '여자가 되기, 여성스러워지기, 사랑을 받기'에 집중하였다. 그녀는 어린 시절의 자신에게 사람들이 예쁘다고 말했음을 기억했다. "그러고 나서 청소년이 되었다! 상처 안 받은 사람이 있나? 나는 아니었다. 나는 너무 키가 컸다. 6학년 때 급성장했고, 5.6피트였다. … 남자애들은 모두 5피트였는데 말이다!" 고등학교 시절에 "나는 관계에 대해 이해할 수가 없었다. 남자 친구들이 몇 있었지만 관계가 오래가지는 않았다. … 대학에 가서는 더욱 나빠졌다. 모든 것이 성적 매력과 관련되고, 그것은 짧은 치마와 꽉 끼는 옷을 의미했다. 전혀 내가 아니었다. … 나는 여전히 이 문제로 분투하고 있다. 나는 내가 어떻게 느끼는지가 내가 어떻게 보이는지를 생각하는 것보다 중요하다는 점을 배웠다. 하지만 나는 여전히 보이는 것에 많이 집중한다. … 이런 모든 것이 여전히 나를 혼란스럽게 한다."

캐런의 우울증은 여자가 날씬해야 한다는 우리 문화의 파괴적 압력과 친밀감에 대한 발달적으로 적절한 욕구의 충돌을 반영했다. 그녀의 우울증은 또한 이전의 종교적 발달과 심리적 삶의 단절을 반영했다. 인생의 그 두 가지 측면은 균형 잡히지 않았다.

영적 자서전을 작성한 후에 학생들은 그들이 바꾸고 싶은 행동이나 태도(자신과 타인의 안녕과 관련된)를 선택했다. 캐런은 우울증에 초점을 맞추었다. 그리고 나서 그녀는 삶에서 스트레스 상황에 반응하는 자신의 특정한 행동적 반응을 탐색하기를 요청받았다. "나는 나를 위로하는 차원에서 음식을 먹는다. 그러면 일시적으로 상황이 안정되지만, 몸의 이미지 측면에서는 더 스트레스를 받는다." 이러한 탐색을 스트레스에 대한 그녀의 심리적 반응으로 확장하면서 그녀는 하나의 패턴을 알아차렸다. "나는 사람들로부터 위로받기를 원했다. 나는 내가 특정 사람들에게, 그리고 그들로 인한 내가 느끼게 되는 방식에 중독되었음을 깨달았다. 나는 그 사람들에게서 연락을 받고, 그 사람들에게 말하고 싶은 욕구가 내게 있음을 발견했다. 나는 흥분했다가 철수하고 합리화하고 있었다.

무서웠다!"

캐런은 자신이 위로를 받고 싶어 하는 기간을 알아차리기 시작했다. 그녀는 이러한 주제를 탐색함으로써 자신의 부정적 세계관의 측면을 알게 되었다. "내가 외롭거나 상처받았다고 느낄 때, 불안정해지기 시작하면서 내가 충분히 행복하지 않다는 느낌이 들었다." 스트레스를 받을 때 하나님과의 관계가 어떤지에 대한 질문을 받았을 때, 그녀는 "그럴 때는 하나님을 잊는 것 같다. 나는 하나님을 그냥 무시한다. 그 근원을 찾는다면 문제나 상처를 다루어야 함을 알게 될 텐데 그것은 너무 어려워 보이기 때문이다."라고 답하였다.

이런 탐색을 통해서 캐런은 그녀의 삶이 '압도되고 채워지지 않을 것' 같이 느끼게 하는 부정적 세계관의 측면이 그녀의 우울증, 위로에 대한 필요, 하나님으로부터의 소외와 관련되었음을 인식하기 시작했다. 그녀는 내면적으로 하나님과의 관계가 더욱 진정한 형태의 위안으로, 그리고 긍정적 세계관의 안정적 토대로 작용할 수 있다는 것을 깨달았다. "나는 이 부정적 세계관에 대항하여 계속할 수 있는 희망을 주는 사랑의 위대한 자원이 나의 신앙이라고 생각한다." 하지만 그녀는 그러한 하나님과의 관계로 어떻게 들어갈 수 있는지는 알지 못했다. "나는 단지 위대한 사랑의 근원에 의해 반영 받기를 원한다."

학생들이 이러한 관계 속으로 들어가는 방법을 배우도록 돕기 위해 수업 강사는 묵상 실천을 위한 기본적 요소를 그들에게 소개했다. 처음에 그들은 인지 과정 아래에 있는 인식의 층에서 발견될 수 있는 '고요함과 평화'에 초점을 맞추면서 마음을 안정시키기를 배웠다. 그다음 '합리적 직관'을 가볍게 건드릴 수 있고, 궁극적으로 하나님과의 연결을 느낄 수 있는 자기의 더 깊은 층으로 들어가는 것을 배웠다. 이러한 인식의 층으로 들어가는 것을 배우기 위해 그들은 자신의 핵심 자기로부터 상징적 메시지에 수용적이 되도록 도운 시각화 기술을 교육받았다.

연습 초기에 그들은 시골길을 따라 걷도록 유도된 심상 속으로 인도되었다. 그 후에 그들은 자신의 여행을 계속하면서 '안정과 위로의 내적 장소'를 찾도록

요청받았다. 이런 내적 장소는 그들이 자신의 영적 핵심으로부터 안내의 상징적 메시지를 찾을 수 있는 장소로서 역할을 한다. 캐런은 자신의 상상 탐험에서 칡 넝쿨을 타고 올라갔고, 축축한 표면을 미끄러져 '큰 웅덩이 속으로 뛰어들었다'. '지하동굴은 점점 구불구불해졌다. 나는 몹시 흥분되었다. 속도감과 앞에 무엇이 나타날지 모르는 스릴이 밀려왔다'. 그녀는 자신이 착지하였던 것을 다음과 같이 기술했다.

> 땅 밑의 호수 물은 시원했고 아주 깨끗했다. … 그리고 내 허벅지까지 올라왔다. 나는 물을 헤치며 앞으로 걷기 시작했다. 잠시 후 나를 향해 비추는 빛이 보였는데, 그것은 마치 해변에서 당신을 향해 쏟아지는 달빛과 같았다. … 그 빛 가까이로 다가가자 해변으로 열린 곳이 보였다. 나는 그 열린 곳을 통해서 걸어 나갔고, 빅토리아 시대 농가의 큰 하얀색 정문에 서 있었다. 나는 이것이 나의 집임을 어느 정도 알았다. 나는 문을 통해 독특한 꽃밭 정원으로 들어갔다. 그러자 매와 빨간 제라늄으로 장식된 현관에 흔들의자와 그네가 보였다.

이 장소는 그녀의 묵상 장소가 되었다.

이후의 연습에서 학생들은 자신의 묵상 장소로 돌아와서 자신이 탐색해 온 삶의 주제를 말하도록 도울 수 있는 누군가 또는 무엇인가를 찾도록 요청받았다 (즉, 상징적 형체). 프랭클의 작업을 논의하고 나서 학생들은 자신이 직면했던 어려움에 대한 반응으로 삶이 기대했던 것들을 탐색하도록 요청받았다. 그녀의 농가 바깥 정원에서 캐런은 다음을 알아차렸다.

> 내 주변에 모인 가족과 친구들인 많은 사람, 그리고 한 남자가 다가와 내 손을 만졌다. 그는 나에게 아름다운 것들을 말하였다. 이것은 내 마음을 감동시켰다. 나는 그 정확한 단어들을 기억할 수 있기를 바란다. … 그것들은 노래와 같은 것이었다. … 그들은 너의 노래를 듣기 위해 왔네. 그들을 여기로 부른 것은 그 음악

이었네. 그것은 너의 노래를 통해 나누었던 너의 사랑이었지. 그들을 위한 노래, 나를 위한 노래. … 그리고 나서 너는 우리 모두를 위한 궁극적 노래와 연결되기 시작했지. 나는 일어난 일로 진정 감동했다.

다음 수업 시간에 캐런은 노래를 했다. 그녀는 그룹을 위해 어렸을 때 배운 거룩한 노래를 불렀다. 그녀는 모두가 깜짝 놀랄 만한 힘으로 노래했다. 그녀의 얼굴에는 감정과 따뜻함과 에너지가 물결쳤다. 이것은 우리가 전에 만난 적이 없는 그녀의 일부분이었다. 우리는 그녀가 어릴 적 교회에서 노래를 했지만 오랫동안 그녀 안의 '노래하는 아이'와 연결되지 않았음을 알았다. 그녀의 명상은 그녀 자신과 다시 연결되었다. 그녀는 한 주 내내 노래를 불렀다. 노래를 할수록 그녀는 스스로에 대해 더욱 자신감을 느꼈고, 다른 이들에게 더 매력적으로 느껴짐을 알았다고 보고했다. 그녀는 이 명상의 심오한 의미에 대해 몇 분 동안 말했다. 그리고 명상의 장소에서 그녀가 노래할 필요가 있었음을 알게 해 준 그 낯선 남자를 만나서 얼마나 반가웠는지 말했다.

이후 몇 주 동안 캐런은 눈에 띄게 자신감 넘치는 행동을 했다. 그녀는 수업 중에 자신의 생각을 표현했고, 다른 이들에게 힘 있고 사려 깊게 반응했다. 게다가 그녀의 명상은 눈에 띄게 깊어졌다. 그녀의 명상 장소는 항구가 되기도 했고, 자아를 향해 떠나는 여행의 출발점이 되기도 했다. 수주가 지난 후 또 다른 명상 중에 그녀는 "나는 내 안의 팽창하는 빛이 느껴진다. 힘이 있는 빛, 돌봄, 사랑, 기쁨, 고통, 상처, 고민이 내 가슴 속에서 느껴진다. … 그리고 이 빛은……. 내 손에 가득했다. 핑크색이었다. 그것은 살아 있고 아름다웠다."

이 경험을 반영하면서 그녀는 이것이 자존감의 성장을 상징화했다고 느꼈다. "이 이미지들은 삶에서 내가 있던 장소에 대해 나에게 말하고 있었다. 나는 힘이 나는 것을 느꼈다. … 나는 내 꿈을 이루어야 할 필요가 있다는 힘이 느껴졌다. 사랑받고 있고 혼자가 아님을 느꼈다." 게다가 더욱 깊이 있는 인식이 있었다. 명상 동안 그녀는 어떻게 느꼈는지를 기술하였다.

어느 정도 알려진 안정감. 나는 혼자가 아니었다. 나는 내가 분리된 것처럼 느껴지지 않았다. 그리고 에너지의 빛이 내 손에 있든 또는 내 주변에 있든, 그것은 나를 통과하고 있었다. 그것이 내 삶에서 하나님을 보는 방법이다. 항상 존재하시고, 아시고, 느끼시고, 사랑하시는, 에너지의 빛. 아마도 이것은 내가 받아들이기 시작한 믿음의 산물이었다.

이러한 명상의 경험은 캐런의 영적 성장에서 중요했다. 그녀는 이러한 탐색들이 심상적이고 상징적임을 이해했다. 그럼에도 그들의 신비한 특성은 뚜렷하고 실재였다. 그녀의 하나님과의 관계는 이전에 경험한 적 없는 방식으로 생생하게 느껴지기 시작했다.

캐런의 영적 생활은 되돌리기 어려운 변환을 겪게 되었다. 그럼에도 이러한 경험은 일상의 행동이나 인식으로 번역되지 않으면 쉽게 기억 속으로 멀어질 수 있다. 매일의 기도는 한 개인을 하나님과의 관계를 인식하도록 연결시키는 연습이다. 다음 수업에서 학생들은 매일, 특별히 스트레스 상황에서 사용할 수 있는 고정기도(anchoring prayer)를 찾도록 요청받았다. 캐런은 자신에게 의미 있었던 전통적 기도문 여러 개를 찾아냈다. 여기에는 주기도문과 성모 마리아에게 드리는 기도가 포함되었다. 그녀는 여전히 더욱 개인적인 기도를 찾아내기를 원했다.

이번에 집에 갔을 때, 나는 방마다 소리치며 돌아다녔다. "집에 누구 없어요?" 결국, 나는 계단 밑의 문을 통해 들어갔다. 기기에는 한 남자가 의자에 나리를 꼬고 앉아 파이프 담배를 피우고 있었다. 나는 "당신이 여기 있는지 알았다면 좋았을 텐데…."라고 말했다. 그 사람은 내 첫 번째 명상에서 나에게 노래를 하라고 말한 그 남자였는데, 이번에는 좀 더 나이가 들어 보였다. 나는 여전히 그의 얼굴을 명확히 보지 않았다. 나는 그에게 "당신이 나에게 중심이 되는 기도를 찾으러 보냈나요?"라고 물었다. 그와 대화한 후에 "우리 모두의 노래를 나에게 불러 줘."라는 말이 생각났다. 아주 멋진 감동이었다. 이것이 그 단어들임을 나는 알았다.

그녀의 고정기도의 의미는 그녀의 글에서 더욱 명확해졌다. 스트레스를 받을 때 그녀는 '혼란스러워지고 하나님의 임재를 잊게 된다.' 그런 순간에, '나는 멈추어서 하나님의 음악을 더욱 깊이 들을 필요가 있다.' '우리 모두의 노래를 불러 줘.'라는 문구는 그녀가 의심하는 순간에 하나님의 인도하심을 바라는 기도가 되었다. 또 멈추어 서서 하나님의 음악을 들어야 한다는 것을—하나님의 임재를 느껴야 함을—개인적으로 상기시키는 것이 되었다. 그녀의 첫 묵상에서 한 현인은 그녀에게 노래를 하라고 말하였다. 이때 그는 그 메시지를 뒤집었다. 그는 하나님의 음악을 들음으로써 그녀가 자기 자신에게 머물 수 있도록 말하였다. 그녀는 자기 자신을 항상 돌볼 필요는 없었다. 그녀는 하나님이 그녀를 돌보도록 했다. 그녀가 할 것은 단지 하나님께 요청하고 듣는 것이었다. 다시 한번 그 현인은 그녀에게 멋진 선물을 주었고, 그녀는 그것이 무엇인지 알았다. '나는 그에게 달려가 포옹하면서 그가 어떻게 항상 그렇게 하는지 물어보았다. 그는 그저 미소 지을 뿐이었다. "당신이 없으면 내가 어떻게 해야 하죠?"라고 묻자, 그는 "너는 절대 모를 거야."라고 대답했다(나는 이 부분을 절대 잊을 수 없다).' 이 순간의 부드러움은 캐런을 감동시켰다. '나는 그에게 "놀러 갈 거예요."라고 말하고 뒷문 밖으로 나가서 꽃을 꺾기 시작했다. … 나는 팔을 들어올렸고, 하늘로부터 하나님의 힘이 나를 통해 흐르는 것이 느껴졌다.'

현인의 상징을 통해서 그녀는 하나님의 사랑과 심오한 방식으로 하나님의 영원한 임재를 경험했다. 게다가 그녀는 매일의 고정기도를 찾았다. 그녀는 자신의 성장을 곰곰이 생각하면서 '심하게 스트레스를 받았을 때 나는 기도를 하면서 내 안에 떠오르는 노래를 듣는다. 그때 떠오르는 노래들이 참 재미있다!'라고 적었다.

홀로 하나님과의 관계를 만들어 가기는 쉽지 않다. 수업은 캐런에게 영적 공동체를 형성해 주는 역할을 하였다. 하지만 이 공동체는 일시적이었다. 캐런은 그

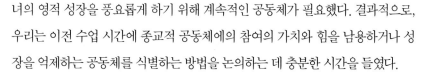

녀의 영적 성장을 풍요롭게 하기 위해 계속적인 공동체가 필요했다. 결과적으로, 우리는 이전 수업 시간에 종교적 공동체에의 참여의 가치와 힘을 남용하거나 성장을 억제하는 공동체를 식별하는 방법을 논의하는 데 충분한 시간을 들였다.

그녀의 마지막 반영에서 캐런은 다음과 같이 자신을 관찰하였다.

> 나는 다시 교회에 간다. 나는 기도한다. 나는 내 주변 사람들 속에 있는 하나님을 본다. 내가 세상을 통해서 움직일 때 하나님의 사랑을 알고 에너지를 느낀다. 하나님의 심오한 출현이 매일 나타나지는 않지만 나는 기쁘다. … 나는 다시 집에 돌아와서 얼마나 좋은지 표현할 길이 없을 정도였다. 탕녀의 여정은 결실을 맺었다. 그녀는 집에 있고, 이것이 제공하는 축복을 안다. 그녀는 그 여정으로 인해 그 풍성함의 증인이 될 것이다. … (학급의 친구였던) 조지와 나는 수업이 끝난 후 전날 밤에 자신의 영성, 즉 하나님의 경험을 예배공동체에 가져오기와 다른 사람들과 이런 것을 연결하기에 대해 논의하였다. 이것은 기쁜 조합이다.

이 사례 연구는 (다신앙 교육적 맥락에서) 성인들이 영성 발달의 가치를 경험하고 개념화를 배울 수 있는 방법을 실증한다. 이 코스의 시작 국면에서 캐런은 자전적 자기탐구 과제에 참여하면서 그녀의 우울증과 관련된 행동이 기저에 있는 영적 공허와 관련되었음을 인식하기 시작하였다. 그녀는 (그녀 자신의 말로) '사랑의 원천으로 만들어진 거울'이 없었다. 그러한 거울 없이 젊은 여성들은 날씬해야 한다는 문화적 압력의 한가운데에서 그녀는 부정적 신체 이미지와 낮은 자존감, 그리고 건강하지 않은 섭식 습관을 발달시켜 왔다. 이러한 공허에 대한 개념적 인식은 그녀의 심화된 영적 생활이 어떻게, 그리고 왜 그녀의 발달에 건설적 측면이 되었는지를 이해하는 데 도움을 주었다. 결과적으로, 그녀는 이 교과과정의 경험적 학습 요소에 수용적이 되었고, 더 깊이 심리·영적 탐험에 진보적으로 참여하였다. 그 과목이 우리의 종교적 전통에 의해 교육된 주요 영적 실천을 소개하자 그녀는 어떻게 하나님과의 관계의 자각 속에 개인이 지속적으로 머무르게 하는 매일의 기도가 일상의 스트레스에 효과적으로 대처하고 건설적 행동의 꾸준한 훈련을 유지하는 데 도움을 주는지 경험하기 시작하였다. 이와 비슷하게 그녀는 깊고 확장된 기간의 묵상적 탐색이 어떻게 영적 지혜와 인도를 가능하게 하는 자기의 내면 수준을 발견하도록 돕는지 이해하기 시작하였다. 게다가 그녀는 어떻게 영적으로 관여된 공동체가 개인에게 건강을 증진하고 친사회적 행동을 강화하는 환경을 제공하는가를 이해하기 시작하였다. 캐런이 영적으로 관련된 생활방식의 기본 요소를 발달시키면서 그녀의 우울증과 연관된 행동들은 사라졌다. 그녀는 더욱 자신감을 얻었고 자기통제가 가능해졌다. 그녀의 세계관은 점점 긍정적이 되었다. 그녀의 하나님과의 관계적 경험은 더욱 깊어졌다. 그녀는 (침례)신앙공동체를 향해 한 발자국 다시 나아갔다. 아마도 가장 중요하게도, 그녀는 자신의 삶의 행동적·인지적·관계적 측면이 서로 연관된 정도를 알아차리기 시작하였다. 각각의 인지적 인식과 각 경험의 심화는 영적 삶의 기저에 흐르는 논리와 목표에 대한 개인적이고 지적인 이해를 가지고 영적 삶의 참여를 향한 움직임을 구성한다.

캐런의 발달 과정은 이 장의 첫 부분에서 논의되었던 종교심리학 연구를 통해 발견된 영적 성숙의 다섯 가지 요소를 실증한다. 첫째, 캐런은 종교적 의미를 빚어내는 개념적 과정의 변화를 경험하였다. 그녀는 영적으로 표류하는 코스로 들어갔다. 어린 시절에 그녀는 공동체 안에서 교육된 종교적 신앙을 받아들였다. 하지만 그러한 신념의 어떤 면들이 편파적이라고 결론을 지었을 때, 그녀는 하나님과 영적으로 연결된 느낌으로부터 자신을 분리시켰다. 수업에서의 경험이 영적 의미의 내면적 원천을 발견하도록 도왔을 때, 그리고 하나님과 그녀의 경험이 좀 더 개인적으로 의미 있는 운율을 갖게 되었을 때 그녀는 이러한 관계의 가치를 재확인할 수 있었다. 게다가 그녀는 자신이 태어난 영적 공동체에 다시 들어갈 수 있었고, 영적 의미의 장소가 내면이라는 확신을 가질 수 있었다. 둘째, 캐런은 증가된 행동적 자기규제를 경험하였다. 비록 항상 기독교인의 삶의 윤리적이고 도덕적 원칙에 헌신을 하였지만, 캐런의 우울증은 행동의 해로운 이탈로 인도했다. 사실상, 그녀는 자신이 믿었고 자신과 타인을 위해서 좋다고 알았던 행동의 원칙을 유지할 수 없었다. 이렇게 건강을 해치는 행동의 심리·영적 역동을 이해할 수 있었던 자기탐구의 과정을 통해서 그녀는 자기통제를 다시 얻었다. 동시에 그녀는 영적으로 관여된 공동체에 참여의 강화 효과에 가치를 부여하게 되었다. 셋째, 캐런의 핵심적인 종교적 경험의 역량이 증가되었다. 그녀의 어린 시절의 종교 교육은 그녀에게 묵상 연습과 기도의 역동을 가르쳐 주지 않았다. 결과적으로, 연결하는 자각을 위한 그녀의 내적 역량이 배양되지 못하였다. '합리적 직관'의 사용을 촉진하면서(마이모니데스의 논의를 보라), 그녀는 신비로운 경험이 일어날 수 있는 심리적 자각의 내적 수준을 탐색하는 것을 배웠다. 넷째, 발달의 셋째 영역과 밀접하게 관련되어 캐런의 하나님 임재에 대한 깊어지는 경험은 그녀의 하나님의 형상이 변환되도록 인도하였다. 캐런은 이전에는 심판하고 거리가 먼 하나님으로 개념화를 하던 곳에서 좀 더 사랑하는 내적 하나님의 형상을 발달시켰다. 마지막으로, 캐런은 영적 성장을 위한 도구로 인생 주기의 발달적 과업에 참여하는 고양된 능력을 보여 주었다. 그녀는 친밀함에 대한 발달적으로 적절한 필요와 젊은 여성들이 날씬해야 한다는 우리 문화의 압력 사이에서 충돌을 경험해 왔다. 내면화된 영적 자원의 형성은 그녀가 이러한 도전을 건설적으로 만나도록 도왔다. 동시에 영적 자원으로 이러한 발달적 도전은 이후의 영적 성장의 도구가 되었다. 그리고 나서 그녀는 자신의 아이디어를 영적 전통의 세계관의 중심에 통합시키기 위한 첫발을 내딛고 있었다. 삶 그 자체의 과정은 영적 성숙의 가능성을 담고 있고, 그러한 목표로 인도하는 경험적으로 배우는 교과 과정을 구성한다.

하지만 이 장의 둘째 절에서 논의되었듯이, 이러한 영적 성숙의 다섯 가지 요소는 별개로 검토(또는 촉진)되지 말아야 한다. 세계의 종교 전통은 (마이모니데스를 논의하면서 여기에 제시된) 이러한 요소들을 다차원적이고 상호적 모델의 요소로 여긴다. 각각의 구성 요인은 다른 요소들에 의해서 양육되고 다듬어진다. 캐런의 사례 연구는 세상 속에서 한 개인의 행동과 하나님과의 관계에 대한 그녀의 내적 경험이 상호적으로 어떻게 스며들게 되는지, 되어야 하는지, 그리고 될 수 있는지를 보여 준다. 이러한 구성 요인은 전체적으로 발달했을 때 우리의 종교적 전통에 중심적 성숙의 목표로 이끈다. 하나님과의 관계 속의 몰입을 통해서 자애로움과 정의를 구체화하는 능력, 그리고 자신과 타인의 관계 속에 능력을 부어 주는 행동이 그것이다.

변화의 심리적 구성 개념 관점에서 이 다차원적 모델은 행동적 · 인지적 · 관계적 · 실존적 접근을 통합한다. 응용심리학의 실천가들과 연구가들이 이 접근들 중의 하나를 선호하면서 다른 접근의 지지자들과 동의하지 않는 경향을 갖는 반면에, 우리 종교 전통은 역동적이고 확고한 방법론으로 성숙과 치유를 통합하는 접근을 발달시켜 왔다. 그래서 우리 종교 전통은 영적 성숙이 긍정적 변화를 만들어 낼 수 있는 중심적 역할뿐만 아니라 이러한 접근의 통합적 적용에 관한 전문 심리학을 가르칠 그 무엇인가를 가지고 있다. 동시에 심리학 분야는 그들의 공유된 성숙적 목표와 연습을 인식하도록(자신들 사이에서 너무나 자주 동의를 하지 않았던) 종교적 전통을 도울 수 있는 분석적 개념과 기능적 언어를 발달시켜 왔다.

결론적으로, 이 장에서는 인간 발달에서 종교 역할의 중요성이 이해될 수 있고, 더 효과적인 연구를 통해서 다차원적이고 상호적 현상으로서 영적 발달의 형성을 제시하였다. 또한 이 장에서는 우리의 영적 전통과 심리학 분야 간의 지속적 대화가 상호 간에 유익함을 실증하도록 도왔다.

참 · 고 · 문 · 헌

Allport, G. W. (1957). *The individual and his religion*. New York: Macmillan.

Allport, G. W., & Ross, J. M. (1967). Personal religious orientation and prejudice. *Journal of Personality and Social Psychology, 5*, 432-443.

Ariel, D. (1995). *What do Jews believe: The spiritual foundations of Judaism.* New York: Schocken Books.

Batson, C. D., & Ventis, W. L. (1982). *The religious experience: A social psychological perspective.* New York: Oxford University Press.

Benson, P. L., Donahue, M. J., & Erickson, J. A. (1993). The faith maturity scale: Conceptualization, measurement, and empirical validation. In M. L. Lynn & D. D. Moberg (Eds.), *Research in the social scientific study of religion* (Vol. 5, pp. 1-26). Greenwich, CT: JAI Press.

Billingsley, A. (1992). *Climbing Jacob's ladder: Enduring legacies of African-American families.* New York: Simon & Schuster.

Clinebell, H. (1984). *Pastoral care and counseling: Resources for the ministry of healing and growth.* Nashville, TN: Abingdon Press.

Clinebell, H. (1995). *Counseling for spiritually empowered wholeness.* New York: Haworth Pastoral Press.

Cook-Greuter, S. R. (1994). Rare forms of self-understanding in mature adults. In M. E. Miller & S. R. Cook-Greuter (Eds.), *Transcendence and mature through in adulthood: Further reaches of human development* (pp. 119-146). Lanham, MD: Rowman & Littlefield.

Daloz Parks, S. (2000). *Big questions, worthy dreams: Mentoring young adults in their search for meaning, purpose, and faith.* San Francisco: Jossey-Bass.

Easterling, L. W., Gamino, L. A., Sewell, K. W., & Stirman, L. S. (2000). Spiritual experience, church attendance, and bereavement. *Journal of Pastoral Care, 7,* 436-451.

Ellison, C. W. (1999). Spiritual maturity index. In P. C. Hill & R. W. Hood (Eds.), *Measures of religiosity* (pp. 201-204). Birmingham, AL: Religious Education Press.

Erikson, E. (1963). *Childhood and society.* New York: Norton.

Finkelstein, L. (1999). Nothing is ordinary. In R. Eastman (Ed.), *The ways of religion: An introduction to the major traditions* (pp. 293-300). New York: Oxford University Press.

Fowler, J. (1981). *Stages of faith: The psychology of human development and the quest for meaning.* San Francisco: Harper.

Frankl, V. (1959). *Man's search for meaning.* New York: Simon & Schuster.

Genia, V. (1995). *Counseling and psychotherapy of religious clients: A developmental approach.* Westport, CT: Praeger Publishers.

Gilligan, C. (1982). *In a different voice: Psychological theory and women's development.* Cambridge, MA: Harvard University Press.

Goodman, L. E. (1999). *Jewish and Islamic philosophy: Crosspollinations in the classic age.* New Brunswick, NJ: Rutgers University Press.

Hahn, H. (1993). Between God and man. In L. Kravitz & K. M. Olitzky (Eds.), *Pirke Avot: A modern commentary on Jewish ethics* (p. 74). New York: UAHC Press.

Helminiak, D. A. (1987). *Spiritual development: An interdisciplinary study.* Chicago: Loyola University Press.

Heschel, A. J. (1982). *Maimonides: A biography.* New York: Farrar, Strauss, & Giroux.

Hood, R. W. (1975). The construction and preliminary validation of a measure of reported mystical experience. *Journal for the Scientific Study of Religion, 14,* 29-41.

James, W. (1958). *Varieties of religious experience.* New York: New American Library. (Original work published 1902)

Jordan, M. (1986). *Taking on the gods: The task of the pastoral counselor.* Nashville, TN: Abingdon Press.

Kass, J. (1995). Contributions of religious experience to psychological and physical well-being: Research evidence and an explanatory model. In L. VandeCreek (Ed.), *Spiritual needs and pastoral services: Readings in research* (pp. 189-213). Decatur, GA: Journal of Pastoral Care Publications.

Kass, J. (1996, Spring). Coping with life-threatening illnesses using a logotherapeutic approach, Stage II: Clinical mental health counseling. *International Forum for Logotherapy, 20,* 10-14.

Kass, J. (2001). *Mentoring students in the development of leadership skills, health-promoting behavior, and pro-social behavior: A rationale for teaching contempla-*

tive practices in university education. Paper presented at the Colloquium on Contemplative Practice in Higher Education, Lesley University, Cambridge, MA.

Kass, J., Friedman, R., Leserman, J., Zuttermeister, P., & Benson H. (1991). Health outcomes and a new measure of spiritual experience. *Journal for the Scientific Study of Religion, 30,* 203-211.

Katz, S. T. (Ed.). (1983). *Mysticism and religious traditions.* New York: Oxford University Press.

Kegan, R. (1982). *The evolving self: Problem and process in human development.* Cambridge, MA: Harvard University Press.

Koenig, H. G. (1994). *Aging and God: Spiritual pathways to mental health in midlife and later years.* Binghamton, NY: Haworth Press.

Kohlberg, L. (1981). *The philosophy of moral development.* San Francisco: Harper & Row.

Loder, J. E. (1998). *The logic of the spirit.* San Francisco: Jossey-Bass.

Loevinger, J., & Blasi, A. (1980). *Ego development.* San Francisco: Jossey-Bass.

Maimonides, M. (1963). *The guide of the perplexed* (S. Pines, Trans.). Chicago: University of Chicago Press.

Malony, H. N. (1988). The clinical assessment of optimal religious functioning. *Review of Religious Research, 30,* 3-17.

Meissner, W. W. (1987). *Life and faith: Psychological perspectives on religious experience.* Washington, DC: Georgetown University Press.

Meissner, W. W. (1996). The pathology of beliefs and the beliefs of pathology. In E. Shafranske (Ed.), *Religion and the clinical practice of psychology* (pp. 241-267). Washington, DC: American Psychological Association.

Mintz, A. (1984). Prayer and the Prayerbook. In B. W. Holtz (Ed.), *Back to the sources: Reading the classic Jewish texts.* New York: Simon & Schuster.

Moberg, D. O. (Ed.). (2001). *Aging and spirituality: Spiritual dimensions of aging theory, research, practice, and policy.* New York: Haworth Pastoral Press.

Newberg, A., & D'Aquili, E. (2001). *Why God won't go away: Brain science and the biology of belief.* New York: Ballantine Books.

Oser, F., & Gmunder, P. (1991). *Religious judgement: A developmental perspective.* Birmingham, AL: Religious Education Press.

Pargament, K. (1997). *The psychology of religion and coping: Theory, research, practice.* New York: Guilford Press.

Piaget, J. (1952). *The origins of intelligence in children.* New York: Norton.

Poloma, M. M. (1995). The sociological context of religious experience. In R. W. Hood (Ed.), *Handbook of religious experience* (pp. 161-182). Birmingham, AL: Religious Education Press.

Poloma, M., & Gallup, G. H. (1991). *Varieties of prayer: A survey report.* Philadelphia: Trinity Press International.

Porpora, D. V. (2001). *Landscapes of the soul: The loss of moral meaning in American life.* New York: Oxford University Press.

Proudfoot, W. (1985). *Religious experience.* Berkeley: University of California Press.

Rizzuto, A. M. (1979). *The birth of the living God: A psychoanalytic study.* Chicago: University of Chicago Press.

Spero, M. H. (1992). *Religious objects as psychological structures: A critical integration of object relations theory, psychotherapy, and Judaism.* Chicago: University of Chicago Press.

Spretnak, C. (Ed.). (1982). *The politics of women's spirituality.* New York: Anchor Books.

Spretnak, C. (1991). *States of grace: The recovery of meaning in the postmodern age.* San Francisco: Harper.

Steinsaltz, A. (1980). *The thirteen petalled rose: A discourse on the essence of Jewish existence and belief.* New York: Basic Books.

Worthington, E. L. (1989). Religious faith across the lifespan: Implications for counseling and research. *Counseling Psychologist, 17,* 555-612.

Wulff, D. M. (1997). *Psychology of religion: Classic and contemporary.* New York: Wiley.

Chapter 11

종교적 실천의 효과
건강에 초점을 맞추어

Carl E. Thoresen, Doug Oman, and Alex H. S. Harris

종교 활동의 효과는 무엇인가? 이런 근본적인 질문은 개념적 정의를 요하는 많은 이슈를 불러일으킨다. 예를 들어, 무엇이 종교적 실천을 구성하는가? 어떤 형태의 효과들이 관심사인가? 이러한 효과를 이해하는 데 유대−기독교 관점이 어떻게 기여하는가?

이 짧은 장에서 우리는 필수적으로 하나의 주요한 영역인 건강의 효과에 초점을 맞출 것이다. 우리는 또한 네 가지 주요 종교적 실천에 초점을 맞춘다. 그것은 예배 참석, 기도, 명상 그리고 용서다. 이렇게 초점을 맞춘다고 해서 결코 음악과 같은 다른 종교적 또는 영적 실천이 고려할 가치가 덜하다는 의미는 아니다. 오히려 우리는 이러한 주제에 관해 다양한 양과 질의 정도에서 통제된 연구로부터 얻어진 경험적 결과로 부분적인 네 가지 영역의 효과에 초점을 맞추는 것이다 (Koenig, McCullough, & Larson, 2001). 우리는 또한 종교적 동기에서 다른 활동인 다이어트, 영양, 위생과 성적 방탕, 흡연, 약물 남용, 그리고 알코올의 절제가 건강에 상당히 기여하고 있음을 인식하였다.

분명히 인정할 만한 어떤 종교적 실천의 건강 효과를 고려하면서 우리는 유대-기독교 실천이 심리학 연구에서 어떻게 보여지고 있는지를 인도해 온 경험적 증거와 이론적 개념(또는 개념의 부족)을 간단하게 들여다본다. 우리는 유대-기독교 착상의 견지에서 이러한 과학적 견해를 개선하고 확장한 몇몇 방법을 제안한다. 또한 우리는 종교와 심리학이 열린 대화와 상호협력의 관계 속에서 상호적으로 배울 수 있는 영역을 토론한다(Barbour, 2000; Jones, 1994).

우리의 초점은 기본적으로 개인에게 있다(예, 개인에 의한 종교의 실천과 건강의 결과들). 비록 공동체의 역할은 다루지 않을 것이지만, 우리는 공동체의 중심성과 공동체의 부분으로서 종교 기관들이 사람들의 건강과 안녕에 중요한 역할을 하게 될 '사회적 자본'의 가치 있는 원천을 어떻게 나타낼지 인정하기를 원한다(Putnam, 2000을 보라). 또한 우리는 경험적 연구자로서 과학적 뼈대가 종교 실천과 건강을 이해하는 데 제공할 수 있는 것과 할 수 없는 것에 대한 진정한 겸손의 필요를 주목한다. 어떤 맥락에 자리를 잡은 특정한 경험, 감정, 인지, 행동과 같은 많은 것을(그러한 일들에 요구되는 세심한 주의를 기울이며) 경험적으로 들여다볼 수 있다. 하지만 실천 중에 나타난 종교 경험의 몇몇 영역은 과학적 방법으로 포착할 수 있는 범위를 넘어선다. 우리는 알아야 할 것이 많으므로 인내와 이해로 더 배울 것이고, 그렇게 함으로써 우리가 알지 못하는 것에 대해 더 배울 것이다.

살아 있는 영성 내의 공통적 주제와 다양성

가끔은 간과되어 온 종교적이고 영적인 실천은 모든 유대-기독교 기관의 주요한 관심이 되어 왔다. 정말로 이러한 실천은 한 사람이 신앙을 갖고 모든 삶의 자원으로서 하나님을 알고 사랑하며 또한 자기 자신을 사랑하듯이 이웃을 사랑하도록 만드는 일차적 도구로 보여질 수 있다. 기독교인들에게 이러한 실천은 하나님의 아들로서 예수 그리스도의 가르침과 본보기를 구체화하는 추구를 포함한다. 또한 유대-기독교 성경은 히브리 성경 속의 아브라함, 모세, 이사야, 그리고 기독교 신약성서 속의 마태, 요한, 바울과 같은 대선지자들과 지도자들의 지혜를 전달하고 있다. 실제로 이러한 성스러운 경전들은 우리가 일상에서 왜, 그리고 어떻게 종교적 삶을 살 수 있는지에 대한 믿음, 코드, 규율, 그리고 태도를 기본으로 한 영적 실천의 다양성을 위한 단계를 설정해 왔다. 또한 성 아우구스티누스, 아시시의 성 프란치스코(Francis of Assisi), 아빌라의 성녀 테레사(Theresa of Avila) 그리고 바알셈 토브(BaalShem Tov)와 같은 유대-기독교의 신비주의자나 성자들의 개인적 영적 경험은 실천의 목적과 유익을 전통적으로 이해하는 데 강력한 영향을 미쳐 왔다. 내러티브와 일화를 통해 알려진 이러한 인물들의 개인적 경험과 살아 있는 예는 자기의지를 초월하고 고난을 견디며 하나님의 뜻을 알고 받아들이는 대로 나아가기를 통해 종교적 신앙을 살아 내려 분투하는 속에서 다양한 실천의 역할을 예증해 왔다(Thoresen, 2003; Oman & Thoresen, 2003a, 2003b).

여러 가지 실천의 상대적 가치와 목적에 관한 태도에서는 유대교와 기독교(그리고 다른 주요 종교도 마찬가지로)의 여러 종파 속에 커다란 다양성이 존재한다. 예를 들어, 드리스킬(Driskill, 1999)은 개신교의 많은 주요 종파는 로마 가톨릭에 비해 더욱 신비주의적, 개인적, 명상적이고, 묵상적·경험적 초점을 피하는 경향이 있다고 지적하였다. 저명한 종교사회학자인 우스나우(Wuthnow, 1998)는 대부분의 주요 미국 교회 내에서 개인적인 영적 실천들의 초점은 급격하게 줄어들고 있으며 교회와 공식적으로 연합되지 않은 '영적 추구자들'은 증가하고 있다고 기술하였다. 루프(Roof, 1999)와 풀러(Fuller, 2001) 또한 조직화된 종교의 맥락 밖에서 하나님과의 개인적 경험을 더 추구하는 미국인들을 기술하였다. 이러한 사람들에게 조직화된 종교의 하나님은 '바로 여기 계신' 존재이기보다 '저기 밖에 또는 저기 위에 계신' 존재로 지각된다(Roof, 1999, p. 60). 특히 1960년대 이후 미국 내에서 자신을 종교적이거나 영적이라고 간주하는 사람 가운데 다양성이 증가하고 있는 추세인 듯하다(예, Roof, 1999). 최근 토레센(Thoresen, 2003)은 다양한 연구의 추정치를 요약하였는데, 미국인의 대략 50% 정도가 스스로를 종교적이거나 영적이라고 여기며, 10%는 종교적이고 20%는 영적이며, 나머지 20%는 스스로를 영적이지도 종교적이지도 않다고 여긴다는 잠정적 결론을 내렸다. 하지만 이러한 비율은 특정 종교에서 각각의 카테고리(예, 영적 경우에만) 내에서 양쪽 방향으로 15~20%(예, 캘리포니아 북부 vs. 앨라배마 북부) 정도 더 많은 다양함이 존재할 수 있다. 예를 들어, 자신이 종교적이지도 영적이지도 않다고 하는 사람 가운데 반 이상이 기도를 하거나 예배 참석과 같은 영적이고 종교적인 실천에 참여할 수도 있으며(Fuller, 2001), 10% 미만만이 진짜 무신론자일지도 모른다. 종교적 실천에 대한 활발한 관심은 거의 모든 사회적이고 경제적인 경계선을 넘어 대다수의 미국인에게 확장되고 있음은 분명하다.

전통적 관점으로부터의 교정

여러 전통적 종교 관점은 일반적으로 사회과학, 특히 심리학에 초기의 환원주의적 경향을 극복하고, 생각하고, 행동하고, 살아 내는 종교적 방식과 좀 더 교감하는 이해를 발전시키는 데 유용할 수 있다.

첫째, 심리학은 진지한 종교적 참여에 종종 의욕적(목표지향적)이고 의도적인 특성을 좀 더 충분히 인식하는 데 유익할 수 있다(Emmons, 1999). 이러한 견해는 힐(Hill)과 그 동료들이 내린 정의 속에 반영된다(2000, p. 66).

> [영성은] 신성함의 추구로부터 일어나는 느낌, 생각, 경험과 행동을 [포함한다.] '추구'라는 단어는 식별하고, 분명히 말하고, 유지하고, 또는 변형시키는 시도를 말한다. '신성함'은 개인에 의해 지각되듯이 신적 존재, 신적 대상, 궁극적 현실, 또는 궁극적 진리를 말한다.

힐과 동료들(2000)은 신성함의 추구를 추적하기에서 정체성, 소속감, 의미, 건강, 혹은 안녕과 같은 다른 대상의 추구를 제외하지 말아야 할 필요가 있다고 주목하였다. 그래서 신성함을 위한 추구로서 영성과 반대로 종교의 일차적 목표로 성스러움(즉, 영성)을 찾는 맥락 속에서, 성스러운 목표든 그렇지 않든 간에 둘 중 하나의 추구로서 종교를 본다(p. 66). 다시 말해, 영성과 종교는 모두 목표지향적인데 두 가지 모두 단지 원칙이나 단순한 품행의 코드로만 환원될 수 없다. 이러한 맥락에서 우리는 성스러움을 위한 추구 속에 사용되는 필요한 도구로서 확립된 사회적 맥락 속에서 정기적으로 승인되어 온 실천을 종교적이라고 간주한다. 우리가 다음에서 논의하는 네 가지의 종교적 실천은 유대-기독교의 전통에 의해 재가되었고, 또한 다른 종교적 신앙에서도 널리 확산되어 있다.

둘째, 심리학자들은 과학적 증거가 인간의 본성에 대한 환원주의적 관점을 요구하지 않음을 인식해야 하고(Brown, 2002), 인간 본성에 대한 종교적 관점의 함의가 과학적 탐색에 가치가 있음을 알아야 한다(이 책 1장을 보라). 예를 들면, 유대-기독교의 관점에서 인간 존재는 지속되는 영적 성장의 역량이 있다. 그러한 성장은, 하나님의 "눈에 보이지 않는 특성"은 "만들어진 것"으로부터 이해될 수 있고(롬 1: 20), "하나님의 왕국은 당신 안에 있고"(눅 17: 21), 궁극적으로 "당신은 마음을 새롭게 함으로 변형될" 수 있다(롬 12:2)는 인식을 포함한다. 과학적으로 인간 본성에 대한 그러한 일련의 견해를 탐색하기는 새로운 측정, 개념, 접근을 요구한다. 이러한 것들은 긍정심리학에 출현하고 있는 분야에서 사용된 것들과 어느 정도 중복된다(Snyder & Lopez, 2002; Antonovsky, 1987; McCullough & Snyder, 2000; Nottingham, Gorsuch, & Wrightsman, 1970).

셋째, 심리학은 물질적이고 정서적인 지지와 같은 차원을 강조하는 종교의 사회적 지지를 무심코 잘라낸 견해를 넘어서야 함에도 종교의 집합적 의미 창출 기능을 인정하는 데 실패하였다(이 책의 7장을 보라). 예를 들어, 종교적인 사회적 지지와 공유된 의미 체계 속의 사회화는 최근 몇몇 개발도상국가에서 HIV 감염을 극적으로 감소시킨 행동을(부부의 정절과 성행위 시작 연령 높이기) 육성하는 데 성공한 일에 부분적으로 일조한 것으로 보인다(Green, 2001; 2003; 이 책의 6장을 보라). 특정하게 공유된 의미 체계로 지지자들을 사회화함으로써 종교공동체들은 사회적 지지의 질과 양 모두(Ellison & Levin, 1998)와 향상된 심리학적 자원(Pargament, 1997)을 더욱 육성할지도 모른다. 예를 들어, 신성하고 사랑하는 하나님의 현실에 대한 종교적 인정은 신체적·정신적 건강에 기여하는 안정적 애착의 원천을 모든 연령의 사람에게 제공할 수도 있다(Rowatt & Kirkpatrick, 2002). 유사하게 사랑하는 하나님을 행동으로 인정하는 지지자들은 개인적으로 건강한 행동과 태도에 생생하고 영감을 주는 모델에 대한 정서적 연결을 얻을 수 있다(Oman & Thoresen, 2003a; Silberman, 2003). 예를 들어, 종교적 사회화는 성 프란치스코의 말인 "우리가 받는 것은 주는 것에 있다."라는 태도를 주입시킬 수도 있다(Easwaran, 1991, p. 30에서 인용).

마지막으로, 심리학은 생리적 결과를 과도하게 강조함을 피해야 하고, 실천이 서로 분리되어서 일어나지 않아야 함을 인식해야 한다. 예를 들어, 몇몇 연구자는 단기적인 생리학적 결과에 초점을 맞추어 묵상적 기도와 명상이 점진적 근육 이완과 기능적으로 동일하다는 결론을 지었다(Smith, 1986). 하지만 전적으로 즉각적인 물리적 결과에만 초점을 맞추게 되면 종종 떠들썩한 세상에서 점차 성화된 삶으로 인도하기 위한 보완적 수단이나 도구로서의 종교적 실천의 의도적이고 역동적인 연계성을 무시하게 된다(Emmons, 1999; Hill et al., 2000). 유사한 생리적 상관성을 보여 주는 실천은 한 사람의 미래의 삶의 코스를 달라지게 하는 방식으로 빚어 내는 정신적이고 인지적인 상관성과 날카롭게 대조를 이루고 있을지 모른다(Smith, 1986).

건강에 대해 최근 새롭게 떠오르고 있는 과학적 개념은 즉각적이고 물리적인 상관성 너머에 있는 것의 중요성을 강조한다. 건강에 대한 과학적 착상은 몸의 물리적 부문만을 고려하는 배타적 틀을 깼다(Thoresen & Harris, 2002). 예를 들어, 리프와 싱어(Ryff & Singer, 1998)는 건강은 몸의 물리적 조건보다 전반적으로 마음의 상태라고 기술한다. 건강은 의미와 목적, 다른 사람들과의 관계의 질, 지각된

숙련도와 대행, 자기평가적 과정, 전반적 에너지와 주요한 삶의 목표를 충족하기 위한 열정을 포함한다. 이렇게 종교적 실천과 건강을 연구할 때, 건강에 대해 확장하는 관점과 영성에 대한 현재의 견해와 중복되는지 조심스럽게 주의를 기울여야 한다(Thoresen, 2003). 더욱 일반적으로 단독 실천의 물리적 상관성에 배타적으로 초점을 맞춘다면 현대심리학에서는 알 수 없는 가능한 초월적 맥락을 포함하여(Oman & Thoresen, 2002) 행동, 인지, 그리고 자연적·사회적 환경 사이의 잘 이해된 상호적 영향을 무시하게 된다(Bandura, 1986).

불행하게도, 시간이 지나면서 집합적으로 이루어지는 영적 실천의 역동적인 상호적 영향의 과학을 위한 이론적이고 방법론적인 결과는 거의 잘 표현되지 않아 왔다. 특정한 실천에 대한 검토의 서론으로서 우리는 다음에 이러한 결핍을 논의한다.

실천의 효과에서 좀 더 역동적인 과학적 관점

매일, 그리고 많은 과학적 언어로 종교적 실천이 '효과'가 있다고 말하는 것은 실천에 의해서 '어떤 일이 생기는지'에 대해 언급하는 것이다. 과학과 대중은 모두 인과적 효과를 이해하는 데 무엇보다 중요한 관심을 가지고 있다. 이러한 공통의 관심사를 당연시하면서 특정한 종교적 실천의 가능한 인과관계를 명확히 하는 것은 많은 도전을 제시한다고 알려졌다. 하나의 실천이 적절하게 구체화되고 측정될 수 있는가? 효과들이 신뢰할 만하게 측정되고 특정 실천에 정확하게 귀인될 수 있는가? 연령, 성, 민족, 또는 개인적 다양성의 요소와 같은 잠재적 혼동을 일으킬 수 있는 요인이 적절하게 통제될 수 있는가? 어떤 특정한 실천과 그 것의 추정된 효과가 다른 종교적 실천과 경험으로부터 분리되어 마치 독립된 변인으로 각각 자유롭게 서 있는 듯이 취급하기가 적절하고 가능한가?(Oman & Thoresen, 2002를 보라).

심리학의 무작위화된 실험들은 신뢰할 만한 인과적 추정을 발생시키기 위해 선택한 과학적 방법이다. 다른 실험 조건과 무작위 참가자들은 통계적으로 의미 있는 어떤 결과를 개인 간에 이미 존재하는 차이와 같이 다른 요인보다 실험적 변인(예, 명상) 속에 있는 차이에 귀인시킬 수 있다고 일반적으로 보증한다. 하지만 현재 우리는 영성이 신성한 것을 추구함으로 정의되듯이, 종교를 가장 잘 정의하는 특징이 실험적으로 어디까지 영향을 줄 수 있는지는 모른다. 이는 실험적 연구들이 결과 측정으로서 영성 그 자체를 검토한 적이 거의 없기 때문이다 (Astin, 19997; Oman, Thoresen, & Hedberg, 2003; Thoresen et al., 2001). 현재 경험적 증거들은 영적 추구와는 별도로 종교적 실천의 요소에서 일차적으로 실마리를 찾았다. 우리가 나중에 논의할 두 가지 실천인 용서와 명상은 실험적 문헌이 많이 나오도록 했는데, 이는 아마도 이러한 실천의 주요 구성 요인이 종교적 추구와 별도로 실천될 때 이치에 맞기 때문이다(그러나 이러한 실천이 영적 추구의 일환으로 수행되면 더 강력한 장기간의 효과를 발휘할 수 있다는 점을 주목하라, Oman & Thoresen, 2001; Smith, 1986을 보라).

반면, 우리가 조사하는 두 가지 다른 실천인 기도와 종교적 예식에 참여하기는 훨씬 적은 실험적 연구를 발생시켜 왔다. 이는 아마도 연구자들이 이러한 실천이 영적 뼈대와 분리되어 이치에 맞을 수 있는지에 대해서 의문을 품었기 때문이다(중보기도에 대한 실험적 연구에서 참여자들을 기도를 제공하는 사람이 아니라 기도의 수혜자가 되도록 무작위로 배분하였음을 주목하라).

제한된 실험적 증거에 반하여, 많은 관찰적 연구는 종교 실천의 상관성을 탐색해 왔다. 하지만 그러한 관찰적 증거는 생명을 지닌 종교적 실천의 역동적 특성의 조명하에 해석되어야 한다. 앞에서 언급되었듯이, 실제 세상에서("in vivo") 한 가지 실천(예, 종교적 예식 참여)에 참여하는 사람은 종종 다른 실천에도 참여한다(기도의 여러 가지 형태와 같은, Poloma & Gallup, 1991b를 보라). 생명을 지닌 종교적 실천의 다중 차원은 한 사람의 영적 노력과 같은 인지적, 정서적, 그리고 다른 종교적 차원의 측정에 뿐만 아니라 서로 상관되는 경향이 있다(Emmons, 1999). 시

간이 흐르면서 이러한 종교적 실천과 경험의 다중 차원은 부분적으로 서로에 의해 '상호적으로 결정될' 수도 있다. 예를 들어, 예식에 참여하기 시작한 한 사람의 선택은 다른 사람들의 종교적 지지를 촉진하고, 이는 이번에는 예식에 더 많이 참여함을 촉진할 수 있다.

생명을 지닌 종교적 실천의 진화하는 성격에서 하나의 중요한 결과는 한 개인의 종교적 실천으로 관심의 비종교적 결과상의 직접적 효과뿐만 아니라, 다른 종교적 실천에 의해서 중개된 간접적 효과까지 두 가지 모두를 생산할 수 있다는 것이다. 예시하면, 매일 묵상하기는 혈압을 낮출 뿐만 아니라 종교적 예식에 참여하는 관심을 높여서 인지적이고 정서적인 변화를 만들어 낼 수 있다. 이렇게 하면 더 많은 사회적 지지를 받아서 이번에는 스트레스가 줄어들고, 더 나아가 혈압이 낮아진다. 이러한 종교적 실천의 역동적 특성은 〈표 11-1〉에 의해서 조명을 받고 있다. 〈표 11-1〉은 종교적 실천이 비종교적 결과(예, 신체적 건강)에 영향을 줄 뿐만 아니라 종교적 실천의 다른 차원(예, 종교적 대처)에도 영향을 줄지 모른다는 점을 예시하고 있다. 또한 한 사람의 건강 상태, 성격 유형, 대인관계, 공동체 소속, 그리고 누군가의 사회적 망의 질 등과 같은 다른 많은 요인 또한 관여될 수 있다(Bandura, 1986).

종교적 실천의 역동적 특성은 관찰 연구에 상당한 도전을 가한다. 예를 들어, 우리가 종교적 참여나 특정한 종교적 실천으로부터 직접적인 인과적 효과, 상호작용 효과, 전체적인 인과적 효과를 조사하는가(Oman & Thoresen, 2002)? 종교적 실천의 효과는 연령, 성, 민족, 개인적 차이 요인 또는 유전자와 같은 비종교적 중간 요인에도 의존하고 있을지 모른다(Boomsma, de Geus, van Baal, & Koopmans, 1999). 다른 실제적 도전은 종교적 실천의 타당하고 민감한 측정과 적절한 통계적 분석을 위한 필요에 의해서 제기된다(Miller & Thoresen, 2003). 그래서 (윤리적으로나 실질적으로 피험자를 무작위화할 수 없는 개인적 흡연에 의한 건강 효과와 같은) 직접적으로 무작위화된 실험적 증거가 부족한 다른 생활양식 요인과 같이 종교적 실천으로 얻을 수 있는 인과적 효과에 관한 결론은 시간이 지나면서 광범위한 실험적·관찰적 증거로 인해서 가장 잘 측정된다(Levin, 1994). 이러한 다수준적 방법론의 맥락에서(Cacioppo & Brandon, 2002; Cook, 1985) 우리는 종교 경험 그 자체의 증거가 되는 힘을 무시할 명확한 이유가 없음을 본다. 신성함, 성스러움과 깊이 연결된 인간 본성의 신비한 경험과 같은 종교적 경험의 가장 보편적인 문화 간 특징이 특히 관련이 있다(Jones, 1994; Smith, 1976). 우리는 이제 건강과 안녕과

〈표 11-1〉 종교와 건강의 측정상에서 특정한 종교적 실천으로부터 효과를 기록하는 선택된 연구들

실천	효과의 형태		
	다른 종교적 실천들[1]	정신건강	신체적 건강
참석[2]	종교적 대처 (Pargament, 1997)[3]	불안(Koenig et al., 1993) 우울(Braam et al., 2001)	인과적 사망률 (Hummer et al., 1999), 순환사망률 (Oman et al., 2002)
기도	용서 (Poloma & Gallup, 1991b)	행복 (Poloma & Pendleton, 1991)	압력반사 민감성 (Bernardi et al., 2001)
명상	영적 경험(Astin, 1997) 영성(Oman et al., 2003)	불안과 공포 (Kabat-Zinn et al., 1992) 양상과 특성 불안 (Davidson, 2001)	사망률 (Alexander et al., 1989) 동맥경화증 (Ornish et al., 1990)
용서	영적 경험들 (Thoresen et al., 2001)	낙관주의 (Thoresen et al., 2001)	코르티솔 (Berry & Worthington, 2001)

노트: 연구에서 왼쪽의 실천들(첫 번째 칸)은 다른 종교적 지표(두 번째 칸)들이나 건강(세 번째와 네 번째 칸)의 향상과 연관되어 있다. 모든 연관은 유의미하게 (다른 종교적 실천에 대해) 긍정적이거나 (건강 측정에 대해) 건강을 증진시켰다. 그러나 이런 자료들이 인과관계를 설명하지는 않는다.

1. 종교의 생명을 지닌 실천은 각 요소가 다른 모든 신념과 실천의 맥락에서 가장 잘 이해될 수 있는 역동적으로 진화하는 신념과 실천의 세트를 포함하고, 다른 종교적 실천에 대한 그것의 역동적인 영향을 통하여 건강이 부분적으로 영향받을 수 있다. '다른 종교적 실천들'이라고 명명된 두 번째 칸은 영성과 종교성의 다른 차원상에서 개인적인 종교적 실천에 대한 선구적 작용의 효과를 대표한다.
2. 참석은 단일한 실천이 아니라 다양한 실천의 세트를 나타낸다(예, 의식, 음악).
3. 파가먼트(Pargament, 1997, 부록 B)는 종교적 적응의 다양한 유형과 예식 참석의 중요한 관련성을 보고하는 몇몇 연구를 인용하였다.

연결된 네 가지 공통 실천으로 향한다.

종교적 예식에 출석

예식에 출석하기는 아마도 종교의 가장 공통적인 공적 실천이다. 예식에 출석하는 동안, 좀 더 많은 특정한 종교적 실천과 경험이 출석의 다면적 구성 개념 속에 묻혀 있다. 하나님과 직접적으로 연결된 느낌을 포함하여, 교회에 있는 동안 신성한 경험이 아닌 개인적인 것에서부터 그들의 종교적 또는 영적 중요성 속에 넓게 분포하면서 많은 것에 대한 예식의 시작과 끝에 있는 인과적 대화까지 그 범위가 다양할 수 있다. 예식에 출석하는 동안에 참여하게 된 몇몇 공통의 실천은 다른 사람들과 함께하는 기도, 명상, 다른 형태의 음악, 여러 가지 의식이나 예식, 성경을 읽거나 듣기, 종교적 지도자나 평신도들로부터의 메시지나 설교를 포함한다. 이러한 많은 실천은 덕과 열정의 전형으로부터 영적으로 살아가는 방식의 관찰적 또는 대리적 배움을 촉진하는 듯하다(Bandura, 2003; Oman & Thoresen, 2003b). 예식의 물리적 설정은 종종 신성함으로 여겨지고(예, 하나님의 집), 다른 결과나 건강에 효과를 주는 특정한 실천과 강력하게 상호작용하는 다른 의미 있는 상징이나 성상(icons), 십자가를 포함할 수 있다. 가족의 삶(Mahoney, Pargament, Tarakeshwar, & Swank, 2001)과 종교 교육의 몇몇 형태와 함께 예식에 출석하는 것은 한 사람이 종교적이고 좀 더 영적으로 살도록 하는 의미를 배우는 일차적인 종교적 단계의 기초로 볼 수 있다.

건강 효과와 종교적 예식의 출석을 연결하는 증거는 무엇인가? 실천으로서 출석의 다차원성과 오늘날까지의 과학적 연구의 특성을 고려해 볼 때 확실한 답을 제공하기는 어렵다. 문헌 검토를 통해서 보면, 정기적으로 예식에 출석하기의 긍정적 효과에 대해서 아직은 조심스러운 해설을 하도록 권한다. 그들은 또한 출판된 연구의 심각한 한계에 대해서도 인용하였다(예, Koenig et al., 2001; Levin,

1994). 하지만 우리는 다른 종교 실천보다 종교적 예식 참석의 건강 효과에 대해 여러 면에서 더욱 과학적으로 알고 있다.

우리가 현재까지 알고 있는 것들은 최근의 두 가지 검토를 통해서 포착된다. 먼저, 매컬러프, 호이트, 라슨, 쾨니그와 토레센(McCullough, Hoyt, Larson, Koenig, & Thoresen, 2000)은 종교적 예식 출석과 연관되는 29개의 독립적으로 기대되는 연구들과 인과적 사망률을 평가하였다(Total N 〉 125,000). 비록 이러한 연구 중 효과에서 상당량의 가변성이 발견되고, 다른 요소들 또한 낮은 사망률을 예측 하였음에도(예, 사회적 지지, 결혼 상태, 건강에 대한 인식), 매컬러프와 동료들은 출석하지 않은 사람들에 비해 자주 출석하는 사람들의 사망률이 29% 더 낮다고 보고하였다(이는 7년을 더 사는 수명과 상응한다). 둘째, 파월, 샤하비, 그리고 토레센(Powell, Shahabi, & Thoresen, 2003)은 코크란 도서관 전략(Cochrane Library Strategy)을 사용하여 개별적으로 출석-사망률 연구를 평가하였고, 그중에서 엄격한 연구계획 기준에 맞는 '최고'의 11개 연구를 선정하였다. 종교적 요인과 건강에 관한 여러 가설 중에서, 공동체 생활을(비임상적) 하는 사람 중 높은 출석률을 보이는 사람이 전체 사망률을 떨어뜨린다고 예측하는 단 하나의 가설만이 '설득력 있게 지지된다.'라고 평가되었다. 출석하지 않은 사람들에 비하여 매주 또는 더 자주 출석하는 사람들의 상대적 사망 위험률은 25% 감소했다. 최근의 잘 통제된 두 연구에서는 또한 빈번한 출석은 암이 아닌 심장병과 호흡기 질환을 포함하여 여러 특정한 사망 원인에 걸쳐 사망률 감소를 독립적으로 예측했다고 보고하였다(Hummer, Roers, Nam, & Ellison, 1999; Oman, Kurata, Strawbridge, & Cohen, 2002).

수많은 연구에서도 또한 출석이 더 나은 정신건강을 예측한다고 제시한다. 예를 들어, 정기적 출석은 낮은 우울(Braam et al., 2001), 낮은 불안(Koenig et al., 1993), 낮은 자살률, 낮은 알코올 남용과 연관되어 왔다. 또한 출석과 자존감, 희망과 긍정주의, 삶의 만족, 사회적 지지와 삶에 대한 지각된 의미와 같은 다른 정신건강의 변수와의 정적 상관관계가 지속적으로 보고되어 왔다(Koenig et al.,

2001을 보라).

무엇이 건강과 생존, 그리고 출석의 긍정적 연합을 설명할까(Oman & Thoresen, 2002)? 스트로브리지, 셰마, 코헨, 그리고 카플란(Strawbridge, Shema, Cohen, & Kaplan, 2001)의 연구에서는 증가된 사회적 지지와 개선된 건강 행동이 역할을 할지 모른다고 제안하였다. 1965년부터 1994년까지 부정기적으로 출석한 사람들에 비해 매주 출석한 사람들이 현저하게 좋은 건강한 습관(사회적 관계와 안정적인 결혼생활 유지하기, 우울증을 피하고 규칙적으로 운동하고 흡연을 억제하기)을 유지할 뿐만 아니라 빈약한 건강 습관을 상당한 정도로 더 개선해 나가는 것으로 보인다.

몇몇 증거에 의해 뒷받침되어 제안된 또 다른 기제는 빈번한 출석자들은 더 나은 심리·사회적 대처 자원을 갖는다는 점이다(Krause et al., 2001). 그러나 현재까지 이렇게 제안된 기제들은 개별적이든 조합적이든 관찰된 종교와 건강의 연합을 충분히 설명하지 못하고 있다. 여기에는 아마도 알려지지 않은 다른 기제들이 관여되어 있을지도 모른다(George, Ellison, & Larson, 2002). 특히, 다른 종교적이고 영적인 실천과 같은 가능한 중개 또는 중도 요인에 관한 증거가 결핍되어 왔다. 출석과 연관된(그리고 다른 실천들 또한) 가능한 해로운 건강 효과는 마땅히 받아야 할 주의 깊은 주목을 아직 받지 못하였다. 다양한 개인차와 문화적 변인은 누가 가장 혜택을 받는지, 누가 해를 입었는지, 누가 정기적으로 예식에 참석하면서 정서적 영향을 받지 않았는지를 분명하게 해야 한다(미국심리학회, 2002를 보라).

우리의 검토는 또한 많은 심리학적 변인이 종교적 예식 참석의 건강 효과에 대한 종단적 연구에서 '실행에 옮겨지지 않았음'을 제안한다(Thoresen & Harris, 2002). 이는 아마도 몇몇 심리학적 변인만 담은 여러 해 전의 연구들(예, 1960년대) 때문일지도 모른다. 미래의 종교적 예식 참석과 건강에 관한 연구들은 분명히 성격, 애착 유형, 대처 형태, 노력, 그리고 종교적 자기이해와 관련될 수 있는 지각된 의미를 포함하면서 더 많은 심리학적 변인을 포함해야만 한다(Park &

Folkman, 1997). 또한 이러한 요인들과 관련해 단지 무엇이 건강한 행동 변화를 조정하는지(Strawbridge et al., 2001) 뿐만 아니라 출석이 종교적인 사회적 지지, 기도, 묵상, 용서와 같은 다른 종교적 실천에서 변화를 조정하는지 아닌지가 종단 연구를 통해서 탐색되어야 한다.

기도

기도의 실천은 문화를 넘어서 거의 보편적이다. 보고된 기도의 빈도는 민족, 교파, 문화에 따라 다르다. 일반적으로 여성과 나이 든 사람이 남성이나 젊은 사람보다 기도를 많이 한다. 사람들은 의료적 개입에 반응하지 않는 사람들이나, 심각하거나, 다루기 힘든 문제에 대한 대처 자원으로 더 자주 기도를 활용한다. 기도는 그룹이나 격리되어 개인적으로, 또는 하루 중 많은 순간에 침묵하면서 일어날 수 있다(Oman & Driskill, 2003).

기도에 대해 저술한 저자들은 21가지에 이르는 기도의 형태를 구분해 왔다(McCullough & Larson, 1999). 최근의 여러 경험적 연구에서는 기도의 청원적·의례적·대화적·명상적 형식을 구분한다(Poloma & Gallup, 1991b). 또한 한 연구에서는 '묵상기도'를 다섯 번째 범주로 분류하였다(Cox, 2000).

역사적으로, 기도의 불특정 형태들은 가끔 개인적 종교성의 척도가 구체화된 설문조사에 의해 측정되어 왔다(예, "당신은 얼마나 자주 기도를 하나요?"). 검사들은 기도의 주관적 경험 또는 기도의 강도나 빈도(예, "지난 주" 대 "기도하나요?" 또는 "얼마나 자주 또는 강하게?")를 측정하기 위해서 사용된 대안적 시간의 틀들을 거의 측정하지 못해 왔다. 소집단에서의 형식적인 종교적 예식에서 제공된 기도와 사적으로 개인적으로 드리는 기도 사이의 차이는 거의 명료화되지 않았다(Krause, Chatters, Meltzer, & Morgan, 2000). 최근의 다차원적 척도 가운데 폴로마와 펜들턴(Poloma & Pendleton, 1991)의 15개 항목 척도는 청원적·의례적·대화적 · 명상적 기도를 위한 심리측정적으로 지지된 하위척도를 제공한다.

많은 신학적 · 영적 전통은 한 사람이 영적으로 성장하면서 '영적 애씀'의 새로운 양상에 전념하듯이, 한 사람의 기도에 다른 형태가 관여하는 시간이 지남에 따라 상대적으로 변할 수도 있다고 제안한다(Emmons, 1999). 예를 들면, 신성한 존재들과의 교감을 매우 강조하는 기도(명상과 묵상기도)는 대화기도에 비해 영적 경험과 안녕의 여러 측정에서 상관관계가 높았다(Cox, 2000). 이와 비슷하게 폴로마와 갤럽(Poloma & Gallup, 1991a)은 인구통계적 변인과 예배에 출석하기 등을 통제하였을 때조차 명상적 기도가 다른 형태의 기도보다 용서의 더 높은 수준을 예측한다는 점을 발견하였다(우리는 묵상기도 또한 비슷한 상관을 보일 것이라고 추측한다). 기도 종류의 구분과 관계없이, 진지한 기도의 모든 유형은 어떤 방식으로든 신성하고 강력한 존재와 연관되게 해 주어 스트레스에 대처하는 종교적 형태에 기여할 수 있다(Pargament, 1997). 건강에 기도를 연결시키는 가능한 기제의 이론이 기도의 스트레스 예방 또는 완화 기능만을 종종 강조한다는 점은 이해할 만하다(Krause et al., 2000; McCullough & Larson, 1999).

건강과 안녕의 측정에 기도의 빈도를 연결하는 경험적 발견은 일관성이 없어 왔다. 다른 것(공동체 안에서 사는 성인들의 삶의 목적 또는 행복)이 아닌 몇몇 측정(예, 회복하는 알코올 중독자의 삶의 목적이나 낮은 사망률)에서 긍정적 연관이 있다고 보고되어 왔다. 더 많은 우울과 더 나쁜 신체적 건강 같은 것들에서는 부정적 연관이 있다고 보고되어 왔다. 근본적으로 이러한 단면적 설계들을 검토하면서 매컬러프와 라슨(1999)은 이러한 불일치성이 여러 다른 요인 때문일지도 모른다고 제안하였다. 단일 항목의 측정 요소 사용, 표본 크기나 통제 변인에서의 연구 간 차이, 연구된 성과나 표본집단의 형태에서의 차이 등이 그것이다. 예를 들면, 연령, 기초 건강, 민족, 다른 종교적 요인 또는 개인적 차이 요소(예, 성격 형태)와 같은 기도의 (조정하는) 효과를 수정할 수 있는 변인에 대해서는 실질적으로 조사되지 않았다.

폴로마와 펜들턴(1991)은 더 정교한 접근을 예시하였다. 그들은 다차원적 측정

을 사용하여 안녕과 기도의 다른 형태(청원, 의례, 명상, 그리고 대화) 사이의 의미
있는 많은 연관을 발견하였다. 인구통계학적 변인의 통제하에서 다른 종교성 측
정 요소와 기도 유형은 행복과 의례적인 기도 사이의 부정적 연관을 나타냈다.
하지만 기도와 안녕 간의 긍정적 관련성은 여전히 중요하다.

　지금까지 가장 논란이 많았던 기도에 관한 연구는 다른 사람의 안녕을 위한
청원기도의 형태인 원거리에서 하는 중보기도에 관한 것이었다. 최근에 해리스
와 동료들(Harris et al., 1999)에 의해 잘 설계된 예들이 보고되었는데, 이 연구에서
는 심장병 전문병원의 환자들을 두 그룹으로 나누었다. 한 그룹은 일반적 의학
치료(n=524)를 받게 하였고, 다른 한 그룹(n=466)은 '합병증 없이 빠른 회복'을
위하여 여러 종파의 기독교인들의 기도를 받도록 하였다. 미리 정해진 점수 체
계를 사용하였는데, 기도를 받은 그룹이 더 나은 심장병 치료 과정을 경험하였
다(즉, 입원해 있는 동안 의학적으로 관련된 사건에서 유의미하지만 아직은 중간 정도의
증상 완화). 지난 몇 년간, 비슷하게 계획된 여러 연구가 특별한 결론 없이 과학적
이고 이론적인 논란을 일으켜 왔다(Chibnall, Jeral, & Cerullo, 2001). 적어도 원거리
중보기도가 임의로 통제된 경우에는 중보기도를 받는 사람보다도 기도하는 중
보자의 안녕에 더욱 큰 이익이 있다고 밝혔다. "중보기도가 기도받는 사람의 건
강에 효과가 있든지 없든지 상관없이, 기도하는 사람의 심리적 이익이 있다."
(Koenig et al., 2001, p. 132) 유대-기독교적 관점에서 다른 사람의 복지를 위한 '사
랑의 마음으로 하는' 기도는 영적 풍요로움과 건강을 증진하는 경험이다(약
5:13).

　현재의 건강을 위한 비묵상적 기도와 관련된 과학적 증거들은 뒤섞여 있는 듯
하지만, 다른 종교의 기준과는 상대적으로 독립되어 있는, 건강과 관련하여 제
한된 초기의 근거를 만들어 냈다. 기도에 관한 현존 연구들의 방법적 단순함은
건강에 대한 비묵상적 기도의 간접적 효과를 포함하여 미묘하고 복잡한 형태를
보여 준 미래 연구의 가능성을 열었는데, 이는 아마도 많은 종교 전통에 의해 제
시된 영적 성장에 의한 묵상일 것이다(Oman & Driskill, 2003의 제안을 보라).

묵상과 건강

　　유대주의와 기독교는 각각 현재와 과거를 이어 주는 카발라(Kabbalah), 헤시카 즘(Hesychasm), 마음의 기도와 같은 묵상기도의 전통이 있다. 묵상기도에 대한 이러한 유대-기독교적 형태는 규칙적인 체계적 규율이나 명상, 마음을 정화하 고 안정시키기, 특별한 대상에 마음을 집중시키기 등의 훈련과 관련되어 왔다 (예, 호흡, 하나님, 긍휼, 거룩한 이름, 또는 기도, Driskill, 1999; Easwaran, 1991; Goleman, 1988; Keating, 1996; Smith, 1986을 보라). 일반적으로 이러한 훈련들은 종 종 묵상으로 묘사되는데, 전 세계적으로 다양한 형태가 있다(예, 전념하기 대 명상 하기와 자각 방법). 하지만 이 모두는 '본질적으로는 집중하려는 노력'을 상징한 다(Goleman, 1988, p. 169). 묵상이라는 단어는 종종 동양 종교에만 연관되고(예, 힌두교, 불교), 더욱 좁게는 초월명상법(Transcendental Meditation: TM), 또는 더욱 최근에는 마음챙김 명상(Mindfulness Meditation: MM)이 있다. 그렇지만 기저의 공 통적인 과정은 어디에서나 진정한 명상 훈련이다(Goleman, 1988; Schopen & Freeman, 1992).

　　명상에 관한 연구는 전반적으로 거의 예외 없이(Oman et al., 2003) TM의 변형 (Alexander et al., 1989)이나 MM의 변형(Kabat-Zinn, Massion, Kristeller, & Peterson, 1992)으로 연구되어 왔다. 사실 유대-기독교적 틀 안에서 영적 활동으로서의 묵 상을 조사한 연구는 없었다. 그 대신, 거의 예외 없이 대부분의 경우가 세속적인 방법으로 제시되었다. 게다가 많은 연구는 생리학적 결과에만 초점을 맞추었 고, 부적절한 평가도구와 같은 연구 설계의 많은 결함 때문에 힘들어했으며, 비 교 그룹의 부족, 건강한 효과를 설명할 수 있는 다른 요인의 통제 등에 실패하였 다(Murphy, Donovan, & Taylor, 1999; Seeman, Dubin, & Seeman, 2003).

　　잘 설계된 몇몇 연구는 묵상이 다양한 신체건강과 정신건강에서 신체 증상과 정신적 자극을 감소시키고 스트레스 관리 기술을 향상시키는 이익이 있다고 설명한다. 예를 들어, 알렉산더와 동료들(Alexander et al., 1989)은 노인 73명의 소그룹 중에서 이완 훈련을 한 그룹(65%), 혹은 단순히 평가자로 참여한 참여자(63%)보다 두 유형의 묵상(TM과 MM) 그룹의 3년 이내 생존율이 훨씬 높은 것(100%, 88%)으로 설명하였다. 이 연구는 단순히 효과가 더 이완되는 것만으로 설명되지 않는다고 주장한 점에 주목하는 것이 중요하다.

감정에 관한 신경과학 분야의 연구들은 묵상이 뇌의 처리 과정을 변화시키는 데 중요한 요소가 되고, 그러므로 주요 장기기관에 영향을 미치는 면역 체계, 신경내분비 기능, 심혈관 기능과 같은 생리학적 과정을 변화시킬 수 있다고 설명하기 시작하였다. 데이비드슨(Davidson, 2001)은 MM은 뇌의 좌측 전두엽의 활동을 활성화시키고, 우측 전두엽의 기능은 비활성화시킨다고 보고하였다. 좌측 영역은 긍휼감을 느끼는 것 같은 긍정적 감정과 관련되고, 우측 영역은 두려움과 같은 부정적 감정과 관련된다. 또한 긍정적 감정을 증가시키고 코르티솔을 감소시킬 뿐만 아니라, 감기 바이러스에 대항하는 면역 능력을 높인다.

그리고 이러한 다른 연구들은 묵상이 건강과 안녕을 증진할 수 있는 강력한 활동이 될 수 있지만, 일반적으로 간과되고 있다고 강력하게 주장하였다. 하지만 그들은 영적이거나 종교적인 활동으로서의 묵상이나 영적 요소의 효과에 대한 지식은 제공하지 않았다. 최근 한 전문가는 연구 보고에서(예, 초점이 있는 문구나 기도의 형식으로) 묵상 개입의 영적 측면이 일반적으로 간과되어 오고 있음을 지적하였다(Seeman et al., 2003). 하지만 마음이 담긴 단어의 의미는 유대교 경전("사람은 그의 마음과 같이 생각하므로 그가 그러하니라" [잠언 23:7])부터 불교("우리는 우리가 생각하는 것의 결과다" [다마파다 1:1], Easwaran, 1991. p. 39에서 인용함)에 이르기까지 종교적 관점에 따라 큰 의미가 있다. 다시 말해, 사람은 영적 관점으로부터 "우리가 관심을 가지는 것을 닮고, 실제로 그것이 되기 시작한다."(Easwaran, 1991, p. 38)

실제로, 묵상에 대한 연구는 묵상의 생리학적 과정에만 초점을 맞추고 묵상의 내용이나 상황은 간과한다. 심리학자들이 건강과 관련된 활동으로서, 그리고 다

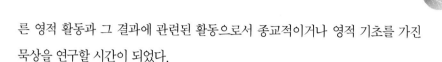

른 영적 활동과 그 결과에 관련된 활동으로서 종교적이거나 영적 기초를 가진 묵상을 연구할 시간이 되었다.

용서와 건강

　용서가 종교적이거나 영적 활동인가? 기독교와 유대교의 경전(즉, 신약성경, 토라)은 용서가 종교 활동으로서의 자격이 있음을 주장하면서 몇몇 형태의 용서를 강하게 지지하거나 때로는 요구한다. 하지만 종교적으로 적극적인 많은 사람에게 용서는 활동이 아닌 추상적 도덕 가치로 남아 있을지 모른다. 사람들은 죄를 범한 사람이 분노와 분개함을 받아야지 용서를 받을 대상이 아니라고 도덕적으로 합리화하기 때문이고(Bandura, 1986), 그들의 용서 기술이 부족하기 때문일 수 있다.

　용서란 무엇인가? 일치되지 않은 여러 의견이 있지만 대부분은 그것이 결정이 아니라 과정이라는 데 동의한다(Worthington, Sandage, & Berry, 2000). 또한 대부분의 사람은 용서에는 인내와 버티는 노력, 그리고 용기가 필요하다는 데 동의한다. 용서는 다면적이기 때문에 간결한 정의를 거부한다. 대부분의 연구자는 용서가 죄의 사면(현재적인 법적 용어), 변명이나 양해(죄에 대한 합당한 이유가 함축된), 정의의 함축(용납), 의식적으로 기억을 지우는 의미(망각), 화해(연결되는 과정)이고, 거부(상처를 인식하는 것에 대한 저항)가 아님에 동의한다. 정의는 두 가지 주요 특징을 공유한다. 첫째는 가해자를 향한 부정적 생각, 감정, 행동을 기꺼이 보내 버리는 것(특별히 비난하고 분노할 수 있는 권리), 둘째는 죄를 범한 사람을 향한 긍정적 생각, 감정, 행동과 화해의 가능성을 기꺼이 키워 나가는 것(공감적인 이해)이다. 종종 경험적으로 간과되는 문화적·사회적·종교적 요소는 사람들이 용서를 하는지에, 그리고 용서를 어떻게 하는지에 큰 영향력을 미친다(Sandage & Wiens, 2001). 지금까지 경험적 연구들이 용서를 영적이거나 종교적 활동으로서 명쾌하게 연구하지 않았다는 것은 중요하다. 비록 세속적 기반의 연구에서는 고통당한 사람이 가해자를 용서할 수 있다는 희망적 증거를 제시하고 있지만, 우리는 영적인 용서가 건강과 안녕에 영향을 주는지 알지 못한다(Thoresen, Harris, & Luskin, 2000).

최근의 여러 연구에서는 다른 사람을 용서하기가 건강에 미치는 영향을 지지하는 증거를 제공한다. 예를 들어, 비트블리엣, 루드비히, 반더 란(Witvliet, Ludwig, & Vander Laan, 2001)은 상처받았던 일이나 싫은 사람에 대한 기억이 정신적으로 다시 떠오를 때, 가해자에 대해 공감이나 용서를 상상할 때와 비교하여 생리학적·감정적 반응(혈압, 심장박동, 부정 정서)이 증가함을 설명하였다. 토레센과 동료들(2001)은 통제집단에 비해 용서 훈련이 용서에 대한 자기효능성(용서하는 특정한 행동을 취하는 자신감)을 개선하고, 인지된 고통과 부정적 건강 증상, 그리고 분노 효과를 감소시키는 데 효과적임을 발견했는데, 이는 모두 건강을 향상시키는 데 관련되었다. 일상에서 긍정적인 영적 경험이 상당히 증가함도 발견하였다.

앞에서 언급한 바와 같이, 심리학자들과 다른 이들은 용서의 종교적이고 영적인 특성에 관한 여러 질문에 대답할 필요가 있다. 예를 들어, 어떠한 조건에서 종교적 틀의 용서는 세속적 형태의 용서보다 더욱 효과적이라고 입증되었다. 이러한 효과들이 영적 성장과 경험뿐만 아니라 더 건강한 상태와도 연관될까(예, 하나님의 임재와 내적 평안을 느끼기)? 무엇이 용서와 건강(하나님에 대한 믿음, 다른 영적 활동 혹은 용서의 영적 모델을 관찰하는 기회) 간의 관계를 조정하고 묵상할 것인가? 유대-기독교 전통과 점점 커져 가는 현대인의 삶에서의 갈등과 관련된 복잡함의 중심에서 우리는 영성에 근거한 용서가 심리학과 다른 사회과학자들의 필요 연구 목록에서 높은 우선순위를 차지할 만하다고 믿는다.

닫는 말

우리가 보아 왔듯이, 건강에 대한 종교적 실천과 관련된 경험적 증거는 매우 가능성이 있고 격려가 되지만 명확하게 밝혀지지 않았다. 의심할 여지 없이 종교는 더 나은 건강과 어떠한 면에서든 관련되어 있다. 우리는 주목받을 만한 여러 주제를 제기하였다. 실증 연구에서 한 가지 주요한 문제는 종교 활동과 영적 활동에 대한 지나치게 단순화되고 환원적인 접근과 관련되어 있다. 종종 이러한 실천은 종교적·영적 맥락 밖에서 연구되어 왔다. 그러한 경우, 종교적 의미나 의도를 고의적으로 빼 버리기도 하였다. 그러한 영적 실천에 대한 세속화된 연구들이 건강에 가치 있는 정보를 적절하게 제공해 온 것은 사실이다. 하지만 현재 우리는 이러한 실천이 한 개인의 종교적이고 영적인 믿음과 목적의 일부로서 경험적으로 사용되었을 때 그러한 실천에 대한 이해가 부족하다. 우리는 미국 대중, 특별히 자신이 종교적이 아니라 영적이라고 생각하는 미국인이 점점 많아지는 (대략 20%) 데에서 영성의 특성이 변화되어 온 점을 주목해 왔다. 미국인들의 이 하위그룹은 건강을 위한 그들의 영적 활동과 노력을 이해하기 위해 특히 신중하게 연구될 필요가 있다. 또한 우리는 우스나우(Wuthnow, 1998)와 다른 연구자들(Driskill, 1999; Fuller, 2001; Roof, 1999)과 함께 많은 유대-기독교 공동체 내에서 이루어지는 기본적인 영적 실천과 기술에 대한 교육과 가르침이 충분히 주목되지 않았음을 짐작한다(즉, 실천에서의 대화하기와 말하기는 가르치고 배우기와 동의어가 아니다).

특별히 건강에 관한 주제의 연구에서 환원주의적 관점은 건강을 주로 생리학적 과정과 질병의 용어로 정의하는 생물의학적 모델로 여겨 왔다. 건강이 오랜 시간 동안 여러 요소의 영향을 받는다는 점을 감안하여 종교 활동의 효과를 좀 더 간접적이고 장기적으로 적절하게 다루는 연구들이 필요하다. 그러나 우리는 건강을 좀 더 통합적 관점의 틀로 보고 유대-기독교의 관점과 공유하고 있는 긍정적 관점의 증가에 주목하였는데, 이는 인간관계나 자기통제 기술뿐만 아니라 의미, 목적, 그리고 인생의 방향과 관련된다. 게다가 활동의 성과뿐만 아니라 과정과 같이, 현재의 연구에서 종종 간과되고 있는 영적 경험의 중요한 역할은 상대적으로 미지의 영역으로 남아 있다.

이 장을 시작하면서 우리는 건강과 관련된 심리학과 사회과학이 서로 협력을 통해 더욱더 유용할 것이라는 네 가지 종교적 관점을 제시하였다. 그것은 종교와 영성의 좀 더 전적으로 의도적이고 목적지향적인 측면, 인간의 본성에 대한 영적 관점의 영향을 조사하기, 특히 개인을 영적 성장을 할 수 있는 존재로 보는 관점, 공유된 의미를 창출하는 기능하에서 종교적·사회적 지지를 이해하기, 그리고 종교 활동의 인과적 상관성의 역동이다. 우리는 종교 실천의 건강에 대한 효과를 주제로 한 실증 연구에 대해 검토하였다. 이는 이러한 관점이 연구를 통합하기 시작했음을 의미하지만, 그들의 활용은 매끄럽지 않고 여전히 여러 과정이 필요하다. 예를 들어, 몇몇 연구가 이제 기도를 다차원적으로 인식하기 시작했지만, 비묵상적 기도에 대한 종단적 연구는 거의 없는 실정이다. 이와 비슷하게 묵상과 묵상기도에 대한 연구들이 순전히 물리적 결과에 반대하며 심리학적 연구를 늘려 나가고 있기는 하지만, 여전히 인지적 상황이나 다른 종교 활동이나 장기간 건강과의 상관관계를 알 수 있는 묵상의 효과에 대한 관심은 아직 거의 없다.

이 글은 건강 증진을 위한 종교 활동의 원인 효과에 대해 매우 제시적이지만 결론을 내지 않는 증거를 제공한다. 하지만 언급하였듯이, 종교적 실천의 부정적 건강 효과의 가능성에 대해서도 추후 연구를 지속해 나갈 필요가 있다(예, 13장을 보라). 역사를 통해, 그리고 현재, 어떤 이들은 종교나 종교 지도자의 이름으로 행하는 행동에 의해 심각한 학대를 경험하고 때로는 죽음을 겪어 왔다. 예를 들면, 어떤 이는 십자군 전쟁이나 세기의 종교재판, 혹은 몇몇 극단적 이단에 의한 비극을 상기해야만 한다(예, Jonestown). 최근에 수도회 멤버에 의해 행해진 신체적·성적 학대를 둘러싸고 불거진 큰 논란은 터무니없는 해로운 효과에 대해 말하고 있다(Plante, 1999). 분명히 상당히 많은 전문가는 영성과 종교, 그리고 그들의 활동이 건강이나 안녕에 영향이 없지도 않고 해롭지도 않다고 믿는다(Koenig et al., 2001). 우리는 주요한 사회기관으로서의 종교가 전문적 관리와 예식을 제공하는 교육기관, 법조기관, 의학기관과 같은 다른 사회 기관과 함께 어떤 이들에게는 분명히 건강에 특정한 부정적 영향을 주고 있음을 믿는다. 또한 우리는 헤아릴 수 없이 많은 사람이 그들의 종교적인, 영적인 믿음과 활동을 통해 혜택을 받고 있다는 것을 믿는다.

우리는 주목받을 만한 많은 주제를 제기하였다. 전체를 아우를 하나의 주제는 심리학과 종교가 더욱 협력적이고 건설적인 동반자적 관계를 형성하면서 서로에게 최선을 가져다줄 가능성이 있다는 점이다(Barbour, 2000; Jones, 1994). 만약 심리학이 더욱 유용한 기여를 하거나 종교적 · 영적 경험에 관한 더 나은 이해에 도움이 된다면, 과학으로서의 예술적 심리학의 상태는 종교나 영성에 대한 실증 연구에 반드시 포함되어야 한다(Thoresen & Harris, 2002). 이와 마찬가지로, 선두에 있는 종교학자들과 실천가들은 활동을 활성화하고 명확하게 하기 위해 심리학자나 다른 사회과학자들의 작업에 참여해야 할 것이다.

참 • 고 • 문 • 헌

Alexander, C. N., Langer, E. J., Newman, R. I., Chandler, H. M., & Davies, J. L. (1989). Transcendental meditation, mindfulness, and longevity: An experimental study with the elderly. *Journal of Personality and Social Psychology, 57,* 950-964.

American Psychological Association. (2002). *Guidelines on multicultural education, training, research, practice, and organizational change for psychologists.* Washington, DC: Author.

Antonovsky, A. (1987). *Unraveling the mystery of health: How people manage stress and stay well.* San Francisco: Jossey-Bass.

Astin, J. A. (1997). Stress reduction through mindfulness meditation: Effects on psychological symptomatology, sense of control, and spiritual experiences. *Psychotherapy and Psychosomatics, 66,* 97-106.

Bandura, A. (1986). *Social foundations of thought and action.* Englewood Cliffs, NJ: Prentice Hall.

Bandura, A. (2003). On the psychosocial impact and mechanisms of spiritual modeling. *The International Journal for the Psychology of Religion, 13,* 167-174.

Barbour, I. G. (2000). *When science meets religions.* San Francisco: Harper.

Bernardi, L., Sleight, P., Bandinelli, G., Cencetti, S., Fattorini, L., Wdowczyc-Szulc, J., & Lagi, A. (2001). Effect of rosary prayer and yoga mantras on autonomic cardiovascular rhythms: Comparative study. *British Medical Journal, 323,* 1446-1449.

Berry, J. W., & Worthington, E. L., Jr. (2001). Forgivingness, relationship quality, stress while imagining relationship events, and physical and mental health. *Journal of Counseling Psychology, 48,* 447-455.

Boomsma, D. I., de Geus, E. J., van Baal, G. C., & Koopmans, J. R. (1999). A religious upbringing reduces the influence of genetic factors on disinhibition: Evidence for interaction between genotype and environment on personality. *Twin Research, 2,* 115-125.

Braam, A. W., van den Eeden, P., Prince, M. J., Beekman, A. T. F., Kivelae, S. L., Lawlor, B. A., et al. (2001). Religion as a cross-cultural determinant of depression in elderly Europeans: Results from the EURODEP collaboration. *Psychological Medicine, 31,* 803-814.

Brown, W. S. (2002). Nonreductive physicalism and soul: Finding resonance between theology and neuroscience. *American Behavioral Scientist, 45,* 1812-1821.

Cacioppo, J. T., & Brandon, M. E. (2002). Religious involvement and health: Complex determinism. *Psychological Inquiry, 13,* 204-206.

Chibnall, J. T., Jeral, J. M., & Cerullo, M. A. (2001). Experiments on distant intercessory prayer: God, science, and the lesson of Massah. *Archives of Internal Medicine, 161,* 2529-2536.

Cook, T. D. (1985). Postpositivist critical multiplism. In R. L. Shotland & M. M. Mark (Eds.), *Social science and social policy* (pp. 21-62). Beverly Hills, CA: SAge.

Cox, R. J. (2000). *Relating different types of Christian prayer to religious and psychological measures of well-being.* Boston: Boston University Press.

Davidson, R. J. (2001, October). *Positive affect: Perspectives from affective neuroscience.* Paper presented at the Gallup Organization's Positive Psychology Summit Conference, Washington, DC.

Driskill, J. D. (1999). *Protestant spiritual exercises: Theology, history, and practice.* Harrisburg, PA: Morehouse.

Easwaran, E. (1991). *Meditation: A simple eight-point program for translating spiritual ideals into daily life* (2nd ed.). Tomales, CA: Nilgiri Press. Retrieved from http://www.nilgiri.org

Ellison, C. G., & Levin, J. S. (1998). The religion-health connection: Evidence, theory, and future directions. *Health Education and Behavior, 25,* 700-720.

Emmons, R. A. (1999). *The psychology of ultimate concerns: Motivation and spirituality in personality.* New York: Guilford Press.

Fuller, R. C. (2001). *Spiritual, but not religious: Understanding unchurched America.* New York: Oxford University Press.

George, L. K., Ellison, C. G., & Larson, D. B. (2002). Explaining the relationships between religious involvement and health. *Psycholgical Inquiry, 13,* 190-200.

Goleman, D. (1988). *The meditative mind: The varieties of meditative experience.* Los Angeles: Tarcher.

Green, E. C. (2001). The impact of religious organizations in promoting HIV/AIDS prevention. *The CCIH Forum, 2-11.* Retrieved May 25, 2004, from http://www.ccih.org/forum/0110-02.htm

Green, E. C. (2003, September). *Faith-based organizations: Contributions to HIV prevention.* Washington, DC: U.S. Agency for International Development and the Synergy Project, TvT Associates.

Harris, W. S., Gowda, M., Kolb, J. W., Strychacz, C. P., Vacek, J. L., Jones, P. G., et al.

(1999). A randomized, controlled trial of the effects of remote, intercessory prayer on outcomes in patients admitted to the coronary care unit. *Archives of Internal Medicine, 159,* 2273-2278.

Hill, P. C., Pargament, K. I., Hood, R. W., Jr., McCullough, M. E., Swyers, J. P., Larson, D. B., & Zinnbauer, B. J. (2000). Conceptualizing religion and spirituality: Points of commonality, points of departure. *Journal for the Theory of Social Behaviour, 30,* 51-77.

Hummer, R. A., Rogers, R. G., Nam, C. B., & Ellison, C. G. (1999). Religious involvement and U.S. adult mortality. *Demography, 36,* 273-285.

Jones, S. L. (1994). A constructive relationship for religion with the science and profession of psychology: Perhaps the boldest model yet. *American Psychologist, 49,* 184-199.

Kabat-Zinn, J., Massion, A. O., Kristeller, J., & Peterson, L. G. (1992). Effectiveness of a meditation-based stress reduction program in the treatment of anxiety disorders. *American Journal of Psychiatry, 149,* 936-943.

Keating, T. (1996). *Intimacy with God: An introduction to centering prayer.* New York: Crossroad/Herder and Herder.

Kirkpatrick, L. A. (1999). Attachment and religious representations and behavior. In J. Cassidy & P. R. Shaver (Eds.), *Handbook of attachment: Theory, research, and clinical applications* (pp. 803-822). New York: Guilford Press.

Koenig, H. G., George, L. K., Blazer, D. G., Pritchett, J. T., & Meador, K. G. (1993). The relationship between religion and anxiety in a sample of community-dwelling older adults. *Journal of Geriatric Psychiatry, 26,* 65-93.

Koenig, H. G., McCullough, M. E., & Larson, D. B. (2001). *Handbook of religion and health.* New York: Oxford University Press.

Krause, N., Chatters, L. M., Meltzer, T., & Morgan, D. L. (2000). Using focus groups to explore the nature of prayer in late life. *Journal of Aging Studies, 14,* 191-212.

Krause, N., Ellison, C. G., Shaw, B. A., Marcum, J. P., & Boardman, J. D. (2001). Church-based social support and religious coping. *Journal for the Scientific Study of Religion, 40,* 637-656.

Levin, J. S. (1994). Religion and health: Is there an association, is it valid, and is it causal? *Social Science and Medicine, 38,* 1475-1482.

Mahoney, A., Pargament, K. I., Tarakeshwar, N., & Swank, A. B. (2001). Religion in the home in the 1980s and 1990s: A meta-analytic review and conceptual analysis of links between religion, marriage, and parenting. *Journal of Family Psychology, 15,* 559-596.

McCullough, M. E., Hoyt, W. T., Larson, D. B., Koenig, H. G., & Thoresen, C. (2000). Religious involvement and mortality: A meta-analytic review. *Health Psychology, 19,* 211-222.

McCullough, M. E., & Larson, D. B. (1999). Prayer. In W. R. Miller (Ed.), *Integrating spirituality into treatment: Resources for practitioners* (pp. 85-110). Washington, DC: American Psychological Association.

McCullough, M. E., & Snyder, C. R. (2000). Classical sources of human strength: Revisiting an old home and building a new one. *Journal of Social and Clinical Psychology, 19,* 1-10.

Miller, W. R., & Thoresen, C. E. (2003). Spirituality, religion, and health: An emerging research field. *American Psychologist, 58,* 24-35.

Murphy, M., Donovan, S., & Taylor, E. (1999). *The physical and psychological effects of meditation: A review of contemporary research with a comprehensive bibliography 1931-1996* (2nd ed.). Sausalito, CA: Institute of Noetic Sciences.

Nottingham, J., Gorsuch, R., & Wrightsman, L. (1970). Factorial replication of the theoretically derived subscales on the philosopheies of human nature scale. *Journal of Social Psychology, 81,* 129-130.

Oden, T. C. (1984). *Care of souls in the classic tradition.* Philadelphia: Fortress Press.

Oman, D., & Beddoe, A. (2003, July). *Structuring meditation interventions to enable learning from spiritual exemplars.* Paper presented at the Summer Research Opportunity Program Symposium, Berkeley, CA.

Oman, D., & Driskill, J. D. (2003). Holy name repetition as a spiritual exercise and therapeutic technique. *Journal of Psychology and Christianity, 22,* 5-19.

Oman, D., Kurata, J. H., Strawbridge, W. J., & Cohen, R. D. (2002). Religious attendance and cause of death over 31 years. *International Journal for Psychiatry in Medicine, 32,* 69-89.

Oman, D., & Thoresen, C. E. (2001, August). *Using intervention studies to unravel how religion affects health.* Paper presented at the 109th Annual Convention of the American Psychological Association, San Francisco.

Oman, D., & Thoresen, C. E. (2002). "Does religion cause health?": Differing interpretations and diverse meanings. *Journal of Health Psychology, 7,* 365-380.

Oman, D., & Thoresen, C. E. (2003a). The many frontiers of spiritual modeling. *The International Journal for the Psychology of Religion, 13,* 197-213.

Oman, D., & Thoresen, C. E. (2003b). Spiritual modeling: A key to spiritual and religious growth? *The International Journal for the Psychology of Religion, 13,* 149-165.

Oman, D., Thoresen, C. E., & Hedberg, J. (2003, June). *A spiritual toolkit for compassion and effectiveness: A randomized intervention among health professionals.* Paper presented at the conference on Works of Love: Scientific and Religious Perspectives on Altruism, Villanova, PA.

Ornish, D., Brown, S. E., Scherwitz, L. W., Billings, J. H., Armstrong, W. T., Ports, T. A., et al. (1990). Can lifestyle changes reverse coronary heart disease? The lifestyle heart trial. *The Lancet, 336,* 129-133.

Pargament, K. I. (1997). *The psychology of religion and coping: Theory, research, practice.* New York: Guilford Press.

Park, C. L., & Folkman, S. (1997). Meaning in the context of stress and coping. *Review of General Psychology, 1,* 115-144.

Plante, T. G. (1999). *Bless me father for I have sinned: Perspectives on sexual abuse committed by Roman Catholic priests.* Westport, CT: Praeger Publishers.

Poloma, M. M., & Gallup, G. H. (1991a). Unless you forgive others: Prayer and forgiveness. In *Varieties of prayer* (pp. 85-106). Philadelphia: Trinity Press.

Poloma, M. M., & Gallup, G. H. (1991b). *Varieties of prayer.* Philadelphia: Trinity Press.

Poloma, M. M., & Pendleton, B. F. (1991). The effects of prayer and prayer experiences on measures of general well-being. In Spirituality: Perspectives in theory and research [Special issue]. *Journal of Psychology and Theology, 19,* 71-83.

Powell, L. H., Shahabi, L., & Thoresen, C. E. (2003). Religion and spirituality: Linkages to physical health. *American Psychologist, 58,* 36-52.

Putnam, R. D. (2000). *Bowling alone: The collapse and revival of American community.* New York: Simon & Schuster.

Roof, W. C. (1999). *Spiritual marketplace: Baby boomers and the remaking of American religion.* Princeton, NJ: Princeton University Press.

Rowatt, W. C., & Kirkpatrick, L. A. (2002). Two dimensions of attachment to God and their relation to affect, religiosity, and personality constructs. *Journal for the Scientific Study of Religion, 41,* 637-651.

Ryff, C., & Singer, B. (1998). The contours of health. *Psychological Inquiry, 9,* 1-28.

Sandage, S. J., & Wiens, T. W. (2001). Contextualizing models of humility and forgiveness: A reply to Gassin. *Journal of Psychology and Theology, 29,* 201-211.

Schopen, A., & Freeman, B. (1992). Meditation: The forgotten western tradition. *Counseling & Values, 36,* 123-134.

Seeman, T. E., Dubin, L. F., & Seeman, M. (2003). Religiosity/spirituality and health: A critical review of the evidence for biological pathways. *American Psychologist, 58,* 53-63.

Silberman, I. (2003). Spiritual role modeling: The teaching of meaning systems. *The International Journal for the Psychology of Religion, 13,* 175-195.

Smith, H. (1976). *Forgotten truth: The primordial tradition.* New York: Harper & Row.

Smith, J. C. (1986). Meditation, biofeedback, and the relaxation controversy: A cognitive-behavioral perspective. *American Psychologist, 41,* 1007-1009.

Snyder, C. R., & Lopez, S. J. (Eds.). (2002). *Handbook of positive psychology.* London: Oxford University Press.

Strawbridge, W. J., Shema, S. J., Cohen, R. D., & Kaplan, G. A. (2001). Religious attendance increases survival by improving and maintaining good health practices, mental health, and stable marriages. *Annals of Behavioral Medicine, 23,* 68-74.

Thoresen, C. E. (2003, August). *Seeking the spiritual in secular places.* Paper presented at the 111th Annual Convention of the American Psychological Association, Toronto, Ontario, Canada.

Thoresen, C. E., & Harris, A. H. (2002). Spirituality and health: What's the evidence and what's needed? *Annals of Behavioral Medicine, 24,* 3-13.

Thoresen, C. E., Harris, A. H. S., & Luskin, F. (2000). Forgiveness and health: An unanswered question. In M. E. McCullough, K. I. Pargament, & C. E. Thoresen (Eds.), *Forgiveness: Theory, research, and practice* (pp. 254-280). New York: Guilford Press.

Thoresen, C. E., Luskin, F., Harris, A. H. S., Benisovich, S. V., Standard, S., Bruning, J., & Evans, S. (2001). Stanford forgiveness project: Effects of forgiveness intervention on perceived stress, state and trait anger, and self-reported health. *Annals of Behavioral Medicine, 23,* SO37.

Witvliet, C. V., Ludwig, T. E., & Vander Laan, K. L. (2001). Granting forgiveness or harboring grudges: Implications for emotion, physiology, and health. *Psychological Science, 12,* 117-123.

Worthington, E. L., Jr., Sandage, S. J., & Berry, J. W. (2000). Group interventions to promote forgiveness: What researchers and clinicians ought to know. In M. E. McCullough, K. I. Pargament, & C. E. Thoresen (Eds.), *Forgiveness: Theory, research, and practice* (pp. 228-253). New York: Guilford Press.

Wuthnow, R. (1998). *After heaven: Spirituality in America since the 1950s.* Berkeley: University of California Press.

Chapter 12

종교심과 영성의 세대 전수

Brenda A. Miller

　가족은 종교적 신념, 가치, 실천이 세대를 넘어서 전수되는 데 중심적 역할을 한다. 영성과 종교심의 발달이 내적으로 자생하거나 외적으로 신비로운 원천을 통해 발현될 수도 있지만, 밀러와 세드 바카(Miller & C'de Baca, 2001)가 기술한 변형적 경험에서와 같이 가족은 개인의 영성과 종교심을 빚어 내는 데 중요한 원동력이다. 그러나 가족은 문화적 진공 상태 속에서 움직이지 않으며, 종교적 전통의 전수와 지지를 지탱하는 조직적 뼈대를 제공하는 종교적 기관들에 접근한다.

　이 장에서는 가족 안에서 어떻게 종교심이 세대를 넘어 전수되고, 종교적 전통의 지속성이 지지되는지 탐색한다. 첫째, 미국 가정에서의 종교심의 중요성이 기술된다. 다음으로 이 장은 이러한 전수가 영향력을 행사할 수 있는 이유와 방법에 대한 질문을 기술하면서 세대를 넘어 종교심이 전수되는 데 대한 어떤 잠재적인 이론적 근거를 탐색한다. 종교적 실천, 신념, 가치의 세대 간 전수를 검토한 경험적 탐구의 예들을 검토함으로써 세대에 걸친 종교심의 전수와 관련되는 가족의 역할과 구조가 확인되었다. 마지막으로, 가족 내 종교심 전수의 환경적 영향이 논의된다.

이 장의 대부분에서는 부모로부터 자녀에게 종교심이 전수되는 영향에 대한 방향을 구술해 온 연구를 반영하면서 부모로부터 젊은이에게 종교심이 어떻게 전수되는지를 명확히 언급한다. 확대가족 구성원이 자녀에게 어떻게 영향을 주는지에 대해서는 정보가 빈약하다. 또한 성인 가족 구성원이 자신의 삶의 여정을 통해 다른 성인 가족 구성원의 종교적이고 영적인 과정에 주는 영향이 어떠한지에 대한 연구도 별로 없다. 더 젊은 세대가 부모의 영성과 종교심에 어떻게 영향을 주는가에 관한 정보 또한 매우 제한적이다.

밀러가 1장에서 소개한 영성과 종교심에 대한 정의를 지키면서, 이 장에서는 대부분 기존 연구의 초점이 된 세대 간의 종교심 전수에 대해 일차적으로 검토한다. 그러나 신성한 존재에 자신이 연결되는 지표로서의 영성도 가족 전수에 의해 영향을 받을 수 있다. 이 장은 한 개인의 영성이 가족의 힘에 의해서 어떻게 빚어지는가에 대한 주제를 탐색한다.

오늘날 가정에서의 종교심과 영성의 중요성

유대-기독교 신념 구조의 역사적 전통에서도, 몇몇은 이러한 전통이 오늘날의 가족에 적합한가, 그리고 가족이 이러한 종교적 관점과 신조를 계속해서 전수하는가에 대해서 의구심을 갖는다. 일반적 인구 데이터는 종교심과 영성이 일반적 인구의 많은 사람을 위해 중요한 역할을 지속적으로 하고 있다고 제시한다. 1998년에 인구의 거의 3분의 2에 해당하는 사람들이 교회나 회당에 등록되었다고 조사되었고, 이러한 비율은 1980년대와 1990년대에도 비교적 안정적으로 유지되었다(Gallup & Lindsay, 1999). 인구의 절반이 넘는 사람들(60%)이 종교는 그들의 삶에서 "매우 중요하다."라고 확인했고, 42%는 "영향이 증가하고 있다."라고 보고하였다(Gallup & Lindsay, 1999). 인구의 약 40%는 1998년 설문조사 이전의 일주일 내 출석을 보고하였다(Gallup & Lindsay, 1999). 이 출석률은 시간이 지나면서 변하기는 했지만(예, 2001년 9월 11일 이후로 47%로 일시적으로 증가), 갤럽은 지난 60년간 큰 상승이나 하락의 경향은 없었다고 언급하였다(2002, pp. 98, 277). 분명히 종교심이 중요하다는 전반적 신념은 높게 남아 있다.

　나이, 민족, 성별은 모두 개인의 영성과 종교심의 중요도에 영향을 준다. 성인은 나이가 많을수록 교회 출석이나 기도와 같은 종교적이고 영적인 실천에 더 참가하는 경향이 있다. 청년(18~29세)은 약 3분의 1이 조사일 이전 일주일 내에 교회나 회당에 출석했다고 보고하였고, 연장자(65~74세)의 출석률 수치는 절반을 조금 넘겼다(52%, Gallup & Lindsay, 1999). 기도와 같은 종교적 실천도 나이가 많을수록 빈도가 잦아진다는 증거가 있다(Levin & Taylor, 1997). 코호트 효과(cohort effect)가 삶의 기간을 넘어서 발달 단계와 별도로 종교적 참여에 어느 정도로 영향을 주는가에 대해 논란이 있다(Chaves, 1989; Hout & Greeley, 1990). 1960년대 후반과 1970년대 초반에 기존의 종교기관들은 새로운 도전을 받게 되었고, '세대 차이'(기성세대에 반항하고 권위에 도전하는 청년)는 대중적인 문화적 이해의 일부가 되었다. 이 무렵에 루터교의 전국적 연구가 수행되었는데, 가장 젊은 두 집단이 부모들보다 종교심을 덜 가지고 있다(실천에 의해서 측정하였을 때)고 보고하였다(Johnson, Brekke, Strommen, & Underwager, 1974). 그럼에도 젊은 사람들은 스스로 종교적이라고 믿었다. 종교심의 수준에서 자신을 부모와 비교하면서 15~18세 중 3분의 2와 19~23세의 4분의 3이 자신의 아비지나 어머니만큼 종교적이거나 또는 더욱 종교적이라고 자신을 지각하였다.

　종교적 참여의 중요성은 특정 민족집단에서 더욱 두드러진다. 다섯 개의 커다란 전 국민 표본 분석을 근거로 살펴보면, 아프리카계 미국인이 백인과 비교했을 때 의미 있게 높은 수준의 종교심을 보여 준다(Taylor, Mattis, & Chatters, 1999). 또한 전국 인구 데이터는 민족 간의 차이를 나타낸다. 갤럽조사(Gallup & Lindsay,

1999)에 의하면, 백인과 비교해서 아프리카계 미국인과 히스패닉계 미국인(58%, 85%, 75%)이 종교를 더욱 중요하게 여겼다. 종교적 실천의 조사에서도 비슷한 양상이 나타났다. 아프리카계 미국인은 55%가, 히스패닉계 미국인은 48%가, 백인은 39%가 설문조사 전 일주일 이내에 교회나 회당에 다녀왔다고 보고하였다. 일반 사회조사 연구가 모집한 일반 인구 데이터에 의하면, 코호트의 영향력이 유럽계 미국인보다는 아프리카계 미국인에게서 더욱 두드러졌다(Sherkat, 2001). 1972년부터 1998년까지 26년간의 교회 출석 자료에 의하면, 대부분 교파에서 아프리카계 미국인 중 젊은 세대로 갈수록 교회 출석이 감소하였다. 대조적으로 백인들에게서는 종교적 참여에서 실질적이거나 의미 있는 코호트 변화량이 주목되지 않았다(Sherkat, 2001). 그러나 백인의 전반적 출석률은 아프리카계 미국인보다 현저하게 낮았고, 아프리카계 미국인의 참여 변화에도 아프리카계 미국인의 출석률은 백인의 출석률보다 일관되게 높았다는 점을 유념하여야 한다.

많은 연구에서 여성이 남성보다 종교를 일상에 반영하는 경향이 강하다는 것을 보여 준다. 종교가 삶에서 중요하다고 보고하는 여성이 남성보다 더욱 많고(여성 67%, 남성 53%) 교회나 회당에 일원으로 참여하는 비율도 여성이 더 높다(여성 73%, 남성 63%; Gallup & Lindsay, 1999). 1998년 전국 여론연구센터의 조사에서는 여성이 기도를 더욱 많이 한다고 보여 준다(Levin & Taylor, 1997). 남성과 여성의 종교적 참여의 차이는 남성과 여성의 서로 다른 사회적 역할과 관련이 있을지도 모른다.

가족이 종교심과 영성에 어떤 영향을 주는가

여러 가지 성과에 대한 종교심의 영향을 탐색하는 일단의 연구 결과들은 증가함에도, 종교심이 세대를 통해 어떻게 전수되는지를 설명하는 이론적 틀은 아직 미비하다. 종교적 부모에게서 양육된 자녀들은 아동기부터 부모의 종교적 영향에 노출되지만, 이후의 청소년기는 많은 종교기관이 그들의 삶의 코스에 영향력을 끼치기 위하여 목표로 삼고 있는 발달 단계다(Smith, Faris, & Denton, 2003). 스미스(Smith, 2003)는 종교기관이 젊은이들에게 왜, 그리고 어떻게 영향을 주려고 하는가에 대해 탐색하면서, (미국) 청소년들에 대한 종교적 효과는 도덕적 질서, 학습된 자신감, 사회적 연대감의 세 가지 차원에서 발생한다고 이론화하였다.

첫째, 스미스에 따르면, 도덕적 질서는 젊은이를 도덕적 헌신과 건설적 삶의 패턴으로 인도하는 영적 경험, 개인적 덕과 자기통제의 도덕적 지시와 젊은이에게 긍정적 관계를 제공하고 모범을 보이는 역할 모델을 통해 완성된다. 둘째, 젊은이들은 대처 기술, 공동체에서 생산적 구성원 되기, 그리고 지도력 등과 같은 기술을 포함하는 종교기관 내에서 학습된 자신감을 발달시킨다. 스미스는 종교적 가르침은 음악과 같은 순수예술에 대한 고마움과 역사적 문화에 대한 이해를 젊은이들에게 제공한다고 주장하였다. 마지막으로, 스미스는 종교적 영향의 세 번째 주요 차원이 사회적이고 조직적인 연줄을 통해 일어난다고 제안하였다. 종교기관들은 젊은이들에게 도움이 되는 정보, 자원, 기회를 주는 더 넓은 범위의 인간 상호작용을 여유롭게 해 주는 공동체에서 성인 회원들과 접촉할 수 있는 기회를 제공한다. 종교기관들은 또한 삶에 대한 부정적 접근을 단념하게 하고 긍정적 접근이 격려될 수 있는 관계적 연줄과 밀집한 네트워크를 제공한다. 아울러 종교기관들은 가까운 공동체 너머의 경험을 줄 수 있는 전국적이거나 초국가적인 종교기관들과 연결시켜 주기도 한다. 스미스는 청소년들에 대한 종교적 기관의 영향의 이해할 만한 이론적 틀을 기술하였지만, 이와 같은 요소는 삶의 전 기간에 동일하게 관련될 수 있다.

이러한 이론적 틀은 가족이 세대에 걸쳐 어떻게 종교심을 전수하는지를 확실하게 하는 생각에 대해서도 도움이 될 수 있다. 이러한 이론적 틀은 한 개인이 종교적 전통 내에서 발달하는 주요 자산을 확인시킨다는 점에서 중요하다. 스미스가 확인한 자산은 다른 이들이 기술해 온 것들과 유사하다. 조사연구소(Search Institute)의 벤슨(Benson)과 동료들에 의해서 완성된 여러 연구는 잘 성장하고 성공적인 청소년들과 연결된 발달적인 자산을 확인해 왔다(Benson, 1997; Benson & Leffert, 2001; Benson, Leffert, Scales, & Blyth, 1998; Leffert et al., 1998). 이 발달적 자산은 외적이고 내적인 영역으로 분류될 수 있다. 외적 영역에 있는 자산유형은 가족과 공동체의 지지, 젊은이에게의 능력 부여, 가족과 공동체의 경계선과 기대, 시간의 건설적 사용이다(Leffert et al., 1998). 내적 영역에 있는 자산은 배움에의 헌신, 긍정적 가치, 사회적 기량, 그리고 긍정적 정체성을 포함한다(Leffert et al., 1998). 이러한 자산들은 번영의 강력한 예측 요인으로 확인되어 왔다(Scales, Benson, Leffert, & Blyth, 2000). 그러나 그러한 자산들은 또한 위험 행동에 부정적으로 연결되어 있다(Leffert et al., 1998). 이러한 자산들은 청년들의 종교적 참여와 연합된 귀인의 위치를 잘 나타낸다.

영성과 종교심은 개인이 삶의 경험에 대처하는 감각을 개발하는 데 사용되는 자산과 수단을 제공한다(Pargament, 1997). 종교심과 영성은 또한 삶의 코스를 정의하고 삶의 여정에 의미를 주는 데 도움이 된다. 자녀들에게 적절한 행동을 가르치고 그들을 종교적 신조에 따라 양육하는 것은 유대와 기독교 전통 모두에서 부모 노릇하기의 일차적 책임 중 하나다. 예를 들면, 신명기에는 이스라엘의 법들이 제시되고 이러한 지시 속에 자녀와 손주들에게 가르칠 메시지를 담고 있다(신 4:9). 마찬가지로, 신약에서는 자녀들은 부모에게 순종하고 부모는 성령을 따라 자녀를 양육하는 데 주의하라고 권하고 있다(엡 6:1-4).

가족은 유대-기독교적 신념, 가치와 실천이 세대에 걸쳐 영속되게 하는 맥락을 제공한다. 조직화된 종교기관들이 종교적 참여의 전수를 촉진하지만, 종교적 전통에 대해서 자녀들에게 가르치고 사회화시키는 일차적 책임은 부모와 확대가족에게 있다. 어린 자녀들에게 부모가 그러한 기회를 제공하지 않으면 종교기관에 대한 노출이 일어나지 않는다. 단위로서 가족은 어떤 주어진 시간에 가족을 구성하는 개인의 상호작용에 근거한 독특한 종교적 경험과 영적 필요를 소유할 수 있다. 가족 구성원은 서로 자극하고 반응한다. 그들은 서로의 경험을 토론할지 모른다. 그들은 각각의 행동도 다루어야만 한다. 더욱이 가족 구성원의 발달 단계는 특정 시점에서 요구와 필요의 서로 다른 설정을 창조하는 상호작용을 가족 단위 내에서 하도록 기대할 수 있다. 예를 들면, 두 살 터울인 두 자녀를 둔 양부모 가정을 생각해 보라. 자녀들이 6세, 4세일 때의 가족역동과 자녀들이 16세, 14세일 때의 가족역동은 다르다. 이렇게 계속 변화하는 상황과 발달을 감안하여 한 가족이 어떻게 효과적으로 종교적 신념, 가치, 실천을 전수시킬지를 이해하는 것은 개별적 가족 구성원이 심리적·신체적 문제에 대처하고, 목표를 설정하며, 그들의 성격을 발달시키고, 삶을 건설적으로 만나도록 지원하는 데 가족 자원을 어떻게 접근하게 할지에 대한 이해에 해당한다.

나이 든 가족 구성원을 위한 젊은이들의 영향력은 성인들이 종교적 참여를 하는 데 중요한 역할을 한다. 개인이 나이가 들어 도움과 조력을 위해 성인 자녀들에게 의탁하게 될 때, 노인의 종교적 참여를 유지하기 위한 그들의 능력은 이러한 필요를 충족하는 데 조력할 지지적 성인 자녀가 있지 않으면 영향을 받을 수도 있다. 더군다나 가족의 전통, 역할, 의식도 삶의 전 기간에 걸쳐 개별적 가족 구성원의 가치, 신념, 종교적 실천을 유지하도록 하는 데 도움을 줄 수 있다.

마지막으로, 세대를 넘어서 종교심을 전수하는 가족의 능력은 정의하기가 어렵고, 잘 이해되지 않는 사랑의 개념 속에 구체화되어 있을지 모른다. 유대-기독교적 전통은 사랑이 종교적인 사람들에게 중심적이고, 인간 경험에 결정적이라고 인식한다. 유대-기독교는 더 커다란 공동체 내에서의 개인에 대한 친절과 사랑 등 이타적 활동의 표현과 가족 단위의 친밀감 둘 다에서 사랑하기의 중요성을 끊임없이 말한다. 이 책(10장)에서 카스(Kass)와 레녹스(Lenox)는 사랑이 깃든 친절함을 연습하는 개념을 포함하면서 마이모니데스에 의해 기술된 할라카(halakhah)에 표현된 유대인의 신념을 반영한다. 마찬가지로, 신약에도 "서로 사랑하라"(요 13:34)라는 계명이 있다. 예수께서는 모든 법과 예언서가 "네 마음을 다하고 목숨을 다하고 뜻을 다하여 주 너의 하나님을 사랑하라"와 "네 이웃을 네 자신 같이 사랑하라"(마 22:37-40)라는 두 계명으로 요약될 수 있다고 주장하셨다. 사랑은 다른 종교적 전통이나 심지어 변화를 위한 인간 동기의 강화자로서 대중적 미디어에서도 아주 폭넓게 인정되고 있다. 많은 경우에서 변화를 위한 인간 동기를 결정시키는 것은 아마도 영적 실천과 짝을 이룬 이러한 기저에 있는 구성 개념이다(Miller, 2000).

　사랑의 중요성이 유대-기독교 관점에만 있는 것은 아니지만 유대-기독교의 가르침에서는 사랑이 특별하게 강조된다. 사랑에 대한 아동기의 이해는 자녀들의 일상생활에서 경험된 가족 관계를 통해서 보여지고, 그것들로부터 자란다. 개인이 나이가 들어 갈수록 가족 관계는 사랑의 이해를 확장하고 공고하게 하는 부가적 기회를 제공한다. 예를 들어, 성인 자녀들이 연로한 부모님을 돌보는 것은 가족 내에 사랑의 개념에 대한 새로운 이해와 성장을 요구한다. 가족은 원가족을 넘어 사랑의 연결의 유대감을 확장하면서 더 큰 종교적 공동체를 위한 은유가 된다. 또한 이러한 더 큰 종교공동체는 이타적 사랑의 이해를 발달하기 위한 틀을 제공하는데, 이때 이타적 사랑은 종교단체나 원가족, 외부 혹은 종교적 의미의 가족 외에 모르는 사람을 위해 하는 긍휼과 친절의 행동을 의미한다. 친절과 이타적 행동으로 드러난 윤리적 삶의 방식은 유대-기독교 신조에 규정되어 있다. 이러한 윤리적 가르침은 인간 경험을 구성하는 수많은 관련을 포함하여 평생 사랑을 확장하도록 권유한다.

가족이 세대에 걸쳐 종교심을 전수하는 경험적 증거

　일반인 집단 연구로부터 창출된 청소년 데이터와 이에 따른 종교심의 측정에 대한 최근의 검토에서는 종교심에 관한 부모 가치의 전수가 지난 20년 동안 꽤 일정하게 남아 있었음을 보여 주고 있다(Smith et al., 2003). 세대에 걸쳐 종교심을 전수하는 부모의 능력은 그들이 자신의 영성과 종교심을 지지하기 위해서 발견해 온 실천과 자신이 지니고 있는 가치, 그들이 믿는 것을 정확하게 전달하는 능력에 달려 있다. 종교적 신념에 관한 언어적 대화의 빈도는 자손이 같은 신념을

고수하도록 개선할 뿐만 아니라 부모의 신념 구조를 정확하게 지각하고 이해하도록 자손의 능력을 향상시킨다(Flor & Knapp, 2001; Herzburn, 1993; Okagaki & Bevis, 1999). 교회 출석, 가족 간의 빈번한 종교적 토론, 종교적 경험과 실천에 대한 개인적 가치관의 확인에 의해서 암시된 부모의 종교심은 아버지와 9~12세 아들 사이의 실천에 대한 동의와 관련이 있었다(Clark, Worthington, & Danser, 1988). 유사하게 어머니의 가치, 그리고 종교적 경험과 실천도 실천에 대한 동의와 관련이 있었다.

영적 모델링도 종교심과 영성의 전수를 위해서 중요한 기제로 인식된다(Oman & Thoresen, 2003). 오만과 토레센(2003)에 의해 정의된 용어인 '관찰적인 영적 학습(observational spiritual learning)'은 영적 모델링의 개념에서 중심적이다. 영적 성장의 개념적 모델의 틀을 짜면서 저자들은 영적 성장을 발달시키는 적절한 기술이 영적 실천 모델링에서 모범이 되는 다른 사람들을 관찰함으로써 학습된다고 제안하였다. 모범이 되는 예 중에 가족 구성원이 포함되지는 않았지만 가족 구성원은 성장 또는 지연을 산출해 내는 영적 모델링의 강력한 원천을 제공할 수 있다.

최근 연구에서는 자녀가 부모의 가르침보다는 부모의 모델링에 더 반응한다는 개념을 확실하게 언급한다. 자녀가 종교적이 되기를 바라는 부모의 바람을 부모의 모델링과 비교해 보면, 부모의 모델링이 자녀의 종교 행동에 더욱 강력한 예측 변인이 된다(Flor & Knapp, 2001). 젊은 성인들(18~25세)에게 부모와 함께 종교 활동에 참여하는 것과 부모의 종교 활동을 관찰하는 기회와 같은 부모의 행동은 부모를 통해 가치가 전수되게 하는 주요한 기제로 확인되었다(Okagaki, Hammond, & Seamon, 1999).

세대 간 영적 모델링은 관찰자가 다른 사람들의 신념에 대한 지각을 발달시키기 때문에 강력한 영향을 가질 수 있다. 젊은 성인과 그들의 부모에 관한 연구에서 만일 그들의 부모가 종교를 가치 있게 여긴다고 젊은이들이 믿는다면 그들은 부모의 신념 형태를 받아들이려 할 가능성이 더 크다. 이러한 관계는 실제로 성인 자녀와 부모의 신념 사이의 관계에 의해서 매개되었다(Okagaki et al., 1999). 부모의 종교적 실천이 적어도 초기 성인 시절 동안 성인 자녀에게 지속적으로 영향을 미친다는 증거가 있다. 무작위로 선발된 부모와 성인 자녀에 관한 전국적 종단 연구에서(종교의 행동적 측면을 포함하는 여섯 개의 항목으로 측정된) 부모의 종교심이 19세 성인 자녀의 종교심에 가장 강한 예측 변인이었다(Myers, 1996). 이러한 점은 사회적 참여의 지표, 자녀 유무, 혼인 여부, 대학 출석 등과 같은 성인 자손의 특징을 통제할 때조차 사실이었다.

연구가 충분치 않지만 가족 생활의 중요한 차원인 가족 사랑도 종교심의 전수와 개인의 영성 발달에 영향을 준다. 이러한 구성 개념이 어떻게 전수에 영향을 주는지에 대한 몇몇 경험적 증거가 있다. 유대인 남녀 청소년(13~18세; Herzbrun, 1993)을 대상으로 한 연구에서 높은 수준의 정서적 지지가 아버지와 청소년 간의 종교적 합의를 증가시켰다. 아들을 둔 전통적 아버지에게는 정서적 지지가 종교적 합의의 최고 예측 변인이었다(Herzbrun, 1993). 진보적 아버지에게는 정서적 지지가 오직 딸과의 종교적 합의를 예측하는 데서 의미가 있었다.

청년이 나이가 들어 감에 따라 부모의 종교 참여가 얼마나 효과적으로 다음 세대에 전수되는지는 부모가 동일시하는 종교 집단의 문화적 독특성과 신념의 세부적 특징과 더 관련될 수 있다. 근본주의자의 종교적 신념은 다음 세대가 종교적 신앙을 지키도록 부모가 강조하는가와 부모의 권위에 자녀들이 복종하도록 강조하는 부모의 노력과 연합되어 왔다(Danso, Hunsberger, & Pratt, 1997). 대학생들에게 근본주의적 신념은 부모가 순종을 중요시하고 자녀가 부모의 종교 신념을 받아들이도록 강조하는 것과 연관된다(Danso et al., 1997). 근본주의와 부모의 신념 구조의 고수 사이의 관계는 부모의 엄격성과 연관된다. 캐나다 고등학교 3학년생 연구에서 헌스버거, 프랫, 그리고 판서(Hunsberger, Pratt, & Pancer, 2002)는 종교적 신조에 대한 의심과 부모의 엄격함의 부적 상관(−0.16)을 보고하였다. 12개 공립고등학교와 가톨릭고등학교 (대부분) 3학년생 대상 연구에서 (N=939), 종교적 의심은 부모의 온정성과 부적 상관을 보여 주었다(−0.21;

Hunsberger et al., 2002).

　자녀와 부모 간의 부모 수용 정서적 애착은 종교심의 전수에 다르게 영향을 줄 수 있다. 자료가 제한적이지만, 적어도 아이오와(Iowa) 주 시골에 사는 청소년 (13~16세)이 있는 가족에 대한 한 연구에서는 종교심의 전수에 아버지와 어머니의 수용성이 다르게 영향을 주고 있음을 보여 주었다. 수용적 어머니는 덜 수용적인 어머니보다 종교적 신념과 실천을 더 잘 전달하는 것으로 보인다(Bao, Whitbeck, Hoyt, & Conger, 1999). 이와 대조적으로 부모의 수용성이 낮을 때, 아버지의 종교적 신념과 실천은 딸의 종교적 신념에 더 많은 영향을 주었다.

　정서적 애착이 없거나 가족 내에서 공급이 부족할 때, 자녀들이 종교적으로 참여할 수는 있으나 그들의 참여 특성에 영향을 받을 수도 있다. 스웨덴 청소년(평균 16세) 표본에서, 시간 1(Time 1)에서의 어머니와의 불안정 애착은 EBRS(Emotionally Based Religiosity Scale, 정서적으로 기초된 종교심 척도)와 정적 상관이 있는데, 이 척도는 안정감을 제공하는 종교로 돌아가거나, 혹은 접촉을 유지하는 것이나, 종교의 정서 조절 기능을 측정하려고 고안된 도구다(Granqvist, 2002). 대조적으로 어머니, 아버지와의 불안정 애착은 개인이 부모의 종교적 기준을 받아들인 (또는 그것으로 인해서 부족한) 정도를 측정하는 도구인 SBRC(Socialization-Based Religiosity Scale, 사회화에 바탕을 둔 종교심 척도)와 부적 상관이 있다고 나타났다. 15개월 이후에 재실시된 설문조사에서는 아버지가 아닌 어머니와의 불안정 애착의 시간 1에서의 척도는 시간 2에서 감소된 종교심과 긍정적 연합이 있음을 나타냈다(Granqvist, 2002).

　가족과 종교에 관한 대부분의 연구가 자녀를 향한 부모의 역할을 조사했지만, 자녀도 부모의 종교심에 영향을 준다는 증거가 있다. 갤럽 여론조사의 재분석에 의하면, 부모의 95%가 종교적으로 소속되어 있었다(Mahoney, Pargament, Tarakeshwar, & Swank, 2001). 다른 연구들도 종교적 참여가 자녀가 있는 가족에게서 증가했음을 보여 준다(Myers, 1996; Sherkat, 2001). 최근 뉴욕 북부에서 이루어진 무작위 전화조사에서 남성과 여성 모두 자녀가 있는 경우에 더 높은 출석률을 보여 주고 있다(Becker & Hofmeister, 2001). 여성들은 자녀가 있는 경우에 더 현저한 종교심을 보일 수 있고, 더 현저한 종교심은 실질적으로 교회 출석의 기동력이 될 수 있다는 몇몇 지표가 있었다(Becker & Hofmeister, 2001).

어떤 가족 구조와 부모 역할이 전수에 영향을 주는가

유대인 가정에서 부모의 역할이 얼마나 중요한지 보여 주는 예들을 구약에서 많이 찾아볼 수 있다. 자녀들은 부모를 공경하고(신 5:16) 부모에게 복종하라고(신 21:18) 권유를 받는다. 신약도 자녀들에게 부모를 공경하라고 권유한다(눅 18:20; 막 7:10). 최근 경험적 증거들은 어머니와 아버지가 종교심의 전수에 다르게 영향을 주고 있음을 제시하고 있다. 몇몇의 연구에서 어머니의 가치가 자녀의 종교적 가치에 특별히 중요한 예측 변인이었다(Dudley & Dudley, 1986; Gunnoe & Moore, 2002; Nelsen, 1990). 부모와 자녀(15~26세)의 삼인관계 연구에 의하면, 아버지와 비교했을 때 어머니가 전통적인 종교적 신념을 전수하는 데 더 큰 영향력을 끼쳤다(Acock & Bengtson, 1978). 흥미롭게도, 이 연구는 자녀와 같은 성별의 부모가 전통적인 종교적 신념, 종교적 행동, 또는 종교심을 자녀가 자신의 것으로 만드는 데 더 큰 영향력을 미친다는 가설을 뒷받침하지는 못하였다(Acock & Bengtson, 1978).

다른 연구도 어머니와 아버지가 종교적인 소속에 대한 영향력에 차이가 있으며, 어머니의 역할의 중요성을 강조하는 통찰력을 준다. 부모와 자손(고등학생 연령)에 대한 대규모 연구(N=13,122)의 결과로는 부모 모두 종교적 소속이 없을 때 압도적 다수(85%)의 젊은이가 종교적 소속이 없으며, 부모 모두 종교적 소속이 있을 때는 압도적 다수(90%)가 종교적 정체성을 보고했음을 보여 준다(Nelsen, 1990). 어머니만 종교적 정체성이 있는 경우에는 83~84%의 젊은이가 종교적 소속이 있다고 보고하였다. 그러나 아버지만 종교적 정체성이 있는 경우에는

43~53%의 젊은이가 종교적 정체성을 보고하였다(Nelsen, 1990). 어머니만의 영향 대 아버지만의 영향의 실질적 차이는 젊은이의 종교적 정체성에 끼치는 어머니의 영향이 종교적 참여에 대한 자손의 결정에 중요하고, 차이가 나는 영향력이 있을지 모른다는 점을 제시하고 있다. 그러나 이런 연구들의 발견은 어머니의 영향에 대한 보편적 패턴을 지지하기보다는 데이터가 더 모아진 시대(1970년)에 주어진 젊은이의 특정한 코호트를 반영한다. 1960년대 후반과 1970년대 초반의 젊은 사람들은 '세대 차이'의 의미를 정의하는 데 도움을 주었고, 이와 같이 부모의 성과 역할에 근거한 부모의 차이에 대한 결과들은 역사적 시대와 연관될 수 있다.

어머니와 아버지가 자녀의 종교적인 참여도에 주는 영향의 차이에 대해 부가적 지지가 1980년대에 수행된 탐구에서 보고되었다. 호주의 대학생 탐구에서(N=836) 대학생들은 자신의 종교적 신념에 가장 큰 영향을 준 사람으로 아버지(11.3%)에 비해서 어머니(27.2%)를 지목하였다(Hunsberger & Brown, 1984). 모든 종교적 성향(영국 성공회, 다른 개신교, 로마 가톨릭, 정교, 유대교, 불가지론자, 무신론자, 사교)과 관계없이 어머니의 영향력이 아버지의 영향력보다 컸다. 이러한 결과가 미국의 청소년들에게 적용이 가능할지에 대해서는 연구가 더 필요하겠지만, 이러한 결과들은 적어도 몇 개의 문화집단에서는 자녀의 도덕과 영적 발달에 어머니 역할의 영향이 더 크다는 점을 시사한다.

자녀에게 주는 부모의 종교적 영향은 또한 부모의 종교심의 동의 정도에 따라 복잡해진다. 부모의 종교적 가치, 신념, 그리고 실천이 비슷할 때, 다음 세대에 더 강한 전달이 있음을 시사하는 여러 연구가 있다(Hoge, Petrillo, & Smith, 1982; Okagaki & Bevis, 1999; Okagaki et al., 1999). 한 세대로부터 다음 세대에로의 일치성 또한 자손의 연령에 따라 다르다. 부모와 젊은이(15~26세)를 대상으로 한 탐구에 의하면, 부모의 종교적 행동에 대한 일치성이 성에 대한 전통적 규범, 일탈에 대한 관용, 군국주의와 같은 태도적 측정보다 젊은이의 종교심을 더욱 높게 예측하게 한다(Acock & Bengtson, 1978). 가치에 관한 부모와 자녀(12~14세)의 동의는 부모가 자신의 메시지를 언어화할 수 있는 편안함과 부모의 메시지의 두드러짐과 관련이 있다(Cashmore & Goodnow, 1985). 그러나 전수의 또 다른 중요한 구성요인은 메시지의 중복을 잘 반영할 수 있다(Cashmore & Goodnow, 1985). 그래서 자녀가 초기 청소년기에 들어설 때 언어적 메시지가 점점 증가하면서 중요할 수 있으며, 어린 자녀들을 위해 충분했을지 모르는 행동들에 대한 지속적인 강조가 훨씬 요구될 수 있다. 자녀가 청소년기로 들어서면 신념과 가치관을 탐색하려는 욕구는 중요하게 증가하며, 그들이 초기에 학습된 종교적 행동을 강화시키는 데 결정적이다.

양부모 가정이 자녀에게 종교적 참여를 전수하기 위한 더 좋은 가족 구조일 수 있다는 몇몇 증거가 있는데, 이는 아마도 이혼가정 자녀의 경우 가정환경에 일어날 수 있는 급작스러운 변화 때문이다. 1987년 가구와 가족에 대한 전국 설문조사(N=13,017)에서는 부모의 이혼이 자녀가 자신의 종교적 정체성을 바꾸는 것과 관련되었음을 보여 주었다(Lawton & Bures, 2001). 이혼이 그 개인의 아동기에 일어났는지, 또는 반응을 한 사람들이 어른이 되었을 때 발생했는지와 관계없이 자녀가 종교 정체성을 바꾸는 것과 부모의 이혼 사이의 이러한 관계가 보고되었다는 점은 놀랍다(Lawton & Bures, 2001). 이러한 점은 종교적 참여에 관한 부모의 이혼의 영향이 단지 구조적 변화 때문만은 아니라는 점을 보여 준다. 아마도 종교적 참여를 재고하는 결과로 이어지는 개인적 변화들은 부모의 이혼 시기에 자손의 연령과 관계없이 일어난다.

그러나 가족폭력이 있다면 양부모 가정이 자녀의 종교적 참여를 전수하는 데 더 좋은 도구는 아니다. 배우자의 폭력은 종교적 참여를 전수하는 배우자들의 능력에 영향을 줄 수 있는 가족 내에서 또 다른 환경적 위기다. 기독교가 남성 우월에, 더 나아가서는 남성의 폭력을 합법화하는 가부장제에 뿌리를 두고 있다고 받아들이는 이론가들도 있다(Dobash & Dobash, 1979). 특별히 이러한 우려는 보수교단들에서 발견되는 '전통적인' 가부장적 가족 구조 옹호자들의 견지에서 더 부각되었다(Bartkowski, 1997).

그러나 현재까지 연구조사들은 종교심과 배우자 폭력의 연관을 지지하지 않는다(Brinkerhoff, Brandin, & Lupri, 1992; Cunradi, Caetano, & Schafer, 2002; Ellison, Bartkowski, & Anderson, 1999). 남성과 여성을 대상으로 한 전국적 표본조사에서(N=13,017) 보수적인 개신교 소속과 가정폭력 행위의 연관성은 정적이지 않았다(Ellison et al., 1999). 사실상 종교적 예식 출석은 남성과 여성 모두에게 학대 행동과 역으로 관련이 있었다. 교단적 동성 결혼이나 이성 결혼은 모두 가정폭력과 연결되지 않았다. 가정폭력과 연관된 요소는 오직 남성이 실질적으로 여성보다 더 보수적일 때였다. 이런 결과는 전국 부부 설문조사(N=1,440)와도 중복된다. 남성이 여성에게, 그리고 여성이 남성에게 행하는 폭력은 교단과 관련이 없었다(Cunradi et al., 2002). 또 다른 연구에서는 교회에 전혀 출석하지 않거나 자주 출석하는 사람들과 비교했을 때, 가장 높은 배우자 폭력 수준을 보이는 '자주 출석하지 않는다(월 1~3번)'라고 보고한 커플의 교회 출석과 배우자 폭력 간의 곡선 관계를 제시하였다(Brinkerhoff et al., 1992). 커플에 관한 전국적인 연구에서 종교적 서비스에 자주 출석하지 못하는 남성들과 비교했을 때, 교회에 자주 출석하는 남성들은 배우자 폭력 비율과 배우자에 의해 희생되는 비율이 유의미하게 낮았다(Cunradi et al., 2002). 동일한 연구에서 자주 출석하지 못하는 여성들과 비교해 종교적 서비스에 자주 출석하는 여성이 훨씬 덜 희생되었다.

가족 전수에서의 환경적 영향은 무엇인가

종교심을 전수하고 영적 성장을 지지하는 가족의 능력은 자녀가 유년 시절에 겪는 사회적·역사적 사건들에 의해서 영향을 받을 수 있다. 예를 들면, 1960년대와 1970년대에 일어났던 사회적 지각 변동과 권위에 대한 도전들은 종교심을 전수하기 위한 역사적 맥락을 제공한다. 교구(제칠일안식교) 부속 고등학교에 다니는 학생 중에서는 선생님들과 부모가 엄격한 경계선이 있는 율법 코드를 가지고 있다고 지각할수록 종교에 대한 반항이 더 자명하였다(Dudley, 1978).

집단과 역사적 경향도 종교적 참여의 전수 비율에 영향을 미칠 수 있다. 세르카트(Sherkat, 2001)는 세대가 종교적 실천과 신념을 따라 살게 하는 역사적 틀을 제공하는 분파−교회−분파의 진화가 있다고 주장하였다. 그는 종교적 실험과 소속에서 변동이 일어날 가능성이 가장 크고, 종교적 선호도가 유동적일 때 젊은 세대에서 이러한 분파가 출현되었다고 주장하였다. 이안나콘(Iannaccone, 1990)에 따르면, 교회 구조 내에서 인간관계에 대한 투자가 가장 저조한 시기 또한 이때였다.

또래의 영향은 종교적 참여의 세대 간 전수를 이해하는 데 복잡성을 더하는 자녀 환경의 다른 구성 요인이다. 여섯 교단 중 하나의 교회에 참여하는 16~18세를 대상으로 한 연구에서, 남녀 응답자들을 위한 별도의 구조방정식 모델은 후기 청소년 시기에는 종교적 참여에 관해 부모의 강한 영향이 없었다는 점을 나타낸다(Erickson, 1992). 남녀 청소년에게는 가정에서의 종교적 행동이 종교적 신념과 헌신, 그리고 종교 교육의 예측 변인이었다. 이러한 가정에서의 종교적 행동은 남성 응답자들에게는 부모의 종교적 영향이, 그리고 여성 응답자들에게는 부모의 종교 활동 수준이 약하게 연결되는 것으로 나타났다. 남성과 여성 응답자들에게 종교 교육은 종교적 예배 행동의 예측 변인이었다. 하지만 후자의 관계는 주일학교에 출석하는 것이 종교 교육을 측정하거나 종교 행위로 간주할 수 있는지 혼란스러웠다.

좀 더 최근의 연구를 보면, 17~22세의 젊은이 중에서는 또래 종교심이 어머니의 종교심(아버지 종교심은 측정되지 않았다)보다 더 나은 예측 변인이었고, 16세에 교회에 출석하는 청소년들은 후기 청소년 종교심의 뚜렷한 예측 변인이었다(Gunnoe & Moore, 2002). 또래들이 영적 신념, 가치, 실천에 대해서 부모의 메시지에 어떻게 영향을 주는가에 대한 질문과 어떤 나이에 또래들의 메시지가 부모의 메시지를 약하게 하는지에 대해서 좀 더 명확히 할 필요가 있다.

종교 조직과 연관된 가족은 가족의 필요를 위해서 유익한 사회적 자본이나 발

달적 자산이라고 기술할 수 있는 것에 접근할 사회적 지지망을 가지고 있다고
할지도 모른다(Benson & Leffert, 2001). 위기나 도움이 필요한 시기에 종교 조직의
구성원들은 (문제 해결 및 정서적 · 재정적) 지지와 (가족 구성원의 역할과 과업을 충
족하는) 도움을 제공할 수 있다. 종교 조직은 또한 가족에게 기관의 종교적 가치
와 신념을 증진하는 사회적 활동과 사건을 제공한다. 그래서 종교 조직의 구성
원들은 핵가족을 둘러싼 거대한 확대 가족으로 기술될 수 있다. 종교기관의 역
할은 특별히 흑인공동체에서 잘 목격되는데, 그곳에서 교회는 역사적으로나 현
재에나 모두 사회적 네트워크를 위한 필요를 충족시킨다고 기술된다(Moore,
1992).

다른 민족적 배경에 대한 보고들도 문화적 맥락이 가족의 일상생활에 종교가
녹아들도록 영향을 준다는 메시지를 강화한다. 미국 원주민 공동체에서도 그들
의 문화와 전통을 고수하면서 영성을 일상생활에 포함시키려고 노력한다. 종종
이러한 공동체들은 원주민의 영적 전통을 기독교 신념과 결합시키기도 한다
(Csordas, 1999; U.S. Department of Health & Human Services, 2001). 아미시(Amish) 문
화와 종교에서는 기계화된 운송수단들을 사용하기보다 경마차를 사용하는 등
'옛날 방식'을 고수함으로써 그 전통을 일상의 가족생활로 확장한다(Weaver-
Zercher, 2001). 자신의 전통을 유지하면서 새로운 문화를 확인하려고 애를 쓰는
가족은 종교심의 성공적 전수를 위한 도전이 더욱더 자명하다(Kim, 2002; Min,
2002).

결론

개인이 영적 성장이나 종교적 참여를 위한 소인을 가지고 태어나는가는 철학
적 논쟁의 주제다. 일반적으로 개인은 가족에 의해서 양육되고, 이러한 가족이
젊은이들에게 노출시키는 종교심의 수준은 다양하다. 마찬가지로 가족은 개인

의 삶을 통해서 그들의 영성과 종교심에 지속적으로 영향을 미친다. 영성과 종
교심에 대한 입문은 삶의 초기에 일어날 수 있고, 개인은 삶을 통해서 자기의 영
성이나 종교적 헌신에 대한 연결을 더 깊게 경험하는 데 이르게 할 수 있다. 개인
은 또한 아주 작은 종교적 훈련이나 영적 연결을 경험할 수 있고, 자기의 그러한
측면에 결코 참여하지 못할 수도 있다. 더군다나 삶의 전 기간에 따라서 일어나
는 누군가의 영성 또는 종교심과 연결되거나 연결되지 못하는 좀 더 역동적 과
정의 가능성도 있다.

　　유대-기독교의 틀 안에서 개인의 영적 성장과 종교적 정체성의 발달은 개인
이 신성한 존재와의 관계를 찾는 것의 결과로도, 문화적이거나 종교적 전통의
결과로도 보인다. 개인의 영적 성장과 종교적 정체성을 발달시키는 데서 가족의
역할은 덜 주목을 받아 왔다. 하지만 앞에서 기술된 발달적 자산을 포함하여 가
족은 젊은이들을 위한 사회적 학습의 일차적 원천이다. 가족 구성원은 삶의 전
기간을 통해서 개인의 생각과 행동을 지속적으로 빚어 낸다. 마지막으로, 가족
은 사랑을 나누고 경험하기 위한 경기장이고, 이러한 사랑은 삶을 통해서 누군
가가 변화하도록 헌신하고, 자아를 찾도록 하는 강력한 동인이 될 수 있다. 이것
은 특히 가족 내에서 틀이 짜이는 나중의 구성 개념(construct)이다. 종교적 전통
이 가족이 이러한 사랑을 표현하고 유지하며 육성하도록 돕는 정도는 긍정적 인
간의 성과에 대한 종교심의 몇몇 영향을 설명하는 데 도움을 줄 수 있다. 삶의 전
환기에는 축하하고, 위기의 시간에는 사회적 지지를 제공하면서 그들의 영적 발
달을 통해서 개인을 안내하기 위한 가족의 중요성은 유대-기독교 종교에서 종
교적 예식과 실천과 맞물려 있다.

　　종교적 기반시설들은 건물, 연락 체계, 사회적 네트워크, 그리고 성직자와 교
회 직원을 포함하는 조직적 기반시설로 개념화될 수 있다. 그러나 더 중요한 것
은 이러한 기반시설이 종교적 조직에 참여하도록 이끌어 내는 사람의 마음과 심
장 속에도 존재한다는 사실이다. 보편적으로 사실이라고 말할 수는 없지만, 교
회와 회당 내에 포함된 많은 개인은 삶을 통해서 그들의 개인적 변화를 성공적

으로 수행하고, 다른 사람들이 같은 것을 완성하도록 도우며, 다른 사람들에 대한 서비스를 통하여 좀 더 강하고 탄력성이 있는 공동체를 설립하기를 원한다. 아마도 이러한 탄력성은 스미스(2003)가 제안하였듯이, 도덕적 질서를 발달시키는 구조, 학습된 자신감, 그리고 사회적이고 도덕적인 유대 위에 세워진다. 이와 유사하게 벤슨과 동료들(Benson et al., 1997, 1998, 2001; Leffert et al., 1998; Scales et al., 2000)에 의해서 기술되었듯이, 개인적 자산의 강점은 종교적 환경에 의해서 육성될 수 있다. 인간 변화를 육성하기 위한 또 다른 잠재적 경로는 가족 단위에 의해서 처음 창조되고 종교적 전통에 의해서 지지되는 사랑의 기초 위에 세워질 수 있다. 유대-기독교 전통은 가족 내에서뿐만 아니라 거룩한 존재와 더 큰 공동체와 함께 사랑의 지속과 발달을 지원할 수 있다. 유대-기독교 전통 내에서 가족은 사랑이 학습되고 전달될 수 있는 환경을 제공하는 데 구심점이 된다. 가족과 작업을 하기 위한 다른 심리학적 접근을 구성 개념화하기 위하여, 영성과 종교심이 그러하듯이, 강도와 집중도에 있어서 변화하는 인간 경험의 또 다른 잠재적 주요 요소로 사랑을 탐색할 필요가 있다.

참 · 고 · 문 · 헌

Acock, A. C., & Bengtson, V. L. (1978). On the relative influences of mothers and fathers: A covariance analysis of political and religious socialization. *Journal of Marriage and the Family, 40,* 519-530.

Bao, W., Whitbeck, L. B., Hoyt, D. R., & Conger, R. D. (1999). Perceived parental acceptance as a moderator of religious transmission among adolescent boys and girls. *Journal of Marriage and the Family, 61,* 362-374.

Bartkowski, J. P. (1997). Disputes over spousal authority among Evangelical family commentators. *Journal for the Scientific Study of Religion, 36,* 393-410.

Becker, P. E., & Hofmeister, H. (2001). Work, family, and religious involvement for men and women. *Journal for the Scientific Study of Religion, 40,* 707-722.

Benson, P. L. (1997). *All kids are our kids: What communities must do to raise caring and responsible children and adolescents.* San Francisco: Jossey-Bass.

Benson, P. L., & Leffert, N. (2001). Childhood and adolescence: Developmental assets. In N. J. Smelser & P. G. Baltes (Eds.), *International encyclopedia of the social and behavioral sciences* (pp. 1690-1697). Oxford, England: Pergamon Press.

Benson, P. L., Leffert, N., Scales, P. C., & Blyth, D. A. (1998). Beyond the "village" rhetoric: Creating health communities for children and adolescents. *Applied Developmental Science, 2,* 138-159.

Brinkerhoff, M. B., Brandin, E., & Lupri, E. (1992). Religious involvement and spousal violence: The Canadian case. *Journal for the Scientific Study of Religion, 31,* 15-31.

Cashmore, J. A., & Goodnow, J. J. (1985). Agreement between generations: A two-process approach. *Child Development, 56,* 493-501.

Chaves, M. (1989). Secularization and religious revival: Evidence from US church attendance rates, 1972-1986. *Journal for the Scientific Study of Religion, 28,* 464-477.

Clark, C. A., Worthington, E. L., Jr., & Danser, D. B. (1988). The transmission of religious beliefs and practices from parents to firstborn early adolescent sons. *Journal of Marriage and the Family, 50,* 463-472.

Csordas, T. J. (1999). Ritual healing and the politics of identity in contemporary Navajo society. *American Ethnologist, 26,* 3-23.

Cunradi, C. B., Caetano, R., & Schafer, J. (2002). Religious affiliation, denominational homogamy, and intimate partner violence among U.S. couples. *Journal for the Scientific Study of Religion, 41,* 139-151.

Danso, H., Hunsberger, B., & Pratt, M. (1997). The role of parental religious fundamentalism and right-wing authoritarianism in child-rearing goals and practices. *Journal for the Scientific Study of Religion, 36,* 496-511.

Dobash, R. E., & Dobash, R. (1979). *Violence against wives: A case against the patriarchy.* New York: Free Press.

Dudley, R. L. (1978). Alienation from religion in adolescents from fundamentalist religious homes. *Journal for the Scientific Study of Religion, 17*, 389-398.

Dudley, R. L., & Dudley, M. G. (1986). Transmission of religious values from parents to adolescents. *Review of Religious Research, 28*, 3-15.

Ellison, C. G., Bartkowski, J. P., & Anderson, K. L. (1999). Are there religious variations in domestic violence? *Journal of Family Issues, 20*, 87-113.

Erickson, J. A. (1992). Adolescent religious development and commitment: A structural equation model of the role of family, peer group, and educational influences. *Journal for the Scientific Study of Religion, 31*, 131-152.

Flor, D. L., & Knapp, N. F. (2001). Transmission and transaction: Predicting adolescents' internalization of parental religious values. *Journal of Family Psychology, 15*, 627-645.

Gallup, G., Jr. (2002). *The Gallup Poll: Public opinion 2001.* Wilmington, DE: Scholarly Resoureces.

Gallup, G. J., & Lindsay, D. M. (1999). *Surveying the religious landscape: Trends in U.S. beliefs.* Harrisburg, PA: Morehouse.

Granqvist, P. (2002). Attachment and religiosity in adolescence: Cross-sectional and longitudinal evaluations. *Personality and Social Psychology Bulletin, 28*, 260-270.

Gunnoe, M. L., & Moore, K. A. (2002). Predictors of religiosity among youth aged 17-22: A longitudinal study of the national survey of children. *Journal for the Scientific Study of Religion, 41*, 613-622.

Herzbrun, M. B. (1993). Research note: Father-adolescent religious consensus in the Jewish community: A preliminary report. *Journal for the Scientific Study of Religion, 32*, 163-168.

Hoge, D. R., Petrillo, G. H., & Smith, E. I. (1982). Transmission of religious and social values from parents to teenage children. *Journal of Marriage and the Family, 44*, 569-580.

Hout, M., & Greeley, A. (1990). The cohort doesn't hold. *Journal for the Scientific Study of Religion, 29*, 519-524.

Hunsberger, B., & Brown, L. B. (1984). Religious socialization, apostasy, and the impact of family background. *Journal for the Scientific Study of Religion, 23*, 239-251.

Hunsberger, B., Pratt, M., & Pancer, S. M. (2002). A longitudinal study of religious doubts in high school and beyond; Relationships, stability, and searching for answers. *Journal for the Scientific Study of Religion, 41*, 255-266.

Iannaccone, L. R. (1990). Religious practice: A human capital approach. *Journal for the Scientific Study of Religion, 29*, 297-314.

Johnson, A. L., Brekke, M. L., Strommen, M. P., & Underwager, R. C. (1974). Age differences and dimensions of religious behavior. *Journal of Social Issues, 30*, 43-67.

Kim, J. H. (2002). Cartography of Korean American protestant faith communities in the Untied States. In P. G. Min & J. H. Kim (Eds.), *Religious in Asian America: Building faith communities* (pp. 185-213). Walnut Creek, CA: Altamira Press.

Lawton, L. E., & Bures, R. (2001). Parental divorce and the "switching" of religious identity. *Journal for the Scientific Study of Religion, 40*, 100-111.

Leffert, N., Benson, P. L., Scales, P. C., Sharma, A. R., Drake, D. R., & Blyth, D. A. (1998). Developmental assets: Measurement and prediction of risk behaviors among adolescents. *Applied Developmental Science, 2*, 209-230.

Levin, J. S., & Taylor, R. J. (1997). Age differences in patterns and correlates of the frequency of prayer. *The Gerontologist, 37*, 75-88.

Mahoney, A., Pargament, K. I., Tarakeshwar, N., & Swank, A. B. (2001). Religion in the home in the 1980s and 1990s: A meat-analytic review and conceptual analysis of links between religion, marriage, and parenting. *Journal of Family Psychology, 15*, 559-596.

Miller, W. R. (2000). Rediscovering fire: Small interventions, large effects. *Psychology of Addictive Behaviors, 14*, 16-18.

Miller, W. R., & C'de Baca, J. (2001). *Quantum change: When epiphanies and sudden insights transform ordinary lives.* New York: Guilford Press.

Min, P. G. (2002). A literature review with a focus on major themes. In P. G. Min & J. H. Kim (Eds.), *Religions in Asian America: Building faith communities* (pp. 15-36). Walnut Creek, CA: Altamira Press.

Moore, T. F. (1992). The African-American church: A source of empowerment, mutual

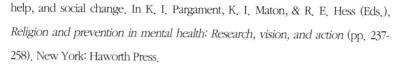

help, and social change. In K. I. Pargament, K. I. Maton, & R. E. Hess (Eds.), *Religion and prevention in mental health: Research, vision, and action* (pp. 237-258). New York: Haworth Press.

Myers, S. M. (1996). An interactive model of religiosity inheritance: The importance of family context. *American Sociological Review, 61*, 858-866.

Nelsen, H. M. (1990). The religious identification of children of interfaith marriages. *Review of Religious Research, 32*, 122-134.

Okagaki, L., & Bevis, C. (1999). Transmission of religious values: Relations between parents' and daughters' beliefs. *Journal of Genetic Psychology, 160*, 303-316.

Okagaki, L., Hammond, K. A., & Seamon, L. (1999). Socialization of religious beliefs. *Journal for the Scientific Study of Religion, 20*, 273-294.

Oman, D., & Thoresen, C. E. (2003). Spiritual modeling: A key to spiritual and religious growth? *International Journal for the Psychology of Religion, 13*, 149-165.

Pargament, K. I. (1997). *The psychology of religion and coping: Theory, research, practice.* New York: Guilford Press.

Scales, P. C., Benson, P. L., Leffert, N., & Blyth, D. A. (2000). Contribution of developmental assets to the prediction of thriving among adolescents. *Applied Developmental Science, 4*, 27-46.

Sherkat, D. (2001). Investigating the sect-church-sect cycle: Cohort specific attendance differences across African-American denominations. *Journal for the Scientific Study of Religion, 40*, 221-234.

Smith, C. (2003). Theorizing religious effects among American adolescents. *Journal for the Scientific Study of Religion, 42*, 17-30.

Smith, C., Faris, R., & Denton, M. L. (2003). Mapping American adolescent subjective religiosity and attitudes of alienation toward religion: A research report. *Sociology of Religion, 64*, 111-133.

Taylor, R. J., Mattis, J. S., & Chatters, L. (1999). Subjective religiosity among African-Americans: A synthesis of findings from five national samples. *Journal of Black Psychology, 25*, 524-543.

U.S. Department of Health & Human Services. (2001). *Mental health: Culture, race and ethnicity: A supplement to "Mental health: A report of the Surgeon General"* (DHHS Publication No. 0497-D-01). Washington, DC: U.S. Government Printing Office.

Weaver-Zercher, D. (2001). *The Amish in the American imagination*. Baltimore: John Hopkins University Press.

Chapter **13**

영적 분투
심리학과 종교의 관심 현상

Kenneth I. Pargament, Nichole A. Murray-Swank,
Gina M. Magyar, and Gene G. Ano

진에 가까이 이르러 그 송아지와 그 춤추는 것들을 보고 크게 노하여 손에서 그 판들을 산 아래로 던져 깨뜨리니라(출 32:19).

그는 육감적 세 여신과 그들을 유혹하는 무리를 행진시키면서 욕망의 모습으로 처음 공격하였다. 부처가 요동하지 않자 유혹자는 죽음으로 가장하였다. 마라는 마지막 유혹을 준비하고 있었다. 뜨거운 세상을 왜 악마에게 주어 버리지 않는가? 몸을 영원히 내어 버리고 영원한 열반의 시원한 안식처로 단번에 들어가지 않는가?(Smith, 1958, pp. 94-95)

제 구시쯤에 예수께서 크게 소리 질러 이르시되 엘리엘리 라마 사박다니 하시니 이는 곧 나의 하나님, 나의 하나님, 어찌하여 나를 버리셨나이까 하는 뜻이라(마 27:46).

과학적 학문에 대한 가장 큰 관심 현상은 학문 자체로 정의될 뿐만 아니라 동시에 더 큰 사회적이고 문화적인 힘으로도 정의된다(Kuhn, 1962). 종교는 과학적 탐구의 방향을 제시할 수 있는 하나의 사회적 힘이다. 심리학 분야가 종교적이고 영적인 공동체의 지대한 관심 현상을 일반적으로 도외시해 왔지만, 좀 더 최근에는 이 그림이 바뀌고 있다. '긍정심리학'의 부상으로, 용서, 감사, 악, 희망 같은 종교적 뿌리를 가진 구성 개념에 더 큰 주목을 하기 시작하였다(Snyder & Lopez, 2002를 보라). 그러나 종교적 전통은 심리학의 연구에 잠재적으로 가치 있는 많은 대상을 지목한다. 이 장은 유대-기독교의 특별한 관심 현상인 영적 분투를 심리학에 소개한다.

대부분의 종교적 전통에 따르면, 신성함으로 인도하는 길은 직선으로 쭉 뻗은 길이나 고통이 없는 길이 아니다. 거기에는 장애물, 험난한 지형, 잘못된 출구, 막다른 길도 있다. 영적 여정에서의 분투는 세계의 주요 종교에서 보편적으로 받아들여지고 있다. 위대한 종교적 인물들조차 그들의 구도 과정에서 심오한 갈등과 분투를 경험하였다. 모세가 금송아지를 경배하는 이스라엘의 백성들을 보고 십계명이 새겨진 돌판을 깨뜨렸을 때 우리가 보았듯이, 그 분투는 대인관계적일 수 있다. 싯다르타 고타마가 깨달은 존재인 부처가 되기 전날 저녁에 보리수 나무 아래에 앉아 있다가 받은 유혹에서 그려지듯이, 그 분투는 심리 내적일 수 있다. 또는 십자가 위에서 하나님께 부르짖은 예수 그리스도의 말에서 우리가 듣듯이, 그 분투에는 거룩한 존재가 포함되어 있는지도 모른다. 그래서 영적 분투는 여러 형태를 취할 수 있다. 하지만 개인이 약속의 땅, 자기실현, 또는 하나님과의 연합 같은 궁극적인 영적 목적지를 해하거나 위험에 빠트리는 상황을 만날 때 이러한 분투는 자라난다. 유대-기독교 관점에서 모든 분투는 한 개인과 상황 이상을 포함한다. 그들은 최고의 존재와의 관계 안에서 펼쳐진다.

유대-기독교적 사고에서 영적 분투는 단순히 '삶의 스트레스 요인' '삶의 위기' 또는 '삶의 전환점'이 아니다. 이것은 더 위대한 가치의 문제가 위기에 처해 있을 때 일어나는 결정적인 순간을 나타낸다. 영적 분투는 한편으로는 절망, 소

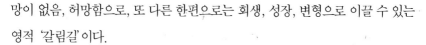

망이 없음, 허망함으로, 또 다른 한편으로는 회생, 성장, 변형으로 이끌 수 있는 영적 '갈림길'이다.

영적 분투는 종교적 세계에서 중요함에도 심리학자들로부터 상대적으로 주목을 덜 받아 왔다. 아마도 그들 자신이 종교심을 더 낮은 수준으로 가지고 있기 때문에(Shafranske, 1996a), 심리학자들은 영적 분투를 포함한 다양한 종교적이고 영적인 현상의 중요성을 과소평가해 왔다. 게다가 추정하건대, 심리학자들은 종교적이고 영적인 과정을 좀 더 기본적이고, 심리학적 · 사회적 · 생리학적 차원으로 축소시키는 경향이 있어 왔다(Pargament, Magyar, & Murray-Swank, 출판 중). 예를 들면, 영적 분투는 좀 더 근본적인 심리 내적 또는 인간관계에서의 갈등에 관한 용어들로 설명될 수 있었다.

지난 10년간은 영성과 종교에 대한 관심사가 정확하고 중요하게 강력한 삶의 차원으로의 급등을 증거하는 시기였다. 이 장에서 우리는 삶의 영적 측면뿐 아니라 인간의 삶에 전체적으로 빛을 비출 수 있는 종교뿐만 아니라 심리학의 관심 현상으로 영적 분투에 초점을 맞춘다. 이 장을 통해서 우리는 유대-기독교 전통에서 모아진 통찰과 지혜를 최근 등장한 심리학적 연구와 이론에 통합한다. 우리는 영적 분투의 의미를 살펴봄으로써 시작하고, 영적 분투가 평범하지 않음을 보여 주는 데이터를 제시한다. 다음으로 우리는 영적 분투로 인도할지 모르는 몇몇 요인에 주목한다. 그리고 나서 심리적, 사회적, 그리고 신체적 기능하기를 위한 영적 분투의 중요한 함의의 시사점이 부각되는 일단의 연구를 검토한다. 우리는 사람들이 그들의 분투를 해결하고 구술하도록 돕기 위해서 설계된 심리학적이고 영적인 프로그램의 예들을 검토하면서 이 장을 마무리한다.

영적 분투의 의미

영성은 삶의 주요한 위기와 과도기를 통하여 사람들을 유지하고 방향성을 갖도록 돕는 자원으로 보일 수 있다. 사실상 많은 연구에서는 영적 신념, 실천, 관계가 사람들의 건강과 안녕에 대한 삶의 사건을 완충할 수 있음을 보여 준다(Koenig, McCullough, & Larson, 2001; Pargament, 1997). 그렇지만 영성이 단순히 심리적·사회적·육체적 피해로부터 사람들을 보호하고 지켜 주는 방법만은 아니다. 많은 경우 영성은 그 자체이면서 궁극적 가치다. 유대-기독교 전통에서 모든 목적 중 가장 큰 것은 '하나님을 알기'다. 존슨(Johnson, 1959)은 이러한 점을 "종교적 인간이 대부분 추구하는 것은 궁극적 하나님이다."(p. 7)라고 언급하였다.

이런 관점에서 보면, 삶의 경험은 영적 맥락 없이 이해될 수 없다. 삶의 사건은 사람에게 심리적·사회적·신체적 영향뿐만 아니라 영적 영향도 준다. 한 걸음 더 나아가서 개인의 영적 신념, 실천, 가치, 관계를 위협하거나 해치는 경험은 개인이 성스럽게 여기는 삶의 그러한 측면을 위험하게 하기 때문에 특히 불안하게 한다. 그러나 사람들은 이러한 위협에 쉽게 굴복하지 않는다. 영적 도전에 반응하여 사람들은 자신의 영적 가치를 유지하기 위해서 다투거나 필요하면 그들의 영성을 변형시키기도 한다. 이런 느낌에서 영적 분투는 구별되는 강력한 현상이고 무덤덤하거나 하찮은 느낌이 아니라 영혼이 위험에 처했을지도 모르는 때와 같은 가장 심오한 형태의 대처 방식이다.

분투의 과정은 쉽지 않다. 분투는 그저 분투다. 이는 중압과 쇄도 아래 영적 체계의 모든 신호인 혼란, 의심, 두려움, 화, 고통의 표현에 의해 표시된다. 우리는 영적 분투를 협박당하고 위협당해 온 영성을 보존하거나 변형시키려는 노력으로 간략하게 정의한다.

영적 분투는 여러 형태를 띨 수 있다. 유대주의와 기독교에서는 영적 분투의 세 유형이 일반적이다. 그것은 대인관계적, 심리 내적, 그리고 거룩한 분투다. 히브리 성경과 신약은 카인과 아벨의 목숨을 건 사투(창 4장), 이집트 파라오와 이스라엘 백성 간의 갈등(출 5:14), 하나님의 나라에서 누가 가장 큰 자가 될지를 다투는 예수의 제자들(막 9:34), 교회론의 문제와 적절한 영적 처신에 대한 사도 바울과 베드로의 격돌(갈 2:11-21)로부터 가족, 친구, 종족, 그리고 민족 간 갈등의 이야기들로 넘쳐난다. 확실히 대인관계에서의 영적 분투는 과거의 것이 아니다. 니엘슨(Nielsen, 1998)은 성인 표본의 65%가 그들의 삶에 어떤 형태의 갈등이 있다고 보고했고, 이러한 갈등의 대부분은 성격상 대인관계적임을 발견하였다. 좀 더 나이 든 성인 계층을 초점화하는 집단 연구에서 크루제, 채터스, 멜처, 모건(Krause, Chatters, Meltzer, & Morgan, 2000)은 험담, 파벌, 일부 성직자와 성도의 위선, 공식적 교회 교리에 대한 반대 등을 포함하는 교회 구성원 사이의 부정적인 상호작용의 여러 유형을 확인하였다. 우리가 한 여성도에게 듣듯이, 이러한 분투는 종교적 공동체의 구성원들이 자신의 영적 가치를 서로 어떻게 재연해야 하는지에 대한 기대를 침해하기 때문에 특히 고통스러울 수 있다.

> 그들이 구석으로 가서 당신에 대해 말하는데, 당신은 토요일에 그들의 아이들을 돌보고, 성직자의 가운을 다림질하는 등 온갖 일을 하며, 일요일 오후 예배 후에 설거지를 한다. 그들에게는 기독교 정신이 없다(p. 519).

영적 분투는 대인관계뿐만 아니라 심리 내적으로도 일어날 수 있다. 유대-기독교 역사의 주요 인물들은 믿음의 문제에 대해 중요한 질문과 의심을 분명히 언급해 왔다. 예를 들어, 시아로치(Ciarrocchi, 1995)는 당대의 가장 중요한 종교적이고 문학적인 인물 중 하나인 기독교의 영적 거장 존 번연(John Bunyan, 1628~1688)도 종종 "자신의 개인적 구원에 대해서 고통스러운 의심"을 경험했다고 지적하였다(p. 35). 현재에도 많은 사람이 그러한 심리 내적인 영적 분투를 경험한다. 예를 들면, 장로교인 전국 표본의 35%만이 어떠한 종교적 의심도 하지 않는다고 표시하였다(Krause, Ingersoll-Dayton, Ellison, & Wulff, 1999). 심리 내적 분투는 신앙뿐만 아니라 영적 동기의 문제 주변에 그 중심이 있을 수 있다. 이러한 맥락에서 라이언, 리그비, 킹(Ryan, Rigby, & King, 1993)은 개인적으로 선택하고 가치(확인)를 두는 종교심과 주변의 압력과 불안감, 죄책감, 낮은 자존감(투사)에서 자라난 종교심을 대비시켰다. 그들은 종교심의 후자의 형태가 "갈등과 압력

의 경험에 의해서 특징지어진다."(p. 588)라고 제시하였다. 엑슬라인(Exline, 2003)
은 인간의 갈망을 추구하는 자연스러운 경향과 많은 종교적 전통에 의해서 격려
되는 덕스러운 행동 추구 사이의 긴장과 관련된 심리 내적인 영적 분투를 분명히
언급해 왔다. 역설적으로 그녀는 덕을 개발하려는 시도는 인간 한계와 불완전성
을 더욱 부각시킬 수도 있다고 주목하였다. 더욱이 엑슬라인은 자기통제를 위한
제한된 인간 역량과 환경이 욕망의 만족을 위해서 제공하는 유혹을 생각해 보면
덕스러운 애씀과 악 사이의 분투는 쉽게 해결되지 않을 수도 있다고 결론지었다.

　마지막으로, 가장 중요한 영적 분투는 개인과 거룩한 존재 사이의 긴장을 반
영할 수 있다. 유대-기독교 역사에서 주요 인물들은 하나님과 논쟁을 벌이기까
지 하면서 자신의 느낌을 하나님과 나누는 데 주저하지 않았다. 다윗의 시편에
서 우리는 하나님과 함께하면서 느낀 고통과 좌절에 대한 많은 표현을 듣는다.

> 내 하나님이여, 내 하나님이여, 어찌 나를 버리셨나이까. 어찌 나를 멀리 하여
> 돕지 아니하시오며 내 신음 소리를 듣지 아니하시나이까. 내 하나님이여, 내가
> 낮에도 부르짖고 밤에도 잠잠하지 아니하오나 응답하지 아니하시나이다(시
> 22:1-2).

　선은 궁극적으로 보상을 받으리라고 확신하면서 오늘날 유대인과 기독교인
은 하나님을 일반적으로 그들의 삶에 직접적으로 관여된 사랑하는 전능한 존재
로 본다(Pargament & Hahn, 1986). 그러나 삶의 결정적 사건들은 거룩한 존재와
싸우게 만들면서 하나님에 대한 이러한 견해를 의문 속으로 던질 수 있다. 14세
의 니카라과 소녀의 고통스러운 의심을 고려해 보자.

> 어떻게 사랑의 하나님일 수 있는지, 그리고 그 하나님이 어디에 존재하는지
> 많은 시간 나는 의아해한다. 제대로 된 약품과 의사만 있다면 치료될 수 있는 질
> 병이나 굶주림으로 제3 세계의 어린이들이 죽도록 하나님이 어떻게 내버려 두

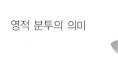

시는지 나는 이해하지 못한다. 하나님을 믿고 사랑하지만 나는 때때로 사랑의 하나님과 고통으로 신음하는 세계의 관계를 보지 못한다. 우리를 진심으로 사랑한다면 왜 우리를 돕지 않으실까? 관심이 없으신 것 같다. 관심이 있을까? (Kooistra, 1990, pp. 91-92)

사람들은 고통과 고난에 반응하여 거룩한 존재와의 관계를 재정의하려고 분투할 수 있다. 조사 연구들은 다양한 표본의 약 10~50%가 분노, 불안, 두려움, 버려짐의 느낌을 포함하는 부정적인 감정을 하나님에게 표현했음을 보여 준다 (예, Exline & Kampani, 2001; Exline, Yali, & Lobel, 1999; Fitchett, Rybarczyk, DeMarco, & Nicholas, 1999; Pargament, Koenig, & Perez, 2000).

이 절을 마무리하기 위해 우리는 몇 가지 점을 강조한다. 첫째, 영적 분투가 개인의 사회적 적용 범위, 개인적 삶, 또는 하나님과의 관계에 있어 긴장과 소용돌이를 반영할 수 있지만, 이러한 분투는 반드시 서로 배타적이 아니다. 사실상 그들은 서로에게 기여한다. 하나님과의 갈등은 대인관계나 심리 내적인 영적 갈등으로 이어질 수 있다. 가족과 친구 또는 성도들과의 영적 갈등은 하나님과의 갈등과 심리 내적 분투로 이어질 수 있다. 연구자들은 이런 생각과 일관성이 있게 대인관계, 심리 내적, 거룩한 분투의 지표 사이에 의미가 있는 상호연관을 발견해 왔다(예, Pargament, Smith, Koenig, & Perez, 1998). 둘째, 영적 분투가 기이하지는 않지만 영적 신념과 실천이 분투와 중압보다는 지지와 위로의 근원임을 일반적으로 기억하는 것이 중요하다(예, Exline, Yali, & Sanderson, 2000; Pargament et al., 1998). 마지막으로, 영적 분투가 영적 결핍과 같이 취급되면 안 된다는 점을 우리는 강조해야 한다. 이 예를 고려해 보라. "하나님이 내 안에 거하신다고 들었다. 그렇지만 어두움과 차가움과 공허함의 현실이 너무 커서 아무것도 나의 영혼을 감동시키지 못한다."(Perspectives, 2001, p. 23) 이 인용은 다름 아닌 테레사 수녀의 것이다. 앞서 주목했듯이, 가장 위대한 종교적 인물들조차 영적 분투를 경험하였다. 우리는 어떻게 이런 분투를 책임 있게 설명할 것인가? 무엇이 그들을 분투하도록 할까? 우리는 이제 영적 분투로 인도할지 모르는 몇몇 요인에 주의를 돌린다.

영적 분투의 뿌리

유대교와 기독교의 글들은 영적 분투의 한 뿌리인 고통스러운 삶의 상황에 대한 직면을 분명히 지목한다. 예를 들면, 히브리 성경에서 욥은 가장 극심한 종류의 스트레스를 일으키는 요인에 대면한다. 상당히 가치 있는 재산과 소유물을 잃은 후에(욥1:13-17), 자녀가 모두 죽임을 당했음을 알고(욥 1:18), 온몸을 뒤덮은 곪은 종기로 몹시 괴로워하면서 욥은 세 유형의 영적 분투를 대면하였다. 욥은 그의 고난에 대한 친구들의 반응이 문제를 겪은 시기에 영적 공동체의 구성원들이 서로 어떠해야 하는가에 대한 욥의 기대를 침해했기에 특히 괴로워했으며, 그의 친구들과의 대인관계에 관련된 영적 분투를 경험하였다(욥 3-27). 욥은 이렇게 말하였다.

> 낙심한 자가 비록 전능자를 경외하기를 저버릴지라도 그의 친구로부터 동정을 받느니라. 내 형제들은 개울과 같이 변덕스럽고 그들은 개울의 물살같이 지나가누나. 얼음이 녹으면 물이 검어지며, 눈이 그 속에 감추어질지라도 따뜻하면 마르고, 더우면 그 자리에서 아주 없어지나니(욥 6:14-17).

욥은 궁극적 정의에 대한 종교적 회의 같은 심리 내적 영적 분투도 경험하였다(욥 21:7-26). 마지막으로 욥의 괴로움은 거룩한 존재와 영적 분투로 이어졌다. 그는 다음과 같이 확언하였다.

> 그는 진노하사 나를 찢고 적대시하시며 나를 향하여 이를 갈고 원수가 되어 날

카로운 눈초리로 나를 보시고… 하나님이 나를 악인에게 넘기시며 행악자의 손
에 던지셨구나. 내가 평안하더니 그가 나를 꺾으시며 내 목을 잡아 나를 부숴뜨리
시며 나를 세워 과녁을 삼으시고 (욥 16:9, 11-12).

신약도 극한 상황에서 비롯된 영적 분투를 예증한다. 겟세마네 동산에서 그의
체포를 대기하는 동안 예수님은 기도하고 있어야 할 제자들이 잠이 든 것을 보
시고 대인관계적인 영적 분투를 경험하셨다 (마 26:36-46). 임박한 십자가형을 준
비하는 동안 예수님 또한 그가 궁극적으로 하나님의 뜻을 이루도록 갈망하셨지
만 하나님의 뜻의 추구와 그의 자신의 갈망 사이의 긴장으로 나타난 심리 내적
인 영적 분투를 경험하셨다.

조금 나아가사 땅에 엎드리어 될 수 있는 대로 이때가 자기에게서 지나가기를
구하여 이르시되 아바 아버지여 아버지께는 모든 것이 가능하오니 이 잔을 내게
서 옮기시옵소서. 그러나 나의 원대로 마시옵고 아버지의 원대로 하옵소서 하시
고 (막 14:35-36).

마지막으로 예수께서는 "나의 하나님, 나의 하나님, 어찌하여 나를 버리셨나
이까" (마 27:46)라고 외쳤을 때 십자가 위에서 그의 고뇌를 들을 수 있었던 거룩
한 존재와의 영적 분투를 경험하셨다. 그래서 유대-기독교 관점은 비통과 삶의
위기는 영적 분투를 유발할 수 있다고 제시한다.

심리학적 연구는 분투와 스트레스 가득한 삶의 경험의 관계 사이의 연결에 좀
더 체계적인 증거를 제시한다 (Pargament, 1997). 상당한 수의 사람이 가장 극심한
종류의 스트레스를 일으키는 삶의 요인에 대면할 때 영적 분투를 경험한다. 예
를 들면, 홀로코스트 생존자 708명에 대한 광범위한 설문조사에서 브레너
(Brenner, 1980)는 홀로코스트 전에 율법 엄수자(observant) 유대인의 38%가 후에
율법 엄수자가 되지 않았다는 점을 발견하였다. 대조적으로 모든 생존자의 단지

작은 비율(4%)만이 홀로코스트 후에 처음으로 율법 엄수자가 되었다. 전에 율법 엄수자였던 한 생존자가 이렇게 표현하였다.

> 나는 하나님과 매우 개인적이고 친밀한 관계를 가지곤 하였다. 나는 내가 했던 모든 것과 내가 만든 모든 움직임을 하나님이 알고, 거기에 계시고, 하나님은 나의 삶에서 그러한 방식의 모든 걸음에 함께하고 있다고 생각했다. … 나는 그런 사람이었다. 그렇게 나는 율법 엄수자였다. 그런데 나치가 나타났고, 하나님은 어디로 가셨는가? 하나님은 더 이상 내 곁에 있지 않았다. 사라져 버렸다. 그리고 나는 더 이상 같은 사람이 아니었다(pp. 67-68).

고통을 주는 환경은 영적 분투를 일으키는 단 하나의 요인이 아닐지도 모른다. 영적 분투를 끌어내는 삶의 사건들 또한 이러한 경험으로 이끄는 개인 지향적 체계의 성격에 달려 있을지 모르기 때문이다. 그러한 지향적 체계는 삶에 있어서 다양한 과업과 도전을 다루고 이해할 수 있도록 사람들을 만든다(Pargament, 1997). 그것은 개인적 성향, 세계관, 신념, 태도, 가치관, 정서, 관계로 이루어져 있다. 영성 또한 그러한 지향적 체계의 한 부분이다. 그러나 어떤 지향적 체계는 다른 지향적 체계보다 강력하다. 사람들은 자신의 지향적 체계의 역량을 넘어서 그들을 몰아치는 삶의 경험을 만날 때 영적으로 또는 다른 면에서 '방향 상실'에 아주 취약해진다. 그래서 영적 분투는 개인적이고, 사회적이고, 영적인 영역에서 취약성과 약함에 의해서 특징지어진 지향적 체계에서 자라날 수 있다.

개인적 영역에서 연구는 좀 더 빈약한 정신건강이 영적 분투와 연합되어 왔음을 보여 준다. 예를 들면, 특성 분노(trait anger)는 하나님으로부터 소외된 느낌(Exline et al., 1999)과 거룩한 존재를 향한 다른 부정적 느낌(Exline & Kampani, 2001)과 연합되어 있다. 다양한 삶의 스트레스 요인을 다루는 대학생 중 종교적 대처에 대한 연구에서 아노와 파가먼트(Ano & Pargament, 2003)는 잠재적으로 관

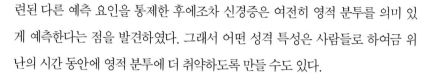

련된 다른 예측 요인을 통제한 후에조차 신경증은 여전히 영적 분투를 의미 있게 예측한다는 점을 발견하였다. 그래서 어떤 성격 특성은 사람들로 하여금 위난의 시간 동안에 영적 분투에 더 취약하도록 만들 수도 있다.

사회적 영역에서 영적 분투는 사회적 지지의 부족, 특히 가족 관련 문제에 매여 왔다. 예를 들면, 쿠이스트라와 파가먼트(Kooistra & Pargament, 1999)는 개신교 청소년 중 더 높은 수준의 종교적 의심은 더 높은 수준의 부모 권위, 가정에서 훈육의 심한 유형, 부모의 종교에 있어서 더 큰 불성실이나 헌신에 대한 낮은 지각, 가족 간의 더 높은 갈등 수준, 특히 어머니와의 더 많은 갈등과 연합되어 있음을 발견하였다.

마지막으로, 영적 분투는 개인의 일반적인 영적 신념, 실천, 역사, 관계, 가치관의 특성인 개인의 영적 지향으로부터 대부분 직접적으로 비롯될 수 있다. 영적 영역에서 몇몇 한계는 주목할 만한 가치가 있다. 첫째, 악과 인간의 고난과 같은 삶의 어두운 면을 적절하게 염두에 두지 않는 좁고 분화되지 않은 영적 지향은 문제에 더 취약할 수 있다. 제임스(1902/1936)는 이러한 영적 지향 유형을 "건강한 정신을 가진 종교"(p. 125)라고 기술하였고, 나름의 유익이 있지만 궁극적으로는 불완전하다고 주장하였다.

> 적극적으로 책임을 지고 설명하기를 거부하는 악한 사실들은 현실의 진정한 몫이다. 왜냐하면 그 악한 사실들은 결국 삶의 중요성에 대한 최고의 열쇠가 될지 모르며, 진리의 가장 깊은 수준으로 우리의 눈을 열어 줄지 모르기 때문이다(p. 160).

삶의 좀 더 어두운 측면을 인정하는 데 실패하면 개인은 고통스러운 경험을 대면하고, 영적 분투가 무르익도록 준비하는 데 좋지 않게 된다. 둘째, 개인의 삶과 통합되지 않은 영성은 좀 더 소용돌이에 휘말릴 수 있다. 종교적 생각이나 실천에 수년간 노출되다 보면 삶의 사건에 도전하고 위험을 감수하는 데 '영적 저항'이 생길 수 있다. 이러한 입장과 맥을 같이하면서 브레너(Brenner, 1980)는 유대적 종교 교육을 받지 않았던 홀로코스트 전에 율법 엄수자이던 생존자들은 홀로코스트 후에 율법 엄수자로 남기보다 율법 엄수자가 되지 않는 경우가 4배나 더 많음을 발견하였다. 셋째, 거리를 두고 무관심하며 돌보지 않는 것으로 보인 하나님과의 회피적 관계나 일관성 없고 예측할 수 없게 보인 하나님과의 불안한 양가적 관계와 같은 불안정한 종교적 애착으로부터 영적 분투가 자랄지 모른다 (Kirkpatrick, 1992). 어려운 삶의 경험을 만남으로써 생성되는 불안정한 종교적 애착은 개인이 거룩한 존재로부터 버려지는 느낌과 화, 불안 또는 죄책감과 씨름해야 하는 영적 분투로 인도할 수도 있다. 이러한 생각과 일관성이 있게 벨라비치와 파가먼트(Belavich & Pargament, 2002)는 병원에 입원해서 심장 수술을 받고 있는 사랑하는 사람을 기다리는 155명의 성인을 연구했고, 그 결과 하나님에 대한 불안정한 애착이 영적 분투와 상당한 수준으로 관련이 있음을 발견하였다.

개인의 영적 지향의 한계는 영적 분투로 인도할지 모르지만, 여기서 문제는 영성의 부족이 아니다. 초월적 이슈를 별로 중요하게 여기지 않는 사람은 영적 소용돌이를 덜 겪을 가능성이 있다. 영적 분투는 영성의 절대적 수준보다 영성의 질과 관련이 있다. 영적 지향 체계를 가진 사람들조차 영적 분투에 면역되지는 않는다. 테레사 수녀가 말한 종교적 절망과 욥이나 예수님과 같은 다른 감동을 주는 종교적 인물에 의한 영적 분투를 회상해 보라. 분명 영적 분투로 불가피하게 인도하는 다른 요인이 있다.

유대-기독교 관점은 영적 분투에 대한 하나의 다른 전조를 지적한다. 일부 유대-기독교 관점에 의하면, '영혼의 어두운 밤'에 있는 영적 분투는 영적 발달의 자연스러운 부분으로 하나님에 의해서 분만된다(Saint John of the Cross, 1584/1990). '영혼의 어두운 밤'은 사람이 영적 성장으로 이동하도록 하나님에 의해서 주도되는 개인의 부분에 대한 영적 '메마름' 또는 황량함의 경험을 포함한다. 십자가의 성 요한(1584/1990)에 따르면 다음과 같다.

거룩한 존재는 영혼을 거룩하게 만들기 위해서 영혼을 집요하고 맹렬하게 공격한다. … 그 결과 잔인한 영적 죽음 속에서 그리고 영혼의 비참함이 목격되고 현존하는 속에서 영혼은 스스로 소멸하고 녹아 내리듯이 느낀다. … 왜냐하면 영혼은 자신이 그토록 희망하는 영적 부활 때까지 어두운 죽음의 무덤 속에서 지내야 하기 때문이다(p. 104).

이러한 영적 발달의 뼈대 속에서 '영혼의 어두운 밤'은 "[영적 유아기] 초기의 기쁨과 흥분으로부터, 그리고 하나님과 함께 걸으며 시도하는 삶으로부터 오는 영적 자신감 후 감각으로부터 확연히 구분되는 씨름하고 분투하는 과도기다." (Coe, 2000, p. 294)

요약하면, 영적 분투는 스트레스를 일으키는 요인이나 개인적 요인만으로 귀인시킬 수 없다. 대신에 자신의 지향적 체계의 한계에 도달하는 삶의 결정적 경험을 대면하면서 그들이 세상과 관계하기, 활동하기, 생각하기의 새로운 방식을 고려하도록 강요하면서 분투가 발견될 수 있다. 유대-기독교적 관점에서는 하나님께서 개인을 영적 성장으로 이끌기 위해 영적 분투를 일으키신다. 이런 주장은 경험적 과학을 넘어서는 영역에 있지만 영적 분투의 신학적 차원은 종교심리학에게 중요한 질문을 제기한다. 예를 들면, 하나님이 일으킨다고 지각되는 분투는 다른 요인에 의해서 생기는 분투보다 해로운가, 덜 해로운가? '영혼의 어두운 밤'이 누군가의 하나님에 대한 이미지, 하나님을 향한 애착, 종교적 헌신에 어떻게 영향을 미치는가? 이러한 질문들은 탐구가 필요하다. 이 지점에서 독자는 '왜 영적 분투에 대해서 수고를 해야 하나?'라는 질문을 할지도 모른다. 사실상 그것이 건강과 안녕을 위한 어떤 함의를 가지고 있는가? 이제 우리는 이러한 중요한 질문에 관심을 돌린다.

영적 분투의 결과

유대-기독교 전통 내에서 영적 분투는 부정적·긍정적 둘 다로 묘사되어 왔다. 몇몇 신성한 글에서는 영적 분투의 표현을 비판적으로 다루고 있다. 모세 이야기의 부분을 고려해 보라. 유대 민족을 이집트에서 인도해 낸 이후에 그를 따르는 사람들이 광야에서 식량과 마실 것이 부족하다고 불평할 때, 그의 인내심은 한계에 도달하였다. 이 점에서 하나님께서 개입하셔서 모세에게 바위를 명하여 물을 내게 하라고 말씀하신다. 그러나 모세는 믿음이 약해진 백성들에게 화가 나 하나님이 명령했던 대로 바위에게 명하지 않고 지팡이로 바위를 쳤다. 하나님의 반응은 바뀌고 혹독했다. 모세는 약속의 땅으로 그의 백성들을 인도하지만 모세 자신은 그 땅에 들어감이 허락되지 않을 것이다.(수 20:6-13)

그렇지만 많은 예에서 대인관계적, 심리 내적, 거룩한 분투는 영적 화해와 성장을 향한 걸음으로 받아들여진다. 예를 들면, 시편 중 탄식의 애가는 분투에서 해결로 옮겨 가는 형식적 구조로 나타난다(Capps, 1981). 첫째, 불평은 하나님을 원망하거나 하나님께 호소하면서 자리를 잡는다(예, "내 하나님이여, 내가 낮에도 부르짖고 밤에도 잠잠하지 아니하오나 응답하지 아니하시나이다" [시 22:2]). 그리고 나서 불평 뒤에는 하나님에 대한 신뢰의 고백("우리 조상들이 주께 의뢰하고 의뢰하였으므로 그들을 건지셨나이다" [시 22:4]), 구원의 간청, 확신의 고백과 하나님의 찬양이 따라온다("여호와여 멀리 하지 마옵소서 나의 힘이시여 속히 나를 도우소서. … 내가 주의 이름을 형제에게 선포하고 회중 가운데에서 주를 찬송하리이다" [시 22:19, 22]).

신약에서 제자 도마의 설명은 깊은 불신과 불확실의 기간 후에 견고해진 믿음의 또 다른 성경적 예다. 예수의 십자가형과 죽음 후에 도마는 부활하신 그리스도께서 다른 제자들에게 나타나셨다는 말을 믿기를 거부하였다. 그는 선언하였다. "내가 그의 손의 못 자국을 보며 내 손가락을 그 못 자국에 넣으며 내 손을 그 옆구리에 넣어 보지 않고는 믿지 아니하겠노라 하니라." (요 20:25) 일주일 후에

예수께서 문이 닫힌 방에 나타나시기까지 도마는 슬픔, 혼란, 의심할 여지없이 다른 제자들로부터의 책망을 견뎠다. 이때 도마도 함께 있었고, 그는 외쳤다. "나의 주님이시요, 나의 하나님이시니이다." 그리고 예수께서 죽음에서 부활하셨음을 믿었다. 가장 헌신된 사람들조차도 불신과 분투의 기간을 종종 대면하는 기독교인들에게 회상되는 사람으로 여겨지면서 '의심하는 도마'라고 알려졌지만 그는 또한 예수님과 예수님의 메시지(요 11:16)에 대한 충성과 헌신으로 알려졌다. 도마의 믿음은 그리스도의 부활로 단단해졌고, 도마는 선교사의 삶을 살다가 인도에서 순교했다고 전해진다.

심리학의 관점에서 영적 분투는 긍정적이거나 부정적인 용어로 평가될 수 있다. 많은 발달이론 내에서 긴장, 갈등 또는 어떤 종류의 분투는 변화를 위해서 필요한 성분으로 보인다. 예를 들면, 피아제(1975)는 정신구조에서 변형은 아이에게 존재하는 스키마가 당면한 과제에 부적합하다고 증명될 때 불균형을 겪고 나서야만 일어난다는 점을 주목하였다. 제임스(1902)로부터 시작하여 베이트슨(Batson, Schoenrade, & Ventis, 1993)에 이르기까지 종교 심리학자들은 좀 더 성숙한 믿음의 요소로 개방성, 호기심, 유연성이 중요하다고 언급해 왔다. 그들은 가장 깊은 종교적 헌신은 질문과 의심의 작업장에서 만들어진다는 점을 유지하고 있다.

그러나 어떤 이론들에 따르면, 영적 분투에는 지불해야 할 대가가 있을 수도 있다. 이런 영적 분투의 일부분인 갈등과 비일관성은 특히 영성을 자신들의 정체성에 중심으로 보는 사람들에게는 불협화음과 비통을 불러올 수 있다(Festinger, 1957). 분투는 특히 종교적 의문과 질문에 대해 공개토론을 하지 않는 공동체나 집단 중에는 수치심, 죄책감, 소외감이 유발될 수 있다. 더욱이 영적 분투는 궁극적 자비심, 공정성, 세상의 의미심장함에 대한 근원적 질문을 구체화시킨다. 내가 속한 공동체의 사람들은 왜 사랑을 말하는 데 실천에 있어서 모자랄까? 나는 잘못임을 알면서도 왜 유혹을 받았을까? 어떻게 사랑의 하나님은 무고한 사람들이 고난을 받도록 허락하실까? 다른 사람들 중에는 우리가 가정하는 세계의 심장을 베는 이러한 질문들은 우리의 안녕과 안전감을 흔들거나 아마도 깨트리게 된다(Janoff-Bulman, 1989).

경험적 연구들은 건강과 안녕을 위한 영적 분투의 함의를 조명하기 시작하였다. 비통의 지표와 영적 분투의 여러 형태 사이에 분명한 연결이 확립되었다. 대인관계 영적 분투에 초점을 맞추면서 크루제, 엘리슨, 울프(Krause, Ellison, & Wulff, 1998)는 미국 장로교의 순위가 매겨진 회원들과 장로들, 성직자의 전국 표본에 있어 심리적 안녕에 관련된 부정적 교회 상호작용을 검토하였다. 교회에서 부정적 상호작용을 더 많이 하는 성직자와 장로들은 더 큰 심리적 비통을 보고하였다. 즉, 성도들에게서는 유사한 효과가 발견되지 않았다. 교인들과 대학생들의 연구에서 대인관계적 종교적 갈등과 성직자의 교리에 대한 갈등의 보고는 낮은 자존감, 더 큰 불안, 더 부정적인 기분을 포함하는 더 취약한 정신건강과 연합되어 있었다(Pargament et al., 1998).

심리 내적인 영적 분투에서 더 많은 종교적 의심은 청소년과 교인 중 더 많은 불안과 부정적 정서(Kooistra & Pargament, 1999; Pargament et al., 1998), 장로교 지도자들과 교인 중 더 많은 우울 정서와 더 적은 긍정적 정서(Krause et al., 1999), 성인의 전국적 표본에서 더 적은 행복과 삶의 만족(Ellison, 1991)과 연합되어 있었다. '내사된 믿음'의 척도(예, 그렇지 않으면 죄책감을 느끼기 때문에 하나님에게 돌아간다, 그렇지 않으면 다른 사람들이 나를 인정하지 않을까 봐 교회에 출석한다)에 의한 대학생과 교인 중 내적인 종교적 갈등을 검토한 라이언과 동료들(Ryan et al., 1993)의 연구는 주목할 가치가 있다. 더 높은 수준의 종교적 내사는 더 큰 불안과 우울, 그리고 더 낮은 자존감, 정체성 통합, 자기실현에 매여 있다.

여러 연구는 거룩한 존재와의 분투를 정서적이고 신체적인 비통과 연결시키고 있다. 엑슬라인과 동료들의 일련의 조사에서 하나님으로부터 소외된 느낌은 대학생과 성인 심리치료 외래환자 중 우울과 상관이 있었다(Exline et al., 2000). 대학생 표본에서 하나님을 용서하기 어려움은 높은 불안, 우울한 기분, 특성 분노, 자신과 다른 사람을 용서하는 문제와 연합되어 있었다(Exline et al., 1999). 파가먼

트와 동료들은 거룩한 존재와 분투(예, 하나님에 의해 벌 받는 느낌, 하나님에 의해
버림받은 느낌, 하나님에게 화 난 느낌, 하나님의 능력을 의심하기, 사탄에게 문제를 귀
인시키기)의 여러 지표와 심리적 비통의 관계를 검토하였다. 그들은 거룩한 존재
의 분투는 장로교인이 더 적은 긍정적 정서, 더 많은 우울 정서, 그리고 더 적은
종교적 만족(Pargament, Ellison, Tarakeshwar, & Wulff, 2001)과 관련되며, 1993년 중
서부 홍수 피해자는 더 많은 심리적 비통함(Smith, Pargament, Brant, & Oliver, 2000)
과 관련되고, 오클라호마 폭발 시 근처에 있던 교인이 더 심한 외상후 스트레스
장애(PTSD) 증상과 냉담함(Pargament, Smith, et al., 1998)에 관련되어 있다고 보고
하였다.

　이 영역에서 몇몇 종단 연구는 특히 주목할 가치가 있다. 의료재활 환자들의
연구에서 하나님에 대한 분노는 입원 시의 우울, 사회적 지지, 인구통계학적 요
소, 독립적 신체 기능의 수준을 통제하고 난 후 4개월의 추적 기간이 지나서도
더 빈약한 회복의 예후였다(Fitchett et al., 1999). 한 걸음 더 나아가서 회복 중 하나
님에 대한 화의 효과는 일반적 화가 회복을 예측하는 데 실패했기 때문에 환자
가 가진 화의 일반적 수준으로는 설명될 수 없었다. 의료적으로 질병을 가진 노
인 환자의 종단 연구에서(Pargament et al., 2002) 기초적으로 거룩한 존재와 분투
의 지표는 선택적 마찰, 도덕성 편견, 인구통계학적 요인, 그리고 기초 신체 · 정
신건강을 통제한 후에도 2년 동안 우울한 기분이 증가하고 신체의 기능적 위치
와 삶의 질이 떨어지는 것을 예측하였다. 가장 놀랍게도 이 표본에서 기초적으
로 거룩한 존재와 분투는 도덕성의 증가된 위험의 예후였다(Pargament et al.,
2001). 인구통계학적 · 신체적 건강, 그리고 정신건강의 변인을 포함해서 가능한
한 혼란 또는 중재 변인을 통제한 후에조차 거룩한 존재와의 분투는 2년 동안
22%에서 33% 더 높은 사망 위험률과 결부되어 있었다.

　대체로 이러한 연구들은 비통의 명백한 징후가 종종 영적 분투를 수반함을 보
여 준다. 그러나 다른 가능성은 어떠한가? 우리는 단지 영적 분투로부터 고통과
고난을 기대하는가? 사람들은 영적 분투로부터 하나님의 특성, 세상, 그들 자신

에 대해서 더 예리한 감각을 얻을 수 있는가? 영적 분투로부터 수반될지도 모르는 긍정적 변화를 측정하려고 시도해 온 연구자들이 상대적으로 더 적기 때문에 아마도 이러한 증거는 더 빈약할 것이다. 그럼에도 소수의 연구에서는 사람들이 영적 분투로부터 고통뿐만 아니라 유익도 경험할 수 있다고 제안하였다.

매기얼, 파가먼트, 마호니(Magyar, Pargament, & Mahoney, 2000)는 대학생 표본 조사에서 지각된 낭만적 관계의 신성한 침해(신성모독)의 영향을 검토하였다. 그들은 배반의 영향의 부정성(negativity)과 신성모독에서 자행된 공격의 수를 통제한 후에도 그 사건과 관련된 좀 더 침범적이고 회피적인 생각과 행동, 좀 더 신체적 건강 증후군, 좀 더 부정적인 정서를 예측하고 있음을 발견하였다. 그러나 신성모독과 충격 후 성장(PTG: 자기 확신의 느낌, 삶의 우선순위 재확립과 변화, 새로운 관심사의 발달)의 주관적 경험, 그리고 영적 성장(예, 하나님과 점점 더 가까워짐, 좀 더 영적 느낌) 사이에서 출현하는 동등하게 강한 상관은 흥미롭다. 이와 유사하게 오클라호마 폭발 시 현장과 가까운 교회에 다니는 성인들의 표본에서 영적 분투의 보고는 더 많은 PTSD의 증상과 다른 사람들을 향한 냉담뿐만 아니라 또다시 더 큰 스트레스에 관련된 증가와 연결되어 있었다(Pargament et al., 1998). 마지막으로, 유사한 발견의 패턴이 질병을 앓는 노인 환자의 종단 연구(Pargament, Koenig, Tarakeshwar, & Hahn, 2002)에서 출현하였다. 영적 분투의 징후는 더 큰 영적 성장의 보고들에서뿐만 아니라 도덕성의 더 큰 위기, 그리고 신체적 기능과 삶의 질의 감소에 결부되어 있다. 그래서 종교와 영성은 삶의 사건에 도전하도록 만드는 긍정적 해석과 해결에 중요한 역할을 할 수 있다. 하지만 특히 유대-기독교 전통이 이렇게 출현하는 발견에 기여하는 지지자들을 위해서 무엇을 제공할 수 있을까?

유대인과 기독교인이 가지고 있는 가장 중요하며 강력한 신념 중 하나는 죽음뿐만 아니라 생명과 인생살이에 대한 중요성과 강조에 있다. 예를 들면, 유대 전통에서 신앙인들은 자신의 영성과 영적 은사를 사랑하는 사람, 인류, 지구에게 전수하려고 노력한다. 삶을 잘 살기를 통해서 사랑과 돌봄의 유산을 미래 세대

에게 남긴다. 기독교인들은 예수의 생애가 기독교인들이 인내하도록 부르심을
받은 죽음과 부활을 나타낸다고 믿는다. 사람들이 어떤 종류의 비극, 위기, 또는
도전으로 인해서 고난을 받을 때, 그들은 부활절 신비의 죽음 부분을 경험한다
(부활절 신비의 두 측면은 첫째 그리스도가 죽으심으로 신자들을 죄에서 자유롭게 하고,
둘째 그의 부활로 신자들에게 새로운 삶의 길을 연다는 것이다, 1994년 미국 가톨릭 총
회). 기독교인들은 예수님의 부활이 그 이야기의 끝을 어떻게 바꾸어 왔는지를
성경에서 거듭해서 읽는다. 삶(희망)이 절망에서 일어날 수 없는 막다른 죽음은
없다. 오랜 시간이 걸릴 수 있고 사람들이 삶(희망)을 기대하게 할 필요가 있지
만, 기독교인들은 삶이 죽음을 이긴다고 배웠다. 신약에 다음과 같이 적혀 있다.
"내가 진실로 진실로 너희에게 이르노니 한 알의 밀이 땅에 떨어져 죽지 아니하
면 한 알 그대로 있고 죽으면 많은 열매를 맺느니라."(요 12:24)

유대-기독교 신앙의 또 다른 중요한 차원은 성장, 지혜, 깨달음은 자신들에게
서, 그리고 자신들 속에서 도달한 목적이라는 확신 속에 놓여 있다(Pargament,
1997). 그래서 분투는 변형에 필요한 전조가 될지 모른다. 아마도 어떤 사람들은
역경을 통해서 새로운 우선순위를 인식하기, 더 건강한 삶의 유형을 추구하기,
좀 더 심오한 관계를 발달시키기, 그리고 궁극적으로 하나님과 더 가까운 관계
의 창조를 포함하는 새로운 자원의 발견에 자신을 바칠 수 있다. 분투와 도전의
비용을 지불하더라도 거룩한 존재를 경험하기는 유대주의와 기독교 내에서 가
장 고귀한 표적이다.

종교사회과학자들은 인생의 부정적 사건에 따르는 성장과 안녕에 종교와 영
성이 어떻게 역동적 영향을 주는지 더 이해하기를 열망한다. 여기서 기술된 유
대-기독교 신념과 실천은 신학적 설명을 제공하는 반면에 사람들이 그들의 영
적 분투를 통해서 경험하게 될지도 모르는 잠재적 유익을 검토하기 위한 추가적
연구들이 더 필요하다. 이 지점에서 영적 분투는 양날의 칼이라는 전체적 패턴
의 결과로 제안한다. 그들은 치명적 잠재성을 가질 만큼 파괴적이다. 동시에 그
들은 초월자와 연결된 느낌, 그리고 성숙, 지혜에 더 가까이 가도록 하는 잠재성

을 갖는다.

많은 질문이 남아 있다. 사람들이 그들의 분투를 통해 성장하기 전에 반드시 '영혼의 어두운 밤'을 통과해야 하는가? 사람들은 분투를 통해서 '고통과 유익' 둘 다를 자발적으로 경험하는가? 아마도 무엇보다도 중요한데, 분투가 심각한 신체적이고 심리적 문제 또는 개인적 성장이나 성숙에 궁극적으로 이르게 할 분투는 무엇이 결정하는가? 이러한 대답의 한 부분은 분투를 생기게 하는 요인에 있을 수 있다. 세상에 대한 개인의 방향성을 근본적으로 흔들어 놓고 설명하기를 거부하는 것처럼 보이는 갑작스러운 삶의 사건은 특히 문제일 것 같다. 좀 더 예측할 수 있는 사건(예, 나이가 들어 가는 부모의 죽음 또는 질병)과 통제 가능한 사건(예, 도덕적 과실)은 자신과 세상에 자비롭고 의미 있는 견해 속으로 좀 더 쉽게 통합된다. 좀 더 넓은 영적 맥락에서 자신의 분투를 지각하는 사람들은 자신의 경험으로부터 더 성장하는 것 같다. 예를 들면, 많은 사람은 자신의 위기를 신성한 존재의 행로를 따라 더 움직이도록 그들을 도전하게 하는 시도나 시험인 '하나님에 의해서 주어진' 위기로 지각한다. 삶의 스트레스를 주는 요인에 대해서 이러한 종류의 은혜로운 종교적 평가는 영적 성장의 보고와 연결되어 왔다(예, Park & Cohen, 1993).

영적 분투가 긍정적 또는 부정적 성과를 내는가는 또한 만족할 만한 해결을 자신의 분투에 도달시킬 개인의 능력에 달려 있을 수 있다. 전국의 질병을 앓는 고령 환자들을 대상으로 한 종단 연구의 분석은 특히 여기에 관련이 있다 (Pargament et al., 2002). 연구자들은 영적 분투와 건강 쇠약의 관계에 대해 일부 환자들에게는 자신의 분투를 해결하지 못한 데서 기인한다고 고찰하였다. 이 아이디어를 검증하기 위해, 그들은 '만성적인 영적 분투자들'(즉, 기초적으로 영적 분투를 하면서 2년 후 영적 분투를 보고한 사람들)과 어느 한 시기에만 영적 분투를 경험한 사람들과 전혀 영적 분투를 경험하지 않은 사람들을 비교하였다. 예측한 대로 만성적 영적 분투자들은 다른 집단과 비교해서 삶의 질이 더 떨어지는 것 같고, 어느 정도까지는 더 우울하며, 기초에서부터 추적검사까지 신체적으로 더

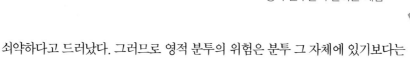

쇠약하다고 드러났다. 그러므로 영적 분투의 위험은 분투 그 자체에 있기보다는 영적 분투에 '갇힌' 위험에 있을지도 모른다.

이런 결과가 잠정적이기는 하지만 분투가 만성적으로 되기 전에 분투를 해결하는 데 필요한 개인적 · 사회적 · 영적 자원에 대한 개인적 접근의 중요성을 강조한다. 이런 맥락에서 매기얼과 동료들(Magyar et al., 2000)은 긍정적인 종교적 대처가 대학생의 낭만적 관계의 훼손과 영적 성장, 외상 후 성장, 그리고 긍정적 정서 사이의 연합의 중재를 나타내는 일련의 경로 분석을 수행하였다. 훼손을 수반하는 긍정적인 종교적 대처 방법(예, 추구한 영적 지지, 호의적인 영적 평가)을 더 많이 사용한 학생은 그들의 삶에서 긍정적 변형을 더 많이 보고하는 경향이 있었다. 그 뒤에 목회자들, 종교적으로 민감한 심리학자들, 그리고 다른 도움을 주는 전문인들은 그들의 영적 분투를 해결하도록 돕는 데서 의미가 있는 역할을 할지 모른다고 나타났다.

영적 분투를 구술하는 개입

우리는 여러 유형의 영적 분투, 분투로 인도하는 요인, 건강과 안녕을 위한 분투의 함의를 개괄하였다. 이러한 영적 분투에 개입을 시도해 온 전문 조력자들의 다양한 방식에 이제 우리는 주의를 돌린다. 여러 책이나 논문이 영성과 종교를 심리치료에 통합하기(Griffith & Griffith, 2002; Miller, 1999; Richards & Bergin, 1997; Shafranske, 1996b), 심리학적 기술을 종교적 내담자들에게 각색하기(McCullough, 1999; Propst, 1988; Worthington, Kurusu, McCullough, & Sandage, 1996)에 대해서 집필해 왔다. 여기서 우리는 특히 영적 분투를 겨냥하는 그러한 개입에 초점을 맞춘다. 이 작업은 아직 유아 수준이다. 소수의 예외를 제외하고는 이러한 개입을 지지하는 증거는 일화적이거나 사례 연구에 기반을 둔다. 그럼에도 이런 처치에 대한 접근은 전망이 밝다. 더군다나 사고나 실천에 있어서 유대-기독교 전통에 명백히 뿌리를 둔 이러한 개입은 심리학 분야를 위해서 변화의 고상한 방법을 제시한다.

심리 내적 분투를 언급하는 개입

여러 사역자와 임상가가 심리 내적인 영적 분투를 다루기 위한 개입을 개발해 왔다. 복음주의 갱생치료(Evangelical Renewal Therapy)는 개인의 신념과 행동의 불일치를 언급한다(Saucer, 1991). 소서(Saucer)는 변화의 기제로서 회개를 독려하였다. 회개의 과정에는 다섯 가지 국면, 즉 도덕적 행위의 분석, 질책, 고백, 기도, 보상(예, 자비의 협동작업을 통한 정정하기)이 있다. 이러한 접근은 복음주의 기독교인들이 자신의 가치에 의해서 살려고 하다가 실패를 초래한 자기를 파괴하는 행동과 정서적 비통에 대처하도록 돕기 위해서 고안되었다. 소서는 "내담자의 실수는 질책되고 내내 기도되고 고백되며 속죄된다."라고 상술하였다(p. 1103).

지니아(Genia, 1990)는 집단 형태를 통해 내적인 영적 분투를 언급하려고 시도한 '종교 간 만남집단'을 기술하였다. 이 집단의 일차적 목표는 다양한 신앙 전통에 개인이 개방적이고 포용적으로 되도록 한다. 덧붙여 그들의 영적 의심에 대해서 목소리를 내도록 격려를 받은 집단원에 대해서 종교적 의심과 불확실성이 정상화되도록 하였다. 이러한 집단 개입은 영적 갈등의 탐색, 내적 갈등의 해결, 정체성에 대한 영적 감각의 공고화, 개인적인 영적 목표의 해결을 통해서 종교적 발달을 향상시키는 데 초점을 맞추었다. 집단원은 자신의 영적 진리를 발견하고 죽음, 자유와 책임, 소외, 허망에 대해서 어려운 실존적 질문을 대답하도록 서로를 도왔다.

의심을 표현하고 가치를 질문하며 영적 정체성을 육성하기는 심리 내적인 종교적 갈등을 언급하는 특별한 방법이다. 리처드와 버진(Richards & Bergin, 1997)은 이 작업이 청소년의 신앙 발달에 중요하다고 강조하였다. "청소년의 주요한 심리적·사회적 과업이 정체성의 이슈에 관심을 두고 있다고 보면, 가치와 소속,

정체성에 대한 그들의 감각을 긍정하고, 건강한 가치를 내면화하고, 명료화하도록 청소년을 돕는 영적 개입은 그들을 돕는 데 유용할 수 있다."(p. 251) 이러한 맥락에서 두보, 클레인, 파가먼트(Dubow, Klein, & Pargament, 2001)는 유대인 청소년들이 유대의 가치를 더 인식하고 선택하여 자신의 정체성과 삶에 통합하도록 돕는 심리종교적 프로그램을 개발하였다. 좀 더 자세하게, 'Mi Atah'(히브리어로 '당신은 누구인가?')로 불린 프로그램은 청소년들이 여러 가치를 자신의 삶에 통합하도록 돕는다. 그것은 배움(지식과 지식을 얻으려는 힘든 일의 가치), 정직(자기 자신, 타인과 하나님에게 진실하고 열려 있음의 가치), Teshuva(회개: 하나님과 다른 사람들을 돌보면서 존중하는 관계를 유지하기의 가치), Tikkun Olam(좋은 사람이 되고 세상을 회복함의 가치) 등이다. 이러한 12주 프로그램은 유대 청소년들이 직면한 내적인 영적 질문과 갈등을 언급하기 위해서 시나리오, 역할극, 토론, 성경 구절, '토라'에 대한 교육, 글쓰기 연습을 활용한다. 이 연구의 영향은 유대 청소년의 정체성의 두드러짐 측정과 학생들이 공통된 청소년 문제를 해결하는 과정에서 유대 가치와 자원을 통합한 정도를 평가하는 글로 표현된 소품문에서 사전과 사후 개입을 비교함으로써 평가되었다. 이 연구의 초기 결과는 전망이 밝았다. 청소년들은 문제해결 과정에서 유대 가치와 자원의 통합, 유대 정체성의 의미 있는 증가를 경험하였다.

거룩한 존재와 분투

많은 개입은 하나님 또는 초월자와 개인의 관계를 개선하거나 촉진하는 데 초점을 맞춘다. 어떤 개입은 하나님과 그들의 관계에서의 거리감, 소외, 화, 죄의식, 버려짐에 대한 개인의 느낌을 언급한다. 기독교 사역자인 조르나우(Zornow, 2001)는 애가의 시편에 초점을 맞춘 종교 기반 프로그램인 '하나님께 부르짖음'을 만들었다. 조르나우는 슬퍼하기의 과정을 통해 개인이 거룩한 존재와 가까운 관계 또는 '나-당신'의 관계를 회복할 수 있다고 주장하였다. 그의 프로그램은 다음과 같다.

> 고난을 지나고 있거나 통과한 사람, 그리고 예배나 기도하기 힘든 사람을 위함
> 이다. 하나님께 부르짖는 영성은 고난자의 영적 분투와 그들의 기도생활을 중히
> 여긴다. 이 프로그램의 목표는 두려움, 비통, 고통, 소용돌이 가운데서 하나님을
> 만나기다(p. 2).

조르나우의 프로그램은 다른 사람들이 애가의 다섯 단계를 통과하도록 돕는
다. 다섯 단계는 언급하기, 불평하기, 청원하기, 찬양하도록 선서하기, 기다리기
다. 슬퍼하기는 거룩한 존재와 연결을 회복하려는 시도와 고통스러운 영적 분투
에 대한 광범위한 표현을 가져다준다.

다른 개입은 특정한 삶의 사건(암, 중독, 낙태, 심각한 정신질환 등)과 관련된 영적
분투에 특히 더 초점을 맞춘다. 예를 들면, 콜과 파가먼트(Cole & Pargament, 1999)
는 암 생존자의 하나님을 향한 갈등하는 느낌과 영적 단절의 느낌을 언급하였
다. 한 회기에서 참가자들은 버려진 느낌, 죄책감, 화, 하나님과의 가까움, 그리
고 이러한 감정들이 그들의 질병과 어떻게 연관되는지를 탐색하였다. 심상 작
업, 토론, 게슈탈트 '두 의자' 기법의 개정된 버전을 이 회기에 실행하였다. 콜과
파가먼트(1999)는 다음과 같이 썼다.

> 하나님과의 대화를 상상하면서 개인은 유대감, 상호 정서, 신뢰의 감각을 재확
> 립하고 진단에 대한 부정적인 정서적 반응을 통합하는 신성한 존재와의 관계를
> 새롭게 재구성하도록 도움을 받는다.(p. 403)

이러한 개입의 결과는 통제집단에서는 고통의 가혹함이 증가한 반면 처치 집
단에서는 감소했음을 나타낸다. 게다가 우울의 수준은 통제집단에서는 증가한
반면 영적으로 초점화된 집단에서는 같은 상태로 머물렀다.

암 생존자들이 대면하는 통제의 상실과 무력감은 다른 외상과 학대의 생존자들이 만나는 영적 분투와 평행을 이룬다. 예들 들면, 가즌, 버켓, 힐(Garzon, Burkett, & Hill, 2000)은 아동기 성적 학대가 있었던 은사주의 기독교인 생존자들을 위한 12주짜리 집단 개입을 개발하였다. 이 개입은 화, 용서, 수치심, 신뢰를 포함하는 분투를 언급하기 위해 고안되었다. 기독교 심상, '그리스도 안에서의 진정한 자기찾기' 개념, 속죄의 고난, 기도의 다양한 형태를 포함하는 영적 연습과 실천의 여러 유형이 이 개입에서 사용되었다. 사례 연구에 따르면, 시범 프로젝트에 참가한 네 명은 집단에 만족한다고 목소리를 냈다.

버크와 컬른(Burke & Cullen, 1995)은 낙태 후 죄책감, 슬픔, 영적 소외로 분투하는 여성들을 위한 집단 개입을 개발하였다. 이 기독교 개입에는 낙태 관련 영적 분투의 심리적이고 영적 치유를 돕기 위한 '살아 있는 성경', 기도, 토론, 영적 심상, 의례를 사용하였다. 살아 있는 성경은 참가자들에게 여러 성경적 이야기 속의 인물들로 그들 자신을 상상하도록 요청한다. 예들 들면, 리더는 한 회기에서 참가자들에게 그들이 사마리아의 우물가 여인(요 4:4-30)이라고 시각화하도록 요청한다.

> 당신은 물동이를 이고 우물가로 가는 여인입니다. 당신은 부담을 느끼고 있습니다. 토기로 만든 물동이의 하중이 당신의 어깨를 누릅니다. 당신의 등과 목이 무게로 인해서 아픕니다. … 예수께서 당신의 눈을 깊이 응시하십니다. 그는 당신의 삶에 대해서 당신에게 어디서 왔는지, 누구와 함께 살았는지, 무엇을 좋아하는지 말씀하십니다. 예수께서는 당신에 대한 모든 것을 알고 계십니다.(pp. 63-64)

다른 영적 연습은 연결을 증진시키고 죄의식을 감소시키기 위해서 시도되었다. 예를 들면, 한 단계는 어머니가 낙태된 아이와 있는 그리스도를 만나고 회복을 경험하도록 하는 영적 심상 연습을 통해서 그 아이와의 영적 관계를 개선하도록 초점을 맞추고 있다.

마지막으로, 어떤 임상가들은 심각한 정신질환이 있는 사람들의 영적 분투에 그들의 주의를 기울였다. 케호(Kehoe, 1998)는 심각하게 정신적으로 문제가 있는 내담자(예, 조현병, 조울증, 주요 우울증으로 진단받은 사람)들을 다양한 영적 신념과 가치 집단으로 인도하면서 그것에 대해 저술도 하였다. 이러한 집단에서 참가자들은 종교적이거나 영적인 관심사를 높이고, 초교파적이고 개방적인 형식으로 자신의 신념과 분투를 탐색하였다. 그녀는 지난 15년간 반복적으로 발생한 주제를 기술해 왔다. 주제는 무력함, 화, 버려짐, 질병에 대한 하나님의 역할, 망상으로부터 영성을 분화시키기다. 케호는 이러한 집단을 통해 심각한 정신질환을 앓고 있는 사람들이 자신의 영직 분투를 탐색하고 지유하도록 하는 가치 있는 토론을 이룰 수 있다고 믿었다.

대인관계적 영적 분투

몇몇 중요한 예외가 있었지만 대인관계적 영적 분투는 임상적 주의를 어느 정도 덜 끌어 왔다. 팔로트(Fallot, 2001)는 심한 정신질환을 가진 사람들이 경험하는 대인관계적 영적 분투를 기술하였다. 그는 "종교기관은 종종 정신질환과 관련된 낙인에 대한 의미 있는 일화를 제공할 수 있다. 소비자들은 가치 있는 신앙공동체에 소속되고 수용받는 느낌을 수반하는 북돋움을 기술한다." (p. 114)라고 확언하였다. 팔로트는 계속해서 "많은 소비자가 공동체에서 거절을 경험하였다." (p. 115)고 주목하였다. 그는 신앙공동체와 정신건강 전문인의 협력에 대해 지속적인 노력을 제안하였다.

대인관계적 영적 분투는 심각한 정신질환을 가진 사람에게만 영향을 주는 것은 아니다. 많은 사람이 친구, 가족, 공동체로부터의 이탈과 영적 분투를 대면한다. 치료자들은 이제 막 이러한 분투에 대해 언급하기 시작하였다. 예를 들면, 버틀러, 가드너, 버드(Butler, Gardner, & Bird, 1998)는 하나님이 어떻게 부부간의 긴장을 해소하기 위한 자원이 될 수 있는가에 대해서 평하였다. 그들은 하나님에

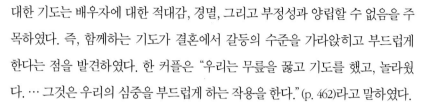

관계적, 심리 내적, 그리고 거룩한 영적 분투가 건강과 안녕의 지표와 연결되는 다양한 경험적 연구에 의해 지지되고 있다. 하지만 아직 우리는 이러한 결합을 설명할지도 모르는 기제를 이해하지 못한다. 추정하건대, 영적 분투는 좀 더 기본적으로 심리적이고 사회적이며 생리적 차원의 용어로 이해될 수 있다. 그러나 영적 분투는 특성 분노, 우울, 소극성, 그리고 성격 변인과 같은 대안적 설명을 통제한 후에조차 건강과 안녕의 의미가 있는 예측 요인으로 남아 있어 왔다. 더 많은 연구는 다른 결과를 도출할 수 있다. 그렇지만 현재의 이러한 발견은 종교와 건강의 연관성이 건강 실천, 사회적 유대, 심리적 자원이나 신념 구조에 의해서 충분히 설명될 수 없다는 경험적 연구에 대해 광범위한 검토를 한 후에 조지, 엘리슨, 라슨(George, Ellison, & Larson, 2002)이 도달한 결론과 일치된다. 그 대안은 당연히 인간 기능의 의미 있는 차원으로 영적 분투를 포함한 영성으로 본다(Pargament et al., 출판 중).

영적 분투는 외상과 전이에 대한 반응 이상이다. 이는 위협 아래에 있는 영성의 징후이며, 그 자체적으로 위기의 징후가 있고, 문제의 가장 신성함과 관련되기 때문에 그 자체로 깊이 불안하게 한다. 그럼에도 유대-기독교 문헌들 속의 이야기는 모든 종류의 위기가 고통과 고난의 원천일 뿐만 아니라 성장의 전조가 될 수 있음을 우리에게 상기시킨다. 우리는 영적 분투를 위한 사례가 될 수 있는 몇몇 예비 증거를 검토하였다. 종교 전문인, 심리학자, 그리고 다른 전문 조력자들의 과업은 후에 영적 분투를 제거하지 않고 그것이 만성적이 되어 심각한 손상으로 이어지기 전의 상태인 사람들이 그들의 영적 분투를 다루고 기대하도록 돕는다. 그렇게 하기 위해서 우리는 분투가 점차 발전되는 방법과 그들의 영적 갈등 가운데서 사람들을 가장 잘 도울 수 있는 방법에 대해서 더 많이 알 필요가 있다. 전망이 밝은 프로그램들이 마음이 있는 심리학자들과 성직자들에 의해 종교적으로 개발되고 있다. 개입의 경험적 연구는 매우 드물다. 그러나 이것은 심리학적이고 종교적인 연구를 위해서는 흥분되고 전망이 밝은 영역이다.

우리는 영적 분투가 발생하기 전에 사람들이 그것을 다루도록 준비시키는 방법에 대해서 더 많이 생각할 필요가 있다. 이 과정의 임상적 부분은 영적 교육의 개선을 포함한다. 심리학적이고 종교적인 공동체는 이러한 영적 분투를 공통적이며, 때로는 영적 경험의 가치 있는 부분으로 정상화하면서 이러한 분투의 낙인을 해제하는 교육적 프로그램을 개발하고 평가하도록 더 긴밀하게 같이 일할 수 있다. 아동과 청소년에 대한 더 나은 교육이 또 다른 중요한 방향이다. 불행하게도, 종종 젊은이들이 구체화된 영적 분투에서 복잡성과 역설, 불일치, 추상성을 다루는 역량을 발전시키고 있는 청소년기인 바로 그때에 종교 교육은 끝이 난다. 교육 프로그램들은 대인관계에서의 갈등을 해소하고, 의심을 해결하도록 노력하며, 고통과 고난을 다루기 위한 여러 가지 영적 설명, 실천, 그리고 자원을 언급할 수 있다. 좀 더 분화시키고, 더 유연하게, 그리고 더 나은 통합된 영적 방향성을 가지고 사람들이 소멸되기보다 강화된 그들의 분투로부터 일어서게 하면서 그들의 악마와 천사와 씨름하도록 더 잘 준비되게 할 수 있다.

참 · 고 · 문 · 헌

Ano, G. G., & Pargament, K. I. (2003). *Correlates of religious struggles: An exploratory study.* Unpublished mater's thesis, Bowling Green State University, Bowling Green, OH.

Batson, C. D., Schoenrade, P., & Ventis, L. (1993). *Religion and the individual.* New York: Oxford University Press.

Belavich, T., & Pargament, K. I. (2002). The role of attachment in predicting religious coping with a loved one in surgery. *Journal of Adult Development, 9,* 13-29.

Brenner, R. R. (1980). *The faith and doubt of Holocaust survivors.* New York: Free Press.

Burke, T. K., & Cullen, B. (1995). *Rachel's vineyard: A psychological and spiritual journey of post-abortion healing.* New York: Alba House.

Butler, M. H., Gardner, B. C., & Bird, M. H. (1998). Not just a time-out: Change dynamics of prayer for religious couples in conflict situations. *Family Process, 37,* 451-475.

Capps, D. (1981). *Biblical approaches to pastoral counseling.* Philadelphia: Westminster.

Ciarrocchi, J. W. (1995). *The doubting disease: Help for scrupulosity and religious compulsions.* Mahwah, NJ: Paulist Press.

Coe, J. H. (2000). Musings on the dark night of the soul: Insights from St. John of the Cross on a developmental spirituality. *Journal of Psychology and Theology, 28,* 293-307.

Cole, B., & Pargament, K. I. (1999). Re-creating your life: A spiritual/psychotherapeutic intervention for people diagnosed with cancer. *Psycho-Oncology, 8,* 395-407.

Dubow, E., Klein, S., & Pargament, K. I. (2001). *Mi Atah: A psychoreligious program designed to integrate Jewish values into the lives of Jewish adolescents.* Unpublished manuscript, Bowling Green State University, Bowling Green, OH.

Ellison, C. G. (1991). Religious involvement and subjective well-being. *Journal of Health and Scoail Behavior, 32,* 80-99.

Exline, J. J. (2003). Stumbling blocks on the religious road: Fractured relationships, nagging vices, and the inner struggle to believe. *Psychological Inquiry, 13,* 182-189.

Exline, J. J., & Kampani, S. (2001, October). *Anger at God as a response to negative life events.* Paper presented at the annual meeting of the Society for the Scientific Study of Religion, Columbus, OH.

Exline, J. J., Yali, A. M., & Lobel, M. (1999). When God disappoints: Difficulty forgiving God and its role in negative emotion. *Journal of Health Psychology, 4,* 365-380.

Exline, J. J., Yali, A. M., & Sanderson, W. C. (2000). Guilt, discord, and alienation: The role of religious strain in depression and suicidality. *Journal of Clinical Psychology, 56,* 1481-1496.

Fallot, R. D. (2001). Spirituality and religion in psychiatric rehabilitation and recovery from mental illness. *International Review of Psychiatry, 13,* 110-116.

Festinger, L. (1957). *A theory of cognitive dissonance.* Stanford, CA: Stanford University Press.

Fitchett, G., Rybarczyk, B. D., DeMarco, G. A., & Nicholas, J. J. (1999). The role of

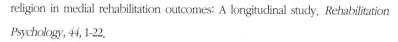

religion in medial rehabilitation outcomes: A longitudinal study. *Rehabilitation Psychology, 44,* 1-22.

Garzon, F., Burkett, L., & Hill, J. (2000, August). *Women survivors of childhood sexual abuse: A Christian healing group intervention.* Paper presented at the 108th Annual Convention of the American Psychological Association, Washington, DC.

Genia, V. (1990). Interreligious encounter group: A psychospiritual experience for faith development. *Counseling and Values, 35,* 39-51.

George, L. K., Ellison, C. G., & Larson, D. B. (2002). Exploring the relationship between religious involvement and health. *Psychological Inquiry, 13,* 190-200.

Griffith, J. L., & Griffith, M. E. (2002). *Encountering the sacred in psychotherapy: How to talk with people about their spiritual lives.* New York: Guilford Press.

James, W. (1902/1936). *The varieties of religious experience: A study in human nature.* New York: Modern Library.

Janoff-Bulman, R. (1989). Assumptive worlds and the stress of traumatic events: Applications of the schema construct. *Social Cognition, 7,* 113-136.

Johnson, P. E. (1959). *Psychology of religion.* Nashville, TN: Abingdon Press.

Kehoe, N. C. (1998). Religious-issues group therapy. *New Directions for Mental Health Services, 80,* 45-55.

Kirkpatrick, L. A. (1992). An attachment-theoretical approach to the psychology of religion. *International Journal for the Psychology of Religion, 2,* 3-28.

Koenig, H. G., McCullough, M. E., & Larson, D. B. (2001). *Handbook of religion and health.* New York: Oxford University Press.

Kooistra, W. P. (1990). *The process of religious doubting in adolescents raised in religious environments.* Unpublished doctoral dissertation, Bowling Green State University, Bowling Green, OH.

Kooistra, W. P., & Pargament, K. I. (1999). Predictors of religious doubting among Roman Catholic and Dutch Reformed high school students. *Journal of Psychology and Theology, 27,* 33-42.

Krause, N., Chatters, L. M., Meltzer, T., & Morgan, D. L. (2000). Negative interaction in the church: Insights from focus groups with older adults. *Review of Religious Research, 41,* 510-533.

Krause, N., Ellison, C. G., & Wulff, K. M. (1998). Church-based support, negative interaction, and psychological well-being: Findings from a national sample of Presbyterians. *Journal for the Scientific Study of Religion, 37,* 725-741.

Krause, N., Ingersoll-Dayton, B., Ellison, C. G., & Wulff, K. M. (1999). Aging, religious doubt, and psychological well-being. *The Gerontologist, 39,* 525-533.

Kuhn, T. S. (1962). *The structure of scientific revolutions.* Chicago: University of Chicago Press.

Magyar, G. M., Pargament, K. I., & Mahoney, A. (2000, August). *Violating the sacred: A study of desecration among college students.* Paper presented at the 108th Annual Convention of the American Psychological Association, Washington, DC.

McCullough, M. E. (1999). Research on religion-accommodative counseling: Review and meta-analysis. *Journal of Counseling Psychology, 46,* 92-98.

Miller, W. R. (Ed.). (1999). *Integrating spirituality into treatment: Resources for practitioners.* Washington, DC: American Psychological Association.

Nielsen, M. E. (1998). An assessment of religious conflicts and their resolutions. *Journal for the Scientific Study of Religion, 37,* 181-190.

Pargament, K. I. (1997). *The psychology of religion and coping: Theory, research, practice.* New York: Guilford Press.

Pargament, K. I., Ellison, C. G., Tarakeshwar, N., & Wulff, K. M. (2001). Religious coping among the religious: The relationship between religious coping and well-being in a national sample of Presbyterian clergy, elders, and members. *Journal for the Scientific Study of Religion, 40,* 597-513.

Pargament, K. I., & Hahn, J. (1986). God and the just world: Causal and coping attributions to God in health situations. *Journal for the Scientific Study of Religion, 25,* 193-207.

Pargament, K. I., Koenig, H. G., & Perez, L. (2000). The many methods of religious coping: Initial development and validation of the RCOPE. *Journal of Clinical*

Psychology, 56, 519-543.

Pargament, K. I., Koenig, H. G., Tarakeshwar, N., & Hahn, J. (2001). Religious struggle as a predictor of mortality among medically ill elderly patients: A two-year longitudinal study. *Archives of Interanl Medicine, 161,* 1881-1885.

Pargament, K. I., Koenig, H. G., Tarakeshwar, N., & Hahn, J. (2002). *Religious coping methods as predictors of psychological physical, and spiritual outcomes among medically ill elderly patients: A two-year longitudinal study.* Paper presented at the 110th Annual Convention of the American Psychological Association, Chicago, IL.

Pargament, K. I., Magyar, G. M., & Murray-Swank, N. (in press). The sacred and the search for significance: Religion as a unique process. *Journal of Social Issues.*

Pargament, K. I., Smith, B. W., Koenig, H. G., & Perez, L. (1998). Patterns of positive and negative religious coping with major life stressors. *Journal for the Scientific Study of Religion, 37,* 710-724.

Pargament, K. I., Zinnbauer, B. J., Scott, A. B., Butter, E. M., Zerowin, J., & Stanik, P. (1998). Red flags and religious coping: Identifying some religious warning signs among people in crisis. *Journal of Clinical Psychology, 54,* 77-89.

Park, C. L., & Cohen, L. H. (1993). Religious and nonreligious coping with the death of a friend. *Cognitive Therapy and Research, 17,* 561-577.

Perspectives. (2001, September 17). *Newsweek,* p. 23.

Piaget, J. (1975). *The equilibration of cognitive structures: The central problem of intellectual development.* Chicago: University of Chicago Press.

Propst, L. R. (1988). *Psychotherapy in a religious framework: Spirituality in the emotional healing proccss.* New York: Human Sciences Press.

Richards, P. S., & Bergin, A. E. (1997). *A spiritual strategy for counseling and psycho-therapy.* Washington, DC: American Psychological Association.

Ryan, R. M., Rigby, S., & King, K. (1993). Two types of religious internationalization and their relations to religious orientation and mental health. *Journal of Personality and Social Psychology, 65,* 586-596.

Saint John of the Cross. (1990). *The dark night of the soul: A masterpiece in the literature of mysticism by St. John of the Cross* (E. A. Peers, Trans.). New York: Image Books, Doubleday. (Original work published 1584)

Saucer, P. R. (1991). Evangelical renewal therapy: A proposal for integration of religious values into psychotherapy. *Psychological Reports, 69,* 1099-1106.

Shafranske, E. P. (Ed.). (1996a). Religious beliefs, affiliations, and practices of clinical psychologists. In E. P. Shafranske (Ed.), *Religion and the practice of clinical psychology* (pp. 149-164). Washington, DC: American Psychological Association.

Shafranske, E. P. (Ed.). (1996b). *Religion and the clinical practice of psychology.* Washington, DC: American Psychological Association.

Smith, H. (1958). *The religious of man.* New York: Harper & Row.

Smith, B. W., Pargament, K. I., Brant, C., & Oliver, J. M. (2000). Noah revisited: Religious coping by church members and the impact of the 1993 Midwest flood. *Journal of Community Psychology, 28,* 169-186.

Snyder, C. R., & Lopez, S. J. (Eds.). (2002). *Handbook of positive psychology.* New York: Oxford University Press.

United States Catholic Conference. (1994). *Catechism of the Catholic Church.* New York: Doubleday.

Worthington, E. L., Kurusu, T. A., McCullough, M. E., & Sandage, S. J. (1996). Empirical research on religion and psychotherapeutic processes and outcomes: A 10-year review and research prospectus. *Psychological Bulletin, 119,* 448-487.

Zornow, G. B. (2001). *Crying out to God: Uncovering prayer in the midst of suffering.* Unpublished manuscript.

Part *5*

Judeo-Christian Perspectives on Psychology

반 영

Chapter **14**

심리학의 실제와 과학을 위한 인간 본성, 동기 그리고 변화에 관한 유대-기독교 견해의 함의

Carlo C. Diclemente and Harold D. Delaney

심리학이 과학과 전문 직업으로 발전하는 데 사회와 문화적 영향이 중요한 역할을 하고 있다. 최근 출현하는 심리학 학문은 인간 현상에 대한 광범위한 탐구를 포괄해야 한다는 윌리엄 제임스(1890)의 관점에도 불구하고, 심리학적 과학은 19세기 후반과 20세기 초반에 환원주의적이고 물질주의적인 과학적 경험주의의 맥락에서 성장하였다. 결코 모두에게 받아들여지지 않았지만 많은 심리학적 연구자는 철학적 뿌리로부터 의미 있게 분화될 수 있었던 과학의 초석과 심리학적 진리의 기초로서 경험적 조사를 믿었다(Fowler, 1990; Hilgard, 1987). 방법은 종종 형이상학으로 바뀌었고(Robinson, 1981), 경험적으로 관찰될 수 없는 현상이나 실체는 존재하지 않는다고 추정되었다. 이 분야의 일부 지도자들은 인간 현상의 이해에 개별 사례적이고 질적인 접근을 옹호했지만(Allport, 1950; Rogers, 1961), 심리학적 연구에서는 많은 사람이 현상을 관찰 가능하고, 양화할 수 있고, 측정 가능함으로 환원시키는 것처럼 보이는 경험주의에 전념하였다. 더욱이 심리학적 문제를 처리하면서 프로이트의 정신분석적 견해를 보이는 접근은 임상심리학의 전문 영역에 영원한 족적을 남기면서 여러 사회와 개인적 방어기제에 보편적으로 억압된 기초적인 인간의 추동과 감정을 강조하였다(Freedheim, 1992; Wulff, 1996). 이런 영향은 지난 120년간 발전해 온 인간의 본성, 동기, 정신병리, 변화에 대한 심리학적 이론에 분명히 직접적으로 작용하였다.

이러한 과학적 견해와 제한된 범주는 심리학 이론과 연구를 관찰 가능하고, 분명하게 정의되고 조작될 수 있는 변인과 과학적인 경험적 방법으로 입증할 수 있는 가설과 또한 문제이거나 병리적인 기능으로 인도하였다(Fowler, 1990; Kimblc, 1989). 이러한 요소들은 탐색된 내용과 이러한 탐색에 사용된 측정과 방법, 개입과 처치의 접근, 훈련과 연습에서 초점을 맞춘 말들로 심리학 발달에 큰 영향을 주었다. 그러나 이는 이러한 좁은 시각들로 합치듯이, 심리학적 이론 틀과 모델을 특징짓도록 잘못 인도하였다(Bergin, 1980). 더욱이 이 책의 역사적 개관(2장)과 많은 장에서 보여 주었듯이, 현대심리학의 뿌리와 선구자들은 인간 역사와 사고가 기록된 종교적 전통으로부터 통찰을 뽑아냈다. 그럼에도 경험주의, 물질주의, 환원주의, 병리에 집중하는 것은 심리학의 과학이 발달한 방법, 그것이 검토한 것, 그러한 탐색이 진행된 방법, 개입을 만들어 내는 데 적합한 것으로 보이는 때와 방법에 대해 의미 있는 영향을 주었다.

이 장은 이 책에서 제공된 인간 본성, 동기, 그리고 변화에 관한 유대-기독교적 관점 내에서의 탐색을 과학적 탐색과 실제 둘 다에서 심리학의 학문에서 할 수 있고 해야 하는 함의들을 깊이 있게 검토한다. 우리는 이전 장들에서 얻은 결론을 조명하고, 유대-기독교 전통의 영향, 통찰, 지혜, 그리고 실천을 실질적이고 적절하게 언급하는 훈련, 치료, 방법론, 심리학적 탐구에 어떤 각색과 적응이 필요한지를 논의한다. 이 장에서의 초기 가정은 인간 본성, 동기, 변화를 충분히 이해하기 위해 인간 역사 속 유대-기독교 전통의 영향과 지혜를 고려함으로써 심리학이 크게 풍성해진다는 점이다(Jones, 1994; Polkinghorne, 1996; Worthington, 1994). 종교와 영성에 대한 개념과 전통은 많은 사회와 그러한 사회

속에 있는 개인이 의미 있는 집단 내에 존재하고, 그 자체로 그러한 개인을 위한 인간으로서 기능하기의 중요한 측면을 나타낸다(Bergin, 1980). 이 책과 장의 초점은 유대-기독교에 한정되어 있지만 우리는 다른 영향력 있고 전체를 아우르는 종교적이고 문화적인 전통(불교, 힌두교, 이슬람교, 그리고 다른 종교)을 위해서 비슷한 연습이 유용하게 취해질 수 있다고 믿는다.

일단의 저자들은 과학과 종교, 그리고 좀 더 구체적으로는 심리학과 종교 사이의 공통사항을 언급해 왔다(Miller, 1999b; Roberts & Talbot, 1997; Shafranske, 1996). 이러한 공통사항을 기술하고 상호작용을 토론하기 위해서 많은 스키마가 제안되어 왔다(Haught, 1995; Russell, Murphy, Meyering, & Arbib, 1999). 우리는 이안 바버(Ian Barbour, 1997; 2000)가 제안한 것을 사용한다. 그는 종교와 과학의 네 가지 잠재적 상호작용을 기술하였다. 그것은 갈등, 독립, 대화, 통합이다. 우리는 그것들이 심리학과 유대-기독교의 가르침과 전통 사이의 상호작용에서 어떻게 나타나는지에 특별한 주의를 기울이면서 어느 정도 자세하게 각각을 논의한다.

유대-기독교의 종교적 가르침 중에서나 심리학 내 모두에서도 과학적 세계관과 종교적 세계관 사이에 갈등되는 관계의 증거가 있다. 심리학은 종교가 억압적 기제이고, 개인적 성장을 방해하는 사회 통제 기제의 일부라고 종종 간주해 왔다(Kurtz, 1999; Wulff, 1996). 종교적 경험은 초심리학(parapsychology)의 항목 아래에 포괄되어 온 초자연적 사건 또는 좀 더 병리적 사건(방어기제 또는 집단 히스테리)으로 간주되어 왔다. 종교적 망상과 환상이 종종 편집증과 정신증적 장애에 합쳐진 것은 많은 심리학자가 종교가 인간 발달에 문제가 된다고 믿는 데 일조하였다. 그러나 종교 지도자들은 종종 심리학에 대해 의심하며 보아 왔다. 교황 레오 13세가 근대주의에 대해 공포한 회칙은 인간 행동에 관한 심리학적 이론과 심리치료의 잠재적 파괴 효과를 분명히 언급하였다(Gillespie, 2001). 현대 주석가들은 과학적 심리학의 환원주의 또는 결정주의적 요소를 비판하면서, 또한 한편으로는 일부 자기심리학의 자기과대적 측면이 인간에 대한 기독교의 관점과 충돌한다고 비판해 왔다(Roberts, 1997; Vitz, 1997b). 이런 갈등의 극단적 형태에서 과학적 심리학과 유대-기독교 관점은 다투게 되었고, 인간성의 심중과 마음을 포로로 하는 분투에 갇히게 되었다. 두 견해가 모두 옳을 수 없고 두 관점이 극적으로 반대되듯, 서로를 보기 때문에 타협의 여지가 없었다. 화해를 위한 유일한 가능성은 심리학을 완전히 유대-기독교 관점(유대심리학이나 기독교심리학)에 종속시키거나 과학적으로 연구될 수 있는(불가지론적 또는 무신론적 종교심리학) 변형으로 종교와 종교 현상을 간주하는 심리학이 되어야 한다. 이 책의 대부분의 저자들은 이러한 선택의 둘 다를 거부한다.

심리학의 과학과 유대-기독교 관점 사이의 관계에 대한 독립된 견해는 심리학과 종교가 독립적 현실과 탐구, 그리고 영향의 분리된 영역, 진리의 원천과 앎에 대한 서로 다른 방식을 인정하고 두 초강대 세력이 평화롭게 공존하기를 주장한다(Barbour, 2000). 이러한 관점에서 심리학과 종교는 서로를 필요로 하지 않으므로 둘을 연합시키는 것은 양쪽에 심각한 문제를 불러온다(Ward, 1995). 어느 정도 공통된 역사적 뿌리가 있지만, 심리학과 종교가 진리 추구의 방식과 학문에서 매우 다른 전통을 발전시켜 왔음은 확실하다. 신학적 탐구와 성경 주석은 심리학적 실험과 이론의 평가와 동일하지 않다. 성경적 진리의 우월성과 권위로부터 비롯한 주장은 철학으로부터 자유롭기 위한 심리학의 분투이면서 자연과학으로 자리매김하려는 표시를 갖는 경험주의와 회의주의에 대치되어 보인다. 그러나 인간 현상에 대한 이해에는 다양한 탐색 방법이 포함될 수 있으며(Koch & Leary, 1985), 의미가 있는 유사성이 두 학문을 넘어서 앎의 방식에 존재할 수 있기 때문에 어설픈 양분은 피해야 한다(Barbour, 1997; Jones, 1994). 독립은 서로 다르고 동의하지 않을 수 있음에 대한 동의와 상호존중을 허용할 수 있지만, 탐구에서 평행적 노선을 만들어 내어 심리학과 종교의 실제뿐 아니라 신학의 학문과 심리학의 과학을 잠재적으로 향상시킬 수 있는 어떤 상호 간의 풍부함과 협력에 대한 훼방을 만들 수 있다(Barbour, 2000; Johnson & Jones, 2000).

대화는 심리학과 종교의 두 분리된 노력의 발견, 이슈, 문제, 잠재적 해결에 대해서 소통이 가능하도록 한다. 대화의 관점은 두 활약 무대가 세련되게 긴장한 곳으로부터 친밀한 곳까지 특징지어질 수 있는 대화에 함께 참여하여 분리되고, 독립된 실체로 간주되는 부분에서 독립 관점과 종종 겹친다. 대화는 인간, 동기, 변화에 대하여 유대-기독교 관점과 심리학적 이론의 탐색을 격려하여 서로의 견해에 대해 분명한 이해가 이루어지도록 한다(Shafranske & Maloney, 1996). 그러한 대화는 대화 양측의 입장, 견해, 그리고 이론에 대한 분명한 이해가 있을 때까지 판단의 유보를 요구한다. 어느 대화에서나 그렇듯이, 공통의 언어나 정서적 헌신이 부족하고, 토론보다는 논쟁을 만들고, 문제가 되는 것들을 들으려는 강력한 자리가 부족한 문제가 발생할 수 있다(G. R. Collins, 2000; Myers, 2000). 대화는 관점의 차이점과 공통점에 대한 더 깊은 이해를 증진하고, 협력을 위한 가능성을 제공하며, 양쪽을 풍요롭게 하는 관점 사이의 교감을 증진한다. 하지만 대화가 반드시 긴장 완화를 이끌어 내거나 실제의 차이를 없애는 것은 아니며, 양립할 수 없는 의견 차이나 논쟁으로 인도할 수도 있다(Johnson & Jones, 2000). 유대-기독교 관점을 탐색함으로써 적어도 인간 본성, 동기, 변화에 대한 심리학의 견해를 풍성하게 할 수 있는 대화를 만들어 내는 것이 이 책의 목적이다. 모든 장은 심리학과 종교 모두를 풍성하게 할 수 있는 대화를 증진한다.

통합은 바버(Barbour, 1997, 2000)가 과학과 종교의 관계를 기술한 마지막 관점이다. 통합은 아마도 심리학자들과 종교 전문가들이 협력해서 의미 있는 합의와 일치를 발견한 대화로 초래된 결과다. 통합은 긴밀한 협력을 위한 토대와 "과학과 종교의 좀 더 체계적이고 광범위한 종류의 협력 관계"(p. 3)를 제공하는 관점이나 공통의 목표의 양립 가능성을 가정한다. 신학과 심리학, 그리고 종교적 실천과 심리치료는 각 관점의 독특한 기여를 보존하지만, 종교적 신념과 실천뿐만 아니라 심리학적 가정과 과학 둘 다를 검토하도록 할 수 있는 심리적·영적 관점을 창출하도록 결합되는 방식으로 통합된다. 비록 이것이 고상한 목표로 보이기는 하지만, 현실적으로 그러한지는 분명하지 않다(Collins, 2000). 통합에 대한 많은 시도는 하나 또는 둘 이상의 다른 관점을 우세하게 놓고 나머지 관점을 보충하도록 만든다(Johnson & Jones, 2000; Roberts, 2000; Talbot, 1997). 종교 현상의 여러 연구는 개념적이고 방법론적인 허점의 종류를 예증한다(Slater, Hall, & Edwards, 2001; Sloan & Bagiella, 2002; Smith, 2001). 그렇지만 인간 본성과 동기와 변화의 현실이 심리학의 과학과 성경의 계시 둘 다에 의해서 드러날 수 있는 객관적 진리를 나타낸다는 확신이 있다면, 통합은 좀 더 달성할 수 있는 목표로 보인다(Jones, 1994; Worthington, 1994). 수치심과 죄책감의 연구를 종교적 관점들로 통합하려는 시도뿐만 아니라 인간 본성의 심리학적 모델들에 영적 차원을 포함시키려는 시도들은 두 관점을 좀 더 실질적 방식으로 통합하려는 노력을 나타낸다(Jones, 1997; Jung, 1933; Pargament, 1997). 통합적이고 실질적으로 전체를 아우르는 관점은 아직 손에 잡히지 않는다(2장). 그렇지만 이 책의 여러 장에서 저자들은 유대-기독교의 전제와 가치를 심리학의 관심 현상 분석과 결합하는 통합된 관점을 창출하거나 증진하려고 시도하였다.

주목할 만한 예는 도덕적 대리인으로서 책임감을 수반하는 인간 본성에 관한 유대-기독교의 견해가 사회적으로 책임이 있는 덕스러운 행위를 증진하도록 도울 방법과 도덕적 근육을 훈련하기 위한 방법에 대한 심리학적 연구들이 부모를 도울 수 있고 종교적 그룹의 유혹에 대한 저항을 증진하는 방법을 예증하는 바우마이스터(3장)의 분석이다. 유사하게 에반스(4장)는 인간을 하나님과 관계하기 위해 설계된 피조물로 보도록 하면서, 개성의 중요한 사회적 차원을 이해하도록 돕는다고 주장하며 자기를 검토한다. 비엔은 5장에서 성경적 내러티브의 훌륭한 주제가 특히 삶의 의미와 목적의 이슈를 다루는 데서 어떻게 임상적 작업에 활용될 수 있는지를 보여 준다. 존스와 호스틀러는 6장에서 인간을 신체적으로 좋은 특성을 갖춘 육체화된 인간으로 보도록 하는 것이 창조와 성육신의 기독교 교리의 자연스러운 결과라고 주장하였다. 비록 이러한 견해는 몇몇 주류 심리학적 이론이 성을 바라보는 방법과 중요한 차이가 있지만, 예를 들어, 성적 관계를 만족시키는 예측 변인상의 자료와 일치한다. 워딩턴과 베리(8장)는 세속적 관점과 대조적으로 종교적 관점을 사용할 때 심리학이 최상의 덕으로서 자기통제보다는 '순종'을 더 가치롭게 여기고 좀 더 상호적으로 덕을 간주하도록 격려하라고 주장하였다. 토레센과 동료들(11장)은 기도와 용서와 같은 실천의 효과를 심각하게 고려하는 연구에서 건강에 관해 문서화된 유익한 효과를 조명하였다. 마지막으로, 파가먼트와 동료들(13장)은 우리가 주장하고 있는 대화를 빠트리지 않으면서 세속 심리학에서 간과된 것 같은 유대-기독교 전통에서 중요한 현상인 영적 분투의 결과를 탐색하였다. 이 책에 있는 장들의 각각은 유대-기독교 전통의 관점과 심리학적 탐구의 더 나은 통합과 더 훌륭한 대화가 좀더 결실을 맺도록 검토하고 이해될 수 있는 현상을 조명한다.

심리학적 과학과 연구

대화와 통합의 장벽 대부분과 갈등의 많은 것은 진리를 세우기 위해 심리학에서 사용된 연구 방법, 가정, 과학적 회의론의 무대에 놓여 있다. 유대-기독교 관점을 대표하는 사람들은 심리학에 대한 비판에서 물질주의, 환원주의, 급진적 경험주의의 가정이 인간 본성의 영적 측면을 적절하게 구술하고 감사하는 것을 막는다고 강조한다(Bergin, 1980; G. R. Collins, 2000; Roberts, 2000; Roberts & Talbot, 1997; 또한 이 책의 1장, 2장, 8장을 보라). 반대쪽에서 보면, 심리학적 과학과 경험주의의 확고한 방어자들은 비과학적 견해가 종교적 관점에 있으며, 그래서 과학적 심리학에 위협을 구성한다고 주장해 왔다(Kimble, 1989; Myers, 2000; Ward, 1995). 심리학적 과학이 영적이라고 부를 수 있는 어떤 실재 또는 영혼이라고 이름 붙일 수 있는 실체를 인정하길 거부하는 환원주의적 물질주의와 동일해진다면, 토론의 여지는 거의 없고 혼자 대화를 하게 될 것이 분명하다. 더욱이 인간 본성에 대한 과학 연구가 모든 현상을 최소한의 공통분모로 환원시킨다면 독특성, 선택, 책임, 그리고 개인적 동기를 위해서는 거의 여지가 없어 보인다(Bergin, 1980; Evans, 1996; 이 책의 3장, 7장을 보라).

대화를 위한 약간의 기회가 존재하는 최소한의 통합을 위해서는 심리학의 과학은 기초적 가정과 과학적 방법을 재사정할(reassess) 필요가 있다. 과학적 방법과 과학의 20세기 초반의 개념화는 심리학적 과학의 기초였다(Hilgard, 1987). 제임스의 심리학에 대한 폭넓은 견해와 20세기 초의 행동주의자들에 대한 좀 더 좁은 견해 간의 갈등의 결과는 오히려 손에 쥘 수 있고, 측정 가능하고, 관리할 수 있으며, 배타적인 것에 집중되었다. 이러한 관점과 가정이 현재에도 통용되는가? 종종 물리학, 천문학, 생물학, 화학은 심리학보다 보이지 않는 현상에 대해서 이론화하는 데 더 열려 있다(Barbour, 2000; Russell et al., 1999). 이러한 학문들은 보이지 않는 차원의 이론적 모델[예, 끈 이론(String Theory)]을 환대하고, 개념적 탐색을 가치롭게 여기며, 방법론적 교조주의를 피하는 듯 보인다. 창조와 우주의 기원과 같은 이슈는 인간 본성보다 과학과 종교 간의 대화를 위한 문제가 적은 무대로 보인다(Russell et al., 1999). 대화를 촉진하기 위해서 심리학자들은 심리학적 과학에 대한 그들의 견해를 약간 조정할 필요가 있다. 심리학의 과학이 인간 본성, 동기, 그리고 변화에 대한 유대-기독교의 견해를 구술할 때, 심리학의 비전과 실제를 유익하게 확장할 수 있도록 하기 위해 세 가지 주요 영역이 있어 보인다.

1. 토론의 첫째 영역은 우리의 과학과 과학적 탐구에 대한 인식론이 되어야 한다. 한 현상의 존재를 지지하기 위해서 받아들일 수 있는 증거는 무엇인가? 경험적 타당성은 항상 가치로 초래되는 자료 분석 기술을 포함시켜야 하는가? 다중의 일차 질서 현상을 설명할지도 모르지만 직접적으로 관찰이 덜 가능한 2차 질서, 또는 3차 질서 구성 개념(construct)은 우리가 어떻게 연구할 수 있는가? 영적이라고 불릴 수 있는 인간 본성의 현상에 대한 탐구를 방해할 수 있는 가치잠재적 가정에 대한 철저한 탐색을 과학적 회의주의에 포함시키지 말아야 하는가? 이러한 많은 질문과 주제가 현재 심리학의 많은 문헌에서 논쟁이 되고 있음은 하나의 희망적 신호다(Gergen, 2001; Hunter, 1997; Sampson, 2000; Wilkinson & the Task Force on Statistical Inference, 1999).

　과학적 탐구는 관심 현상, 가정된 기제가 작동하는 방법을 관찰하고 조작하는 능력, 재생될 수 있는 가정된 이론적 견해의 평가를 이해하기 위한 몇몇 모델을 제공하는 이론적 관점을 필요로 한다. 이 책의 많은 저자들은 그들의 논의에서 인간 경험과 동기, 그리고 변화의 영적 차원과 인간 상호작용, 인간 본성을 더 잘 이해하기 위하여 우리 인식론(특히 6장을 보라)을 확장하기 위해서 질문하는 듯하다. 인간 본성에 대한 심리학적 측면은 정확하게 생물학적 · 심리학적 · 사회적 차원의 상호작용 때문에 가장 복잡한 생물학적 기제나 유전학적 구조보다도 훨씬 더 복잡하다. 인간 본성의 영적이고 종교적인 측면도 동일하다. 이런 복잡성에도 불구하고, 단순하게 만들면 이는 덕스럽지 않고 잘못 인도할 수 있다. 증거에 근거한 심리학은 그럼에도 조작할 수 있는 어떤 모양의 과학적으로 평가될 수 있는 관찰이 덜 가능한 현상을 포함하도록 하여야 한다. 인간 경험으로 시간에 걸쳐 얻은 자료는 우리의 모델 속에 합쳐져야 하고, 적어도 인간 본성의 우리 모델 속에서 검토되고 설명되어야 한다(James, 1902/1985). 성경적 원천으로부터 온 인간 현실에 대한 견해와 논쟁은 단순히 퇴짜를 놓지 말고 검토되어야 한다(Jones, 1994; Miller, 1999b; Shafranke, 1996). 초기의 많은 심리학자에게서 발견된 인간 본성 조사의 방대한 범주가 과학적 심리학의 초점이 점점 좁아지는 경향을 다시 돌이키도록 포착되어야 한다.

　2. 복잡하게 상호작용하는 현상을 포착하도록 하는 연구 설계와 분석이 심리학적 탐구에 사용되고 발달되어야 한다. 단지 어떤 개념이 파악하기 어렵다고 해서 그 개념의 과학적 추구를 버릴 이유는 되지 않는다. 우리는 칼 로저스의 용기와 독창성에 항상 깊은 인상을 받았다. 그는 성공적 심리치료의 표지로서 실제 자기와 이상적 자기의 어긋남을 감소시키라고 제안하였다(Rogers, 1954). 온갖 어려움에도 불구하고, 그는 카드 분류를 사용하여 이러한 어긋남을 조작화할 수 있는 방식을 창안하였고, 효과를 입증한 종단적이고 통제된 시도 속에서 그것을 측정하였다. 그는 또한 진정성, 따뜻함, 공감적 이해와 같은 파악하기 어려운 개념을 사정하기 위해 언어적 상호작용을 평정하고, 녹음된 인터뷰의 방법을 사용

하여 자료를 발전시키고, 적용하고, 출판한 첫 행동주의 과학자였다. 선행하는 장들에서 확인된 많은 구성 개념은 복잡하고 쉽게 측정되지 않는다[예, 하나님으로부터의 소명감을 갖기(4장), 변형적 변화(9장), 하나님 현존의 이해에의 몰두(10장)]. 우리는 현상이 무엇인지를 분명하게 정의한 다음, 그 현상 이후의 심중의 후유증이나 사건, 특징을 측정하기 위한 창조적이고 독특한 방식을 발견할 우리 전문 영역의 최고로 총명한 인재를 필요로 한다(Hogan & Nicholson, 1988; Pargament, 1997). 동시에 우리는 중다 영향, 상호작용, 인과성에서의 상호성, 시간에 따라서 바뀌는 효과, 정보의 미시 · 거시 과정, 그리고 정교한 매개 변인과 중재 변인 분석을 구술할 수 있는 분석적 기법을 발전시키는 것을 지속할 필요가 있다 (MacCallum & Austin, 2000). 이 책에 제기된 복잡한 질문들을 구술할 새로운 도구를 연구자들과 학자들에게 제공해야 하는 자료 분석의 영역에서는 큰 걸음이 있어 왔다(L. M. Collins & Sayer, 2001; Raudenbush, 2001). 잠재 변인 분석, 분석 기술의 다차원적 선형 유형, 상호적이고 관계적인 디자인은 이러한 질문의 몇몇을 구술할 우리의 능력을 향상시켜야 한다. 내부에서 바깥으로의 인간 경험을 평가하려고 했던 티치너와 동료들의 초기 시도(Hilgard, 1987)에 대한 비판을 피할 수 있는 최근의 질적 기술의 재탄생 또한 심리학의 과학과 유대–기독교 전통 사이에 어떤 공통 기반을 창조할 우리의 능력을 향상시킬 수 있다(Denzin & Lincoln, 1994).

3. 마지막으로, 과학과 전문 영역으로서의 심리학과 과학자이며 전문인으로서의 심리학자들은 그들 자신의 철학적 · 역사적 · 형이상학적 뿌리 속에 문화적으로 기반이 된 현실이 있다. 성격, 병리, 그리고 치료에 대한 우리의 이론적 가정과 접근에 관해서 이러한 영역들에 한계를 가지고 있는가가 아니라 그 한계가 무엇이며 그것이 어떻게 우리의 일에 영향을 주는가가 질문이다. 그리고 우리의 이론화, 개념화, 관찰, 조작화, 그리고 현상의 측정과 이러한 것들이 우리의 개입의 발달과 수행에 어떻게 영향을 주는가의 평가가 도전이다. 인간 발달, 성격, 건강, 그리고 병리는 필수적으로 연구와 개입에 가치잠재적인 영역이다. 통합을 위한 잠재성과 대화를 창출하기 위한 유대–기독교 전통에 참여하지 않는 심리

학자뿐만 아니라 참여하는 심리학자들은 인간 본성과 기능하기에 관한 그들의 기본적 견해가 그들의 사고하기와 행동에 어떻게 영향을 주는지에 대해 많은 결실을 검토할 수 있었다. 좀 더 개인적 수준에서 보면, 자신이 과학과 실제에서 자신의 개인적 견해를 어떻게 관리하는지와 그 관리가 갈등, 독립, 대화 또는 통합 관점을 반영하는지를 분명하게 서술하는 것이 모든 심리학자에게 가장 낮은 수준의 도전이다.

사정(Assessment)과 측정(Measurement)

인간 성격의 무대에서 우리를 인간 되게 하는 다양하고 주요한 특성을 평가하려는 많은 시도가 있어 왔다. 성격이론 연구의 역사에는 이런 특성을 개념화하는 대안적 방식이 풍성하다. 그러한 것을 평가하는 데 사용된 광범위하고 다양한 방법 중 몇 가지를 인용하자면, 올포트의 전기(biographical) 분석, 켈리에 의해서 개발된 인지 구성의 역할 레퍼토리 측정, 위트킨(Witkin)의 크기 추정 검사(Rod and Frame tests), 그리고 코스타와 매크래(Costa & McCrae)의 성격에 대한 기질 근거 차원을 확인한 실험적 접근들이 있다(Pervin, 1990). 인간 본성의 차원은 다양하고 미묘하며 복잡하게 얽혀 있다. 선행하는 많은 장에서 확인된 차원의 중요성을 평가하기 위해 연구가들은 관심의 구성 개념(constructs)을 적절하게 사정하는 측정을 창출할 필요가 있다(Bergin, 1980; Gorsuch, 1984).

심리학 연구에서 잘 확립된 자명한 이치는 발견된 것이 사정된 것과 사정된 방법에 완전히 의존한다는 점이다. 심리학 연구에서 볼 때, 수치심과 영성과 같은 개념 각각은 정확하게 측정되고 평가되는 방식 속에 존재한다. 단 하나의 항목이나 하나의 복잡한 진술도 하나의 관찰, 일련의 관찰, 질문의 복잡한 세트, 또는 동료의 평가와 비교되었을 때 구성 개념의 아주 다른 견해를 산출할 수 있다(Hogan & Nicholson, 1988). 우리의 연구에서 우리가 평가하는 것은 우리의 방법과 측정에 의해서 한계가 지어진다. 이 사실이 심리학 연구에서 자명하게 보임에도, 현실은 특히 공통적으로 유통되는 단어나 개념을 다룰 때 한 문헌에 대한 검토가 이러한 현실을 무시하는 듯 보이는 논쟁이나 이슈를 드러낸다는 점이다(Gorsuch, 1984; Jones, 1997; Pargament, 1997). 종교적 개념의 무대에서도 연구에서조차 갈등이 존재한다(Slater et al., 2001). 유대-기독교 전통의 가르침과 개념에 관련된 용어들은 다중의 의미와 많은 내포가 있기 때문에 이러한 전통의 일부인 개념을 다룰 때 의미하는 바와 측정되는 것에 대한 명료화가 가장 결정적이다. 성경 주석 전체는 이러한 몇몇 개념의 의미를 분명히 하기 위해서 바쳐진 분야다. 심리학자들은 이러한 개념을 평가하고 공부하려고 시도할 때, 특히 주의하고 정밀하게 하도록 하여야 한다. 자유의지(3장), 덕과 악(8장), 영적 분투(13장)에 대한 토론은 이러한 노력이 포함된 도전을 예증한다.

유대-기독교 전통으로부터 개념과 통찰을 심리학의 과학과 실제 속으로 어떻게 합칠지에 대한 질문도 있다. 우리는 어떤 아이디어는 제외하고 그것을 독립적으로 공부해야 하는가? 또는 우리는 좀 더 큰 종합적 그림을 평가하도록 시도하여야 하는가? 토레센과 동료들(11장)이 분명히 하였듯이, 종교적 실천과 경험의 다른 차원은 서로에 의해서 상호적으로 결정될 듯한데, 예를 들면 종교 활동에 참석했을 때 기도하도록 격려될 수 있는데, 이는 또한 사회적인 지지로 이어지면서 종교 활동에 더 많이 참석하도록 격려될지도 모른다. 그래서 연구자들의 주요한 도전은 하나의 어떤 종교적 실천의 직·간접적 효과를 분리하는 것과 개인의 더 큰 신념 체계가 종교적 실천에 통지하는 범위를 분간하는 것으로 대표된다. 대화와 통합의 잠재력을 높이기 위해서 누군가는 더 큰 맥락과 독립적으로 이러한 복잡한 개념과 구성 개념을 평가하고 측정하려는 어떤 시도의 중요한 한계점에 대해 토론하거나 적절한 범위를 결정할 수 있도록 하기 위해서 공통의 특성, 경험, 정서의 더 큰 맥락에서 충분히 설명하고 탐색할 필요가 있다. 기본적 질문은 심리학의 과학에서 종교, 영성, 영적 경험을 다루는 방법이다. 독특한 기여를 평가할 노력을 하면서, 여러 다른 특성과 경험과 함께 사정될 수 있는 개별적 차이로 이러한 현상이 취급되어야 하는가? 또는 그것들은 종교와 영성의 더 넓은 견해와 이해를 요구하는 더 큰 문화적 현상으로 취급되어야 하는가? 아마도 그 대답은 원형적이다. 그 대답은 연구의 목적과 질문의 성격에 달려 있다. 그럼에도 더 큰 그림과 문화적 맥락은 좀 더 고립된 특성, 상태, 그리고 경험을 이해하는 데 결정적일 듯 보인다(Hartup & Lieshout, 1995). 맥락과 상황을 타당하고 신뢰할 만하게 사정할 측정과 방법을 발전시킬 필요가 있다. 영성, 변형, 덕의 경험은 개인적일 뿐만 아니라 맥락적이기도 하다. 기독교와 유대교와 관련된 용어들은 동질적 경험이나 맥락을 대표하지 않는다. 맥락적이고 하위집단 간의 차이를 설명하지 않는 조사나 측정은 개인과 집단의 삶에서 종교와 영성의 역할에 대한 정교한 이해나 건전한 과학을 창출할 것 같지 않다.

대화와 가능한 통합을 위한 적절한 관점이 무엇인가에 대한 이슈는 종교와 영성을 심리학 과학과 실제에 합치는 방법에 대해서 더 많은 질문을 제기한다. 통합하려는 시도와 대화를 늘리기가 더 많이 필요하다. 하지만 이런 대화와 통합에 필요한 적절한 모델은 의견 차이가 있는 논쟁의 영역이다(G. R. Collins, 2000; Myers, 2000; Powlison, 2000; Roberts, 2000). 성경적 계시에 충실하여 우선권을 주려고 하면서 동시에 "우리와 동시대가 심리학으로 간주할 수 있는 것을 위해서 성경적 계시를 읽어 내는"(Roberts, 2000, p. 155) 유대와 기독교 심리학의 창조를 지지하는 몇몇이 있다. 여러 다양한 문제 또는 이슈에 대한 개별적 심리학(여성주의 심리학, 흑인심리학, 스포츠심리학, 건강심리학)을 만들려는 경향도 있고, 또는 심리학 이론을 별개의 심리학으로 보려는 경향도 있다(프로이트 심리학, 인본주의 심리학, 실존주의 심리학; Freedheim, 1992). 유대적 또는 기독교적 심리학을 만드는 것은 주류 심리학적 과학과 실제의 해로운 가정으로부터 유대-기독교 전통의 가르침과 통찰을 존중하고 보호하는 심리학적 관점을 창출하는 방식을 제공할 수 있다(Beck, 1999; Talbot, 1997; Vitz, 1997). 그러나 이 책에 기여한 대부분의 저자는 별개의 유대적 또는 기독교적 심리학은 유대-기독교적 관점을 심리학에 통합시키는 데 특히 도움이 되거나 적절한 방식이 아니라고 생각하는 데서 마이어스

(Myers, 2000)에게 동의한다. 기독교심리학과 같은 라벨을 사용하는 것은 기독교 관점을 성격이론이나 특정 관심사의 이슈와 동일하게 보일 수 있게 한다. 유대교심리학, 이슬람교심리학, 불교심리학, 무신론심리학 등등을 위한 필요도 제기될 수 있다. 이것은 유대교, 기독교, 그리고 다른 종교적 관점의 보편적 통찰과 문화적 영향의 가치를 떨어뜨리게 할 수 있다. 대화와 통합의 어떤 모델을 채택했든 간에 유대–기독교 관점으로부터 유래된 통찰과 경험에 대한 단편적 탐색과 파편화는 그들에게도 옳지 않다. 분리주의 심리학을 만드는 것과 종교적 경험과 전통을 존중하고 이해하며 통합할 수 있는 심리학을 발달시키는 것 사이에는 균형이 필요하다.

측정의 무대에서 또 다른 이슈는 자료의 출처에 초점이 모아진다. 개인의 경험을 평가하려고 시도하는 많은 연구는 자기보고에 의존하는데, 이는 심리학의 역사에서 저주이자 축복으로 간주되어 왔다. 사회심리학 연구에서는 개인적 자기보고와 인지 처리 과정이 어떻게 왜곡될 수 있는지 논증해 왔다(Gilbert, Fiske, & Lindzey, 1998). 사회적 바람직함과 관찰자 편견 등과 같은 용어들은 개인의 자기보고를 약화시키기 위해서 사용되어 왔다. 그러나 다른 관점도 존재한다. 내적 자기평가와 검증할 수 없는 사건의 보고에도 개인의 보고 외에 다른 자료의 출처는 매우 적다(Ajzen 2001; Bandura, 2001). 이런 영역에서 심리학적 과학은 이런 데이터 출처를 무시하기보다 가장 정확하거나 대표적인 자기보고를 어떻게 얻을지를 평가할 필요가 있다. 자료의 추가적 출처, 측정할 때의 여러 초점, 보다 양질의 개념화와 관련된 요인의 평가는 영적 경험에 대한 우리의 평가를 강화할 수 있다(Hill & Pargament, 2003). 과학적 심리학과 유대–기독교 관점의 대화와 통합을 창출하기 위해서 이 책의 저자들의 관심 현상을 사정하는 데서 자기평가와 자기보고는 결정적이다(Gorsuch, 1984). 이 책의 거의 모든 장에서 토론된 구성 개념은 신중하고 주의 깊은 자기보고의 결정적 사용이 없이는 연구될 수 없다.

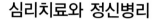

심리치료와 정신병리

아마도 대화와 통합에서 가장 어려운 영역은 문제와 병리가 정의되는 방법과 정상 생활의 문제와 심각한 정신병리의 적절한 개선을 구성하는 것과 관련된다 (Miller, 1999a; Shafranske, 1996). 비정상으로 정의되는 것, 종교적 주제를 망상과 정신증적 증상을 정의하는 데서 다루는 방법, 영성이 긍정적이고 정신적인 심리적 건강을 정의하는 데서 여겨지는 방법이 갈등과 논쟁을 창출할 수 있다(Kurtz, 1999; Oman, 2002; Miller & Thoresen, 1999). 심리학과 도덕 신학은 성 역할과 정체성으로부터 죄책감, 용서, 책임, 선택에 이르기까지 여러 다른 이슈에 대해 의견을 달리한다(Gillespie, 2001). 심리치료와 영성의 딜레마도 덜 복잡하지 않다. 커츠(Kurtz, 1999)는 자기희생 대 자기중심성, 권한 부여 대 무력함, 자기도움 대 자기수용을 둘러싸고 나오는 심리치료의 몇몇 형태와 영성에서 취해진 접근들에서 여러 결정적 차이를 개괄하였다. 종교와 건강 간에 도움이 되면서 잠재적으로 문제가 되는 둘 다의 상호작용을 위한 증거들이 있다(Exline, Yali, & Sanderson, 2000; 11장).

차이와 분할의 잠재성이 심리학과 종교 사이에 분명해 보이지만, 심리학 역사 속에서 확실하게 드러난 성격에 대한 다양한 이론이 보여 주듯이, 심리학 내에서도 인간의 행위를 바라보는 여러 방식이 존재한다(Hilgard, 1987). 상호 존중의 결여와 대화의 부족은 차이를 분할로 바뀌게 한다. 차이가 분할로 바뀜은 심리학 내에서도, 종교 내에서도, 그리고 심리학과 종교 간에도 종종 일어났다. 심리학이 유대의, 그리고 기독교 실천의 강점과 영성의 생각을 포함하는 성경적 전통에 제시된 가르침을 진지하게 고려한다면, 인간 발달, 성장, 병리학에서 기도, 금욕주의의 역할을 검토할 수 있다(Allport, 1950; Bergin, 1980; Jones, 1994; Jung, 1933). 종교가 심리학을 진지하게 취한다면, 심리학적 연구와 실천이 조명하는 측면에서 인간으로서 기능하기와 인간 본성에 대한 몇몇 견해를 재검토하기(Griffiths, 1997; Myers, 2000), 종교적 경험과 실천의 어떤 측면의 해로운 효과뿐만 아니라 유익한 효과를 탐색할 수 있다(Exline et al., 2000; Oman, 2002; Smith, 2001).

심리학과 심리치료가 종교를 압도하고 종교적 신념과 실천을 소용없게 만든다는 초기의 두려움은 현실화되지 않았다(Gillespie, 2001). 사실상 종교적 참석과 같은 영성과 종교의 대부분의 측정은 지난 수십 년 동안 꾸준하게 유지되어 왔고, 영적으로 성장하는 관심사 같은 몇몇은 급격하게 솟아올라 왔다(Gallup, 2002; Gallup & Jones, 2000). 마찬가지로 최근 사회적 맥락과 성격상에서 심리학 내에서 통용되는 많은 관점은 영성과 종교적 신념의 이슈를 구술하고 있다(Miller, 1999b). 종교적 신념과 실천을 이해하는 것은 문화적 다양성과 유능성의 일부가 되어 왔다. 이 책의 많은 장은 영적 발달, 변형적 배움, 종교적 실천의 심리적 효과뿐만 아니라 정체성, 결단, 성별과 성, 변화, 동기의 영역에서 대화를 위한 토대를 제공하려는 시도를 한다. 심리치료와 정신병리의 영역에서 차이와 의견 차이는 실재하며, 이러한 무대에서 심리학과 유대의, 그리고 기독교 전통의 경계선을 걷는 것은 방심할 수 없다. 그러나 도덕적 관점과 심리학적 관점의 갈등은 필요한 결론은 아니며, 차이를 위한 상호 존중은 심리학적 과학과 종교적 견해를 풍요롭게 할 수 있다(Pargament, 1997).

교육, 훈련 그리고 실천

훈련 프로그램 중 몇몇 주목할 만한 예외가 존재하지만, 이 책에서 만든 관점과 주장을 학술적 교육과 심리학자들의 임상 훈련에 결합하기에는 유아적 상태에 있다(Miller, 1999b). 많은 학술 프로그램에서 종교와 종교적 신념의 토론이 전문 윤리 과정에서 빈번하게 일어난다. 심리학자들의 윤리적 기준에는 과학자와 실천가들이 연구 참여자들과 심리치료 내담자들의 민족적 · 문화적 · 종교적 신념과 실천을 존중해야 한다는 분명한 메시지가 있다(American Psychological Association, 2002; http://www.apa.org/ethics/code2002.html을 보라). 심리학자들과 관련된 보충 문헌에서 자신의 신념과 편견을 자각하고, 그것을 과학적이고 타당화된 접근으로 대체하지 않도록 권고받는다(Koocher & Keith-Spiegel, 1998). 우리는 심리학자들이 인간 발달과 기능하기에서 종교적이고 문화적인 측면을 이해하는 데 정교해지기를 기대한다(Bergin, 1980; Jones, 1994; O'Donohue, 1989). 그러나 이러한 정교함을 갖춘 지식, 이해, 비판적 사고는 심리학자들의 준비에 항상 존재하지는 않는다. 성격이론은 종교적 신념과 영성의 발달과 관련된 이슈를 인정하지 않고 가르친다. 아동발달 과정은 가족의 종교적 실천과 양육, 그리고 그러한 영향의 다세대적 특징을 탐색하는 데 실패한다. 종교적 신념의 질문과 이러한 신념과 질문이 진단과 처치 계획에 어떤 영향을 주는지에 대해서 거의 간주하지 않은 채로 임상훈련이 이루어진다. 심리치료보다 영적 상담에 의뢰할 방법과 시기에 대해서 분별하는 것은 임상 장면에서 종종 덜 발달된 기술이다. 젊은 전문가들을 훈련하는 데서 개인적 신념과 이러한 것들이 종교적 신념과 실천을 과대평가하거나 과소평가하는 것이 심리치료와 처치에 어떤 영향을 줄 수 있는지에 대한 토론이 필요하다(Bergin, 1980, 1991). 종교적이고 영적인 이슈는 언어, 민족, 관습, 그리고 문화보다 훨씬 또는 더 많은 관심을 받을 만하다. 다른 응용심리학자들뿐만 아니라 임상심리학자들의 학문적 준비와 이 분야의 학생들의 임상실습과 인턴 경험 양쪽 모두에서 내담자와 치료자의 종교적이고 영적인 스키마의 중요성과 현실은 더 많은 주의를 받아야 한다.

구체적 제안

이 책의 장들에 기초하여 이렇게 관심이 있고 정보를 제공하는 연습에 참가한 사람들의 토론과 반영으로부터 기인한 구체적인 제안은 다음과 같다. 제안이 전체 집단의 작업에 기초하고 있지만 이 책의 저자들은 제안의 내용과 특정한 어법에 책임이 있고, 모든 참가자가 다음의 모든 것에 다 동의할지는 모른다.

1. 유대-기독교 전통으로부터 온 종교, 영성과 다른 개념은 인간 발달, 인간대리권, 심리학적 스트레스와 대처하기, 인간의 동기와 변화, 신체적·정신적 건강, 탄력성과 안녕, 인간관계와 성, 덕과 악, 자기 규율, 그리고 사회적 기능하기의 심리학적 이론에서 고려되어야 하며, 개인적·문화적·공동체 차원의 다차원적 맥락 속에서 가장 잘 이해될 수 있다.

2. 방법과 측정은 과학에서 결정적이다. 방법에서의 진보는 종종 과학적 지식에서 큰 도약을 재촉하였다. 심리학이 영성과 종교의 방대한 우주를 탐색하려면, 과학에 대한 우리의 접근이 넓은 범위의 측정과 방법론, 분석기법에서의 혁신, 우리의 탐색을 안내할 보다 확장된 개념적 틀에 개방되어야 한다.

3. 양극화와 이분법은 대화와 통합을 간섭한다. 과장된 형태로 극적 반대를 기술하는 것과 극단적 입장이 종종 새로운 근거를 깨트리고 입장을 분명하게 하는 데 도움이 되기도 하지만, 공통점을 찾고, 상호작용을 이해하고, 맥락의 복잡성을 섞는 것이 좀 더 성숙한 과학의 지표다. 생물학적·심리학적·사회학적 차원의 통합, 긍정심리학에 대한 고려, 탄력성, 문화와 맥락, 인간 대리권과 복잡한 상호적 인과성상에서 현재 통용되는 강조점을 가진 심리학적 과학은 유대-기독교 전통과 실천을 이해하고 검토하는 데 더 잘 준비된 듯하다.

4. 다양성, 문화적 자각과 유능감, 그리고 개인적 차이와 집단 간의 차이는 발달, 건강, 병리, 치료에 대한 우리의 심리학적 이해에 중심적이다. 심리학자들의 이론, 처치, 연구와 훈련은 문화와 공동체의 통합된 부분으로 종교와 영성에 대한 증가된 강조로부터 크게 유익을 얻을 수 있다. 심리학이 개인과 공동체 속에서 종교와 영성 경험의 많은 부분을 구술할 수 있도록 할 개

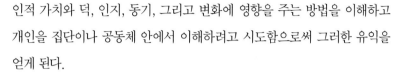

인적 가치와 덕, 인지, 동기, 그리고 변화에 영향을 주는 방법을 이해하고 개인을 집단이나 공동체 안에서 이해하려고 시도함으로써 그러한 유익을 얻게 된다.

5. 심리학의 과학과 실재와 유대-기독교 전통 사이의 협력과 연결을 위한 많은 여지가 있어 보인다. 우리는 또한 주의할 메모 하나를 붙여야 한다. 그것은 신념과 과학은 동일하지 않다는 것이다. 갈릴레오와 그 이전의 시대로부터 종교와 신념 체계와 과학적 발견 사이에는 긴장이 있어 왔고 종종 갈등도 표출되어 왔다. 존중되어야 할 경계선도 있고 완전하게 이해될 수 없을지도 모르는 경험도 있다.

6. 이 책을 통해 심리학자들과 종교전문가들이 더 큰 상호 존중과 개인적인 관점의 한계에 대한 더 큰 인식, 대화가 수반하는 모호성을 위한 더 큰 인내, 그리고 우리가 안다고 믿는 것뿐만 아니라 우리가 모르는 것에 대해 감사함을 갖도록 하는 것이 곧 희망사항이다. 겸허함은 과학적 회의론의 부분이다. 진리는 공통의 유대이며 목표다.

참 · 고 · 문 · 헌

Ajzen, I. (2001). Nature and operation of attitudes. *Annual Review of Psychology, 52,* 27-58.

Allport, G. W. (1950). *The individual and his religion.* New York: Macmillan.

American Psychological Association. (2002). Ethical principles of psychologists and code of conduct. *American Psychologist, 57,* 1060-1073.

Bandura, A. (2001). Social cognitive theory: An agentic perspective. *Annual Review of Psychology, 52,* 1-26.

Barbour, I. G. (1997). *Religion and science: Historical and contemporary issues.* New York: HarperCollins.

Barbour, I. G. (2000). *When science meets religion.* New York: HarperCollins.

Beck, J. R. (1999). *Jesus and personality theory.* Downers Grove, IL: InterVarsity Press.

Bergin, A. E. (1980). Psychotherapy and religious values. *Journal of Consulting and Clinical Psychology, 48,* 95-105.

Bergin, A. E. (1991). Values and religious issues in psychotherapy and mental health. *American Psychologist, 46,* 394-403.

Collins, G. R. (2000). An integration view. In E. L. Johnson & S. L. Jones (Eds.), *Psychology and Christianity: Four views* (pp. 102-195). Downers Grove, IL: InterVarsity Press.

Collins, L. M., & Sayer, A. G. (Eds.). (2001). *New methods for the analysis of change.* Washington, DC: American Psychological Association.

Cronbach, L. J. (1975). Beyond the two disciplines of scientific psychology. *American Psychologist, 30,* 116-127.

Denzin, N. K., & Lincoln, Y. S. (Eds.). (1994). *Handbook of qualitative research.* Thousand Oaks, CA: Sage.

Evans, C. S. (1996). *Wisdom and humanness in psychology: Prospects for a Christian approach.* Vancouver, Canad: Regent College.

Exline, J. J., Yali, A. M., & Sanderson, W. C. (2000). Guilt, discord, and alienation: The role of religious strain in depression and spirituality. *Journal of Clinical Psychology, 56,* 1481-1496.

Fowler, R. D. (1990). Psychology: The core discipline. *American Psychologist, 45,* 1-6.

Freedheim, D. K. (Ed.). (1992). *History of psychotherapy: A century of change.* Washington, DC: American Psychological Association.

Gallup, G., Jr. (2002). *The Gallup Poll: Public opinion 2001.* Wilmington, DE: Scholarly Resources.

Gallup, G., Jr., & Jones, T. (2000). *The next American spirituality: Finding God in the twenty-first century.* Colorado Springs, CO: Victor.

Gergen, K. J. (2001). Psychological science in a postmodern context. *American Psychologist, 56,* 803-813.

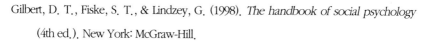

Gilbert, D. T., Fiske, S. T., & Lindzey, G. (1998). *The handbook of social psychology* (4th ed.). New York: McGraw-Hill.

Gillespie, C. K. (2001). *Psychology and American Catholicism: From confession to therapy?* New York: Crossroads.

Gorsuch, R. L. (1984). Measurement: The boon and bane of investigating religion. *American Psychologist, 39,* 228-236.

Griffiths, P. J. (1997). Metaphysics and personality theory. In R. C. Roberts & M. R. Talbot (Eds.), *Limning the psyche: Explorations in Christian psychology* (pp. 41-57). Grand Rapids, MI: Eerdmans.

Hartup, W. W., & Lieshout, C. F. M. (1995). Personality development social context. *Annual Review of Psychology, 46,* 655-687.

Haught, J. F. (1995). *Science and religion: From conflict to conversation.* Mahwah, NJ: Paulist Press.

Hilgard, E. R. (1987). *Psychology in America: A historical survey.* New York: Harcourt Brace Jovanovich.

Hill, P. C., & Pargament, K. I. (2003). Advances in the conceptualization and measurement of religion and spirituality. *American Psychologist, 58,* 64-74.

Hogan, R., & Nicholson, R. A. (1988). The meaning of personality test scores. *American Psychologist, 43,* 621-626.

Hunter, J. E. (1997). Needed: A ban on the significance test. *Psychological Science, 8,* 3-7.

James, W. (1890). *The principles of psychology.* New York: Holt.

James, W. (1985). *Varieties of religious experience.* Cambridge, MA: Harvard University Press. (Original work published 1902)

Johnson, E. L., & Jones, S. L. (2000). A history of Christians in psychology. In E. L. Johnson & S. L. Jones (Eds.), *Psychology and Christianity: Four views* (pp. 11-53). Downers Grove, IL: InterVarsity Press.

Jones, S. L. (1994). A constructive relationship for religion with the science and profession of psychology: Perhaps the boldest model yet. *American Psychologist, 49,* 184-199.

Jones, S. L. (1997). The meaning of agency and responsibility in light of social science research. In R. C. Roberts & M. R. Talbot (Eds.), *Limning the psyche: Explorations in Christian psychology* (pp. 186-205). Grand Rapids, MI: Eerdmans.

Jung, C. G. (1933). *Modern man in search of a soul* (W. S. Dell & C. F. Baynes, Trans.). New York: Harvest Books.

Kimble, G. A. (1989). Psychology from the standpoint of a generalist. *American Psychologist, 44,* 491-499.

Koch, S., & Leary, D. E. (1985). *A century of psychology as science.* New York: McGraw-Hill.

Koocher, G. P., & Keith-Spiegel, P. (1998). *Ethics in psychology: Professional standards and cases* (2nd ed.). New York: Oxford University Press.

Kurtz, E. (1999). Spirituality and treatment: The historical context. In W. R. Miller (Ed.), *Integrating spirituality into treatment: Resources for practitioners* (pp. 19-46). Washington, DC: American Psychological Association.

MacCallum, R. C., & Austin, J. A. (2000). Application of structural equation modeling in psychological research. *Annual Review of Psychology, 51,* 201-226.

Miller, W. R. (1999a). Diversity training in spiritual and religious issues. In W. R. Miller (Ed.), *Integrating spirituality into treatment: Resources for practitioners* (pp. 253-264). Washington, DC: American Psychological Association.

Miller, W. R. (Ed.). (1999b). *Integrating spirituality into treatment: Resources for practitioners.* Washington, DC: American Psychological Association.

Miller, W. R., & Thoresen, C. E. (1999). Spirituality and health. In W. R. Miller (Ed.), *Integrating spirituality into treatment: Resources for practitioners* (pp. 3-18). Washington, DC: American Psychological Association.

Myers, D. G. (2000). A levels of explanation view. In E. L. Johnson & S. L. Jones (Eds.), *Psychology and Christianity: Four views* (pp. 54-101). Downers Grove, IL: Inter-Varsity Press.

O'Donohue, W. (1989). The (even) bolder model: The clinical psychologist as meta-physician-scientist-practitioner. *American Psychologist, 44,* 1460-1468.

Oman, D. (2002). 'Does religion cause health?': Differing interpretations and diverse meanings. *Journal of Health Psychology, 7,* 365-380.

Pargament, K. I. (1997). *The psychology of religion and coping: Theory, research, and practice.* New York: Guilford Press.

Pervin, L. A. (Ed.). (1990). *Handbook of personality theory and research.* New York: Guilford Press.

Polkinghorne, J. (1996). *Scientists as theologians.* London: SPCK.

Powlison, D. (2000). A biblical counseling view. In E. L. Johnson & S. L. Jones (Eds.), *Psychology and Christianity: Four views* (pp. 196-242). Downers Grove, Il: InterVarsity Press.

Raudenbush, S. W. (2001). Comparing personal trajectories and drawing causal inferences from longitudinal data. *Annual Review of Psychology, 51,* 501-526.

Roberts, R. C. (1997). Parameters of a Christian psychology. In R. C. Roberts & M. R. Talbot (Eds.), *Limning the psyche: Explorations in Christian psychology* (pp. 74-101). Grand Rapids, MI: Eerdmans.

Roberts, R. C. (2000). A Christian psychology view. In E. L. Johnson & S. L. Jones (Eds.), *Psychology and Christianity: Four views* (pp. 148-195). Downers Grove, IL: InterVarsity Press.

Roberts, R. C., & Talbot, M. R. (Eds.). (1997). *Limning the psyche: Explorations in Christian psychology.* Grand Rapids, MI: Eerdmans.

Robinson, D. N. (1981). *An intellectual history of psychology.* New York: Macmillan.

Rogers, C. R. (1954). *Psychotherapy and personality change.* Chicago: University of Chicago Press.

Rogers, C. R. (1961). *On becoming a person.* Boston: Hougthon Mifflin.

Russell, R. J., Murphy, N., Meyering, T. C., & Arbib, M. A. (Eds.). (1999). *Neuroscience and the person: Scientific perspectives on divine action.* Vatican City State: Vatican Observatory Publications; and Berkeley, CA: Center for Theology and the natural Sciences.

Sampson, E. E. (2000). Reinterpreting individualism and collectivism: Their religious roots and monologic versus dialogic person-other relationships. *American Psycho-*

logist, 55, 1425-1432.

Shafranske, E. P. (Ed.). (1996). *Religion and the clinical practice of psychology.* Washington, DC: American Psychological Association.

Shafranske, E. P., & Maloney, H. N. (1996). Religion and the clinical practice of psychology: A case for inclusion. In E. P. Shafranske (Ed.), *Religion and the clinical practice of psychology* (pp. 561-586). Washington, DC: American Psychological Association.

Slater, W., Hall, T. W., & Edwards, K. J. (2001). Measuring religion and spirituality: Where are we and where are we going? *Journal of Psychology and Theology, 29,* 4-21.

Sloan, R. P., & Bagiella, E. (2002). Claims about religious involvement and health outcomes. *Annals of Behavioral Medicine, 24,* 14-21.

Smith, T. W. (2001). Religion and spirituality in the science and practice of health psychology: Openness, skepticism, and the agnosticism of methodology. In T. G. Plante & A. C. Sherman (Eds.), *Faith and health: Psychological perspectives* (pp. 355-380). New York: Guilford Press.

Talbot, M. R. (1997). Starting from Scripture. In R. C. Roberts & M. R. Talbot (Eds.), *Limning the psyche: Explorations in Christian psychology* (pp. 102-122). Grand Rapids, MI: Eerdmans.

Vitz, P. C. (1977). *Psychology as religion: The cult of self-worship.* Grand Rapids, MI: Eerdmans.

Vitz, P. C. (1997). A Christian theory of personality. In R. C. Roberts & M. R. Talbot (Eds.), *Limning the psyche: Explorations in Christian psychology* (pp. 20-40). Grand Rapids, MI: Eerdmans.

Ward, L. C. (1995). Religion and science are mutually exclusive. *American Psychologist, 50,* 542-543.

Wilkinson, L., & the Task Force on Statistical Inference. (1999). Statistical methods in psychological journals. *American Psychologist, 54,* 594-604.

Worthington, E. L., Jr. (1994). A blueprint for interdisciplinary integration. *Journal of Psychology and Theology, 22,* 79-86.

Wulff, D. M. (1996). The psychology of religion. In E. P. Shafranske (Ed.), *Religion and the clinical practice of psychology* (pp. 43-70). Washington, DC: American Psychological Association.

Chapter 15

인간 본성의 과학으로서의 심리학
고찰과 연구 방향

William R. Miller and Harold D. Delaney

심리학적 현상을 영적 용어로만 보던 시대가 있었다. 그 후에 우리는 영성을
종종 심리학적 용어로 보던 기간을 지나 왔다. 지금은 어떠한가?

−제럴드 메이(1992, p. 5)

인간 본성의 과학을 향하여

전문 영역과 학문으로서 심리학은 영적 토양에 깊이 뿌리내려 있다. '심령'
(psyche)의 어원은 '영혼(soul)'의 고대 그리스 개념이다. 심리학은 글자 그대로
영혼에 대한 공부이고 인간이 되게 함의 진수다. 심리학자들이 존재하기 오래전
에 사람들은 심령의 문제를 그들의 영적 지도자들에게 가져갔다. 많은 사람은
아직도 그렇게 한다.

그렇다면 심령이 인간성의 측면 중에서 가장 간과되어 왔다는 점은 역설적이다. 심리학자들은 인간 본성의 생물학적 · 유전적 · 진화적 · 인지적 · 정서적 · 사회적 · 행동적 측면의 발달과 영향을 공부한다. 종합심리학적 평가는 정신적 · 정서적 · 성적 · 대인관계적 · 직업적 · 동기적 · 지각적 · 사회적 기능하기 등을 망라하지만 인간 영의 건강과 안녕은 거의 포함되지 않는다.

하지만 전문 영역과 학문으로서 심리학은 유대-기독교의 뿌리로부터 모두 그렇게 멀리 벗어나지 않았다. 유대적 사고에서 영혼은 물질적 몸에 임시적으로 붙여진 떨어질 수 있는 스티커 같은 별개의 성분이 아니다. 이러한 이원론은 역사적 유대주의에서는 생소하다. 기독교에서도 이원론은 내재적이지 않다. 고대 사도신경은 육신 안에 있는 블랙박스에서의 영원한 탈출이 아닌, 새로운 형태로의 육신의 부활을 인정한다. 히브리 단어인 '루악(ruach)'과 그리스 단어 '뉴마(pneuma)'는 둘 다 종종 '영(spirit)'으로 번역되며, 호흡, 생명력, 전인적 인간의 진수를 나타낸다. 인간 본성에 대한 유대-기독교의 이해는 근본적으로 전인적이며 몸과 마음과 영혼의 일치다.

이와 관련하여 토머스 머튼(Thomas Merton, 1960)은 일부 분리된 부분이 아닌 온전한 인간과 관여된 영적 지도를 다음과 같이 기술하였다.

> 영적 지도는 한 사람의 인생 영역 또는 작은 부분으로 생각되는 영적 활동의 안내라고 생각하는 유혹이 있다. 하지만 마치 당신의 치아를 돌보기 위해서 치과의사에게 가는 방식과 같이, 또는 머리카락을 자르기 위해서 이발사에게 가듯이 당신은 영을 돌보기 위해서 영적 지도자에게 간다. 이것은 전적으로 잘못되었다. 영적 지도자는 전체(whole) 사람에게 관여한다. 영적 삶은 단지 마음, 또는 정서, 또는 '영혼의 정수(summit of the soul)'의 삶이 아니기 때문이다. 그것은 전체 사람의 삶이다(p. 14).

이러한 방식으로 이해될 때, 심령(psyche)은 심리학의 역사적 주제에 관한 일

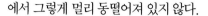

에서 그렇게 멀리 동떨어져 있지 않다.

확실히 심리학자들은 인간 본성의 다소 좁은 부문을 연구한다. 미래 예측 기억(prospective memory), 강화 스케줄, 특정한 약물에 대한 행동적 반응, 대뇌피질에서 유발된 잠재성이 그것이다. 이것은 과학에서 특수화다. 누군가는 성분 과정을 철저하게 이해함으로써 더 분명한 전체의 그림(이 경우는 인간 본성)이 나오기를 희망한다.

그럼에도 인간 본성의 부분들이 합쳐진 그림은 미완성이다. 우리는 심리학이 근본적으로 전체 인간에 관한 학문이라고 믿는다. 여기서 우리는 심리학을 '행동과학'으로 합의한 정의와는 다른 입장에 있다. 물론 행동은 인간 경험—감정, 생각, 꿈, 목표, 희망, 의미, 사랑 등등—의 모두를 포함할 정도로 광범위하게 종종 정의되고, 정의될 수 있지만, 그렇다면 그것 모두를 '행동'이라고 부르는 유익은 무엇인가? 사랑 행동이 사랑과, 기도 행동이 기도와, 건강 행동이 건강과 어떻게 다른가?

왓슨의 고전적 행동주의에서[현재는 순진한 행동주의(naïve behaviorism)로 불리는] 행동은 주관적 경험이나 가정적 구성 개념이 아닌 관찰 가능한 행동을 의미하였다. 지각된 표상, 수용 그리고 맥락적 의미에 더욱 관심을 가지는 현대의 급진적 행동주의자들은 이러한 접근이 불충분하다고 인식하고 있다.

그러나 심령(psyche)의 유대 또는 기독교적 이해에 훨씬 가까이 놓여 있는 심리학의 견해도 있다. 임상심리학에서 '제3 세력'인 인본주의적이고 실존적인 관점은 인간 경험의 모두를 통합하고 아우르면서 의미를 만드는 전체 인간이라는 견해를 유지하기를 추구하며, 인간의 부분에 대한 좁은 초점을 피한다. 융 학파도 정체성과 의미의 초인적(transpersonal) 측면을 포함하면서 사람에 대해서 유사하게 광범위한 개념을 채택한다. 신경심리면역학의 복잡성을 공부하는 데서와 같이, 마음과 몸의 교차에서 작업하는 건강심리학자들은 종종 뒤로 물러설 이유를 가지고 통합적 관점을 취한다.

현대 전인적 건강에서 사람에 대한 착상(conception)은 아직도 인간 본성에 대한 유대-기독교의 이해에 가깝게 놓여 있다. 의료 분야에서 병실 침상의 환자들이 간, 심장 또는 발의 감염으로 진단을 받거나 들을 수 있을 정도로 전문화는 과학자들과 개업의들의 초점을 끊임없이 좁히도록 이끌었다. 전인적 건강은 이러한 경향의 반동으로, 좀 더 통합된 방식으로 돌봄을 전달하고 건강을 이해할 방식을 찾도록 우리를 도전한다. 모든 의료적 돌봄이 전인적 관점을 요구하지는 않지만, 종종 통합적 돌봄이 더 나은 경우도 있다. 가장 간단한 수준에서, 한 의사에 의해서 처방된 약이 다른 의사가 처방하거나 다른 목적으로 처방된 약과 서로 영향을 미칠 수 있다. 알코올 남용으로 인한 간(肝)의 문제는 다른 체계의 역효과와 연결되고, 이는 분명하게 음주 행동과 연결되어 있으며, 그것은 다시 다량의 심령적 요인(생물학적, 심리적, 사회적, 영적 등등)으로 인해 영향을 받을 수 있다. 하나의 연관성에만 초점을 맞추게 되면 그 사람의 삶을 제한하고 있는 사슬의 더 큰 그림을 놓칠 수도 있다.

따라서 유대-기독교적 사고가 우리의 학문에 끼친 가장 중요한 기여 중 하나는 심리학 자체의 특성을 재고하게 하는 도전일 수 있다. 성분 과정을 분석하는 가치가 무엇이든지, 우리의 주제는 전체 사람인 심령이다. 그러한 심리학은 전문화된 연구를 위해서 영성을 고립시켜서는 잘 발전되지 않는다. 우리는 국립 영성기관(National Institute on Spirituality)의 창설을 제안하지 않는다. 그 대신, 심리학자들은 사람들의 인간 본성에 대한 집중을 유지하기 위해 고유한 관점과 목소리뿐만 아니라 특별한 역할을 갖는다. 우리에게는 독특하고 환원되지 않는 주제가 있다. 그것은 바로 모든 복잡성 속에 있는 인간 심령이다.

이것이 과학적 심리학의 아주 초기부터 우리가 소유한 유산이다. 윌리엄 제임스는 그 자신이 신념이나 실천에서 종교적이지는 않았지만, 특히 종교를 포함해서 인간 본성의 다양성과 풍부함에 매료되었다. 오히려 그는 제도화된 종교를 참조하지 않고 전적으로 인간 경험의 용어로만 종교를 정의하는 오류를 범했을지도 모른다(Hauerwas, 2001). '미국 심리학의 아버지'인 그는 전인에, 즉 특히 부분의 통합된 전체를 만드는 측면에 관심이 있었다. 제임스에게 심리학은 인간

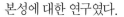

본성에 대한 연구였다.

　하워드(Howard, 1986)는 감히 우리가 진정한 인간 과학을 발달시킬 수 있는가를 물었다. 그렇게 하지 않는 대가는 크다. 인간 됨 대신에 행동만을 하나의 초점으로 취하면, 우리는 화가를 홀로 두고 예술 그 자체를 감상하지 못하면서 캔버스 상의 색조와 붓질을 공부하는 위험에 처하게 된다. 그러나 이는 인간 본성의 세부사항에 대한 주의 깊은 연구의 가치를 떨어뜨리지 않는다. 심리학에는 미세한 근접촬영과 전경촬영을 위해 현미경과 망원경 둘 다 필요하다. 그러나 심령의 연구는 통합된 전체를 지속적으로 염두에 둘 것을 요청한다. 이 점을 고려한다면 심리학은 다른 과학의 모델이 아니다. 특정 입자, 합성체, 세포, 기관에 대한 공부는 그것들이 어떻게 함께 들어맞는지에 대한 고민을 특별히 하지 않더라도 과학의 소재다. 신경막에 끼치는 알코올의 작용을 공부하는 사람들은 알코올 의존 환자를 결코 보지 않았을 수도 있고, 반드시 그렇게 할 필요도 없다. 그러나 심령을 이해하기 위해서는 부분 과정의 통합뿐만 아니라 인간의 본성을 구분하는 상위의 대리적이고 의미가 있는 과정의 고려가 필요하다. 심리학이 특별한 사명을 갖고 여타 과학과 전문 영역에 전할 메시지가 여기에 있다. 인간 본성의 매력과 그에 대한 중심적 초점을 놓치게 되면, 심령의 과학으로서 우리의 장자권을 팔고 우리 학문의 고유한 유산을 잃게 된다.

　그러면 인간 본성 과학의 전반적 개요는 무엇인가? 부분이 어떻게 맥락 속의 인간에게 맞추어지는지에 대해서 지속적으로 관심을 가지는 것이 확실히 그 하나다. 단지 성분이 아닌 인간 기능하기의 다양한 측면 속에서 관계는 중심적 관심이다. 그리고 사람의 공부에 보편적 접근과 개별 사례 접근 사이의 고전적 균형이 또 다른 하나다. 누군가가 개인적 차이의 소음을 걸러 낸 후에 사람들이 공통적으로 소유한 것은 확실히 관심사다. 그러나 심령의 과학 또한 단지 성가신 변동이 아닌 인간성의 본질로서 개인적 고유성을 대표할 책임을 갖는다. 이 점을 고려하면서 심리학의 주제에 관한 일은 특히 우리를 인간 되게 하고, 개별적으로, 또한 집합적으로 우리를 호모 사피엔스로 정의하는 그러한 측면을 포함한다.

인간 본성의 심리학을 위한 연구 방향

이 책의 장들은 심리학에 유대-기독교 관점의 풍부한 샘플들을 제공한다. 비록 1장에서 서술된 광범위한 해석적 전제를 공유하고 있지만, 제시된 관점의 다양성은 유일신적 관점이 획일적이지 않음을 분명히 한다. 누군가가 유대-기독교 사고에 종교의 영역을 제한할지라도, 영적이고 종교적인 관점으로부터 나온 획일적 연구 의제는 없다. 예증을 해 보면, 바우마이스터는 자기통제(self-control)가 기독교 신학의 7대 죄악을 피하게 하는 가장 기본적인 인간의 덕으로 여겨질 수 있다고 주장하는 반면(3장), 워딩턴과 베리는 이에 동의하지 않았다. 그들은 8장에서, 그것은 악에 초점을 둔 결과 발생한 잘못된 생각이며, 기독교 신학에서의 핵심은 애써 노력하는 자기통제가 아니라고 주장하였다. 오히려 하나님을 사랑하고 하나님에게 기꺼이 복종하는 것이 최고의 덕이라는 것이다. 유사하게 카스와 레녹스(10장)가 인간 발달과 영적 발달의 공유된 목표로 자율적 인간의 아이디어를 논했다면, 에반스(4장)와 브라운과 밀러(9장)는 영적 발달의 목적은 관계 속에 뿌리를 내리듯 신적 타자(Divine other)에 대한 순종에 있다고 이해하였다. 그래서 유대-기독교 관점을 심리학에 명백하게 받아들이기 위한 어떠한 것이 대두할지 모르지만, 그것은 어떠한 연구 주제이든지 간에 융통성 없는 단 하나의 관점으로 이끌지는 않을 것이다.

이러한 장들로부터 분명해지는 듯 보이는 두 번째 요점은 유대-기독교 관점과 심리학의 대화가 경험적 연구를 위한 기회의 풍성한 배열로 인도하리라고 약속한다. 존스와 호스틀러가 6장에서 주장하였듯이, 심리학에서 유대-기독교 관점은 인본주의적, 실존주의적, 극단적 행동주의자 또는 진화론적인 다른 개념적 접근에 의해서 정의되는 것과 같이, 한 세트의 배경적 가설을 제시해야 한다. 그러한 배경적 가설은 관심이 있는 문제를 제시하고 결과를 이해할 해석적 틀을 제공함으로써 심리학적 연구에 정보를 준다. 심리학적 학문에 하나의 연주자로서

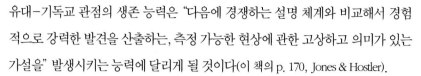

유대-기독교 관점의 생존 능력은 "다음에 경쟁하는 설명 체계와 비교해서 경험적으로 강력한 발견을 산출하는, 측정 가능한 현상에 관한 고상하고 의미가 있는 가설을" 발생시키는 능력에 달리게 될 것이다(이 책의 p. 170, Jones & Hostler).

이 책이 만들어진 토론 과정에서 얻은 한 걸음 더 나아간 수확물로서, 우리는 각 장의 저자에 의해서 제기된 몇몇 특정한 연구 질문과 방향을 조명한다. 여기서 우리의 논평은 3장에서 13장까지의 순서를 따른다.

바우마이스터

바우마이스터와 그의 동료들에 의한 연구의 도발적 시리즈는 경쟁 이론들보다 자기통제의 의지력을 지지하는 증거를 제공한다(예, Muraven, Tice, & Baumeister, 1998). 유혹에 저항하는 것은 한정된 자원을 써 버려서 자기규제의 다른 행위에 참여하거나 다른 작업을 지속하는 것을 덜 하도록 일시적으로 만드는 듯이 보인다(예, Baumeister, Bratslavsky, Muraven, & Tice, 1998). 불필요한 유혹을 피하는 것은 유대(예, 잠언)와 기독교 경전["우리를 시험에 들게 하지 마시고"(마 6:13)] 모두에서 공통된 조언이다. 이것은 유혹에 노출되기를 최소화하는 데 대비하여 그런 상황에 대처하고 직면하는 것의 상대적 이점에 대한 질문을 제기한다. 성공적으로 변화하는 사람들은 변화 과정에서 초기에는 유혹을 피하지만, 자기통제가 강화됨에 따라 이전의 위험한 자극에 자신을 다시 점차적으로 노출시키는 듯하다(DiClemente, 2003).

자기통제에서 이러한 작업은 경험적으로 시험할 수 있는 다양한 개입을 제안하는데, 그 개입의 많은 부분이 유대-기독교의 종교적 관점과 공명하고 있다. 정말로 몇몇 유용성이 가득하고 일반화할 수 있는 개입은 종교적 실천으로부터 유래되기도 한다. 바우마이스터가 3장에서 언급하였듯이, 도덕적 근육이 강화될 수 있음은 자기통제를 배우고 인격을 형성해 나가는 데 대한 수세기 동안의 충고의 현대적 확인일 뿐이다. 동양 종교에 깊이 뿌리박은 초월적 명상은 세속화되어서 종교적 사람들이나 비종교적 사람들 모두에게 엇비슷하게 잘 적용되어 왔다(Benson & Klipper, 1990; Kabat-Zinn, 1995). 유사하게, 다른 형태의 명상들도 기독교 실천에서 긴 역사를 가지고 있고, 묵상이나 '향심(centering)' 기도 같은 다양한 이름으로 알려졌다(Keating, 1994; Merton, 1969). 유대교나 기독교 신앙을 가진 사람들이 종교적 훈련(기도, 금식, 성경공부와 같은, 비교. Evans, 4장)을 실천하도록 돕는 것은 마치 다이어트나 자세 교정과 같은 세속적인 훈련들에서 발견되어 왔듯이, 그들의 영적 삶을 강화하고 더 일반적으로는 그들의 자기통제 근육을 강화하는 데 도움을 줄 수 있다. 종교적 실천을 유지하는 데에서 신앙인들이 느끼는 어려움은 공통적이며, 때로는 신앙인들을 괴롭게 하는 요소다. 아마도 다른 행동들뿐만 아니라 그러한 종교적 실천을 다루기 위한 맞춤식의 예방적이고 처치적인 개입은 그것들이 더욱 종교 중심적인 사람들에게 매력적으로 보이면서 더욱 고착되게 만들 수 있다. 예를 들면, 프롭스트(Propst)는 내담자의 종교적 신념에 부응하여 인지치료를 수정하는 것이 우울증 치료의 효과를 증가시킴을 발견하였다(Propst, 1996; Propst, Ostrom, Watkins, Dean, & Mashburn, 1992).

에반스

에반스의 자기 그 자체에 대한 인식과 사회적 인격에 대한 인식 분석은 자기에 대한 실천적이거나 의지적 요소에 대한 바우마이스터의 검토를 보완한다. 다른 사람들에게 자신에 대한 정확한 정보를 원하기보다는 자신에 대한 호의적 정보를 원하는 마음이 강하다는 사실(Sedikides, 1993)은 유대-기독교적 지혜로 교육을 받은 사람들에게는 놀랄 만하지 않다(에, "만물보다 거짓되고 심히 부패한 것은 마음이라"(렘 17:9)]. 다른 사람보다 자신의 능력을 더 과대평가한다는 강한 경험적 증거(4장)는 자신(그리고 타인)에 대해서 좀 더 정확한 지식을 얻는 방법과 그렇게 함으로써 얻는 효과에 대한 연구의 필요를 제안한다. "내게 주신 은혜로 말미암아 너희 각 사람에게 말하노니 마땅히 생각할 그 이상의 생각을 품지 말

고 오직 하나님께서 각 사람에게 나누어 주신 믿음의 분량대로 지혜롭게 생각하라."(롬 12:3, 개역개정)라는 성경적 권고는 자신의 은사를 정확하게 사용하고 분별하는 데 대한 토론의 맥락 속에 있다. 다른 사람들로부터의 피드백과 결부해서 사용하도록 설계된 영적 은사나 영적 성숙을 사정하기 위한 도구는 종교기관에서 사용되기 시작하였지만, 자기지식 또는 행동상에서의 효과는 알려져 있지 않다(예, Ford, 1998). 에반스가 제안하였듯이, 사람들이 이러한 동기가 인도하는 행위의 종류를 결정하는 하나님과 다른 사람들에 대한 착상(conceptions)과 같은 다른 요인에 대해서와 하나님으로부터 소명감을 얻는 방식에 대한 연구들이 필요하다.

자기에 대한 내적 감각이 사회적 관계를 통해 빚어진다(3~4장)는 사실은 꽤 분명해 보인다. 어떤 사회적 요인(즉, 수용, 피드백)이 부족하거나 넘치는 자존감을 가장 잘 구술하거나 자기실현을 가장 잘 증진하는가? 키르케고르가 설명하였듯이, 자기에 대한 기독교적 관점은 자기의 정체성이 자기 외부에 있는 그 무엇과의 관계에 근거를 두고 있다는 점이다. AA라는 더 큰 힘에 자신의 기반을 두는 것이나 로저스와 매슬로의 이상적 자기, 히브리 성경의 야훼나 신약의 그리스도는 누군가의 또래집단보다 더 안정된 기준이 된다고 보인다. "하나님을 기준으로 가짐으로써 사람에게 주어지는 무한한 강조!"라는 키르케고르의 감탄은 자신의 정체성을 우선적으로 하나님과의 관계에서 지각하는 사람들은 사회적 순응을 향한 압력과 같은 환경의 영향을 다른 사람들보다 덜 받게 됨을 의미한다. 이것은 경험적으로 검증 가능한 가설이다.

비엔

비엔은 5장에서 이야기는 움직임의 감각을 전달하고, 유대-기독교의 기본적 이야기는 구원과 치유를 향한 움직임을 그린다고 언급하였다. 비록 내러티브에 관한 연구가 20세기의 상당 부분을 통해 심리학에서 공통적이지는 않았지만,

신학뿐만 아니라 여러 사회과학과 인간성 학문, 그리고 심리학은 생애 역사, 담화 분석, 그리고 질적 연구의 다른 형태를 포함하는 내러티브 인식론을 품기 시작하였다. 이런 연구의 한 결실은 에반스에 의해서 논의된 자기의 관계적 측면과 바우마이스터에 의해서 논의된 집행적이고 의사결정적인 차원을 보충하는 자기인식이나 정체성을 자기에 대해서 제공하는 관점이다. 맥애덤스(McAdams, 1985, 1993)와 다른 이들은 성인의 정체성이란 기본적으로 자기의 내러티브라고 주장해 왔는데, 그 내러티브는 자기를 정의하는 인생 이야기를 만들면서 삶을 헤쳐 나갈 때 내면화되고 진화된다. 현재 진행되는 프로젝트와 관련된 이런 몇몇 연구는 미국심리학회(APA)에서 출간하고 맥애덤스, 조셀슨, 리이블리히(McAdams, Josselson, & Lieblich, 2001)가 편집한 책에 요약되어 있다. 특히 비엔이 긍정적으로나 부정적으로 건강과 안녕에 관련된 종교적 전통 내에서 특정한 내러티브 주제에 대해 제기하는 질문이 이 연구에 제기되어 있다. 유대−기독교 사상에서 중심적이고 다른 종교의 해방 주제와 연관된(James, 1902/1999, p. 552) 구원의 주제는 '생산성'이 현저한 시기에 있는 성인들의 인생 이야기에 정기적으로 등장하게 되는데, 생산성이란 다시 말하면 '다음 세대의 안녕을 증진하기 위한 헌신과 염려'와 융화되어 있다(McAdams & Bowman, 2001, p. 10; 비교. Evans, 4장, 이 책의 '키르케고르와 인간관계성', p. 121).

이야기는 오랫동안 세계 종교에서 영적 진리를 전달하고 가르치는 중요한 방법이 되어 왔다(Kurtz & Ketcham, 1992). 인간 본성의 구연(storytelling) 측면은 심리치료에서 대부분 저평가된 접근이지만, 성장하고 있는 내러티브 치료(Freedman & Combs, 1996; White & Epston, 1990)에서 또한 발달되어 왔다. 인간 발달과 치유에서 구연의 중요성은 미래의 연구에서 결실이 있는 방안일 듯하다. 예를 들면, 청소년들이 자신의 신앙 전통의 맥락에서 삶의 이야기를 개념적으로 구성하도록 도움으로써 사회적으로 책임 있는 행동에서 종교의 긍정적 효과를 강화할 수 있다.

존스와 호스틀러

자기규제(3장), 자기인식(4장), 내러티브(5장)에 근거한 자기의 이러한 세 가지의 분석을 넘어서, 존스와 호스틀러는 6장에서 인간성에서의 성의 역할을 탐색하는 데 인간 본성에 관한 네 번째 관점을 제시하였다. 현대 진화심리학은 성이 고대 환경의 적응에 근거한다고 보았는데, 성의 행동이 번식적 적합성을 증진시키는 방식이라고 관심을 좁혀 나가면서, 성은 동물적 원욕이 외부의 금지와 상호작용하면서 파생된다고 보는 정신분석적 견해와 비슷하다. 종교의 몇몇 세속적 전형과 대조적으로 존스와 호스틀러는 결혼에 구체화된 더 깊은 영적 진리의 예시로서 성에 관해 심오하게 긍정적인 유대와 기독교 견해를 기술하였다. "결혼이 영적 특성과 의미심장함을 갖는다고 더 지각할 뿐만 아니라 커플이 종교적 활동을 더 많이 같이하도록 연합되면 결혼은 더 나은 기능을 한다고 발견되어 왔다."(Mahoney et al., 1999, p. 333) 따라서 존스와 호스틀러는 여기서 "종교성, 성적 충실, 관계적 안정성과 자질의 강한 관계는 훨씬 광범위한 많은 경험적 탐색이 기대되고 탐색될 만하다."라고 주장하였다.

메어

마틴 메어는 7장에서 막스 베버의 시대부터 사회이론에서 진가를 인정하였듯이, 종교가 동기에 영향을 줄지도 모르는 의미를 제공한다고 주장하였다. 동기에 대한 근대의 인지적 구성(modern cognitive construal of motivation)은 선택과 의사결정의 측면과 인간 본성에 관한 유대-기독교 관점과 양립 가능한 견해로서 인간 동기에 대한 종교의 영향에 초점을 맞추었다. 특히 메어는 종교란 우리가 달성하려고 하는 목적, 우리가 선택하는 행위 가능성, 그리고 자기에 대한 종교의 효과를 통해서 동기에 스며든다는 입장을 유지한다. 그는 흥미로운 연구 질문도 제기했는데, 그 예로 개인적이고 영적 발달상에서 종교 교육의 효과는 무엇인가, 소수민족의 학생들이 공립학교에서보다 로마 가톨릭학교에서 성취도가 높은 이유는 무엇인가 등이 있다. 메어가 주목했듯이, 이 학교들은 분명하게 종교적 특성의 역할이 일반적으로 연구되지 않았지만, 연구되어야만 한다. 백인(참고, Brenda Miller, 12장)과 비교해서(학교에서 누락될 위험이 종종 더욱 높은) 아프리카계 미국인이나 스페인계 미국인들에게 현저하게 더 높은 종교의 중요성을 감안하면, 학업 성취에 대한 투자를 동기화시키는 데 종교가 어떤 영향을 줄 수 있는지 질문해야 하지 않을까? 적어도 교구학교에 대한 미래의 연구에서는 그들의 공적인 부분이 아니라면 종교가 성취 형태의 틀을 짜는 데서 할 수 있는 그럴듯한 역할을 고려해야 한다. 개인적 동기나 공동체 의식과 집단주의를 증진하는 데 종교의 효과가 관심사다. 메어는 좋게든 혹은 나쁘게든, 좀 더 넓게는 종교가 성취와 관련한 패턴과 열망뿐만 아니라 일반적으로 인간 발달에 어떤 영향을 주는지 질문하였다.

워딩턴과 베리

　덕에 대한 유대와 기독교 관점을 비교, 대조한 후에 워딩턴과 베리는 구체적이고 검증 가능한 가설을 제안하였다. 예를 들어, 기독교인들은 (유대인들이나 세속 사람들에 비하여) 이성에는 가치를 덜 두고 하나님의 통제에 대한 순종과 감사의 덕을 더 높은 가치로 여긴다고 예측하였다. 그들은 또한 덕은 독립적이기보다 종교와 일치되는 군집 속에서 발달하고, 이러한 점은 자신의 종교에 매우 헌신된 개인에게 특히 잘 맞아야 한다는 입장을 취하였다. 이와 관련하여 그들은 또한 오랫동안 이슬람과 유대주의를 지켜 온 사람들은 기독교를 고수해 온 사람들에 비해서 양심에 근거한 덕을 더 넓은 범위의 가치로 두고, 온정에 근거한 덕을 더 좁은 범위의 가치로 여긴다고 가설화하였다. 그러나 이러한 구체적인 예측은 경험적 검증이 될 수 있으며, 8장은 덕의 더 일반적인 징후와 인간 신념에 대한 종교의 영향에 관한 연구를 필요로 한다.

브라운과 밀러

　변형적 변화의 현상은 모세나 사울과 같은 유대교와 기독교의 역사적 인물들의 삶에서 익숙하다. 윌리엄 제임스(1902/1999)는 그러한 급작스럽고 비연속적인 방향 전환에 지극한 관심이 있었지만, 현대 심리학적 과학 내에서는 그것들이 아마도 실험적 통제가 되지 않았기 때문에 상대적으로 주목을 덜 받았다(Hardy, 1979; Loder, 1981; McAdams & Bowman, 2001; Miller & C'de Baca, 2001). 브라운과 밀러는 9장에서 인간 정체성에서의 변형적 변화의 다양한 관점과 그 의미를 조사하였다. 에반스와 같이, 그들도 제한된 자기를 완성하기 위해서 신적 타자의 필요성을 논의하였다. 워딩턴과 베리처럼, 그들은 변형적 변화에서의 항복(surrender) 또는 굴복(yieldedness)의 역할을 탐색하였다. 이야기는 가공이든 전기든 간에 인간의 한계와 변화의 잠재성을 전달하기 때문에 인간 본성에서의 내러티브의 중심적 역할에 대한 비엔의 설명과도 유사하다. 인간의 삶에서 비연속적인 변형적 변화를 좀 더 온전히 이해하고 탐구하기 위한 질적 연구는 잠재적으로 결실을 맺을 수 있는 영역이다. 이 영역에서 양적 지표의 유도와 무작위의 코딩을 허용하는 내용-분석 체계와 인터뷰나 내러티브의 질적 방법의 결합은 맥애덤스와 그의 동료들의 작업에 잘 설명되어 있다(예, McAdams, Diamond, de St. Aubin, & Mansfield, 1997). 이 연구자들은 아주 생산성이 높은 성인의 내면화된 이야기의 보증 마크는 구원 이미지의 우세였는데, 이러한 구원 이미지에 의해서 그들은 나쁜 장면을 좋은 성과로 변형시키고, 사회에 유익을 주기 위한 목표의 추구와 도덕적 확고함의 삶으로 동기화된다는 사실을 발견하였다. 이것이 유대-기독교 관점으로부터의 변형적 변화를 조사하는 데에서 필요한 가설에 대한 엄격한 검증의 종류다.

카스와 레녹스

발달심리학은 주로 성격, 인지적, 사회적, 그리고 최근에는 정서적 발달에 초점을 맞추어 왔다. 카스와 레녹스는 10장에서 영적 발달에서 연구가 덜 이루어진 차원을 탐색하였다. 그들은 '자기초월과 진정성의 역량이 있는 자율적 개인이라는 같은 목표를 공유하는' 영적 발달의 여러 심리학적 모델을 자신들의 견해로 검토함으로써 시작하였다. 그들은 자신의 행위를 마이모니데스에 의해 개발된 역사적 유대의 관점과 대조하였는데, 이는 영적인 성숙이란 하나님 임재의 경외감 속에 빠져들기와 자신의 행위로써 의로움, 자애로운 친절함을 구현하는 의미로 하나님을 알기다. 플라톤과 비슷한 마이모니데스의 죄에 관한 관점은 특히 하나님과 자신의 연결에 관한 무지로부터 죄가 일어난다는 생각이다. 하나님을 의식하기와 인간의 악 사이의 부적상관을 예상하면서 검증 가능한 가설이 따라온다. 이러한 관계는 특히, 하나님을 의식함을 중독을 해독시키는 작용으로 이해한 AA(Alcoholics Anonymous)의 교육 내에서 주장되었다(Tonigan, Toscova, & Connors, 1999).

토레센, 오만, 해리스

유대-기독교 종교공동체의 회원들은 성경의 가르침, 예시, 모델링을 통해 기도와 명상 같은 종교적 실천에 참여하도록 격려받았다. 이러한 실천들은 자체적 목표로 영적 목적을 가지고 있지만, 연구는 좀 더 일반적으로 수명과 같은 시간적 결과에 대한 효과를 검토해 왔다. 수십 개의 괄목할 만한 연구에 대한 메타분석적이고 역학적인 검토는 모든 인과적 사망률 감소에 종교적 참여를 연결시키는데, 좀 더 자주 종교적 참여를 하는 사람들은 그렇지 않은 사람들에 비해서 7년을 더 산다는 점을 해당하는 효과와 연결시킨다(McCullough, Hoyt, Larson, Koenig, & Thoresen, 2000; Powell, Shahabi, & Thoresen, 2003). 이런 연결의 기저에 흐르는 메커니즘은 잘 알려지지 않았으나, 앞으로 더 많은 연구가 필요한 중요한 영역이다. 최근의 작업은 종교 참여가 결혼의 안정성, 정신건강의 증진, 그리고 낮은 비율의 담배와 알코올 소비를 통해서 생존율을 높인다고 제시한다(Oman & Thoresen, 2002; Strawbridge, Shema, Cohen, & Kaplan, 2001). 그러한 건강에 유익한 효과를 더 잘 이해하게 되면 종교적 공동체 외부뿐만 아니라 내부에서도 그러한 효과를 증진시킬 수 있는 방식이 제시될 수 있다.

11장에서, 토레센과 그의 동료들은 특별히 건강과 수명을 증진시킬지도 모르는 종교적 실천에 초점을 맞추었다. 초월적 명상의 실천은 높은 생존율, 더 긍정적인 정서, 낮은 스트레스 호르몬 생성과 연합되어 왔다(Alexander, Langer, Newman, Chandler, & Davies, 1989; Davidson, 2001). 묵상적이거나 향심기도(centering prayer)와 같은 유대-기독교의 신비적이고 명상적인 실천의 효과들은 덜 연구되었다(Keating, 1994, 2002). 긍정적 건강 효과는 또한 이타적 사랑, 수용, 그리고 용서와 같은 종교와 일치하는 실천과 연합되어 있었고(Cole & Pargament, 1999; Sanderson & Linehan, 1999), 그런 실천들이 어떻게 신앙 맥락 밖이나 안에서 효과적으로 증진될 수 있는지에 대한 연구가 필요하다.

영적이고 종교적 실천에 잠재적으로 긍정적인 효과에 대한 연구를 반대쪽의 행동이나 성과를 통제하는 데에만 한정시키지 말아야 한다. 감사(Emmons & McCullough, 2003), 영감, 희망, 기쁨, 또는 습관적이고 제한시키는 사고방식을 초월하기(Seligman, 1998)와 같은 영적 실천과 종교적 참여를 고양시키고 함양하는 기능 또한 연구할 가치가 있다. 매슬로(1994)는 그런 절정 경험을 연구했고, 그 경험의 본질과 결과는 더 심화된 질적이고 양적인 경험적 연구를 해 볼 가치가 있다.

이 책의 어디에선가 토론되었듯이, 영성과 종교의 효과성에서 연구는 개인과 집단적 인간 삶에서 긍정적이고 부정적인 영향 둘 다를 위한 잠재성을 고려해야 한다. 영적이고 종교적인 소속의 효과는 일률적이거나 불가피하게 유익만을 주지 않고, 영성의 어두운 측면이 심리학과 종교 둘 다에서 오랫동안 인식되어 왔다.

밀러

한 개인이 성인기의 삶에서 종교심을 나타내는 정도에 어떤 요인이 영향을 주는가? 유대-기독교 전통은 자녀를 신앙 안에서 훈육할 책임이 부모에게 있다고 강조한다. 브렌다 밀러는 12장에서 성인 자녀의 종교성에 가장 중요한 예측 요인으로 부모의 종교심을 강조하면서, 이러한 관계를 조정하거나 향상시키는 다양한 요인을 검토하였다. 그러한 촉진적 요인은 부모의 온정과 수용, 양 부모의 현존과 종교적 일치, 종교적 사안에 대한 소통의 빈도를 포함한다. 그녀는 또한 종교적 가치, 신념, 종교적 실천의 세대 간 전수에서 어머니와 아버지의 역할에 차이가 나는지 연구했는데, 이 영역들은 추가 연구가 필요하다. 세대 간 전수를 고무하는 과정에 대한 더 큰 지식은 직접적 관심이고, 성인으로서 자녀의 신앙을 떠받치기를 원하는 부모들을 돕게 된다. 자녀의 영적 발달에 영향을 주는 데서 부모 이외의 다른 성인 인물의 역할 또한 더 연구할 만하다.

파가먼트, 머레이-스완크, 매기얼 그리고 아노

대인관계적 분투, 심리 내적 분투, 거룩한 존재와의 분투를 유익하게 구분한 후에 파가먼트와 동료들은 13장에서 그런 영적 분투들이 스트레스로 찬 삶의 경험과 개인의 종교적 지향 체계 간의 상호작용에 어떻게 그 기원을 두고 있는지 기술하였다. 영적이고 종교적인 실천의 긍정적 건강 효과에 대해서 11장의 보완으로 그들은 안녕에 끼치는 영적 분투의 해로운 효과를 검토하였다. '고통과 유익'(pain and gain)의 아이디어는 희망이 있으며 앞으로 더 탐색할 가치가 있는 경험적 가설을 제공한다. 파가먼트와 동료들이 메모했듯이, 자신의 영적 분투를 더 큰 영적 맥락에서 지각하는 사람들은 또한 자신의 경험으로부터 성장할 더 많은 가능성이 있을지도 모른다. 파가먼트의 연구는 앞에서 언급된 호의적인 종교적 평가와 관대함 간의 관계를 탐색하는 맥애덤스의 작업을 보완하면서, 건강상에서 '삶의 스트레스를 주는 요인의 호의적인 종교적 평가'의 더 일반적인 효과를 탐색하였다.

DSM-IV[미국정신의학협회(American Psychiatric Association), 1994]는 처음으로 종교적 또는 영적 문제에 관한 진단부호를 포함시켰으나, 아직은 대부분의 정신건강 전문가가 사람들이 어떻게 그러한 영적 분투를 해결하는지에 대해서 잘 알지 못한다. 청소년들은 어린아이로서 종교를 이해하다가 성인의 신앙으로 넘어가는 과도기에 고민을 하게 되는데, 종교적 가족에게 청소년들의 이러한 신앙적 위기는 일반적이다. 부모, 성직자, 다른 지지자들은 그러한 영적 분투와 의심에 어떤 방법으로 대응할지 잘 모르거나 해로운 방식으로 반응할 수 있다. 성인의 영적 발달에서 괴로운 '영혼의 어두운 밤'을 만나는 것은 흔하다는 역사적 인식 또한 있다. 파가먼트와 동료들은 영적 분투에 잘 대처하는 중요한 걸음은 그것이 일어나기 전에 사람들을 준비시키는 것일지도 모른다고 제안하였다. 영적 발달과 방향에 대한 전도가 유망한 연구들은 사람들이 영적이고 종교적인 분투를 어떻게 협상할지와 상처 주고 해로운 성과보다 오히려 유익한 해결을 어떻게 증진할지를 분명히 하는 데 도움을 줄 수 있다.

영성을 포함하는 심리학을 향하여

마지막으로, 우리는 종교적 이슈와 실천에 한정되지 않으면서 포괄하는 인간 영성의 더 광범위하고 분명한 이해를 발전시킬 필요를 강조한다. 종교심을 측정하기 위한 심리측정학적으로 건전한 많은 도구(Hill & Hood, 1999)가 있지만, 비록 현행 연구의 적극적 영역임에도 불구하고 영성의 측정은 덜 발달되었다(예, Fetzer Institute, 1999; Koenig, McCullough, & Larson, 2001, chap. 33; Underwood & Teresi, 2002). 모든 사람을 다차원적 공간 속에 위치시킬 수 있는 성격이나 건강과 같이 영성은 다변인 구성 개념으로 평가되고 이해될 수 있다(Miller & Thoresen,

1999). 댈러스 윌라드(Dallas Willard, 2002, p. 45)가 빈정거렸듯이, 영적 형성은 교육과 같다. 항상 좋은 것이라고 할 수 없지만 모든 사람이 무언가를 얻는다. 오늘날까지의 영성과 건강에 대한 연구는 하나의 항목 측정인 상대적으로 조잡한 단일 변인을 가지고 일차적으로 종교심에만 초점을 맞추었다(Larson, Pattison, Blazer, Omran, & Kaplan, 1986; Weaver et al., 1998). 아마도 성격의 특성이 건강에 미치는 영향에 대해서 사회적 외향성에만 초점을 두고 수행한 연구와 유사하다고 할 수 있다. 외향성은 성격의 중요한 구성 요인이며 건강과 관련이 클 것 같지만(즉, 사회적 지지를 통해, 위험 감수하기 등), 그것은 성격의 풍부한 영역 내에서 그다지 많지 않은 하나의 부분이다.

심리학은 종교적이고 영적인 이슈에 관해 초점을 증대하도록 실행하는 데에서 장애물을 대면한다(즉, 임상심리학자들을 훈련하는 데에서의 다양성의 한 측면으로, 이 책의 14장을 보라). 이러한 장애물 중 하나가 심리학자 중에서 종교적 사람들을 훈련시키는 비율이 문서상으로 적게 기록된 표시다. 미국 인구의 94%는 하나님을 믿는다고 보고하며(Gallup & Lindsay, 1999), 83%는 기독교인이라고 보고하고, 2%는 유대교인이라고 보고한다(기독교인의 비율은 개신교 또는 가톨릭의 종교적 선호라고 언급한 사람들이고, 유대교인의 비율은 '문화적 용어로 유대인이라고 정의하는 사람들뿐만 아니라 종교에 의해서 유대인이라고 정의하는 유대인들을 포함한다.', U.S. Census Bureau, 2000, p. 62). 그러나 미국심리학회(APA)의 일원 중에는 하나님을 믿는다고 표현하는 비율이 반도 안 되었다(Regan, Malony, & Beit-Hallahmi, 1980; Shafranske, 1996, p. 154). 유사하게 일반 대중의 72%는 "삶에 대한 나의 전체적 접근이 종교에 근거하고 있다."라는 진술을 승인하지만 정신건강 직종에 종사하는 전문가들은 그보다 적은 비율로 동의하며, 심리학자들(약 33%)은 정신건강 전문의 다른 카테고리에서보다 더 적은 비율로 동의하였다(Bergin & Jensen, 1990). 이 그림은 다른 학문들의 교수들과 비교하여 학문적 심리학자들의 신념과 비슷하다. 59개의 학문 분야에 대한 최근의 설문조사에서는 심리학에서 어떤 종교를 승인하는 교수의 비율이 최하위에서 6번째에 있음을 나타냈다(Shafranske,

1996, p. 152).

심리학자들은 자신의 개인적 신념이 부족함에도 72%의 미국인이 "내 삶에서 종교적 신앙은 가장 중요한 영향이다."라는 진술에 동의하고 있다는 사실 (Princeton Religious Research Center, 1994)과 그중 40%가 삶이 변화하는 종교적 또는 영적 경험을 해 오고 있다는 사실(Smith, 2002)을 셈하고 있어야 한다. 그러한 경험의 상당수가 기독교 신앙의 맥락 속에서 보고되고 있기는 하지만(즉, 39%의 미국 인구가 자신을 '거듭났다', 그리고 회심 경험이 있다고 기술한다, Gallup & Lindsay, 1999), 소수의 미국인만이 자신을 종교적이 아닌 영적으로 확인한다. 더군다나 적어도 매주 교회나 회당에 출석하는 인구의 비율이 60년 넘게 대충 10명 중 4명 수준으로 유지되었지만(Gallup & Lindsay, 1999), 종교적으로 근거를 두든 그렇지 않든 간에 영성에서의 증가는 분명히 나타나고 있다. 예를 들면, 1944년에 인구의 58%가 영적 성장에 관심을 표현하였고, 1998년에는 82%가 영적으로 성장할 필요를 표현하였다(Gallup & Lindsay, 1999). 이런 면에서 볼 때, 영성은 심리학에서 더 이상 외면하면 안 될 인간 경험의 한 측면임이 분명하다.

심리학의 전문 영역과 과학에 영성을 추가하는 하나의 생명을 불어넣는 기여는 우리가 믿기에 인간에 대한 착상을 풍부하게 하고 확대하게 된다(참고, Assagioli, 1965). 영적 발달의 이해는 인간 발달의 복잡성에 대한 누군가의 감상력(appreciation)을 확장한다. 인지 발달과 지능에서 반영되듯이, 뇌의 성숙(maturation)은 상대적으로 삶의 초기에 도달되는 데 반하여 영적 성숙(maturity)은 성인기의 훨씬 나중에 절정에 이른다고 이해된다. 사람의 영적이고 종교적인 측면의 측정은 인간의 동기와 강점, 자원, 그리고 가능성에 대한 감상력을 확장시킬 수 있다. 한 걸음 더 나아가서, 문화가 다른 문화와 구별되는 중요한 방식 중 하나는 영적이고 종교적인 유산이므로 인간 본성의 측면에 대한 심오한 영향을 감상함 없이는 문화적 차이를 이해하기가 어렵다. 미국 내에 있는 많은 문화를 포함하여 어떤 문화와 그 하위문화 내에서 종교는 자기에 대한 감각, 목적, 의미, 그리고 정체성에 중심적이다.

심리학적 과학이 인간 영성과 종교의 진수를 포함한 모든 것을 다 포착할 수 있다고 말하지는 않는다. 유대주의와 기독교에서 이해되듯이, 하나님은 독립 변수로 통제될 수 없다. 유월절이나 성만찬에서의 행동이나 상징주의를 공부한다고 해서 하나님과의 모든 교류로서 유대인이나 기독교인들을 위한 초월적인 의미의 포착을 시작하는 것은 아니다. 설명할 과학을 편벽되게 좋아하게 되면(또는 '이외에는 아무것도 아님으로' 발뺌하게 되면), 신비에 대한 유대-기독교적 감상 속으로 저돌적으로 달려들어 가게 된다(예, Evans, 1986). 심리학이 다양한 방식으로 영성을 풍부하게 하고, 종교와 심리학 둘 다 진리의 추구를 관심사로 할지 모르지만 그들의 방법론은 상당히 다르다.

그렇지만 영성을 무시하는 심리학은 인간에 대한 불완전한 이해를 증진하게 된다. 심리학자들의 영적이고 종교적인 경향이 무엇이든지 간에 사람에 대한 우리의 착상은 인간 경험, 정체성, 그리고 문화의 결정적 영역을 배제하지 말아야 한다. 세속적 심리학자인 윌리엄 제임스(1902/1999)가 '인간 본성의 공부'로서 종교적 경험을 이해함에 매료된 것은 너무도 자연스럽다. 그로부터 한 세기 후, 인류의 영적인 면은 심리학의 실제와 과학 내에서 고려해야 할 가치가 있는 아주 중요한 퍼즐로 남아 있다.

참 · 고 · 문 · 헌

Alexander, C. N., Langer, E. J., Newman, R. I., Chandler, H. M., & Davies, J. L. (1989). Transcendental meditation, mindfulness, and longevity: An experimental study with the elderly. *Journal of Personality and Social Psychology, 57*, 950-964.

American Psychiatric Association. (1994). *Diagnostic and statistical manual of mental disorders* (4th ed.). Washington, DC: Author.

Assagioli, R. (1965). *Psychosynthesis.* New York: Penguin Books.

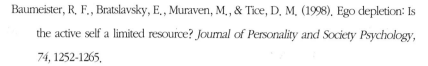

Baumeister, R. F., Bratslavsky, E., Muraven, M., & Tice, D. M. (1998). Ego depletion: Is the active self a limited resource? *Journal of Personality and Society Psychology, 74,* 1252-1265.

Benson, H., & Klipper, M. Z. (1990). *The relaxation response.* New York: Avon Books.

Bergin, A. E., & Jensen, J. P. (1990). Religiosity of psychotherapists: A national survey. *Psychotherapy, 27,* 3-6.

Cole, B. S., & Pargament, K. (1999). Spiritual surrender: A paradoxical path to control. In W. R. Miller (Ed.), *Integrating spirituality into treatment: Resources for practitioners* (pp. 179-198). Washington, DC: American Psychological Association.

Davidson, R. (2001, October). *Positive affect: Perspectives from affective neuroscience.* Paper presented at the Gallup Organization's Positive Psychology Summit Conference, Washington, DC.

DiClemente, C. C. (2003). *Addiction and change: How addictions develop and addicted people recover.* New York: Guilford Press.

Emmons, R. A., & McCullough, M. E. (2003). Counting blessings versus burdens: An experimental inveatigation of gratitude and subjective well-being in daily life. *Journal of Personality and Social Psychology, 84,* 377-389.

Evans, C. S. (1986). *The quest for faith: Reason and mystery as pointers to God.* Downers Grove, IL: InterVarsity Press.

Fetzer Institute. (1999, October). *Multidimensional measure of religiousness/spirituality for use in health research: A report of the Fetzer Institute/National Institute on Aging Working Group.* Kalamazoo, MI: Author.

Ford, P. (1998). *Discovering your ministry identity: Learning to be who you already are.* Saint Charles, IL: ChurchSmart Resources.

Freedman, J., & Combs, G. (1996). *Narrative therapy: The social construction of preferred realities.* New York: Norton.

Gallup, G., Jr., & Lindsay, D. M. (1999). *Surveying the religious landscape: Trends in U. S. beliefs.* Harrisburg, PA: Morehouse.

Hardy, A. (1979). *The spiritual nature of man.* Oxford, England: Oxford University Press.

Hauerwas, S. (2001). *With the grain of the universe.* Grand Rapids, MI: Brazos Press.

Hill, P. C., & Hood, R. W., Jr. (Eds.). (1999). *Measures of religiosity.* Birmingham, AL: Religious Education Press.

Howard, G. (1986). *Dare we develop a human science?* Notre Dame, IN: Academic Publications.

James, W. (1999). *The varieties of religious experience: A study in human nature.* New York: Modern Library. (Original work published 1902)

Kabat-Zinn, J. (1995). *Wherever you go, there you are: Mindfulness meditation in everyday life.* New York: Hyperion.

Keating, T. (1994). *Intimacy with God: An introduction to centering prayer.* New York: Crossroad.

Keating, T. (2002). *Open mind, open heart: The contemplative dimensions of the gospel.* New York: Continuum.

Koenig, H. G., McCullough, M. E., & Larson, D. B. (2001). *Handbook of religion and health.* New York: Oxford University Press.

Kurtz, E., & Ketcham, K. (1992). *The spirituality of imperfection: Modern wisdom from classic stories.* New York: Bantam Books.

Larson, D. B., Pattison, E. M., Blazer, D. G., Omran, A. R., & Kaplan, B. H. (1986). Systematic analysis of research on religious variables in four major psychiatric journals, 1978-1982. *American Journal of Psychiatry, 143,* 329-334.

Loder, J. E. (1981). *The transforming moment: Understanding convictional experiences.* New York: HarperCollins.

Mahoney, A., Pargament, K. I., Jewell, T., Swank, A. B., Scott, E., Emery, E., & Rye, M. (1999). Marriage and the spiritual realm: The role of proximal and distal religious constructs in marital functioning. *Jouranl of Family Psychology, 13,* 321-338.

Maslow, A. H. (1994). *Religions, values, and peak experiences.* New York: Viking Press.

May, G. G. (1992). *Care of mind, care of spirit.* San Francisco: HarperCollins.

McAdams, D. P. (1985). *Power, intimacy, and the life story: Personological inquiries into identity.* New York: Guilford Press.

McAdams, D. P. (1993). *The stories we live by: Personal myths and the making of the self.* New York: Morrow.

McAdams, D. P., & Bowman, P. J. (2001). Narrating life's turning points: Redemption and contamination. In D. P. McAdams, R. Josselson, & A. Lieblich (Eds.), *Turns in the road: Narrative studies of lives in transition* (pp. 3-34). Washington, DC: American Psychological Association.

McAdams, D. P., Diamond, A., de St. Aubin, E., & Mansfield, E. (1997). Stories of commitment: The psychosocial construction of generative lives. *Journal of Personality and Social Psychology, 72,* 678-694.

McAdams, D. P., Josselson, R., & Lieblich, A. (Eds.). (2001). *Turns in the road: Narrative studies of lives in transition.* Washington, DC: American Psychological Association.

McCullough, M. E., Hoyt, W. T., Larson, D. B., Koenig, H. G., & Thoresen, C. (2000). Religious involvement and mortality: A meta-analytic review. *Health Psychology, 19,* 211-222.

Merton, T. (1960). *Spiritual direction and meditation.* Collegeville, MN: Order of St. Benedict.

Merton, T. (1969). *Contemplative prayer.* New York: Herder & Herder.

Miller, W. R., & C'de Baca, J. (2001). *Quantum change: When epiphanies and sudden insights transform ordinary lives.* New York: Guilford Press.

Miller, W. R., & Thoresen, C. E. (1999). Spirituality and health. In W. R. Miller (Ed.), *Integrating spirituality into treatment: Resources for practitioners* (pp. 3-18). Washington, DC: American Psychological Association.

Muraven, M., Tice, D. M., & Baumeister, R. F. (1998). Self-control as limited resource: Regulatory depletion patterns. *Journal of Personality and Social Psychology, 74,* 774-789.

Oman, D., & Thoresen, C. E. (2002). Does religion cause health? Differing interpretations and diverse meanings. *Journal of Health Psychology, 7,* 365-380.

Powell, L. H., Shahabi, L., & Thoresen, C. E. (2003). Religion and spirituality: Linkages to physical health. *American Psychologist, 58,* 36-52.

Princeton Religious Research Center. (1994). *Religion in America 1993-1994.* Princeton: Author.

Propst, L. R. (1996). Cognitive-behavioral therapy and the religious person. In E. P. Shafranske (Ed.), *Religioun and the clinical practice of psychology* (pp. 391-407). Washington, DC: American Psychological Association.

Propst, L., Ostrom, R., Watkins, P., Dean, T., & Mashburn, D. (1992). Comparative efficacy of religious and nonreligious cognitive-behavioral therapy for the treatment of clinical depression in religious individuals. *Journal of Consulting and Clinical Psychology, 60,* 94-103.

Regan, C., Malony, H. N., & Beit-Hallahmi, B. (1980). Psychologists and religion: Professional factors and personal beliefs. *Review of Religious Research, 21,* 208-217.

Sanderson, C., & Linehan, M. M. (1999). Acceptance and forgiveness. In W. R. Miller (Ed.), *Integrating spirituality into treatment: Resources for practitioners* (pp. 199-216). Washington, DC: American Psychological Association.

Sedikides, C. (1993). Assessment, enhancement, and verification determinants of the self-evaluation process. *Journal of Personality and Social Psychology, 65,* 317-338.

Seligman, M. E. P. (1998). *Learned optimism: How to change your mind and your life.* New York: Pocket Books.

Shafranske, E. P. (1996). Religious beliefs, affiliations, and practices of clinical psychologists. In E. P. Shafranske (Ed.), *Religion and the clinical practice of psychology* (pp. 149-162). Washington, DC: American Psychological Association.

Smith, T. W. (2002, October). *National Opinion Research Center survey research on religious change.* Paper presented at the initial Spiritual Transformation Scientific Research Program Conference, Philadelphia.

Strawbridge, W. J., Shema, S., Cohen, R. D., & Kaplan, G. (2001). Religious attendance increases survival by improving and maintaining good health behaviors, mental health, and social relationships. *Annals of Behavioral Medicine, 23,* 68-74.

Tonigan, J. S., Toscova, R. T., & Connors, G. J. (1999). Spirituality and the 12-step programs: A guide for clinicians. In W. R. Miller (Ed.), *Integrating spirituality into treatment: Resources for practitioners* (pp. 111-131). Washington, DC: American Psychological Association.

Underwood, L. G., & Teresi, J. A. (2002). The Daily Spiritual Experience Scale: Development, theoretical description, reliability, exploratory factor analysis, and preliminary construct validity using health-related data. *Annals of Behavioral Medicine, 24,* 22-33.

U.S. Census Bureau. (2000). *Statistical abstract of the United States: 2000.* Washington, DC: U.S. Department of Commerce.

Weaver, A. J., Kline, A. E., Samford, J. A., Lucas, L. A., Larson, D. B., & Gorsuch, R. L. (1998). Is religion taboo in psychology? A systematic analysis of religion in seven major American Psychological Association journals: 1991-1994. *Journal of Psychology and Christianity, 17,* 220-232.

White, M., & Epston, D. (1990). *Narrative means to therapeutic ends.* New York: Norton.

Willard, D. (2002). *Renovation of the heart: Putting on the character of Christ.* Colorado Springs, CO: NavPress.

찾아보기

인 명

내 용

퓨(Pew)의 심리학 패널 위원과 장의 주요 저자

로이 바우마이스터 박사(Roy F. Baumeister, PhD)는 사회심리학자이면서 플로리다 주립대학교 심리학과의 프란시스 엡스(Francis Eppes) 교수다. 『삶의 의미(Meanings of life)』(1991), 『당신 자신의 최악의 적: 자기파괴적 행동의 역설 이해하기(Your Own Worst Enemy: Understanding the Paradox of Self-Defeating Behavior)』(1993), 『통제를 상실하기(Losing Control)』(1994), 『악: 인간 내면의 폭력성과 잔인(Evil: Inside Human Violence and Cruelty)』(1997), 『성의 사회적 차원(The Social Dimension of Sex)』(2000), 그리고 『문화적 동물: 인간의 본성, 의미, 그리고 사회적 삶(The Cultural Animal: Human Nature, Meaning, and Social Life)』(2005)을 포함하는 15권의 책을 저술하였다. 『자아 소모패턴들과 자기통제 실패, 그리고 사회적 거부의 파괴적 효과들(Ego Depletion Patterns and Self-Control Failure and Destructive Effects of Social Rejection)』은 국립정신보건원(National Institute of Mental Health: NIMH) 기금으로, 『겸손, 이기주의, 용서, 희생자 역할(Humility, Egotism, Forgiveness, and the Victim Role)』은 템플턴 재단 기금으로 출간하였다. 그의 최근 연구는 의식, 자유선택, 죄의식, 용서, 자기통제, 자기애, 소속의 필요, 자존감, 사랑, 의미, 정체성에 걸쳐 있다.

토머스 비엔 박사(Thomas H. Bien, PhD)는 뉴멕시코 앨버커키에서 개업한 임상심리학자로, 프린스턴 신학교의 신학 석사학위를 가지고 있다. 전직 연합감리교회의 목사이며, 아시아의 영성에 오랫동안 관심을 가지고 있었다. 그의 심리학 배경은 광범위한 임상 실제뿐만 아니라 중독행동 관련 분야의 연구를 포함한다. 그의 현재 연구는 특히 마음챙김에서의 불교적 실천과 영성과 심리학의 통합을 강조한다. 그는 아내인 베벌리(Beverly)와 함께 『마음이 가득한 회복: 중독에서 치유로의 영적 행로(Mindful Recovery: A Spiritual Path to Healing from Addiction)』와 『내적으로 중심을 지키기: 마음챙김 명상의 치유하는 방식(Holding the Center Within: The Healing Way of Mindfulness Meditation)』을 저술하였다.

스테파니 브라운 박사(Stephanie Brown, PhD)는 임상심리학자로, 캘리포니아 멘로파크(Menlo Park)의 중독센터 소장이다. 스탠퍼드 대학교에 스탠퍼드 알코올 클리닉을 설립했고(1977년), 초대 소장을 지냈다. 그녀는 알코올 중독을 위한 심리치료와 가족치료 및 회복의 단계에 대한 저서로 가장 잘 알려져 있다. 저서로는 『알코올 중독 처치하기(Treating Alcoholism)』 (1995), 『알코올 중독 가족의 회복: 발달모델(The Alcoholic Family in Recovery: A Developmental Model)』(1999)이 있다. 약물과 알코올 상담자의 캘리포니아협회 연구원협의회(Council of Fellows of the California Association of Drug and Alcohol Counselors)에서 일하고 있고, 하버드 대학교에서 2000년에 노먼 진버그(Norman Zinberg) 기념 강의를 하도록 선정되었다.

카를로 디클레멘테 박사(Carlo C. DiClemente, PhD)는 볼티모어 카운티에 있는 메릴랜드 대학교 심리학부의 학과장이자 교수다. 그는 제임스 프로차스카(James Prochaska) 교수와 함께 변화의 초이론(transtheoretical) 모델을 발전시켜서 심리학 연구와 실제 양쪽에 모두 국제적으로 폭넓은 영향을 끼쳐 왔다. 그의 연구는 다섯 군데의 국립보건원 기관들로부터 지원받아 왔고, 그는 미국심리학회(APA) 50분과(중독)로부터 저명한 기부상(Distinguished Contribution Award)을 받았다. 그는 델라웨어 윌밍턴(Wilmington, Delaware)의 가톨릭 교구(Catholic Diocese)에서 부교역자로서 자신의 진로를 시작하였다.

스테판 에반스 박사(C. Stephen Evans, PhD)는 철학교수와 연구 및 학자금 처장으로 있던 칼빈 대학에서 최근 자리를 옮겨 현재 베일러 대학교의 철학 교수다. 그는 특히 키르케고르 학자로 잘 알려져 있고, 14권의 책을 저술하였다. 그의 저서로는 『사람 보존하기: 인간과학에 대한 조망(Preserving the Person: A Look at the Human Science)』(1994), 『심리학에서 지혜와 인간 됨: 기독교적 접근의 가능성(Wisdom and Humanness in Psychology: Prospects for a Christian Apporoach)』(1996), 『이성을 넘어서는 믿음(Faith Beyond Reason)』(1998)이 있고, 선진기독교 연구를 위한 기관(the Institute of Advanced Christian Studies)에서 1996년의 가장 좋은 학술서적상(The Best Christian Scholarly Book of 1996 award)을 수상한 『역사적 그리스도와 신앙의 예수(The Historical Christ and the Jesus of Faith)』(1996)가 있다. 그는 또한 퓨 복음주의 상임학자(Pew Evangelical Senior Scholar)로서 3년간 기금과 대학 교수들의 인간성 교류를 위한 2개의 전국기금(National Endowment for the Humanities fellowships for college teachers)의 수상자였다.

스탠턴 존스 박사(Stanton L. Jones, PhD)는 휘튼 칼리지(Wheaton College) 대학원장이고, 학장이자 심리학 교수다. 그의 저술들은 종교와 심리학의 접촉 면과 성교육의 주제에 초점을 맞추어 왔다. 그의 저서로는 『현대심리치료: 종합적인 기독교적 평가(Modern Psychotherapies: A

Comprehensive Christian Appraisal)』(1991), 『심리학과 기독교: 네 가지 관점(Psychology and Christianity: Four Views)』(2000)이 있다. 그의 작업은 과학과 종교에서의 학문을 위한 템플턴 상 (Templeton Prize for Scholarship in Science and Religion)과 퓨 복음주의 학자 프로그램(Pew Evangelical Scholars Program)에 의해 인정받아 왔다.

재러드 카스 박사(Jared D. Kass, PhD)는 케임브리지에 있는 레슬리(Lesley) 대학교 예술과 사회과학 대학의 대학원 상담과 심리학 교수다. 그는 또한 학습학회 회원(American Council of Learned Societies)의 묵상실천위원(Contemplative Practice Fellowship)이고, 신앙 간 대화를 위한 보스턴 성직자와 종교 지도자 그룹의 조정자(Coordinator of the Boston Clergy and Religious Leaders Group for Interfaith Dialogue)다. 알코올과 기타 약물 예방을 위한 고등교육센터의 회원으로 섬겼으며, 고(故) 칼 로저스의 협력자이자 동료였다. 그는 『영성과 탄력 측정 꾸러미 (Spirituality and Resilience Assessment Packet)』의 저자이고, 현재는 '대학생활에서의 묵상적 실천(Contemplative Practice in University Life)'을 집필 중이다.

마틴 메어 박사(Martin L. Maehr, PhD, MDiv)는 미시간 대학교의 교육과 심리학 교수이고, 미국심리학회(APA)와 미국심리학사회(American Psychological Society: APS) 두 곳의 연구원이다. 자신의 경력을 통해 그는 특히 학교가 동기에 영향을 줄 수 있는 방법을 강조하면서 성취동기, 그리고 성취동기와 문화적 다양성의 관계를 연구해 왔다. 그는 미시간 대학교에서 교육학과 심리학을 연계한 프로그램을 진행하였고, 일리노이 대학교 인간발달연구소의 소장직을 수행하고 있다.

브렌다 밀러 박사(Brenda A. Miller, PhD)는 현재 캘리포니아 버클리의 연구와 평가의 예방연구센터 태평양연구소(The Pacific Institute on Research and Evaluation's Prevention Research Center)에 있다. 그녀는 사회복지 대학에서 재닛 와틀스(Janet P. Wattles) 기금교수였으며, 도시사회복지실천연구센터(Center for Research on Urban Social Work Practice)를 운영하던 버펄로 대학교(University of Buffalo)를 최근에 나왔다. 그녀의 연구 관심사와 광범위한 출판은 여성의 건강, 가족 폭력, 약물 남용, 그리고 가족에 근거한 예방을 아우른다. 그녀의 최근 기금들은 알코올 중독자의 자녀들과 엄마의 알코올 문제와 자녀의 희생화에 대한 가족 기반의 예방(Family Based Prevention for Children of Alcoholics and Mother's Alcohol Problems and Children's victimization)에 초점을 두고 있다. 그녀는 국립보건원(National Institutes of Health)의 기금검토위원이며, 그녀가 전에 대리소장과 부소장으로 근무한 뉴욕 버펄로에 있는 중독연구소의 부상임 연구과학자다.

케네스 파가먼트 박사(Kenneth I. Pargament, PhD)는 오하이오 주의 볼링 그린 주립대학교(Bowling Green State University) 임상심리학 교수이고, 보스턴 대학교의 신학과 종교 연구 대학의 심리학 겸임교수다. 미국심리학회(APA)와 미국심리학사회(APS) 두 곳의 회원으로, 그의 연구의 초점은 종교적 대처와 용서에 있다. 그는 종교심리학 연구의 출중함으로 미국심리학회 36분과(종교심리학)에서 윌리엄 제임스 상을 받았으며, 그 후에 미국심리학회의 회장으로 선출되었다. 그의 저서로는 『종교와 대처의 심리학: 이론, 연구, 실제(The Psychology of Religion and Coping: Theory, Research, and Practice)』(1997)가 있으며 최근에 [마이클 매컬러프(Michael McCullough), 칼 토레센(Carl Thoresen)과 공동으로] 『용서: 이론, 연구, 실제(Forgiveness: Theory, Research, and Practice)』를 출간하였다.

칼 토레센 박사(Carl E. Thoresen, PhD)는 스탠퍼드 대학교의 교육과 심리학 교수이고, 행동적 자기통제 연구에서 많은 결실을 낳은 이 분야의 개척자다. 심장질환을 일으키기 쉬운 행동(coronary-prone behavior), 만성 스트레스, 암과 심장병 예방에 관한 많은 연구에 참여하였고, 최근에는 전반적 건강과 안녕에서 철학적·영적 이슈에 초점을 두고 있다. 그의 임상연구는 인본주의 심리학, 인지행동치료, 그리고 영성의 접촉 면에 놓여 있다. 최근에 『건강심리학 학회지(Journal of Health Psychology)』의 특별판인 『영성과 건강(Spirituality and Health)』을 편집하였으며, (마이클 매컬러프, 케네스 파가먼트와 공동으로) 『용서: 이론, 연구, 실제』를 출간하였다. 그는 미국심리학회(APA)와 미국심리학사회(APS)의 회원이다.

에버렛 워딩턴 박사(Everett L. Worthington Jr., PhD)는 리치먼드의 버지니아 코먼웰스 대학교(Virginia Commonwealth University in Richmond) 심리학과 학과장이자 교수다. 용서와 화해에 대한 기초와 중재 연구 모두에 관여하고 있으며, 관련 연구로 결혼 관계와 종교적 가치에 관심이 있다. 『결혼과 가족: 기독교 학술지(Marriage and Family: A Christian Journal)』의 창립 편집자이며, 용서 연구 캠페인(www.forgiving.org)의 대표를 맡고 있다. 그는 총 18권의 책을 출간하였고, 그중 7권은 외국어로 번역되었다.

그 밖의 기여자들

진 아노(Gene G. Ano, MA)는 오하이오 주의 볼링 그린 주립대학교 임상심리학 박사과정 학생이다. 그는 롱비치에 있는 캘리포니아 주립대학교(California State University, Long Beach)의 연구장학 프로그램에서 2년간 국립정신보건원 취업 기회(National Institute of Mental Health Career Opportunities)의 멤버였다. 종교적 대처에 대한 작업으로 각기 다른 연구대회에서 1, 2등을 수상하였다. 그의 전문 분야와 연구 관심사는 기독교 상담, 심리학과 신학의 통합, 종교적 대처, 영적 분투 그리고 전 세계 교회 운동에 기반한 심리 영적 개입이다.

잭 베리 박사(Jack W. Berry, PhD)는 리치먼드의 버지니아 코먼웰스 대학교에서 결혼 검사, 치료, 강화센터의 연구소장을 맡고 있다. 그의 학문적 특수 영역은 성격과 개인적 차이, 진화심리학, 그리고 객관적 심리 측정이다. 그의 최근 연구로는 용서의 성질(disposition)과 이러한 성질의 신체적·정신적 건강과의 관계, 용서, 행복하거나 불행한 관계에서의 코르티솔 스트레스 반응, 그리고 고전적 도덕 가치와 진화 관점으로부터의 이타주의에 대한 연구들이 있다. 현재 그는 제인구달연구소(Jane Goodall Institute)와의 공동 작업으로 침팬지 간의 성격과 정신병리에 관한 연구를 진행 중이다.

알렉스 해리스 박사(Alex H. S. Harris, PhD)는 현재 퇴역군인을 위한 일을 하는 팔로알토 건강 돌봄체계에서 건강 서비스를 연구하는 박사 후 연구원이다. 최근 『건강심리학회지』의 특별판인 『영성과 건강』의 초청 부편집장을 맡았고, 『용서: 이론, 연구, 실제(McCullough, Pargament, Thoresen, Eds.)』 『믿음과 건강(Faith and Health, Plant & Sherman, Eds.)』 『상담심리학과 최적의 인간 기능(Counseling Psychology and Optimal Human Functioning, Walsh, Ed.)』을 포함한 여러 출판물의 공동저자다. 현재 연구의 관심사는 용서, 정신질환의 처치로서의 신체 활동, 그리고 임상적 의사결정 등이다.

헤더 호스틀러(Heather R. Hostler, MA)는 현재 휘튼 칼리지 심리학 박사과정 학생이다. 그녀의 연구 관심사는 중년의 발달적 도전, 성적 지향과 영적 발달, 그리고 종교와 대처하기가 안녕에 영향을 주는 방법 등이다.

수잔 레녹스(Susan Lennox, JD)는 캘리포니아 산타 바바라(Santa Barbara)에 있는 필딩연구소 (Fielding Institute) 심리학 박사과정 학생이다. 전에는 기업의 조직 자문가이며 변호사로 일한 그녀는 이제 변형적 학습의 과정을 연구하고 있다.

지나 매기얼(Gina M. Magyar, MA)은 오하이오 주의 볼링 그린 주립대학교 임상심리학 박사과정 학생이다. 미시간 대학교에서 역사와 심리학으로 학사학위를 받았다. 현재 매디슨에 있는 위스콘신 대학교 병원과 클리닉(University of Wisconsin Hospital and Clinic in Madison)의 건강심리학 박사 전 인턴십(Predoctoral Internship)을 끝내고 있다. 그녀의 연구와 임상적 관심사는 영성과 건강심리학 사이의 접촉 면과 트라우마로 고통을 당하는 성인들을 위한 심리치료에 영성을 통합하면서, 이는 개인이 싱스럽다고 지각하는 것의 침해와 상실의 영향에 초점을 둔 연구다.

니콜 머레이-스완크 박사(Nichole A. Murray-Swank, PhD)는 메릴랜드의 로욜라 대학(Loyola College in Maryland) 목회상담학과의 조교수다. 그녀는 오하이오 주의 볼링 그린 주립대학교에서 임상심리학 박사학위를 취득하였다. 그녀의 주된 연구와 임상적 관심사는 트라우마, 성, 영성을 상담으로 통합하는 영역에 있다.

더그 오만 박사(Doug Oman, PhD)는 버클리 캘리포니아 대학교(University of California, Berkeley)의 공중보건학부 겸임 조교수다. 그의 연구는 영성과 종교, 건강에 대한 이론적이고 관찰적인 실험연구인데, 여기에는 종교 참여와 사망률에 관한 역학연구, 종교와 영성에의 사회인지이론 적용, 그리고 건강전문가들이 비분파적 영성 도구 일체에 대해 훈련을 받을 때의 영향 등이 포함된다.

편저자 소개

윌리엄 밀러 박사(William R. Miller, PhD)는 뉴멕시코 대학의 심리학과 정신의학의 저명한 교수다. 물질사용장애를 위한 처치 효과에 대한 임상연구로 여러 국제 상을 받았으며, 『목회자들을 위한 심리학 실제(Practical Psychology for Pastors)』(1995), 『치료와 영성의 통합(Integrating Spirituality into Treatment)』(1999), 『양자 변화: 갑작스러운 통찰과 자기 계시가 일상의 삶을 변형시킬 때(Quantum Change: When Sudden Insights and Epiphanies Transform Ordinary Lives)』(2001) 등 총 40권의 저서를 집필하였다. 그는 미국심리학회(APA)와 미국심리학사회(APS) 두 곳의 회원이다.

해럴드 델라니 박사(Harold D. Delaney, PhD)는 뉴멕시코 대학의 심리학과 교수다. 1991~1992 학년도에는 헝가리 부다페스트에서 풀브라이트 상임강사(Fulbright Senior Lecturer)였다. 그는 그의 과학적 심리학과 기독교 신론 간의 관계에 대한 학문 간 통합학부의 명예과정에서 템플턴 재단의 과학과 종교 과정 상을 받았다. 연구방법론 전문가인 그의 가장 유명한 저작은 노트르담 대학의 스콧 맥스웰(Scott Maxwell)과 함께 쓴 『실험 설계와 자료분석: 모델 비교관점(Designing Experiments and Analyzing Data: A Model Comparison Perspective, 2nd ed.)』(2004) 이라는 대학원 교재다. 영적 변화의 과학적 연구 프로그램의 일부로 영성 형성에 대한 연구를 진행하고 있다.

역자 소개

김용태(Kim Yong Tae)
서울대학교 사범대학 수학교육과 학사(B.A.)
서울대학교 사범대학 교육학과 상담전공 석사 (M.A.)
미국 풀러신학교 신학부 목회학 석사과정 목회학 석사(M.Div.)
미국 풀러신학교 심리학부 결혼과 가족학과 결혼과 가족치료학 박사(Ph.D.)

상담실습
서울대학교 학생생활연구소(Student Guidance Center) 상담원
미국 밸리트라우마센터(Valley Trauma Center) 상담원
미국 아시아태평양가족상담소(Asian Pacific Family Center) 상담원
미국 트라이시티정신건강상담소(Tri-city Mental Health Center) 인턴

상담교수
전 청소년대화의광장(현 한국청소년상담원) 조교수
　　한국가족상담학회(한국상담학회 내) 회장
　　한국심리치료상담학회(한국상담학회 내) 회장
현 햇불트리니티 신학대학원대학교 연구처장/교수
　　한국상담학회 윤리위원장

저술
공저
청소년 가족상담(한국청소년대화의광장, 1997)
청소년 위기상담(한국청소년대화의광장, 1997)
상담학 개론(학지사, 2011)
부부 및 가족 상담(학지사, 2013)

저서
가족치료이론(학지사, 2000)
기독교상담학(학지사, 2006)
슈퍼비전을 위한 상담사례보고서(학지사, 2014)
가짜 감정(덴스토리, 2014)

심리학에서의 유대-기독교 관점
인간 본성, 동기 그리고 변화
Judeo-Christian Perspectives on Psychology:
Human Nature, Motivation, and Change

2015년 11월 5일 1판 1쇄 인쇄
2015년 11월 10일 1판 1쇄 발행

편저자 • William R. Miller · Harold D. Delaney
옮긴이 • 김용태
펴낸이 • 김진환
펴낸곳 • (주) 학지사
　　　　121-838 서울특별시 마포구 양화로 15길 20 마인드월드빌딩
대표전화 • 02-330-5114　팩스 • 02-324-2345
등록번호 • 제313-2006-000265호

홈페이지 • http://www.hakjisa.co.kr
페이스북 • https://www.facebook.com/hakjisa

ISBN 978-89-997-0828-2 93180
정가 20,000원

인터넷 학술논문 원문 서비스 뉴논문 www.newnonmun.com

이 도서의 국립중앙도서관 출판시도서목록(CIP)은 서지정보유통지원
시스템 홈페이지(http://seoji.nl.go.kr)와 국가자료공동목록시스템
(http://www.nl.go.kr/kolisnet)에서 이용하실 수 있습니다.
(CIP 제어번호: CIP2015028195)